9급 국가직·지방직·서울시 | 공무원 시험대비 **전면개정판**

박문각 공무원

OK 9급
사회복지학개론

14개년 기출문제집

박문각출판문화연구소 편저

동영상강의 www.pmg.co.kr

합격까지! 사회복지학개론 만점기출문제집

박문각

9급 공무원에 대한 인기가 여전히 계속되면서 합격으로 가는 문은 갈수록 좁아지고 있습니다. 누적되는 수험생의 숫자만큼이나 커트라인도 계속해서 높아지는 상황에서, 출제자들은 시험의 변별력을 높이기 위해 문제의 난도까지 점차 높이고 있습니다. 이러한 현실에 적극적으로 대처하여 합격을 달성하기 위해서는 반복적으로 출제되는 핵심 내용을 정확하게 파악하고 이와 관련된 문제는 반드시 맞춰야 하며, 변별력을 높이기 위한 고난도 변형문제 역시 해결할 수 있도록 대비해야 합니다.

다른 모든 분야와 마찬가지로 공무원 수험에서도 무엇보다 중요한 것은 '기본기'입니다. 기본적인 내용이라는 것은 학문의 기초이자 핵심 내용이라는 말과 같습니다. 그렇기 때문에 반복적으로 출제될 수밖에 없으며, 다양한 방식의 변형문제 역시 기본은 같은 이론에서 출발할 수밖에 없는 것입니다. 실제로 과년도의 기출문제를 분석해보면 매년 자주 출제되는 내용들이 있음을 알 수 있습니다. 매년 반복되는 내용들을 파악하고 출제자의 의도에 맞게 공부할 수 있다면 수험기간을 단축하는 데 큰 도움이 될 것입니다.

이를 위해 해야 할 것이 바로 '기출문제 풀이'입니다.

이에 박문각 출판문화연구소에서는 수험생 여러분들이 보다 효율적으로 학습할 수 있도록 최근 9급 공무원 사회복지학개론 14개년 기출문제집을 출간하게 되었습니다.

✓ 본서의 특징

- 최근 14개년 기출문제(2023년~2010년) 수록
- 각 문제별로 꼼꼼하고 풍부한 [정답해설], [오답해설]을 통해 출제지문의 폭넓은 이해
- 매년 반복되는 기출문제와 이를 응용한 변형문제의 시험에 완벽 대비

본서를 통해 최근 출제경향을 파악하고 핵심 내용을 숙지한다면 보다 효율적으로 공부할 수 있으며, 이는 여러분들을 더 빠르고 확실하게 합격으로 인도해 줄 것입니다.

수험생 여러분들에게 합격의 영광이 함께하길 기원합니다.

박문각출판문화연구소

면접시험 안내

♂ (예시)국가공무원 공개경쟁채용시험 면접방식 및 면접시간

구분		5급	7급	9급
총 면접시간		260분	150분	70분
대면 면접시간	집단토의	90분	50분	–
	개인발표	20분	15분	10분
	개별면접	60분	25분	30분
작성시간	집단토의	30분	10분	–
	개인발표문	60분	30분	10분
	개별면접과제		20분	20분

※ 출처 : 공정채용 가이드북(2019.11. 인사혁신처)

♂ 공개경쟁채용시험 필기합격자 면접시험 포기 등록 안내

● 공개경쟁채용시험 필기합격자를 대상으로 면접시험 응시의사를 확인하고, 응시자격 등의 관련 정보를 확인하기 위한 것으로서 온라인(인터넷)등록을 통해 면접대상자를 확인하고 요건 해당 시 추가 합격자를 결정합니다.

● 따라서, 면접시험을 포기하고자 하는 수험생은 합격자 발표 시 공지하는 기간 내에 반드시 온라인등록을 하여야 하며, 필기시험 합격자 중 동 기간 내에 포기 등록을 하지 않을 경우, 자동으로 면접 등록이 됩니다.

> ● 면접시험 포기 등록은 인터넷으로만 접수하니 착오없으시기 바라며, 면접시험 포기 등록을 완료한 후에는
> 〈사이버국가고시센터 → 서류전형/면접시험 → 면접시험 포기 등록확인〉을 통하여 반드시 확인하시기 바랍니다.

♂ 추가합격자 결정제도

● 필기시험 합격자가 면접시험을 포기하는 등의 사정으로 제3차(면접 또는 실기시험) 응시자 수가 선발예정인원에 미달된다고 예상되는 경우에 당초의 필기시험 합격인원의 범위 안에서 추가로 합격자를 결정할 수 있습니다(공무원임용시험령 제23조 제6항 및 제25조 제6항).

> ● 면접시험 포기 등록 후 확인 : 서류전형/면접시험 → 면접시험 포기 등록확인 메뉴에서 확인하시기 바랍니다.
>
> ● 면접 포기 등록 행정사항 문의
> - 5급 및 외교관후보자 선발시험 : ☎ 044-201-8262, 8363
> - 7 · 9급 시험 : ☎ 044-201-8247~51

CONTENTS

이 책의 **차례**

PART 01 문제편

PART
02

정답 및 해설

문제편

사회복지학개론
2023년~2010년

2023

사회복지학개론 기출문제

국가직 9급

지방직 9급

국가직 9급

01 자선조직협회와 인보관 운동에 대한 설명으로 옳지 않은 것은?

① 자선조직협회는 빈곤의 원인을 개인의 결함에서 찾았다.

② 인보관 운동은 대학생 등이 중심이 되어 진행한 활동이었다.

③ 자선조직협회의 기반이 된 이념으로 사회적 다원주의(Social Darwinism)를 들 수 있다.

④ 인보관 운동은 우애방문원을 활용한 사회조사를 통해 통계자료를 생성하고, 다양한 교육사업을 진행하였다.

02 특정 현상을 사회문제로 규정하기 위한 조건에 해당하지 않는 것은?

① 현상의 원인이 사회구조적 요인에서 기인해야 한다.

② 현상이 사회 구성원 다수에게 부정적인 영향을 미쳐야 한다.

③ 집단적인 사회적 행동을 통해서도 현상의 개선이 불가능해야 한다.

④ 다수의 사회 구성원 또는 사회적으로 영향력이 있는 사람들이 현상을 문제로 인식해야 한다.

03 강점관점(strength perspective)에 대한 설명으로 옳은 것만을 모두 고르면?

ㄱ. 개입의 초점을 희망과 가능성에 둔다.
ㄴ. 외상이나 질병이 개인을 강하게 할 수도 있다고 본다.
ㄷ. 클라이언트의 문제나 병리에 초점을 두는 의료모델에 이론적 기반을 둔다.
ㄹ. 해결해야 할 과제에 대한 전문가를 클라이언트가 아니라 사회복지사로 인식한다.

① ㄱ

② ㄱ, ㄴ

③ ㄱ, ㄴ, ㄹ

④ ㄴ, ㄷ, ㄹ

04 로웬버그와 돌고프(Loewenberg & Dolgoff)가 제시한 윤리원칙심사표상의 원칙을 우선순위에 따라 바르게 나열한 것은?

ㄱ. 삶의 질의 원칙
ㄴ. 최소 해악의 원칙
ㄷ. 자율성과 자유의 원칙
ㄹ. 사생활 보호와 비밀 보장의 원칙

① ㄱ - ㄷ - ㄴ - ㄹ

② ㄱ - ㄷ - ㄹ - ㄴ

③ ㄷ - ㄱ - ㄴ - ㄹ

④ ㄷ - ㄴ - ㄱ - ㄹ

05 선별주의와 보편주의에 대한 설명으로 옳은 것은?

① 보편주의는 수혜자에게 스티그마(stigma)를 남긴다.

② 보편주의 복지는 선별주의 복지보다 제도적 지속성이 떨어진다.

③ 우리나라의 장애수당과 장애인연금은 모두 선별주의에 해당하는 제도이다.

④ 보편주의는 선별주의에 비해 사회적 효과성보다 비용효과성을 더 강조한다.

06 사회복지와 복지국가에 대한 주요 학자의 견해로 옳은 것은?

① 로마니신(Romanyshyn)은 사회복지가 공공 지원에서 민간과 공공의 혼합 지원으로 발전한다고 주장하였다.

② 기든스(Giddens)는 제3의 길을 제시하면서 교육에 대한 투자보다 현금 지급을 통한 복지지출의 확대를 주장하였다.

③ 윌렌스키와 르보(Wilensky & Lebeaux)는 비공식적 조직에 의한 지원을 사회복지 활동으로 인정할 수 없다고 주장하였다.

④ 에스핑-안데르센(Esping-Andersen)은 사회민주주의 복지국가에서는 사회정책이 계층화를 강화하는 방향으로 작용한다고 주장하였다.

07 「노인복지법」상 노인복지시설에 대한 설명으로 옳은 것은?

① 경로당과 노인교실은 재가노인복지시설이다.

② 양로시설과 노인복지주택은 노인주거복지시설이다.

③ 노인복지관과 노인요양시설은 노인여가복지시설이다.

④ 노인공동생활가정과 노인요양공동생활가정은 노인의료복지시설이다.

08 매슬로(Maslow)의 초기 연구에서 제시된 5단계 욕구 위계론에 대한 설명으로 옳은 것은?

① 자아실현의 욕구가 안전의 욕구보다 강도가 더 강하다.

② 존경의 욕구와 자아실현의 욕구는 성장욕구에 해당한다.

③ 소속감과 사랑의 욕구는 충족된 직후에 욕구의 강도가 더 강해진다.

④ 안전의 욕구가 일정 수준 충족되어야 소속감과 사랑의 욕구에 대한 동기가 부여된다.

09 페미니즘의 분파에 대한 설명으로 옳지 않은 것은?

① 급진주의 페미니즘은 가부장제 가정에서의 여성차별과 억압에 초점을 맞추면서, 여성억압이 여성의 생물학적 특성인 출산에 따른 남성에 대한 의존에서 나타난다고 주장한다.

② 마르크스주의 페미니즘은 여성억압이 계급 지배적인 생산양식, 즉 자본주의 체제가 낳은 불평등으로부터 기인한다고 인식하면서, 자본주의의 타파를 통해 여성억압의 문제를 해결할 수 있다고 주장한다.

③ 자유주의 페미니즘은 제도 및 관습상의 차별과 교육의 불평등으로 인해 여성억압이 발생한다고 인식하면서, 사적 영역인 가정에서 발생하는 여성의 종속문제를 해결함으로써 여성억압 문제를 해결할 수 있다고 주장한다.

④ 사회주의 페미니즘은 여성억압의 원인을 자본주의의 본질인 계급억압과 가부장제의 성 억압 간의 결합에서 찾으면서, 남성이 담당하는 유급의 생산노동과 여성이 담당하는 무급의 가사노동의 이분법적 사회구조를 타파할 것을 주장한다.

10 고령화와 관련된 설명으로 옳은 것만을 모두 고르면?

ㄱ. 2022년 12월 현재, 우리나라는 고령 사회로 분류된다.

ㄴ. 노령화지수는 생산 가능 인구수를 몰라도 구할 수 있다.

ㄷ. 우리나라의 고령화 속도는 서구보다 빠르지만 일본보다는 느리다.

ㄹ. OECD 회원국 가운데 우리나라 노인빈곤율이 높은 이유 중 하나는 노인의 경제활동참가율이 다른 회원국에 비해 낮기 때문이다.

① ㄱ, ㄴ   ② ㄱ, ㄷ
③ ㄱ, ㄴ, ㄹ   ④ ㄴ, ㄷ, ㄹ

11 다음에서 설명하고 있는 연구방법은?

• 무작위 할당을 통한 실험집단과 통제집단을 둔다.
• 두 집단 모두에게 사전검사와 사후검사를 실시한다.
• 실험집단에는 개입을 제공하지만, 통제집단에는 개입을 제공하지 않는다.

① 실험설계(experimental design)
② 단일사례설계(single subject design)
③ 유사실험설계(quasi-experimental design)
④ 일회사례연구설계(one-shot case study design)

12 장애인복지와 관련된 설명으로 옳은 것만을 모두 고르면?

ㄱ. 자립생활모델은 삶의 선택에 있어서 장애인 당사자의 참여와 선택을 강조한다.

ㄴ. 장애인복지법에서는 장애 유형을 신체적 장애와 정신적 장애로 구분한다.

ㄷ. 사회적 모델은 개인의 기능적 제한이 아니라 심리적 상실에서 장애가 발생한다고 본다.

ㄹ. 정상화(normalization) 이론은 장애인의 시설보호를 반대하고 지역사회 중심의 서비스 제공을 강조한다.

① ㄱ, ㄷ   ② ㄴ, ㄹ
③ ㄱ, ㄴ, ㄷ   ④ ㄱ, ㄴ, ㄹ

13 (가) ~ (라)에 해당하는 비스텍(Biestek)의 사회복지실천 관계의 원칙을 바르게 나열한 것은?

> (가) 고유한 존재로 대우받고 싶은 클라이언트의 욕구에 기반을 둔 관계의 원칙이다. 이 원칙에 따르면 사회복지사는 클라이언트의 특성을 인정하고 이해해야 한다.
> (나) 존엄한 존재로 인정받고 싶은 클라이언트의 욕구에 기반을 둔 관계의 원칙이다. 이 원칙에 따르면 사회복지사는 클라이언트를 있는 그대로 받아들이고 대해야 한다.
> (다) 자신의 감정을 자유롭게 표현하고 싶은 클라이언트의 욕구에 기반을 둔 관계의 원칙이다. 이 원칙에 따르면 사회복지사는 클라이언트가 부정적 감정도 표현하도록 도와야 한다.
> (라) 자신이 표현한 감정에 대해 반응과 공감적 이해를 받고 싶은 클라이언트의 욕구에 기반을 둔 관계의 원칙이다. 이 원칙에 따르면 사회복지사는 클라이언트의 감정에 대해 의도적이며 적절한 반응을 보여야 한다.

	(가)	(나)	(다)	(라)
①	개별화	수용	의도적 감정표현	통제된 정서적 관여
②	개별화	수용	통제된 정서적 관여	의도적 감정표현
③	수용	개별화	통제된 정서적 관여	의도적 감정표현
④	수용	개별화	의도적 감정표현	통제된 정서적 관여

14 면접에서 활용하는 상담기술에 대한 설명으로 옳은 것은?

① '바꾸어 말하기'는 한 주제를 마무리하고 다른 주제로 이동하는 것을 용이하게 하는 기술이다.
② '직면'은 클라이언트가 지닌 생각이나 행동의 모순을 이해하도록 돕는 기술이다.
③ '격려'는 클라이언트가 한 말의 내용, 감정, 의미 등을 정리하는 기술이다.
④ '해석'은 클라이언트가 자신의 감정표현을 촉진하도록 돕는 기술이다.

15 측정에 대한 설명으로 옳은 것은?

① 측정의 신뢰도가 높으면 타당도도 높아진다.
② 서열척도는 속성 간의 거리나 간격을 동일한 것으로 보는 척도이다.
③ 신뢰도 검사는 측정도구가 일관성 있는 결과를 도출하는지를 확인하는 것이다.
④ 측정 시 발생하는 비체계적 오류에는 문화적 차이에 의한 편향, 사회적 적절성 편향 등이 있다.

16 가족단위의 개입에서 활용하는 주요 기법에 대한 설명으로 옳지 않은 것은?

① '재구성'은 문제를 다른 시각에서 바라볼 수 있도록 돕는 기법이다.
② '가족 조각'은 밀착된 가족성원들을 분리시켜 적절한 경계를 만들도록 돕는 기법이다.
③ '역설적 지시'는 문제가 된다고 판단되는 행동을 유지하거나 강화하도록 지시하는 기법이다.
④ '역할 연습'은 한 가족성원에게 다른 가족성원의 역할을 수행하도록 하여 다른 가족성원의 시각을 경험하도록 돕는 기법이다.

17 「정신건강증진 및 정신질환자 복지서비스 지원에 관한 법률」상 정신건강사회복지에 대한 설명으로 옳지 않은 것은?

① 정신요양시설은 정신건강증진시설에 해당한다.
② 정신의료기관에는 정신재활시설, 정신건강의 학과 의원 등이 있다.
③ 정신건강사회복지사와 정신건강작업치료사는 정신건강전문요원이다.
④ 정신질환자란 망상, 환각, 사고나 기분의 장애 등으로 인하여 독립적으로 일상생활을 영위하 는 데 중대한 제약이 있는 사람을 말한다.

18 6세 ~ 12세에 해당하는 아동 시기에 대한 설명으로 옳은 것은?

① 제1차 신체적 성장 급등기에 해당하는 시기이다.
② 피아제(Piaget)가 제시한 형식적 조작기 단계 의 사고가 주로 나타나는 시기이다.
③ 이 시기의 아동은 단체놀이를 통하여 개인의 목표가 집단의 목표보다 우선시됨을 학습하게 된다.
④ 에릭슨(Erikson)은 이 시기의 아동이 성공적인 발달을 하게 되면 능력(competence)이라는 미 덕을 획득한다고 보았다.

19 서구 사회복지의 발전과정에서 나타난 제도에 대한 설명으로 옳은 것만을 모두 고르면?

> ㄱ. 최초의 사회보험은 독일이 1889년에 도입 한 노령 및 폐질보험이다.
> ㄴ. 개정구빈법(1834년)은 빈민의 처우를 균일 하게 하려는 계획하에 원외구호를 확대하 였다.
> ㄷ. 스핀햄랜드 제도는 최저생계비를 정하여 임금의 부족분을 보충해 주는 제도로서 일 종의 최저생활보장제도이다.
> ㄹ. 나치블법은 구제를 원하는 사람에게 노동 을 강제하였으며, 빈민에게 기술을 가르쳐 소득창출의 기회를 제공하였다.

① ㄱ, ㄷ   ② ㄴ, ㄹ
③ ㄷ, ㄹ   ④ ㄴ, ㄷ, ㄹ

20 인간행동과 성격에 대한 주요 학자의 견해로 옳은 것은?

① 반두라(Bandura)는 인지적 요인을 강조하였으 며 자기강화의 개념을 제시하였다.
② 로저스(Rogers)는 비합리적인 신념을 제거하 는 것을 개입의 목표로 제시하였다.
③ 아들러(Adler)는 각 발달단계에서 심리사회적 위기를 경험하지 않을 때 건강한 발달이 나타 난다고 보았다.
④ 프로이트(Freud)는 인간의 무의식을 강조하였 으며, 무의식을 개인 무의식과 집단 무의식으 로 구분하였다.

2023년 기출
2023.06.10. 시행

지방직 9급

01 사회복지실천에서 사정(assessment)에 대한 설명으로 옳지 않은 것은?

① 환경 속의 인간이라는 맥락에 기초한다.
② 사회복지 개입의 성과를 확인할 수 있다.
③ 사회복지사와 클라이언트의 상호협력적 활동이다.
④ 클라이언트의 욕구와 문제를 이해하는 과정이다.

02 양적조사방법과 비교할 때 질적조사방법의 특징으로 옳지 않은 것은?

① 주관성
② 귀납적 방법
③ 일반화의 한계
④ 연구절차의 경직성

03 베버리지 보고서에서 제시한 사회보험 운영의 기본 원칙이 아닌 것은?

① 급여 충분성의 원칙
② 열등처우의 원칙
③ 정액 급여의 원칙
④ 행정책임 통합의 원칙

04 사회복지의 잔여적 관점과 제도적 관점에 대한 설명으로 옳은 것은?

① 제도적 관점에서는 자산조사를 통해 선별적 급여를 제공한다.
② 잔여적 관점에서 사회복지급여 제공은 국가의 시혜가 아니라 수급자의 권리이다.
③ 제도적 관점에서는 사회복지를 일시적이고 보충적인 기능을 수행하는 제도로 인식한다.
④ 잔여적 관점에서는 가족이나 시장경제가 개인의 욕구를 적절하게 충족시키지 못하는 경우에만 사회복지서비스를 제공한다.

05 길버트법(Gilbert Act)에 대한 설명으로 옳은 것은?

① 비인도적 빈민처우를 강화하였다.
② 노동능력이 있는 빈민에 대해 원외구제를 허용하였다.
③ 요보호빈곤아동에게 강제적으로 도제수습을 받도록 하였다.
④ 빈민 원인 조사를 위해 우애방문원(friendly visitors)의 역할을 강조하였다.

06 「노인복지법」상 노인복지시설에 대한 설명으로 옳지 않은 것은?

① 노인여가복지시설은 방문요양, 주·야간보호 서비스 등을 제공한다.
② 노인의료복지시설에는 노인요양시설, 노인요양공동생활가정이 있다.
③ 노인주거복지시설에는 양로시설, 노인공동생활가정, 노인복지주택이 있다.
④ 지역노인보호전문기관은 노인학대 예방을 위하여 일반인을 대상으로 한 노인학대 예방교육을 담당한다.

07 사례관리의 초기과정(intake) 이후 단계를 순서대로 바르게 나열한 것은?

① 계획 － 사정 － 평가 － 실행 － 점검
② 계획 － 사정 － 실행 － 평가 － 점검
③ 사정 － 계획 － 실행 － 점검 － 평가
④ 사정 － 계획 － 평가 － 실행 － 점검

08 사회서비스 바우처에 대한 설명으로 옳지 않은 것은?

① 공급자 재정지원방식이다.
② 공급자 간 경쟁을 촉진시켜 서비스 향상을 도모한다.
③ 특정한 재화나 서비스의 수요자에게 일정 금액의 구매권을 제공한다.
④ 일정한 용도 내에서는 현금 급여 방식처럼 소비자의 선택이 가능하다.

09 사회복지실천기술에 대한 설명으로 옳지 않은 것은?

① 요약 : 사회복지사가 클라이언트의 모호한 말을 더 이해하기 쉬운 말과 생각으로 정리하는 것
② 재명명 : 클라이언트가 부여하는 의미를 수정해 줌으로써 클라이언트의 시각을 긍정적인 방향으로 변화시키는 것
③ 재보증 : 클라이언트의 능력에 대해 사회복지사가 신뢰를 표현함으로써 클라이언트의 불안과 불확실성을 제거하고 위안을 주는 것
④ 해석 : 클라이언트가 제공한 정보를 바탕으로 사회복지사가 다양한 이론에 근거하여 클라이언트에게 자신의 상황을 보는 대안적 준거틀을 제공하는 것

10 우리나라 사회복지사 윤리강령에 대한 설명으로 옳은 것은?

① 보건복지부장관이 고시한다.
② 법률에 준하는 강제적 효력이 있다.
③ 사회복지 서비스에 대한 이용료 부과를 금지한다.
④ 슈퍼바이저는 전문적 기준에 따라 슈퍼비전을 수행하며, 공정하게 평가하고 평가 결과를 슈퍼바이지와 공유한다.

11 인권에 대한 설명으로 옳은 것만을 모두 고르면?

> ㄱ. 인권은 인간의 욕구를 충족시키기 위한 법적 권리이다.
> ㄴ. 인권은 국제법과 국제규약 및 각국의 국내법에 의해 규정된다.
> ㄷ. 인권은 문화를 초월하여 각국마다 동일하게 규정된다.
> ㄹ. 사회복지실천에서는 인권과 윤리를 명확하게 구분한다.

① ㄱ, ㄴ
② ㄱ, ㄷ
③ ㄴ, ㄹ
④ ㄷ, ㄹ

12 「장애인활동 지원에 관한 법률」상 활동지원급여에 대한 설명으로 옳은 것만을 모두 고르면?

> ㄱ. 활동지원급여의 종류에는 활동보조, 방문목욕, 주간보호, 편의시설 설치가 있다.
> ㄴ. 활동지원급여 중 활동보조는 신체활동과 가사활동 및 이동보조 등을 포함한다.
> ㄷ. 활동지원급여는 장애인이 지역사회 안에서 사회구성원으로 살아갈 수 있도록 제공하여야 한다.

① ㄱ
② ㄴ
③ ㄱ, ㄷ
④ ㄴ, ㄷ

13 의료급여제도에 대한 설명으로 옳은 것만을 모두 고르면?

> ㄱ. 「입양특례법」에 따라 국내에 입양된 18세 미만의 아동은 수급권자에 해당한다.
> ㄴ. 소득 재분배기능과 위험 분산효과를 통하여 사회통합을 도모하는 사회보험제도이다.
> ㄷ. 법률에 의한 강제 가입과 보험료 납부의 강제성을 가지고 있다.

① ㄱ
② ㄱ, ㄴ
③ ㄴ, ㄷ
④ ㄱ, ㄴ, ㄷ

14 「사회보장기본법」상 비용부담에 관한 규정으로 (가)~(다)에 들어갈 내용을 순서대로 바르게 연결한 것은?

> • 사회보험에 드는 비용은 사용자, 피용자(被傭者) 및 자영업자가 부담하는 것을 원칙으로 하되, 관계 법령에서 정하는 바에 따라 [(가)]가 그 비용의 일부를 부담할 수 있다.
>
> • 공공부조 및 관계 법령에서 정하는 일정 소득 수준 이하의 국민에 대한 사회서비스에 드는 비용의 전부 또는 일부는 [(나)]가 부담한다.
>
> • 부담 능력이 있는 국민에 대한 사회서비스에 드는 비용은 그 수익자가 부담함을 원칙으로 하되, 관계 법령에서 정하는 바에 따라 [(다)]가 그 비용의 일부를 부담할 수 있다.

	(가)	(나)	(다)
①	국가	국가와 지방자치단체	국가
②	국가	국가와 지방자치단체	국가와 지방자치단체
③	국가와 지방자치단체	국가	국가
④	국가와 지방자치단체	국가	국가와 지방자치단체

15 강점관점에 대한 설명으로 옳지 않은 것은?

① 모든 개인과 집단, 가족 및 지역사회는 강점을 지니고 있다.

② 클라이언트의 주변 환경에는 활용가능한 자원이 매우 부족하다.

③ 사회복지사와 클라이언트가 협력할 때 클라이언트에게 가장 좋은 서비스를 제공할 수 있다.

④ 외상과 학대, 질병 및 고통은 클라이언트의 인생에 상처가 되기도 하지만 도전과 기회의 원천이 되기도 한다.

16 소득보장프로그램에 대한 설명으로 옳은 것은?

① 아동수당은 기여－자산조사 프로그램에 해당한다.

② 기초연금은 기여－비자산조사 프로그램에 해당한다.

③ 공공부조제도는 사회보험에 비해 재분배기능이 높다.

④ 장애인연금제도는 비기여방식으로 운영되는 사회보험이다.

17 「노인장기요양보험법」의 내용으로 옳지 않은 것은?

① 장기요양보험 가입자는 「국민건강보험법」에 따른 가입자로 한다.

② 장기요양급여에는 재가급여와 시설급여 및 의료급여가 있다.

③ 장기요양보험사업은 보건복지부장관이 관장하며, 장기요양보험사업의 보험자는 국민건강보험공단이다.

④ 장기요양보험료, 국가 및 지방자치단체의 부담금 등을 재원으로 하여 노인등에게 장기요양급여를 제공한다.

18 사례관리에 대한 설명으로 옳지 않은 것은?

① 사정의 영역에는 욕구, 자원, 장애물 등이 포함된다.

② 예기치 않은 과정에서 다양한 이유로 종결될 수 있다.

③ 사례관리 적격 여부를 확인하여 기관의 클라이언트로 확정하는 과정은 사정단계이다.

④ 클라이언트에 대한 상담, 치료 등의 직접적 활동뿐만 아니라 가족과 지역사회를 대상으로 하는 간접적 활동도 제공한다.

19 「정신건강증진 및 정신질환자 복지서비스 지원에 관한 법률」상 정신건강사회복지에 대한 설명으로 옳지 않은 것은?

① 정신요양시설은 정신질환자의 사회적응을 위한 각종 훈련과 생활지도를 하는 시설이다.

② 국가계획 또는 지역계획에는 영·유아, 아동, 청소년, 중·장년, 노인 등 생애주기 및 성별에 따른 정신건강증진사업이 포함되어야 한다.

③ 정신건강증진시설이란 정신의료기관, 정신요양시설 및 정신재활시설을 말한다.

④ 보건복지부장관 또는 지방자치단체의 장은 알코올, 마약, 도박, 인터넷 등의 중독 문제와 관련한 종합적인 지원사업을 수행하기 위하여 중독관리통합지원센터를 설치·운영할 수 있다.

20 「청소년복지 지원법」상 청소년복지시설에 대한 설명으로 옳은 것만을 모두 고르면?

ㄱ. 청소년쉼터: 가정 밖 청소년에 대하여 가정·학교·사회로 복귀하여 생활할 수 있도록 일정 기간 보호하면서 상담·주거·학업·자립 등을 지원하는 시설

ㄴ. 청소년자립지원관: 일정 기간 청소년쉼터 또는 청소년회복지원시설의 지원을 받았는데도 가정·학교·사회로 복귀하여 생활할 수 없는 청소년에게 자립하여 생활할 수 있는 능력과 여건을 갖추도록 지원하는 시설

ㄷ. 청소년치료재활센터: 학습·정서·행동상의 장애를 가진 청소년을 대상으로 정상적인 성장과 생활을 할 수 있도록 해당 청소년에게 적합한 치료·교육 및 재활을 종합적으로 지원하는 거주형 시설

① ㄱ, ㄴ
② ㄱ, ㄷ
③ ㄴ, ㄷ
④ ㄱ, ㄴ, ㄷ

사회복지학개론
기출문제집

2022

사회복지학개론 기출문제

국가직 9급

지방직 9급

2022년 기출
2022.04.02. 시행

국가직 9급

01 윌렌스키(Wilensky)와 르보(Lebeaux)가 제시한 사회복지의 제도적 개념과 잔여적 개념에 대한 설명으로 옳지 않은 것은?

① 잔여적 개념으로서의 사회복지는 자선, 사후 치료적 서비스를 통해 문제를 해결하려는 경향이 강하다.

② 제도적 개념으로서의 사회복지는 사회제도의 기능을 임시로 보충하는 것을 의미한다.

③ 제도적 개념으로서의 사회복지는 가족과 시장경제가 제 기능을 수행하는 것이 불가능하기 때문에 사회를 유지하기 위해 독특하고 필수적인 기능을 수행하는 것을 의미한다.

④ 잔여적 개념으로서의 사회복지는 사회복지제도를 사회의 유지 및 발전에 필수적인 사회제도로 간주하지 않는다.

02 사회복지 역사에 대한 설명으로 옳은 것은?

① 엘리자베스 구빈법은 구호대상자를 노동능력에 따라 구분하였는데 노동능력이 없는 빈민은 구빈원에 수용하였다.

② 인보관운동은 구호의 중복을 피하는 한편 우애방문원을 파견하여 클라이언트에게 적절한 원조를 제공하였다.

③ 비스마르크의 3대 사회보험 중 가장 먼저 제정된 것은 산업재해보험(Unfallversicherung)이다.

④ 1980년대 이후 신자유주의의 영향으로 복지제도가 근로연계복지(workfare)에서 공공급여를 중심으로 하는 복지서비스로 재편되었다.

03 집단사회복지실천단계를 준비단계, 초기단계, 중간단계, 종결단계로 구분할 때 초기단계에서 행하는 사회복지사의 역할로 옳은 것만을 모두 고르면?

ㄱ. 집단구성원의 선발절차를 정한다.
ㄴ. 각 구성원들이 집단에서 성취하고자 하는 개인적 목표를 설정하도록 돕는다.
ㄷ. 집단구성원의 저항과 갈등을 적극적으로 다룬다.
ㄹ. 집단규칙, 참여자의 역할에 대해 설명하고 안내한다.

① ㄱ, ㄷ
② ㄴ, ㄹ
③ ㄱ, ㄴ, ㄹ
④ ㄴ, ㄷ, ㄹ

04 지역복지 관련 변화를 시기가 이른 것부터 바르게 나열한 것은?

(가) 희망복지지원단 설치
(나) 읍면동 복지허브화 실시
(다) 지역사회 통합돌봄 선도사업 실시
(라) 행복e음 개통

① (가) → (나) → (다) → (라)
② (다) → (나) → (라) → (가)
③ (라) → (나) → (가) → (다)
④ (라) → (가) → (나) → (다)

05 지역사회 복지욕구조사를 위한 자료수집방법에 대한 설명으로 옳지 않은 것은?

① 초점집단인터뷰는 지역사회문제와 관련된 소규모 사람들이 한 공간에서 자유롭게 의견을 제시하게 하는 방법이다.

② 델파이기법은 지역사회문제와 관련한 전문가들을 대상으로 익명적으로 의견을 수렴하고 견해의 합치를 이끌어 내기 위해 설문의 과정을 반복하는 방법이다.

③ 서베이는 지역사회구성원을 대상으로 설문지를 작성하여 우편이나 이메일, 직접 면접조사 방법 등을 통하여 자료를 수집하는 방법이다.

④ 사회지표분석은 지역사회를 대표하는 사람들을 초대하여 지역사회문제에 대한 설명을 요청하고 이에 대한 의견을 나누는 방법이다.

06 「아동복지법」상 국가와 지방자치단체의 책무로 옳지 않은 것은?

① 아동의 안전·건강 및 복지 증진을 위하여 아동과 그 보호자 및 가정을 지원하기 위한 정책을 수립·시행하여야 한다.

② 「아동의 권리에 관한 협약」에서 규정한 아동의 권리 및 복지 증진 등을 위하여 필요한 시책을 수립·시행하고, 이에 필요한 교육과 홍보를 하여야 한다.

③ 아동을 가정에서 분리하여 보호할 경우에는 신속히 사회로 복귀할 수 있도록 지원하여야 한다.

④ 아동의 보호자가 아동을 행복하고 안전하게 양육하기 위하여 필요한 교육을 지원하여야 한다.

07 '제3의 길'이 지향하는 '사회투자국가'의 특징으로 옳은 것만을 모두 고르면?

ㄱ. 기회의 평등보다는 결과의 평등을 중시한다.
ㄴ. 인적자본에 대한 투자와 교육을 강조한다.
ㄷ. 경제정책과 사회정책의 통합성을 강조하지만 사회정책을 경제정책보다 우선한다.
ㄹ. 시민은 노동을 통해 스스로 자신을 부양할 것을 강조한다.

① ㄱ, ㄷ   ② ㄴ, ㄹ
③ ㄱ, ㄴ, ㄹ   ④ ㄴ, ㄷ, ㄹ

08 가족문제를 바라보는 이론에 대한 설명으로 옳지 않은 것은?

① 구조기능주의이론은 가족을 개인과 사회를 중재하는 적응력 있는 단위로 본다.

② 갈등이론은 가족 내 이해관계, 자원의 불평등에 초점을 둔다.

③ 상호작용이론은 가족에 대한 해석 혹은 가치판단을 가족문제의 원인으로 본다.

④ 사회구성주의이론은 남편이 생계를 책임지고 부인은 가사를 책임지는 역할분담을 벗어나는 가족의 상태를 병리적인 가족해체라고 본다.

09 핀커스(Pincus)와 미나한(Minahan)이 제시한 '체계들'에 대한 예로 옳지 않은 것은?

① 변화매개체계 : 비행청소년 A군을 정신건강복지센터에 의뢰한 법원
② 클라이언트체계 : 학교사회복지사의 도움을 필요로 하는 B양
③ 표적체계 : A군의 문제해결을 위해 변화되어야 할 아버지
④ 행동체계 : B양의 문제해결에 격려와 지지를 줄 수 있는 단짝친구들

10 해결중심모델기술에 대한 예로 옳은 것만을 모두 고르면?

> ㄱ. 예외질문 – "딸의 가출 횟수가 지금보다 조금이라도 줄었을 때는 언제였나요?"
> ㄴ. 관계성질문 – "장기간 경제적 어려움과 건강악화가 계속되었는데 지금까지 어떻게 견딜 수 있으셨나요?"
> ㄷ. 척도질문 – "내방하기 전을 0점이라고 하고 당신이 염려하는 문제가 해결된 상태를 10점으로 한다면 지금은 몇 점입니까?"
> ㄹ. 대처질문 – "뭐가 달라지면 오늘 복지관에 와서 상담하기를 잘했구나 하는 생각이 드실까요?"

① ㄱ, ㄷ
② ㄴ, ㄹ
③ ㄱ, ㄴ, ㄷ
④ ㄴ, ㄷ, ㄹ

11 베버리지(W. Beveridge)가 강조한 사회보험이 성공하기 위한 전제조건이 아닌 것은?

① 실업수당으로 인한 재정손실을 감안한 완전고용
② 가족의 크기와 소득을 고려하여 결정하는 가족수당
③ 보편주의 원칙하의 비정액기여제와 최저수준의 선별급여제
④ 치료와 예방을 포괄적으로 제공하는 보건서비스

12 사회복지실천을 위한 면접에서 폐쇄질문보다 개방질문이 더 적절한 경우는?

① 제한된 시간 동안 사실이나 자세한 정보를 파악하고자 할 때
② 비자발적인 클라이언트로부터 사실 관계에 관한 정보를 얻고자 할 때
③ 클라이언트의 자유로운 의사 표현을 격려하고자 할 때
④ 면담 마무리 단계에서 면담 내용을 요약하고 사실이나 구체적인 내용을 명료화하고자 할 때

13 영국 사회복지발달사에 중요한 영향을 준 법률을 제정 순서대로 바르게 나열한 것은?

> (가) 정주법   (나) 길버트법
> (다) 작업장법   (라) 개정구빈법
> (마) 스핀햄랜드법

① (가) → (다) → (나) → (마) → (라)
② (가) → (다) → (라) → (나) → (마)
③ (다) → (나) → (가) → (마) → (라)
④ (다) → (라) → (가) → (마) → (나)

14 사회복지프로그램 평가에 대한 설명으로 옳지 않은 것은?

① 총괄(summative)평가는 사회복지프로그램 존속 여부와 성공 여부를 결정하는 평가방식이다.
② 형성(formative)평가는 프로그램 계획과정이나 실행 중에 수행되는 평가방식이다.
③ 목표달성(goal attainment)평가는 평가하고자 하는 프로그램이 목표를 얼마나 달성했는가를 알아보는 평가방식이다.
④ 비용효과분석(cost-effectiveness analysis)평가는 프로그램에 들어가는 비용뿐만 아니라 프로그램의 성과도 화폐적 가치로 환산하는 평가방식이다.

15 정신건강사회복지에 대한 설명으로 옳지 않은 것은?

① 정신건강사회복지란 정신건강증진을 통해 삶의 질을 향상할 뿐만 아니라 정신적으로 건강한 지역사회를 위한 제반 서비스를 제공하는 것이다.
② 정신건강사회복지의 1차적 대상은 정신적·정서적 장애를 가지고 있는 클라이언트들을 말하며, 가족은 1차적인 대상에 포함되지 않는다.
③ 정신건강사회복지에서의 클라이언트는 서비스를 받는 대상임과 동시에 서비스를 행하는 주체로 볼 수 있다.
④ 정신건강사회복지의 개입방법은 개별 수준의 사회복지실천 방법뿐 아니라 집단, 가족, 지역사회 개입 등 통합적인 사회복지실천 방법을 적용하여 개입한다.

16 가족 대상 사회복지실천에 대한 설명으로 옳은 것만을 모두 고르면?

ㄱ. 개인의 문제를 해결하기 위해서 가족 단위의 개입이 시행될 수 있다.
ㄴ. 사회복지사는 전문적 권위를 가지면서도 가족과의 파트너십과 협력을 중요하게 고려한다.
ㄷ. 가족조각은 공간 속에서 가족구성원들의 몸을 이용해 가족의 상호작용 양상을 시각적으로 표현하는 것이다.
ㄹ. 탈삼각화기법은 아내가 자신에게서 멀어지는 남편을 대신하여 딸이 자신을 편들도록 할 때, 딸을 끌어들이지 않고 당사자끼리 갈등을 해결할 수 있도록 함으로써 딸이 부모의 갈등에서 자유로울 수 있게 하는 기법이다.

① ㄱ, ㄷ
② ㄱ, ㄴ, ㄹ
③ ㄴ, ㄷ, ㄹ
④ ㄱ, ㄴ, ㄷ, ㄹ

17 사회복지시설 및 기관에 대한 평가제도에 대한 설명으로 옳지 않은 것은?

① 사회복지기관의 조직관리, 인사관리, 프로그램관리, 재정관리 등 사회복지 전반의 실천적 노력을 증대시켰다.
② 1997년에 「사회복지사업법」을 개정하여 1998년 사회보장정보원이 평가를 실시하였다.
③ 사회복지기관 운영의 책임성, 효과성, 효율성을 높일 수 있다는 관점에서 사회복지행정의 중요성을 증대시켰다.
④ 사회복지시설의 평가 목적은 투명성과 서비스의 질 향상을 통한 국민의 복지 수준 향상에 기여하는 것이다.

18 사회복지의 가치에 대한 설명으로 옳은 것만을 모두 고르면?

> ㄱ. 에스핑 앤더슨(Esping-Andersen)의 복지국가 유형 분류에서 사회민주주의 복지국가가 추구하는 자유는 소극적 자유보다는 적극적 자유에 더 가깝다.
> ㄴ. 롤스(J. Rawls)는 공정한 절차를 보장하기 위한 장치로서 원초적 입장(original position)이라는 개념을 제시하였다.
> ㄷ. 에밀 뒤르켐(E. Durkheim)이 주장하는 유기적 연대란 사회구성원의 유사성에 근거한 전통사회에서 지배적인 연대를 의미한다.

① ㄱ, ㄴ   ② ㄱ, ㄷ
③ ㄴ, ㄷ   ④ ㄱ, ㄴ, ㄷ

19 사회복지실천에 있어 기록에 대한 설명으로 옳지 않은 것은?

① 기록은 개입한 사례의 첫 단계부터 종결단계까지 제공한 서비스의 내용과 과정, 목표달성 여부와 성과 등을 남겨 문서화해야 한다.
② 기록은 사회복지사의 활동을 점검하고 교육하는 슈퍼비전의 유용한 도구이다.
③ 기록은 사회복지사의 관점에서 작성되며 클라이언트와 공유되지 않는다.
④ 기록은 사례관리, 의뢰 및 전문직 간 협조체계를 활성화하는 도구로 활용된다.

20 사회복지조사에 대한 설명으로 옳지 않은 것은?

① 단순무작위표집(simple random sampling)에 비해 층화표집(stratified sampling)은 표집오류를 줄일 가능성이 크다.
② 동질성의 원리에 입각해서 신뢰도를 평가하는 방법은 상호관찰자기법(interobserver reliability)이다.
③ 외적타당도(external validity)는 서술된 인과관계가 그 연구의 조건을 넘어서서 일반화될 수 있는 정도를 말한다.
④ 독립변수의 조작은 가능하지만 대상을 무작위화할 수는 없고 독립적 관찰을 여러 번 할 수 있으면 유사실험설계(quasi-experimental design)를 적용할 수 있다.

2022년 기출

2022.06.18. 시행

지방직 9급

01 로마니신(Romanyshyn)이 제시한 사회복지 변화 방향으로 옳지 않은 것은?

① 보편성(universal)에서 특수성(special)으로
② 자선(charity)에서 시민의 권리(citizen right)로
③ 민간(voluntary) 지원에서 공공(public) 지원으로
④ 잔여적(residual) 복지에서 제도적(institutional) 복지로

02 「국민기초생활 보장법」상 보장기관이 급여의 결정 및 실시 등에 사용하기 위하여 산출한 개별가구의 소득평가액과 재산의 소득환산액을 합산한 금액에 해당하는 용어는?

① 소득인정액
② 최저생계비
③ 최저보장수준
④ 기준 중위소득

03 다음의 설명은 카두신(Kadushin)이 분류한 아동복지서비스 중 어디에 해당하는가?

- 사회가 부모의 역할을 일부분 대행함으로써 부모 역할이 충족되도록 돕는 서비스
- 부모의 실업, 질병, 장애 등의 문제에 대처하기 위한 서비스
- 보육서비스, 가정봉사원 파견 서비스

① 지지적 서비스(supportive service)
② 보충적 서비스(supplementary service)
③ 대리적 서비스(substitute service)
④ 기능적 서비스(functional service)

04 「노인복지법」상 노인주거복지시설로 옳지 않은 것은?

① 양로시설
② 노인복지주택
③ 노인공동생활가정
④ 노인요양공동생활가정

05 밀착가족(enmeshed family)과 유리가족(disengaged family)에 대한 설명으로 옳지 않은 것은?

① 밀착가족은 가족성원 간 상호작용이 부족하다.
② 밀착가족은 가족성원의 자율성이 보장되지 않는다.
③ 유리가족은 가족성원 간 충성심이 부족하다.
④ 유리가족은 가족으로서의 보호 기능을 수행하기 어렵다.

06 체계이론과 관련된 용어에 대한 설명으로 옳지 않은 것은?

① 홀론(holon)은 부분임과 동시에 전체라는 체계 속성을 의미한다.
② 상호성(reciprocity)은 체계 내 한 부분의 변화는 다른 부분에 영향을 미치고 전체체계에도 파급 효과가 있음을 의미한다.
③ 항상성(homeostasis)은 체계 내외부에서 발생한 변화로 균형이 깨졌을 때 회복하고자 하는 경향을 의미한다.
④ 엔트로피(entropy)는 체계 외부로부터 에너지가 유입되어 체계 내부에 유용하지 않은 에너지가 감소하는 것을 의미한다.

07 사회복지사의 역할과 활동 사례가 바르게 짝지어 지지 않은 것은?

① 옹호자(advocate) - 불이익을 당하고 있는 중 증장애인의 권익향상을 위해 정책 변화를 도모 하였다.

② 행동가(activist) - 한부모가족의 청소년이 지 역사회 내 방과 후 서비스를 이용할 수 있도록 기관을 연계해 주었다.

③ 중재자(mediator) - 이혼 조정 중인 부모의 자 녀 양육권 갈등 상황에서 중립적 위치를 유지 하며 합의를 이끌어냈다.

④ 교육가(educator) - 손자녀를 양육하는 조부 모를 대상으로 양육기술 교육을 진행하였다.

08 「청소년복지 지원법」상 청소년복지시설 중 학습 · 정서 · 행동상의 장애가 있는 청소년을 대상으로 정상적인 성장과 생활을 할 수 있도록 해당 청소년 에게 적합한 치료 · 교육 및 재활을 종합적으로 지 원하는 거주형 시설은?

① 청소년쉼터

② 청소년자립지원관

③ 청소년치료재활센터

④ 청소년회복지원시설

09 우리나라 아동복지 제도에 대한 설명으로 옳지 않 은 것은?

① 보호아동 자립지원 - 아동복지시설 등에서 퇴 소하는 아동의 자립 준비 및 안정적인 자립 기 반 조성

② 디딤씨앗통장 - 아동과 국가의 매칭펀드를 통 해 저소득층 아동의 사회진출 시 필요한 자립 자금 마련 지원

③ 드림스타트 - 취약계층의 아동에게 건강, 기 초학습, 사회성 함양, 부모 양육 지도 등 맞춤 형 통합서비스 제공

④ 아동수당 - 아동 양육에 따른 경제적 부담을 경감하기 위해 만 18세 미만의 아동에게 정기 적으로 현금 지급

10 고려시대의 구빈제도로 옳지 않은 것은?

① 사창(社倉)

② 제위보(濟危寶)

③ 혜민국(惠民局)

④ 흑창(黑倉)

11 연대별로 제정된 사회복지 관련법이 바르게 짝지 어진 것은?

① 1960년대 - 「생활보호법」, 「군인연금법」

② 1970년대 - 「사회보장에 관한 법률」, 「모자복 지법」

③ 1980년대 - 「사회복지 사업법」, 「사회복지 공동 모금회법」

④ 1990년대 - 「노인복지법」, 「사회보장기본법」

12 조지와 윌딩(George & Wilding)이 제시한 사회복지 이념에 대한 설명으로 옳지 않은 것은?

① 반집합주의는 국가의 개입이 시장경제의 효율성을 저해하므로 불평등을 완화하려는 복지국가에 찬성하지 않는다.
② 페이비언 사회주의는 평등과 공동체의 이익을 강조하며, 불평등을 완화하려는 국가의 개입을 지지한다.
③ 소극적 집합주의는 시장을 중시하며, 자본주의 체제의 조절능력을 믿어 복지국가에 반대한다.
④ 마르크스주의는 시장경제를 부정하고, 불평등을 자본주의체제의 붕괴로 해결할 수 있다고 믿으며 복지국가에 반대한다.

13 사회구성주의에 기반한 사회복지실천 관점에 대한 설명으로 옳은 것만을 모두 고르면?

> ㄱ. 외적으로 동일한 현상도 개인의 믿음, 전통, 관습 등에 따라 다르게 인식될 수 있음을 강조한다.
> ㄴ. 과거의 객관적 실체와 사실관계 파악이 문제 해결의 기초라고 전제한다.
> ㄷ. 현실에 대한 사회적 구성은 주로 대화를 통해 이루어진다고 본다.

① ㄱ, ㄴ   ② ㄱ, ㄷ
③ ㄴ, ㄷ   ④ ㄱ, ㄴ, ㄷ

14 등간(interval) 척도에 대한 설명으로 옳은 것만을 모두 고르면?

> ㄱ. 비수량적인 상호 배타적 속성을 나타낸 것이다.
> ㄴ. 속성들 간의 거리를 일정한 간격으로 구분한 것이다.
> ㄷ. 해당 속성이 전혀 없는 상태인 절대 0값이 존재한다.

① ㄱ   ② ㄴ
③ ㄱ, ㄷ   ④ ㄴ, ㄷ

15 집단사회복지에서 파펠과 로스먼(Papell & Rothman)이 제시한 3가지 모델에 관한 설명으로 옳지 않은 것은?

① 치료 모델에서는 개인의 치료와 재활을 위한 도구로 집단을 활용한다.
② 치료 모델은 사회적 기능 수행상 문제가 있는 개인의 회복을 위해 임상에서 사용된다.
③ 사회적 목표 모델은 집단성원에게 기술과 정보를 제공할 목적을 가지며, 교육과 강의 중심으로 구성된다.
④ 상호작용 모델은 집단성원 간의 공생적이며 상호적인 관계를 통해 문제를 해결하는 것에 초점을 둔다.

16 사회복지실천의 기록 유형에 관한 설명으로 옳은 것은?

① 문제중심기록은 문제영역을 목록화하여 각 문제에 대한 주관적 정보, 객관적 정보, 사정, 계획을 기록한다.

② 이야기체기록은 사회복지사와 클라이언트 간에 있었던 모든 일을 대화 형태로 기록한다.

③ 과정기록은 정보수집을 통해 얻은 자료를 선택하여 핵심 내용을 중심으로 기록한다.

④ 요약기록은 사회복지사의 성찰과 슈퍼비전을 위해, 면접 내용과 슈퍼바이저 코멘트 부분을 구분하여 기록한다.

17 「사회보장급여의 이용·제공 및 수급권자 발굴에 관한 법률」상 시·군·구 지역사회보장에 관한 계획에 대한 설명으로 옳은 것만을 모두 고르면?

> ㄱ. 시·군·구 생활보장위원회가 심의한다.
> ㄴ. 지역사회보장에 관한 계획은 4년마다 수립한다.
> ㄷ. 시·군·구 의회 보고를 거쳐 보건복지부장관에게 제출하여야 한다.

① ㄱ
② ㄴ
③ ㄴ, ㄷ
④ ㄱ, ㄴ, ㄷ

18 「기초연금법」상 기초연금에 대한 설명으로 옳지 않은 것은?

① 노인에게 안정적인 소득 기반을 제공함으로써 노인의 생활 안정을 지원하고 복지를 증진함을 목적으로 한다.

② 노령으로 인한 소득감소를 보전하기 위한 국민연금의 급여 유형 중 하나이다.

③ 「공무원연금법」에 따른 퇴직연금을 받는 사람에게는 지급하지 않는다.

④ 기준연금액은 그 전년도의 기준연금액에 대통령령으로 정하는 바에 따라 전국소비자물가변동률을 반영하여 매년 고시한다.

19 「사회보장급여의 이용·제공 및 수급권자 발급에 관한 법률」상 시·군·구 지역사회보장협의체가 심의·자문하는 업무로 명시되지 않은 것은?

① 시·군·구 사회보장급여 제공에 관한 사항

② 시·군·구 지역사회보장지표에 관한 사항

③ 시·군·구 사회복지시설 평가 기준 제정에 관한 사항

④ 읍·면·동 단위 지역사회보장협의체 구성 및 운영에 관한 사항

20 「사회복지법인 및 사회복지시설 재무·회계 규칙」에 따른 후원금 관리 방법으로 옳은 것만을 모두 고르면?

> ㄱ. 사회복지시설거주자가 받은 개인결연후원금은 당해인이 정신질환으로 인해 관리능력이 없을 경우 사회복지시설의 장이 관리할 수 있다.
> ㄴ. 연 1회 이상 해당 후원금의 수입 및 사용내용을 후원금을 낸 법인·단체 또는 개인에게 통보한다.
> ㄷ. 후원금의 수입 및 지출을 세입·세출 예산으로 편성하여 사용한다.

① ㄱ, ㄴ
② ㄱ, ㄷ
③ ㄴ, ㄷ
④ ㄱ, ㄴ, ㄷ

사회복지학개론 기출문제

국가직 9급
지방직 9급

2021년 기출

2021.04.17. 시행

국가직 9급

01 로스만(J. Rothman)이 제시한 지역사회복지 실천 모델에 대한 설명으로 옳은 것만을 모두 고르면?

> ㄱ. 사회계획 모델에서는 교육을 통해 주민 지도자를 양성하고 협력적인 지역분위기를 조성하는 데 주력한다.
> ㄴ. 지역사회개발 모델에서는 주민의 자조정신이 강조되며 주민의 문제해결 능력 강화에 초점을 둔다.
> ㄷ. 사회행동 모델에서는 사회복지사의 중개자, 옹호자로서의 역할이 강조된다.

① ㄱ, ㄴ   ② ㄱ, ㄷ
③ ㄴ, ㄷ   ④ ㄱ, ㄴ, ㄷ

02 공적연금 재정의 운영방식에 대한 설명으로 옳지 않은 것은?

① 부과방식은 현재의 근로세대가 현재의 퇴직세대의 연금급여 지출에 필요한 재원을 부담하는 방식이다.
② 부과방식은 적립방식에 비해 세대 간 소득재분배 효과가 낮다.
③ 적립방식은 가입자로부터 징수한 보험료를 기금으로 적립하였다가 추후 지급하는 방식이다.
④ 적립방식은 적립된 기금의 운용이 가능하며, 기금 투자로 인한 원금 손실의 위험이 존재한다.

03 사회복지제도에서 현금급여를 현물급여보다 선호하는 이유로 옳지 않은 것은?

① 수급자의 선택권 강화
② 행정 비용의 감소
③ 정책 목표의 특정화에 용이
④ 수급자 효용의 극대화

04 다음 법률 중 2000년 이후 제정된 것만을 모두 고르면?

> ㄱ. 「노인장기요양보험법」
> ㄴ. 「사회서비스 이용 및 이용권 관리에 관한 법률」
> ㄷ. 「저출산·고령사회기본법」
> ㄹ. 「사회보장기본법」

① ㄱ, ㄴ, ㄷ
② ㄱ, ㄴ, ㄹ
③ ㄱ, ㄷ, ㄹ
④ ㄴ, ㄷ, ㄹ

05 사회복지(social welfare)와 사회사업(social work)의 개념에 대한 설명으로 옳은 것은?

① 우리나라는 1961년 제정된 「생활보호법」의 목적으로 '사회복지'의 향상을 명시했다.
② 사회복지는 사회사업에 비해 개인이나 가족, 집단에 대한 문제해결에서 치료 접근을 강조한 개념이다.
③ 미국에서 사회사업은 19세기 전반부터 전문직화되는 경향을 보였다.
④ 우리나라 「사회복지사업법」에서는 '사회복지'와 '사회사업'의 용어를 각각 정의하고 있다.

06 영국에서 다음의 변화를 가져온 입법은?

> - 빈민의 수용 구호를 원칙으로 하는 기존 작업장 제도를 완화했다.
> - 노동력을 가진 빈민에 대해 원외구호(outdoor relief)를 허용했다.
> - 구빈에 대한 새로운 인도주의적 접근이라는 평가를 받았다.

① 엘리자베스 구빈법(1601년)
② 작업장법(1722년)
③ 길버트법(1782년)
④ 신구빈법(1834년)

07 리머(F. Reamer)가 제시한 사회복지실천에서의 윤리적 결정 지침에 대한 설명으로 옳지 않은 것은?

① 주거, 교육, 공공부조와 같은 공공재를 증진할 의무는 개인의 재산관리권에 우선한다.
② 개인의 기본적인 복지권은 타인의 자기결정권에 우선한다.
③ 개인이 자발적으로 동의한 법, 규칙, 규정을 지킬 의무는 이를 위반할 권리보다 통상적으로 우선한다.
④ 개인의 기본적 복지권은 그 자신의 자기결정권에 우선한다.

08 복지국가에 대한 이념 유형 중 자유시장경제의 가치를 중시하고, 국가 개입의 최소화를 가장 강조하는 것은?

① 사회민주주의
② 페미니즘
③ 마르크스주의
④ 신자유주의

09 다음 조사연구에서 활용한 표본추출 방법은?

> 모집단에서 다수의 하위집단을 먼저 무작위 추출한 뒤, 하위집단별로 최종 자료수집의 표본 단위를 무작위로 추출하였다.

① 유의표집법(purposive sampling)
② 집락표집법(cluster sampling)
③ 할당표집법(quota sampling)
④ 체계표집법(systematic sampling)

10 사회복지 자료분석 및 해석과정에서 범할 수 있는 '생태학적 오류(ecological fallacy)'에 대한 설명으로 옳은 것은?

① 측정 환경의 불안정으로 수집된 자료값이 일관성을 보이지 못하는 것이다.
② 집단 단위의 조사에 근거한 내용을 개인 단위에 대한 설명으로 사용하는 것이다.
③ 어떤 현상의 원인이나 개념을 지나치게 제한하거나 단순화하는 것이다.
④ 소수의 표본에서 얻은 결과를 전체에게 과도하게 확대 적용하는 것이다.

11 사회복지 프로그램의 기획과 평가에 활용되는 논리모형(logic model)에 대한 설명으로 옳지 않은 것은?

① 프로그램을 체계 이론의 관점에서 분석하고 이해한다.
② 프로그램의 구성 부분을 활동(process), 성과(outcome), 산출(output), 투입(input)으로 나눈다.
③ 산출은 프로그램 활동의 직접적인 결과에 해당하는 생산물을 말한다.
④ 성과는 투입의 결과로서 산출에 앞서서 발생한다.

12 우리나라 사회복지서비스 전달체계에서 민간 부문에 대한 설명으로 옳지 않은 것은?

① 전통적으로 직접 서비스의 생산자 역할을 주로 맡아왔다.

② 비영리단체나 기업, 개인 등이 민간 부문에 해당된다.

③ 공공 부문에 비해 안정성이 높다는 장점과 융통성 발휘가 어렵다는 단점이 있다.

④ 정부로부터 재정 지원과 규제를 받을 수 있다.

13 장애인복지 이념 중 자립생활 모델과 재활 모델에 대한 비교 설명으로 옳은 것은?

① 자립생활 모델은 재활 모델에 비해 전문가의 개입을 통한 문제해결과 치료적 접근을 더 추구한다.

② 재활 모델은 자립생활 모델에 비해 변화가 필요한 체계로서 환경을 더 강조한다.

③ 자립생활 모델은 재활 모델에 비해 장애인을 소비자로 보는 경향이 더 강하다.

④ 재활 모델은 자립생활 모델에 비해 장애인의 자기결정권과 선택권을 더 강조한다.

14 「노인복지법」상 동일한 종류의 노인복지시설로만 묶은 것은?

> ㄱ. 양로시설
> ㄴ. 단기보호서비스 시설
> ㄷ. 노인복지관
> ㄹ. 경로당
> ㅁ. 노인요양시설

① ㄱ, ㄴ 　　② ㄷ, ㄹ

③ ㄴ, ㄷ, ㅁ 　　④ ㄱ, ㄴ, ㄹ, ㅁ

15 「장애인차별금지 및 권리구제 등에 관한 법률」상 차별행위의 판단 기준에 해당하지 않는 것은?

① 장애인을 도우려는 목적에서라도 장애인이라는 이유로 과도하게 보호하는 경우

② 장애인을 장애를 사유로 정당한 사유 없이 제한·배제·분리·거부 등에 의하여 불리하게 대하는 경우

③ 정당한 사유 없이 장애인에 대하여 정당한 편의 제공을 거부하는 경우

④ 보조견 또는 장애인보조기구 등의 정당한 사용을 방해하는 경우

16 지역사회보장협의체에 대한 설명으로 옳지 않은 것은?

① 「사회보장급여의 이용·제공 및 수급권자 발굴에 관한 법률」에 근거하고 있다.

② 사회보장에 관한 업무를 담당하는 공무원은 지역사회보장협의체의 위원이 될 수 있다.

③ 지역사회보장협의체는 전국 시·도, 시·군·구, 읍·면·동 단위에 설치한다.

④ 지역의 사회보장 증진, 사회보장과 관련된 서비스를 제공하는 관계 기관·법인·단체·시설과 연계·협력을 강화하기 위한 목적을 가지고 있다.

17 「아동학대범죄의 처벌 등에 관한 특례법」상 피해아동보호명령 사건의 심리와 결정을 하는 사람은?

① 아동학대전담공무원
② 사법경찰관
③ 검사
④ 판사

18 「청소년복지 지원법」상 청소년복지시설의 종류에 해당하지 않는 것은?

① 청소년회복지원시설
② 청소년쉼터
③ 청소년치료재활센터
④ 청소년수련원

19 비에스텍(F. Biestek)이 제시한 전문적 사회복지 실천관계의 기본 원칙에서, 사회복지사가 지켜야 할 내용으로 옳지 않은 것은?

① 클라이언트의 장점과 약점, 긍정적인 감정과 부정적인 감정 등을 포함하여 클라이언트를 있는 그대로 이해하고 편견없이 받아들여야 한다.
② 클라이언트가 자신의 감정을 표현하도록 격려하고 자극하는 것이 관계형성의 객관성 침해임을 인식하여, 이를 피해야 한다.
③ 클라이언트의 상황과 자신의 개인적 감정을 분리하여야 하며, 클라이언트의 감정에 대해 목적을 가지고 적절히 반응하여야 한다.
④ 문제의 원인이 클라이언트의 잘못에 의한 것인지 아닌지 심판하지 않으며, 클라이언트의 특성 및 가치관을 비난하지 않아야 한다.

20 다음 목적에 적합한 사회복지실천의 클라이언트 사정도구는?

- 클라이언트의 상황에서 의미 있는 체계들과의 관계를 시각적으로 제시
- 클라이언트와 가족이 외부 체계들과 맺고 있는 관계의 범위와 특성을 확인
- 클라이언트와 외부 체계와의 관계에서 자원교환이나 에너지의 흐름 등을 파악

① 생태도(ecomap)
② 가계도(genogram)
③ 소시오그램(sociogram)
④ 생활력도표(life-history grid)

2021년 기출
2021.06.05. 시행

지방직 9급

01 사회복지 대상자 선정 원칙인 선별주의와 보편주의에 대한 설명으로 옳지 않은 것은?

① 선별주의는 보편주의에 비해 상대적으로 소득 재분배의 효과가 크다.

② 선별주의에는 국민기초생활보장제도, 장애연금 등이 포함된다.

③ 보편주의는 일정 범주에 속하는 모든 사람에게 사회적 권리로 급여를 제공한다.

④ 보편주의는 선별주의에 비해 수급자 선정을 위한 행정적 비용이 적게 든다.

02 사회복지실천에서 면접에 대한 설명으로 옳지 않은 것은?

① 원활한 면접을 진행하기 위해서는 사회복지사와 클라이언트 간의 라포(rapport) 형성이 중요하다.

② 초기에는 개방형 질문을 통해서 클라이언트와 대화를 이끌어가는 것이 필요하며, 차츰 폐쇄형 질문을 해야 한다.

③ 클라이언트가 질문에 대하여 침묵하는 것 역시 일종의 의사표현이라는 것을 이해해야 한다.

④ 사회복지사는 면접 시 클라이언트의 언어적 표현과 함께 비언어적 표현에도 관심을 가져야 한다.

03 서구의 사회복지 관련법에 대한 설명으로 옳지 않은 것은?

① 신구빈법은 열등처우의 원칙, 균일처우의 원칙, 작업장 수용의 원칙을 제시하였다.

② 길버트법은 구빈을 조직화하여 구빈행정을 효율적으로 운영하기 위해 제정되었으며, 빈민의 원외구호를 인정하였다.

③ 스핀햄랜드법은 임금보조제도를 운영하여 구빈세 부담을 감소시켰다.

④ 나치블법은 빈민에게 노동을 강제함으로써 구빈에 소요되는 재정지출을 경감하기 위한 목적으로 제정되었다.

04 윤리원칙 심사표(EPS)에서 제시하는 원칙으로 옳은 것은?

① 자율성 및 자유의 원칙은 클라이언트의 비밀보장 원칙에 우선한다.

② 최소 손실의 원칙은 평등과 불평등의 원칙에 우선한다.

③ 삶의 질의 원칙은 최소 손실의 원칙에 우선한다.

④ 진실과 완전공개의 원칙은 생명보호의 원칙에 우선한다.

05 시장실패의 원인으로 옳은 것만을 모두 고르면?

> ㄱ. 외부효과
> ㄴ. 정보의 비대칭성
> ㄷ. X-비효율성
> ㄹ. 불완전 경쟁
> ㅁ. 정부조직의 내부성

① ㄱ, ㄷ
② ㄴ, ㅁ
③ ㄱ, ㄴ, ㄹ
④ ㄱ, ㄴ, ㄷ, ㄹ

06 사회복지정책의 발달 관련 이론에 대한 설명으로 옳지 않은 것은?

① 이익집단론에 따르면 사회복지정책은 특정 이익집단의 이익에 부합하는 방향으로 수립되며, 이 과정에서 이익집단 간에 이해관계가 상충할 경우 국가의 중재자 역할을 강조한다.
② 확산이론에 따르면 경제 수준이 낮은 국가가 선진 복지국가의 영향을 받아 사회보장을 확대한 경우, 이는 공간적 확산에 해당한다.
③ 음모이론에 따르면 사회복지정책의 주된 목적은 사회질서의 유지를 위한 사회통제에 있다.
④ 수렴이론에 따르면 산업기술이 발달할수록 사회복지가 발달하며, 한 국가의 복지수준은 해당 국가의 경제발전 수준에 따라 결정된다.

07 사회복지 전달체계 구축 시 고려해야 할 주요 원칙에 대한 설명으로 옳지 않은 것은?

① 적절성이란 사회복지서비스의 양과 질 등이 클라이언트 문제해결에 충분할 만큼 제공되어야 하는 것이다.
② 지속성이란 클라이언트의 문제나 욕구 해결과정에서 제공되는 서비스의 종류와 내용이 달라져야 하는 경우 신규 서비스가 지속적으로 제공되어야 하는 것이다.
③ 평등성이란 사회복지서비스는 클라이언트의 연령, 성별, 지역, 종교 등을 막론하고 차별 없이 제공되어야 하는 것이다.
④ 통합성이란 클라이언트의 욕구는 다양하므로 이러한 욕구충족을 위해 포괄적이고 다양한 서비스가 제공되어야 하는 것이다.

08 사회복지 정책결정 모형에 대한 설명으로 옳은 것만을 모두 고르면?

> ㄱ. 점증모형은 기존의 정책에서 소폭의 수정·보완을 통해 정책을 결정하는 모형이다.
> ㄴ. 쓰레기통모형은 정책결정이 일정한 규칙에 따라 이루어지는 것이 아니라 문제, 해결책, 선택 기회, 참여자 등의 4요소가 우연히 만나게 될 때 정책결정이 이루어진다고 보는 모형이다.
> ㄷ. 혼합모형은 최적모형과 점증모형을 절충하여 현실적으로 만족할만한 수준의 정책대안을 선택하는 모형이다.
> ㄹ. 합리모형은 정책결정 체계의 성과를 최적화하기 위해 경제적 합리성과 직관, 창의력 등 초합리적 요소를 중요하게 간주하는 모형이다.

① ㄱ, ㄴ
② ㄷ, ㄹ
③ ㄱ, ㄴ, ㄷ
④ ㄴ, ㄷ, ㄹ

09 우리나라의 사회보험 중 급여 수급자나 가족이 재원을 부담하지 않는 것은?

① 국민연금
② 고용보험
③ 국민건강보험
④ 산업재해보상보험

10 사회복지실천의 주요 접근법에 대한 설명으로 옳지 않은 것은?

① 인지행동 접근법은 클라이언트의 문제를 해결하기 위해 클라이언트의 인지 재구성에 초점을 두고 인지 및 행동의 수정을 위한 훈련을 강조한다.
② 강점관점은 문제중심관점과 대치되는 시각으로, 클라이언트의 강점에는 클라이언트의 개인적 요인뿐만 아니라 사회적, 환경적 요인까지 포함된다.
③ 증거기반실천은 과학적 조사연구를 평가하고 응용하여 사회복지실천의 결과를 가장 좋게 할 수 있는 실천방법을 선택하여 적용하는 것을 의미한다.
④ 해결중심 접근법은 클라이언트의 문제에 초점을 맞춰 과거, 현재, 미래에 영향을 미치는 모든 요인들의 상호작용을 분석함으로써 문제를 해결한다.

11 잔여적 사회복지의 관점으로 옳은 것은?

① 사회복지는 사회를 유지하는 데 필수적인 기능을 수행한다.
② 현대사회에서 가족과 시장은 제 기능을 적절히 수행할 수 없는 한계가 있기 때문에 사회문제의 발생은 당연하다.
③ 사회복지는 권리가 아닌 시혜이며 수급자는 병리적인 존재이다.
④ 빈곤, 실업 등 사회문제가 발생하는 주된 원인은 사회구조적 모순에 있다.

12 서구사회의 사회복지발달과정에 대한 설명으로 옳지 않은 것은?

① 엘리자베스 구빈법은 빈민구호에 대한 국가의 책임을 인정하였으며, 빈민구호에 대한 국가 행정제도를 공식화하였다.
② 19세기 말 영국의 자선조직협회(COS)는 정부의 개입 없이 민간의 노력에 의해 빈곤 문제를 해결할 수 있다는 생각으로 다양한 민간 중심의 구빈활동을 전개하였다.
③ 인보관운동(Settlement House Movement)의 주체는 박애사상을 실천하려는 저소득 노동계층으로 빈민지역에 상주하면서 주민들의 생활 실태를 파악하고, 빈민의 생활 개선과 교육을 위해 노력하였다.
④ 1940년대 이후 약 30년에 걸친 복지국가 황금기의 주요 기반으로는 장기호황을 들 수 있다.

13 사회복지급여의 유형에 대한 설명으로 옳은 것은?

① 현금급여는 현물급여에 비해 수급자의 선택권이 더 제한된다.

② 현물급여는 현금급여에 비해 정책의 목표효율성이 더 우수하다.

③ 바우처는 현물급여에 비해 수급자의 선택권이 더 제한된다.

④ 기회와 달리 권력은 사회복지급여의 유형이 아니다.

14 리더십이론에 대한 설명으로 옳은 것만을 모두 고르면?

> ㄱ. 특성이론은 효과적인 리더의 개인적 성향이나 형질을 규명하는 작업에 집중한다.
> ㄴ. 관리격자이론은 사람과 일(생산)에 대해 적절히 균형을 갖는 중용형(5, 5)을 가장 이상적인 리더십으로 간주한다.
> ㄷ. 하우스(House)의 경로-목표이론에서는 상황을 크게 부하의 상황과 업무환경에 관련된 상황으로 구분한다.
> ㄹ. 허시(Hersey)와 블랜차드(Blanchard)의 상황이론에서는 부하가 업무능력은 없지만 업무수행 의지는 있는 경우, 참여형 리더십이 효과적이라고 주장한다.

① ㄱ, ㄷ
② ㄱ, ㄴ, ㄹ
③ ㄱ, ㄷ, ㄹ
④ ㄴ, ㄷ, ㄹ

15 사회복지전달체계의 유형 중 민간부문 전달체계의 필요성으로 옳은 것은?

① 다양한 사회복지서비스에 대한 선택의 기회 제공

② 평등과 사회적 적절성의 우선적 추구

③ 지속적이고 포괄적인 복지서비스 제공

④ 대량공급을 통한 규모의 경제 이점 실현

16 「아동학대범죄의 처벌 등에 관한 특례법」상 아동학대범죄 신고의무자에 해당하지 않는 사람은? (각 사람은 관련 법률에 따른 허가 또는 자격을 갖추고 해당 기관에 종사하는 것으로 간주함)

① 치과의사

② 작업치료사

③ 교정직 공무원

④ 성매매피해상담소 소장

17 사회복지실천 과정에서 윤리적 갈등이 발생하는 원인에 대한 설명으로 옳지 않은 것은?

① 클라이언트 체계의 다중성 - 한 가정 내에 장애아동, 학대받는 아내, 치매에 걸린 부모 등 다수의 클라이언트가 존재하고, 이들 간의 이해가 충돌했을 때 누구의 이해를 최우선으로 할 것인가에 대한 갈등

② 의무의 상충 - 학대받은 사실을 비밀로 해달라는 아동의 요청을 받았을 경우, 클라이언트의 비밀보장과 생명보호의 가치 중 어떠한 가치를 우선할 것인가에 대한 갈등

③ 결과의 모호성 - 영유아의 해외입양처럼 사회복지사의 결정에 대한 결과의 불확실성으로 인해 발생하는 갈등

④ 권력의 불균형 - 클라이언트와 사회복지사 간의 권력의 불균형으로 인해 클라이언트의 알 권리 또는 자기결정권이 침해되었을 때 발생하는 갈등

18 「장애인연금법」의 내용으로 옳은 것은?

① 장애인연금 수급권자의 연령은 20세 이상이다.
② 장애인연금의 종류에는 기초급여와 부가급여가 있다.
③ 보건복지부장관이 선정기준액을 정할 때에는 18세 이상의 중증장애인 중 수급자가 100분의 80 수준이 되도록 한다.
④ 「군인연금법」상 퇴역연금을 받을 자격이 있는 사람에게 장애인연금을 지급한다.

19 소득보장정책에 대한 설명으로 옳은 것은?

① 사회보험은 급여액이 수급자가 낸 사회보험료에 비례하므로 재분배기능이 없다.
② 국민기초생활보장제도는 수급자 특성에 따라 맞춤형급여를 제공하므로 재분배기능이 약하다.
③ 아동수당은 비기여-비자산조사 프로그램에 해당한다.
④ 국민연금은 비기여-비자산조사 프로그램에 해당한다.

20 모성보호와 자녀 돌봄 지원에 대한 내용으로 옳지 않은 것은?

① 어린이집 또는 유치원을 이용하지 않는 만 60개월 아동은 양육수당 지원 대상이 된다.
② 임신 중인 여성 근로자가 90일의 출산전후휴가를 부여받은 경우, 휴가 기간은 출산 후 45일 이상 확보되어야 한다.
③ 만 8세 이하의 자녀를 양육하기 위해 사업주로부터 육아휴직을 허용받은 근로자는 자녀 1명당 최대 1년간 휴직할 수 있다.
④ 소득에 관계없이 만 9세 이하의 아동을 둔 가정은 아동수당을 지급받는다.

2020

사회복지학개론 기출문제

국가직 9급
지방직 9급

국가직 9급

2020년 기출
2020.07.11. 시행

01 사회복지(social welfare)에서 '사회적(social)'이 의미하는 것으로 적절하지 않은 것은?

① 개인, 집단, 사회 전체 간의 사회 내적인 관계를 의미한다.
② 영리적인 요소보다는 비영리적인 속성을 갖는다는 의미이다.
③ 공동체적 삶의 요소를 중시하는 의미이다.
④ 이타적 속성이 제거된 개인적 삶의 요소를 중시함을 의미한다.

02 다음에서 설명하는 사회복지제도는?

> 일정 수준 이하의 소득계층에 대해 신청주의원칙에 입각하여 자산조사를 실시한 후 조세를 재원으로 하여 최저생활 이상의 삶을 보장하는 제도이다.

① 공공부조
② 공적연금
③ 사회서비스
④ 사회보험

03 사회보험에 대한 설명으로 옳은 것만을 모두 고르면?

> ㄱ. 기여에 근거해 급여가 제공되기 때문에 권리성이 강하다.
> ㄴ. 자산조사를 통해 급여를 제공한다.
> ㄷ. 미래에 닥칠 위험에 대응하기 위한 예방적 성격을 갖는다.
> ㄹ. 누구나 일정한 인구학적 요건만 갖추면 급여를 지급한다.

① ㄱ, ㄴ
② ㄱ, ㄷ
③ ㄴ, ㄹ
④ ㄴ, ㄷ, ㄹ

04 1980년대 대처리즘과 레이거노믹스의 복지정책 기조가 아닌 것은?

① 복지비용의 삭감 및 지출 구성의 변화
② 공공서비스를 포함한 공공부문의 국가책임 확대
③ 지방정부의 역할 축소
④ 기업에 대한 규제 완화

05 서구 사회복지의 발달과정에 대한 설명으로 옳지 않은 것은?

① 중세시대 사회복지는 교회나 수도원을 중심으로 한 자선의 형태로 수행되었다.
② 엘리자베스 구빈법은 빈민구제에 대한 국가의 책임을 인정한 법이다.
③ 영국의 자선조직협회는 우애방문원을 통해 가정방문 및 조사, 지원활동을 실시하였다.
④ 국가주도 사회보험제도는 20세기 초 영국에서 최초로 도입되었다.

06 우리나라 「사회복지사 윤리강령」에 대한 설명으로 옳지 않은 것은?

① 윤리강령은 전문과 윤리기준으로 구성되어 있다.
② 윤리기준은 기본적 윤리기준 이외에 클라이언트, 동료, 협회, 국가에 대한 윤리기준을 각각 제시하고 있다.
③ 기본적 윤리기준에는 전문가로서의 자세, 전문성 개발을 위한 노력 등의 내용으로 구성되어 있다.
④ 사회복지윤리위원회의 구성과 운영에 관한 내용도 포함되어 있다.

07 사례와 방어기제의 연결이 옳지 않은 것은?

① 다 엄마 때문에 실패했잖아. − 투사
② 대소변을 잘 가리던 아이가 동생이 태어나자 어머니의 관심을 끌기 위해 다시 대소변을 가리지 못하게 되었다. − 퇴행
③ 당신이 잘못해 놓고 더 화를 내면 어떡해? − 부정
④ 저 남편은 부인을 때리고 나서는 꼭 퇴근 시간에 꽃을 사오더라. − 취소

08 사회복지 실천과정에서 사회복지사의 과업에 대한 설명으로 옳은 것은?

① 접수단계 − 클라이언트와 긍정적 관계조성 및 상호신뢰 확보
② 사정단계 − 개입을 통해 획득한 효과의 유지와 강화
③ 개입단계 − 가계도 및 생태도 등을 활용한 클라이언트의 객관적 정보파악
④ 종결단계 − 클라이언트의 문제해결을 위해 상담, 자원연계, 교육 등 다양한 실천기술 활용

09 사회복지 조사연구의 과정을 순서대로 바르게 나열한 것은?

> ㄱ. 조사설계
> ㄴ. 문제설정
> ㄷ. 자료처리 및 분석
> ㄹ. 자료수집
> ㅁ. 결과해석 및 보고서 작성

① ㄱ → ㄴ → ㄷ → ㄹ → ㅁ
② ㄱ → ㄴ → ㄹ → ㄷ → ㅁ
③ ㄴ → ㄱ → ㄹ → ㄷ → ㅁ
④ ㄴ → ㄱ → ㄷ → ㄹ → ㅁ

10 노후소득보장제도에 대한 설명으로 옳지 않은 것은?

① 「기초노령연금법」이 폐지되고 「기초연금법」이 시행되고 있다.
② 기초연금 수급권자 선정기준은 65세 이상 전체 노인 중 소득과 재산이 적은 하위 80%이다.
③ 국민연금의 가입대상은 국내에 거주하는 국민으로 18세 이상 60세 미만인 자이다. 다만, 별정우체국 직원 등 특수직역연금 대상자는 제외한다.
④ 국민연금은 노령, 장애, 사망에 대하여 연금급여가 지급되므로 은퇴뿐만 아니라 다양한 사회적 위험에 대비하여 국민 생활안정에 기여하는 목적을 갖는다.

11 에스핑 앤더슨(Esping-Andersen)의 복지국가 유형 중 자유주의 복지국가에 대한 설명으로 옳은 것은?

① 탈상품화의 정도가 매우 높다.
② 민간부문의 역할은 미미하고, 공공부분의 역할을 강조한다.
③ 공공부조 프로그램을 상대적으로 중시한다.
④ 보편주의적 원칙을 강조한다.

12 사례관리의 등장배경이 아닌 것은?

① 시설중심의 서비스 제공
② 복잡하고 분산된 서비스 체계
③ 클라이언트와 그 가족의 과도한 책임
④ 다양한 문제와 욕구를 가진 클라이언트의 증가

13 학생 A의 폭력문제를 안고 있는 가정을 대상으로 사례관리를 실시하려고 한다. 사례관리 과정을 순서대로 바르게 나열한 것은?

> ㄱ. 문제와 관련된 전문가들이 모여 필요한 서비스를 확인하고 서비스의 우선순위를 정한다.
> ㄴ. 학생 A의 폭력 정도와 이유에 대해 학생 A 및 가족들과 인터뷰한다.
> ㄷ. 서비스를 제공하면서 학생 A의 폭력성 변화 여부를 점검한다.
> ㄹ. 가족구성원에게 사례관리에 대해 어떻게 느꼈는지 조사한다.

① ㄱ → ㄴ → ㄷ → ㄹ
② ㄴ → ㄱ → ㄷ → ㄹ
③ ㄹ → ㄱ → ㄴ → ㄷ
④ ㄹ → ㄴ → ㄱ → ㄷ

14 노인장기요양보험제도에 대한 설명으로 옳은 것만을 모두 고르면?

> ㄱ. 장기요양급여 운영, 장기요양제도의 특성을 살릴 수 있도록 「국민건강보험법」과는 별도로 「노인장기요양보험법」을 제정하였다.
> ㄴ. 관리운영기관은 「국민건강보험법」에 의하여 설립된 국민건강보험공단이다.
> ㄷ. 수급대상자는 65세 이상의 노인 또는 65세 미만 자로 노인성질병이 없는 장애인이다.
> ㄹ. 「노인장기요양보험법」상 서비스는 소득에 비례해서 차등되게 제공된다.
> ㅁ. 장기요양기관을 통해 신체활동 또는 가사지원 등의 서비스를 제공한다.

① ㄱ, ㄴ, ㅁ   ② ㄱ, ㄷ, ㄹ
③ ㄴ, ㄷ, ㄹ   ④ ㄴ, ㄹ, ㅁ

15 가족복지정책에 대한 설명으로 옳지 않은 것은?

① 육아휴직제도는 만 8세 이하 또는 초등학교 2학년 이하의 자녀를 가진 근로자에게 1년 이내의 휴직을 허용하는 것이다.
② 출산전후휴가란 산모와 태아의 건강보호를 위해 임신 중인 근로자가 출산전후에 유급출산휴가를 사용하는 것을 말한다.
③ 양육수당은 어린이집을 이용할 경우 소득을 고려하여 '아이행복카드'를 통해 보육료를 차등 지원하는 제도이다.
④ 아이돌봄서비스는 맞벌이 가정, 다문화가족 등 양육 부담 가정에 아이돌보미가 돌봄을 제공하는 서비스이다.

16 다양화·전문화되는 사회복지 욕구에 능동적으로 대응할 수 있도록 최근 「사회복지사업법」을 개정하여 전문사회복지사제도를 도입하고, 2020년 12월부터 시행하고 있다. 이에 따른 전문사회복지사가 아닌 것은?

① 의료사회복지사   ② 학교사회복지사
③ 정신건강사회복지사   ④ 교정사회복지사

17 국민기초생활보장제도에 대한 설명으로 옳지 않은 것은?

① 소득인정액은 개별가구의 소득평가액과 재산의 소득환산액을 합한 금액이다.
② 부양의무자는 수급권자를 부양할 책임이 있는 사람으로서 수급권자의 1촌 직계혈족 및 그 배우자가 된다.
③ 기준 중위소득은 보건복지부장관이 고시하는 국민 가구소득의 중위값을 말한다.
④ 의료급여와 생계급여는 부양의무자 기준을 적용하지 않는다.

18 장애인복지 이념에 대한 설명으로 옳지 않은 것은?

① 인권존중 - 인간은 누구나 인간으로서 존엄하고, 인간으로서의 평등한 가치를 지닌다는 인식을 기반으로 하는 것을 의미한다.
② 정상화 - 장애인이 주거, 일과, 여가 등 가능한 한 보편에 가까운 생활을 하는 것으로서 장애인에게 사회적으로 가치 있는 일을 부여하고 지원하는 과정을 의미한다.
③ 자립생활 - 장애인이 자기결정권을 가지고 자신이 바라는 생활목표나 생활양식을 선택하여 살아가는 것을 의미한다.
④ 사회통합 - 장애인을 사회적으로 기여할 수 없는 무가치한 존재로 인식하여 비장애인 중심의 일반 사회에서 격리 보호하는 것이 타당하다는 의미이다.

19 측정수준과 그에 대한 예시를 옳게 짝지은 것은?

① 명목척도 - 학점, 몸무게
② 서열척도 - 결혼 여부, 성별
③ 등간척도 - 토익(TOEIC)점수, 지능지수(IQ)
④ 비율척도 - 학년, 온도

20 시장실패에 따른 국가개입의 필요성을 주장하는 논거 중 정보의 비대칭성과 관련 있는 것만을 모두 고르면?

> ㄱ. 공공재
> ㄴ. 외부효과
> ㄷ. 중고차 매매시장
> ㄹ. 역의 선택

① ㄱ, ㄴ   ② ㄴ, ㄷ
③ ㄷ, ㄹ   ④ ㄴ, ㄷ, ㄹ

2020년 기출

지방직 9급

01 윌렌스키(Wilensky)와 르보(Lebeaux)의 제도적 개념에 대한 설명으로 옳은 것은?

① 제도적 개념에서는 가족 또는 시장 같은 다른 사회제도의 기능이 원활하게 수행되지 못할 때 사회복지제도를 활용하는 것으로 본다.
② 제도적 개념에서의 사회복지는 보충적, 일시적, 대체적 성격을 지닌다.
③ 제도적 개념에서는 사회복지가 그 사회의 필수적이고 정상적인 제일선(first line)의 기능을 수행하는 것으로 이해한다.
④ 제도적 개념에서의 사회복지는 대상범위를 기준으로 볼 때 선별적 사회복지와 연결되어 있다.

02 우리나라 사회보장제도 가운데 주요 재원조달방식이 다른 것은?

① 국민기초생활보장제도
② 국민연금제도
③ 건강보험제도
④ 고용보험제도

03 사회복지실천방법 중 직접실천에 해당하는 것은?

① 독거어르신 도시락 배달 연계
② 요보호아동 지원프로그램 개발
③ 정신장애인 취업적응훈련 실시
④ 장애인 편의시설 확보를 위한 시민공청회

04 19세기 인보관운동(settlement house movement)에 대한 설명으로 옳은 것만을 모두 고르면?

> ㄱ. 문제의 원인을 개인에게서 찾고자 하였다.
> ㄴ. 집단사회사업과 지역사회복지 발전의 기초가 되었다.
> ㄷ. 문제의 원인을 사회적 환경에서 찾고자 하였다.
> ㄹ. 원조의 중복을 막기 위해 빈민의 생활상태를 조사하였다.

① ㄱ, ㄷ　　　　　② ㄱ, ㄹ
③ ㄴ, ㄷ　　　　　④ ㄴ, ㄹ

05 소득재분배에 대한 설명으로 옳지 않은 것은?

① 수직적 소득재분배는 고소득층에서 저소득층으로 소득이 이전되는 것을 의미한다.
② 수평적 소득재분배는 동일계층 내에서 소득이 이전되는 것을 의미한다.
③ 세대 간의 소득재분배는 서로 다른 세대 간에 소득이 이전되는 것을 의미한다.
④ 시간적 소득재분배는 자녀세대의 소비를 위해서 자신의 미래 소비를 포기하고 소득을 이전하는 것을 의미한다.

06 「국민기초생활 보장법」상 사회복지시설에 해당하는 것은?

① 사회복지관
② 지역자활센터
③ 노숙인종합지원센터
④ 아동일시보호시설

07 이용권(바우처)의 장점이 아닌 것은?

① 서비스 공급자 간 경쟁을 촉발하여 서비스의 질을 높이는 효과를 거둘 수 있다.

② 현물급여에 비해 서비스 수요자의 '소비자 선택권'을 보장할 수 있다.

③ 사회 내의 불이익집단 또는 특별히 사회에 공헌한 사람들에게 더 많은 기회를 제공할 수 있다.

④ 서비스 사용 용도를 명시하고 있어 현금급여에 비해 정책목표를 달성하는 데 용이하다.

08 사회복지실천에서 성인지 관점(gender-sensitive perspective)에 대한 설명으로 옳지 않은 것은?

① 가족 내 성역할 분업을 강조하는 관점이다.

② 성차별로 인한 문제를 분석하거나 개입할 때 사용할 수 있는 관점이다.

③ 여성과 남성은 생물학적·사회문화적 경험의 차이로 서로 다른 이해나 요구를 가진다고 보는 관점이다.

④ 정책이나 개입이 여성과 남성에게 미치는 효과를 평가하고 그것을 반영하도록 하는 관점이다.

09 사례관리(case management)에 대한 설명으로 옳지 않은 것은?

① 다양하고 복잡한 욕구를 가진 클라이언트가 주요 대상이다.

② 클라이언트의 욕구충족을 위해 지역사회 자원을 연계시킨다.

③ 사례관리자는 사정자, 조정자, 중개자, 평가자, 옹호자 등 복합적 기능을 수행할 수 있다.

④ 사례개입의 목표달성을 위해서라면 언제든 클라이언트의 자기결정을 제한하는 것이 정당하다.

10 「장애인고용촉진 및 직업재활법」상 사업주의 장애인 고용의무를 상시 '몇 명' 이상의 근로자를 고용하는 사업주로 규정하고 있는가?

① 10명 ② 30명

③ 50명 ④ 100명

11 지적장애인에게 일상생활기술훈련을 실시하는 사회복지사의 역할은?

① 교육자(educator)

② 중재자(mediator)

③ 중개자(broker)

④ 옹호자(advocate)

12 지역사회에서 이루어지는 활동과 워렌(Warren)이 제시한 지역사회의 기능을 바르게 연결한 것은?

① 지역주민이 자원봉사활동을 하는 것 : 사회통제기능
② 아동을 가정과 학교에서 교육시키는 것 : 사회화 기능
③ 이웃 간의 상호작용이나 유대감으로 자신의 행동을 자제하는 것 : 사회통합기능
④ 지역주민이 지역에서 상품을 생산·소비하는 것 : 상부상조기능

13 강점관점(strength perspective)에 대한 설명으로 옳지 않은 것은?

① 개인을 진단에 따른 증상을 가진 자로 규정한다.
② 클라이언트의 문제는 그에게 도전과 기회의 원천이 될 수 있다.
③ 변화를 위한 자원은 클라이언트 체계의 장점, 능력, 적응기술이다.
④ 클라이언트의 잠재역량을 인정하여 자신의 삶을 통제할 수 있도록 힘을 부여하는 것이 중요하다.

14 빈곤과 관련된 개념에 대한 설명으로 옳지 않은 것은?

① 주관적 빈곤선은 적절한 생활수준을 유지하는 데 필요한 소득수준에 대한 개인들의 평가에 근거하여 결정된다.
② 빈곤율(poverty rate)은 빈곤개인이 전체 인구에서 차지하는 비율로 정의된다.
③ 빈곤갭(poverty gap)은 모든 빈곤층의 소득을 빈곤선 수준으로 끌어올리는 데 필요한 총소득이다.
④ 상대빈곤은 최저생계비를 기준으로 결정된다.

15 복지국가 발전이론에 대한 설명으로 옳지 않은 것은?

① 산업화이론 : 산업화과정에서 발생한 새로운 욕구를 산업화를 통해 확보한 자원으로 해결하는 과정에서 복지국가가 생성되었다.
② 독점자본이론 : 거대자본과 국가가 융합하여 자본주의체제의 영속화를 도모하는 과정에서 국가가 임금문제나 실업문제에 개입하면서 복지국가가 등장하게 되었다.
③ 사회민주주의이론 : 사회적 분배를 둘러싼 다양한 이익집단들의 경쟁에서 정치적 힘이 강해진 집단의 요구를 정치인들이 수용하면서 복지국가가 등장하게 되었다.
④ 국가중심이론 : 중앙집권적이거나 조합주의적인 국가구조의 형태와 정치인의 개혁성 등이 사회복지의 수요를 증대시켜서 복지국가가 발전하게 되었다.

16 국내 노인 대상 복지서비스 및 제도에 대한 설명으로 옳은 것은?

① 노인돌봄종합서비스와 응급안전서비스는 독거노인만을 대상으로 제공된다.
② 「노인복지법」에 근거하여 매년 10월을 경로의 달로 규정하고 있다.
③ 노인장기요양보험제도는 만 65세 이상 노인에게만 적용된다.
④ 치매국가책임제는 「치매관리법」이 제정되기 이전부터 시행되어 왔다.

17 다음 대화에서 사회복지사가 사용한 상담기술은?

> 클라이언트 : 내가 매일 주민센터 가서 아무리 얘기해도 듣는 건지, 안 듣는 건지 … 공무원들한테는 얘기해도 소용 없어.
>
> 사회복지사 : 여러 번 주민센터에 가서 얘기하셨는데, 그곳의 공무원들이 잘 들어주지 않는다는 말씀이신가요?

① 직면기술   ② 해석기술
③ 재보증기술   ④ 명료화기술

18 브래드쇼(Bradshaw)의 욕구개념에 대한 설명으로 옳은 것은?

① 감지적 욕구(felt need) : 실제의 욕구충족을 위한 구체적인 행위 혹은 서비스 수요로 파악되는 욕구를 의미한다.

② 표현적 욕구(expressed need) : 특정 집단구성원의 욕구와 유사한 다른 집단구성원들의 욕구를 비교할 때 나타나는 욕구를 의미한다.

③ 비교적 욕구(comparative need) : 욕구상태에 있는 당사자의 느낌에 의해 인식되는 욕구를 의미한다.

④ 규범적 욕구(normative need) : 전문가가 규정해 놓은 바람직한 욕구 수준에 미치지 못할 때 그 차이로 규정되는 욕구를 의미한다.

19 우리나라 사회복지사 윤리강령의 내용으로 옳지 않은 것은?

① 클라이언트를 대상으로 연구하는 사회복지사는 저들의 권리를 보장하기 위해, 자발적이고 고지된 동의를 얻어야 한다.

② 사회복지사는 한국사회복지사협회의 윤리적 권고와 결정을 존중하여야 한다.

③ 사회복지사는 슈퍼바이저의 전문적 지도와 조언을 존중해야 하며, 슈퍼바이저는 사회복지사의 전문적 업무수행을 도와야 한다.

④ 사회복지사는 동료 혹은 다른 기관의 클라이언트라 하여도 저들의 이익을 위해 최상의 서비스를 제공하여야 한다.

20 다음 설명에 해당하는 제도를 실시한 조선시대의 구제기관은?

> 풍년이 들어 곡물가격이 떨어지면 국가는 곡식을 사들여 저장하고, 흉년이 들어 곡물가격이 오르면 국가는 저장한 곡물을 방출하여 곡물가격을 떨어뜨렸다. 이 제도는 곡물가격의 변동에 따라 생활을 위협받는 일반 농민을 보호하고 물가를 안정시키기 위한 정책이었다.

① 사창   ② 의창
③ 흑창   ④ 상평창

사회복지학개론
기출문제집

사회복지학개론 기출문제

국가직 9급

지방직 9급

서울시(상반기) 9급

서울시(하반기) 9급

국가직 9급

2019년 기출
2019.04.06. 시행

01 사회복지 분야 자원봉사활동의 위험관리 대책에 대한 설명으로 옳지 않은 것은?

① 위험관리 대상은 자원봉사자와 직원에 한정한다.
② 아동·청소년은 부모의 동의서를 받는다.
③ 자원봉사자들을 자원봉사 상해보험에 가입시킨다.
④ 위험관리 담당자를 지정하고 위험관리위원회를 구성하는 등 위험관리시스템을 구축한다.

02 사회복지 실천과정을 순서대로 바르게 나열한 것은?

① 접수 → 자료수집 및 사정 → 개입 → 목표설정 및 계약 → 평가 및 종결
② 접수 → 목표설정 및 계약 → 개입 → 자료수집 및 사정 → 평가 및 종결
③ 접수 → 목표설정 및 계약 → 자료수집 및 사정 → 개입 → 평가 및 종결
④ 접수 → 자료수집 및 사정 → 목표설정 및 계약 → 개입 → 평가 및 종결

03 「정신건강증진 및 정신질환자 복지서비스 지원에 관한 법률」상 정신건강전문요원에 해당하지 않는 것은?

① 정신건강의학과 전문의
② 정신건강임상심리사
③ 정신건강간호사
④ 정신건강사회복지사

04 사회복지적 관점에서 볼 때 일반적으로 시장에서 재화들이 효율적으로 배분되기 위한 조건이 아닌 것은?

① 재화의 거래에서 외부효과가 발생하지 말아야 한다.
② 위험의 발생이 상호 의존적이어야 한다.
③ 역의 선택현상이 나타나지 말아야 한다.
④ 재화에 대해 수요자와 공급자가 충분한 정보가 있어야 한다.

05 다음 괄호 안에 들어갈 사회복지프로그램 평가유형을 순서대로 바르게 나열한 것은?

| (㉠): 프로그램 진행 중에 원활하고 성공적으로 프로그램이 수행되도록 문제점을 찾아내고 수정 보완할 목적으로 실시된다. |
| (㉡): 프로그램 종결 후 연역적 객관적 방법으로 프로그램이 달성하고자 했던 목표를 얼마나 잘 성취했는가의 여부를 평가한다. |
| (㉢): 프로그램 평가를 차후에 종합적으로 검토해 보는 평가를 말하며, 평가에 대한 평가로 표현되기도 한다. |

	㉠	㉡	㉢
①	형성평가	메타평가	총괄평가
②	메타평가	형성평가	총괄평가
③	총괄평가	메타평가	형성평가
④	형성평가	총괄평가	메타평가

06 에스핑–안데르센(Esping-Andersen)의 복지국가 유형에 대한 설명으로 옳지 않은 것은?

① 사회민주적(social democratic) 복지국가 유형에서는 보편주의 원칙과 사회권을 통한 탈상품화 효과가 가장 크다.

② 자유주의적(liberal) 복지국가 유형에서는 복지와 재분배적 기능을 강조하며 시장의 영향력을 최소화하려 노력한다.

③ 조합(보수)주의적(conservative corporatist) 복지국가 유형에서는 사회적 지위의 차이 유지를 목표로 한다.

④ 복지국가 유형은 탈상품화 정도와 사회계층화, 그리고 국가 – 시장 – 가족의 역할분담의 차이로 분류된다.

07 점심시간 때 학교 운동장에서 선후배 간 폭력이 발생하여 사상자가 발생하였다. 이에 대해 위기개입 모델을 적용하고자 할 때, 학교사회복지사의 역할에 대한 설명으로 옳지 않은 것은?

① 피해학생을 위험으로부터 안전하게 보호하며 심리적 안정을 취할 수 있는 제반 서비스를 실시한다.

② 피해학생이 위기로 인한 분노, 좌절감, 불안, 두려움 등을 적절한 수준에서 표출, 완화할 수 있도록 돕는다.

③ 폭력사건 위기와 관련된 다양한 대상에 대한 다각적인 사정을 통해 클라이언트의 성격 변화에 초점을 둔다.

④ 위기개입팀의 일원으로 학생들에게 위기사건과 관련된 정확한 사실을 설명하고 긴장을 완화하는 디브리핑(debriefing)을 한다.

08 사회복지서비스 기관들이 관료제 환경에서 나타내기 쉬운 병폐 중 다음에서 설명하는 것은?

서비스 기관들이 성과관리 평가제 등의 영향을 과도하게 받게 되면서 나타내기 쉬운 현상들 중 하나이다. 기관들은 서비스 접근성 메커니즘을 조정해서 가급적이면 유순하고 저비용–고성과 클라이언트를 선호하는 반면, 비협조적이고 고비용–저성과 클라이언트들을 배척하려는 경향을 보인다. 문제는 배척하려는 클라이언트들이 보다 절실하게 사회적 도움을 필요로 하는 사람들이기 쉽다는 점이다.

① 크리밍(creaming)
② 아웃리치(outreach)
③ 후광효과(halo effect)
④ 점증주의(incrementalism)

09 「국민기초생활 보장법」상 제공하는 급여가 아닌 것은?

① 주거급여
② 해산급여
③ 의료급여
④ 장애급여

10 다음은 고소공포증이 있는 클라이언트에게 적용한 치료기법으로 이에 대한 모델과 기법을 바르게 연결한 것은?

> 맨 아래에 있는 가장 덜 위협적인 장면에서부터 더 큰 불안을 야기하는 장면인 위쪽으로 점차 나아가면서 단계별로 상상하거나 경험하도록 한다.
>
> - 63빌딩 꼭대기에서 아래를 내려다보기
> - 63빌딩 꼭대기 층에서 걸어보기
> - 12층 건물에서 창문 밖을 내려다보기
> - 4층 건물의 발코니 난간에서 아래를 내려다 보기
> - 4층 건물에서 창문 밖을 내려다보기
> - 초고층 빌딩의 건설에 대한 기사 읽기

① 정신역동모델 - 반동형성
② 인지행동모델 - 시연
③ 인지행동모델 - 체계적 둔감화
④ 정신역동모델 - 투사

11 최근 한국 가족 변화의 특징에 대한 설명으로 옳은 것은?

① 부부와 미혼자녀로 구성된 전형적인 핵가족형태의 가구 비율이 꾸준히 증가하고 있다.
② 가족주기의 변화로 자녀출산 완료 이후 자녀의 결혼이 시작되기 전까지의 확대완료기가 길어지고 있다.
③ 초혼 연령과 조혼인율이 지속적으로 내려가 저출산 문제가 심각해지고 있다.
④ 가족가치관의 경우 부부간 의사결정방식에 있어 남편주도형이 주를 이루고 있으며, 부부공동형과 아내주도형은 감소하고 있다.

12 사회복지조사에서 측정의 신뢰도를 높이는 방법으로 옳지 않은 것은?

① 표준화된 정도구를 사용한다.
② 응답자가 무관심하거나 잘 모르는 내용은 측정하지 않는 것이 좋다.
③ 측정항목(하위변수) 수를 줄이고 항목의 선택 범위(값)는 좁히는 것이 좋다.
④ 측정항목의 모호성을 줄이고 되도록 구체화하여 일관된 측정이 가능케 한다.

13 사회복지 재원의 특징에 대한 설명으로 옳지 않은 것은?

① 일반조세를 재원으로 하는 사회복지정책은 안정성과 지속성을 갖는다.
② 모금은 「사회복지공동모금회법」을 근거로 공동모금제도를 실시하고 있다.
③ 사회보험료는 피보험자의 강제가입에 의해 납부되는 것이 원칙이다.
④ 수익자 부담은 저소득층의 자기존중감을 높여 서비스가 남용된다.

14 장애인의 자립생활에 대한 설명으로 옳지 않은 것은?

① 자기결정권은 자립생활운동의 핵심가치이다.
② 자립생활은 미국에서 체계화되고 발달된 개념으로서 장애인의 권리를 인식의 토대로 하고 있다.
③ 자립생활은 장애인이 지역에서 자유롭게 독립적으로 살아가는 것을 말하며, 장애가 중증화되어 가면 지역이 아닌 거주시설에서 안전하게 생활해야 한다고 주장한다.
④ 자립생활은 사회복지서비스를 제공하는 데 장애인의 주도적 참여를 보장해야 한다는 이념이자 실천 전략이다.

15 다음 사례관리 활동에 대한 설명으로 옳은 것만을 모두 고르면?

> ㄱ. 사례관리는 복합적이고 장기적인 욕구를 갖고 있는 사람에 대한 지원활동이다.
> ㄴ. 사례관리는 지역사회의 다양한 서비스 기관들을 연계하여 종합적인 서비스를 제공하는 활동이다.
> ㄷ. 사례관리자는 서비스를 연계하고 점검하는 간접적 실천활동과 함께 교육, 상담 등 직접 실천활동을 수행한다.
> ㄹ. 사례관리과정에 새로운 욕구가 발견되면 재사정을 통해 서비스를 계속적으로 지원한다.

① ㄱ, ㄴ　　　　　　② ㄱ, ㄷ, ㄹ
③ ㄴ, ㄷ, ㄹ　　　　④ ㄱ, ㄴ, ㄷ, ㄹ

16 안토니 기든스(A. Giddens)가 이론적으로 체계화한 소위 '제3의 길'이 추구하는 전략개념에 해당하지 않는 것은?

① 직접 급여의 제공보다는 인적자원에 투자
② 복지다원주의의 추구
③ 국가에 대한 경제적 의존을 줄여 위험은 공동 부담하는 의식 전환의 강조
④ 중앙정부의 역할 강화

17 사회적 경제조직에 대한 설명으로 옳지 않은 것은?

① 사회적 경제조직은 사회문제를 해결한다는 사회적 측면과 자생력을 가져야 한다는 경제적 측면이 동시에 고려되어야 한다.
② 사회적 경제조직에는 사회적 기업, 협동조합 등이 있다.
③ 사회적 기업이란 정부, 지방자치단체가 출자한 조직이 사회적 기업 인증을 받아 운영하는 공기업이다.
④ 서구에서는 오래전부터 일을 통한 복지(workfare)라는 차원에서 관심이 증가하고 있다.

18 사회복지실천의 관계형성기술에 대한 설명으로 옳은 것만을 모두 고르면?

> ㄱ. 수용 – 클라이언트를 있는 그대로 받아들여 문제행동도 옳다고 인정하고 받아들이는 것을 의미한다.
> ㄴ. 비밀보장 – 원조관계에서 알게 된 클라이언트에 대한 정보는 반드시 비밀을 보호해야 한다.
> ㄷ. 통제된 정서적 관여 – 클라이언트에게 민감하게 반응함으로써 정서적으로 관여하되 그 반응은 원조의 목적에 적합하게 통제되어야 한다.
> ㄹ. 개별화 – 클라이언트의 개인적 특성을 이해하고 개별 특성에 적합한 원조원칙과 방법을 사용해야 한다.

① ㄱ, ㄴ　　　　　　② ㄱ, ㄷ
③ ㄴ, ㄹ　　　　　　④ ㄷ, ㄹ

19 사회복지서비스 중 보편적 서비스에 해당하는 것은?

① 우울증 청소년에 대한 상담
② 학대 아동에 대한 미술치료
③ 중학생을 대상으로 한 인터넷·약물중독 예방교육
④ 시각장애인을 위한 직업재활서비스

20 일상생활을 혼자서 수행하기 어려운 노인과 관련한 사례를 접한 A사회복지사가 현행 노인장기요양보험제도의 급여와 관련하여 처리해야 할 사안 중 옳지 않은 것은?

① 연령이 65세 이상 또는 65세 미만으로서 치매 등 대통령령으로 정하는 노인성 질병 여부를 확인한다.
② 재가노인요양보호가 집에서 24시간 재가급여를 제공하기 때문에 시설급여를 제공하는 장기요양기관보다 주간보호센터 등 재가급여기관을 우선 조사한다.
③ 도서·벽지 등 장기요양기관이 현저하게 부족한 지역은 보건복지부장관이 정하여 고시하는 경우 특별현금급여가 가능하므로 노인의 거주지를 파악한다.
④ 장기요양보험사업의 보험자는 국민건강보험공단이므로 관련 문의사항은 국민건강보험공단에 확인한다.

지방직 9급

2019년 기출
2019.06.15. 시행

01 사회복지급여 제공에서 국가 개입이 필요한 이유가 아닌 것은?

① 사회복지급여의 외부효과
② 사회복지재화의 사유재적 성격
③ 대상자의 역의 선택
④ 대상자의 도덕적 해이

02 국민기초생활보장제도에 대한 설명으로 옳지 않은 것은?

① 수급자 선정 시 기준 중위소득을 활용한다.
② 소득인정액은 개별가구의 소득평가액과 재산의 소득환산액을 합산한 금액을 말한다.
③ 급여의 기준은 급여의 종류에 관계없이 동일한 선정기준이 적용된다.
④ 생계급여는 수급자가 희망하는 경우에 수급자를 보장시설이나 타인의 가정에 위탁하여 실시할 수 있다.

03 사례관리(Case Management)의 특성으로 옳지 않은 것은?

① 사례관리는 통합적 실천방법이자 체계적인 과정이다.
② 사례관리는 공식적, 비공식적, 개인적, 지역사회적 자원을 조정하는 것에 초점을 둔다.
③ 서비스의 직접적 제공, 연계, 의뢰, 구매 등 다양한 서비스 개입을 활용한다.
④ 시설보호를 통한 집중적인 관리를 강조한다.

04 사회복지 주요 개념에 대한 설명으로 옳지 않은 것은?

① 보편주의(Universalism)에서 사회복지급여는 모든 국민에게 사회적 권리로 인정된다.
② 적극적 조치(Affirmative Action)는 여성, 장애인, 소수인종집단, 유색인종, 농어촌지역주민 등 사회적으로 불리한 조건에 처한 집단에 대한 입학, 고용, 승진 등에서의 평등을 실현하고자 하는 정책을 말한다.
③ 노동의 탈상품화(Decommodification of Labor)는 자본주의 이전의 사회에서 사람들이 생존을 위해 임금형태의 소득에 전적으로 의존하지 않던 상태를 말한다.
④ 임파워먼트(Empowerment)는 치료를 통해서가 아니라 클라이언트의 강점을 강조함으로써 클라이언트가 처해 있는 어려움을 해결할 수 있도록 하는 사회복지실천기술이다.

05 사회복지서비스 전달체계에 대한 설명으로 옳은 것만을 모두 고르면?

ㄱ. 민간 전달체계는 이용자에게 폭넓은 서비스 선택권을 제공한다는 장점이 있다.
ㄴ. 사회복지법인은 비영리공익법인으로서 민법상 재단법인이나 사단법인에 비해 공공성이 강조되는 사회복지서비스 전달기관이다.
ㄷ. 중앙정부가 전달주체가 되면, 서비스의 접근성과 융통성이 커진다.
ㄹ. 공공기관이 제공하던 서비스를 민간기관에 이양 또는 위탁하는 민영화 추세가 강화되고 있다.

① ㄱ, ㄴ
② ㄱ, ㄴ, ㄹ
③ ㄱ, ㄷ, ㄹ
④ ㄴ, ㄷ, ㄹ

06 에스핑 – 앤더슨(Gøsta Esping-Andersen)의 복지국가 유형에 따른 특징을 옳게 짝지은 것은?

	자유주의적 복지국가	조합주의적 복지국가	사회민주주의적 복지국가
① 탈상품화 정도	매우 높음	높음	매우 낮음
② 계층화 정도	계층 간 통합 강화	계층 간 차이 유지	계층 간 대립 심화
③ 국가의 역할	중심적	보조적	주변적
④ 전형적 국가	미국	프랑스	스웨덴

07 「긴급복지지원법」상 긴급지원제도에 대한 설명으로 옳은 것만을 모두 고르면?

> ㄱ. 긴급지원 요청이 들어오면 소득이나 재산을 조사한 후 최대한 신속하게 지원한다.
> ㄴ. 시장·군수·구청장은 긴급지원에도 불구하고 위기상황이 계속되는 경우 긴급지원심의위원회의 심의를 거쳐 지원을 연장할 수 있다.
> ㄷ. 다른 법률에 따라 긴급지원의 내용과 동일한 내용의 구호·보호 또는 지원을 받고 있는 경우에는 긴급지원을 하지 않는다.
> ㄹ. 긴급지원대상자와 친족, 그 밖의 관계인은 구술 또는 서면으로 관할 시장·군수·구청장에게 긴급지원을 요청할 수 있다.

① ㄱ, ㄷ
② ㄴ, ㄹ
③ ㄱ, ㄴ, ㄷ
④ ㄴ, ㄷ, ㄹ

08 에릭 에릭슨(Erik H. Erikson)의 심리사회적 자아발달의 8단계 과업에 해당하지 않는 것은?

① 희망 대 절망
② 자율성 대 수치심
③ 신뢰감 대 불신감
④ 근면성 대 열등감

09 사회복지 이론 및 사상에 대한 설명으로 옳은 것은?

① 로버트 노직(Robert Nozick)은 국가가 적극적으로 나서서 국민의 생활과 자유를 보장해야 한다고 주장했다.
② 사회민주주의자들은 개인이 국가의 규제로부터 벗어나 자유를 누리는 것이 정의로운 사회라고 주장했다.
③ 존 롤즈(John Rawls)는 정의론에서 모든 사람은 다른 사람의 유사한 자유와 상충되지 않는 한 기본적 자유에 대해 동등한 권리를 갖는다는 평등한 자유의 원칙(Principle of Equal Liberty)을 제시했다.
④ 마르크스주의는 사회민주주의를 노동계급을 착취하고 소외시키는 비인간적인 체제로 보았다.

10 「사회보장기본법」에 따른 사회보장급여의 수준에 대한 설명으로 ⊙, ⓒ에 들어갈 용어를 바르게 연결한 것은?

> 국가와 지방자치단체는 모든 국민이 건강하고 문화적인 생활을 유지할 수 있도록 사회보장급여의 수준 향상을 위하여 노력하여야 한다. 이를 위해 국가는 관계 법령이 정하는 바에 따라 (⊙)와(과) (ⓒ)을(를) 매년 공표하여야 하고, 국가와 지방자치단체는 (⊙)와(과) (ⓒ) 등을 고려하여 사회보장급여의 수준을 결정하여야 한다.

	⊙	ⓒ
①	최저생계비	최저임금
②	최저보장수준	최저임금
③	기준 중위소득	최저생계비
④	기준 중위소득	최저보장수준

11 다음 사례의 사례관리자의 활동에 대한 설명으로 옳지 않은 것은?

> A군의 집은 누전 위험, 곰팡이 발생 등으로 주거환경이 좋지 않았지만, 장시간 일하는 A군의 어머니는 청소를 할 시간적 여유가 없었다. 사례관리자는 관내 자원봉사센터의 자원봉사자들을 연결하여 집안 대청소를 실시해 A군의 가족이 위생적이고 안전하게 생활할 수 있는 주거환경을 만들었다. 또한 사례관리자는 A군의 ADHD 치료를 위해 관내 보건소와 정신건강증진센터를 연계하여 도움을 받을 수 있도록 했다.

① 사례관리자는 지역사회 내 다양한 관계망을 활용했다.
② 인적자원 동원을 통하여 지역사회가 협력하는 기회를 가질 수 있었다.
③ 사례관리자는 자원연계자 역할을 수행했다.
④ 사례관리자는 클라이언트의 역량강화를 위해 노력했다.

12 다음 중 비율측정에 해당하는 것만을 모두 고르면?

> ㄱ. 명목, 서열, 등간측정의 특성을 모두 가진다.
> ㄴ. 절대영점을 가지고 있다.
> ㄷ. 사칙연산(＋, －, ×, ÷)이 불가능하다.
> ㄹ. 온도, 지능지수(IQ)가 해당한다.

① ㄱ, ㄴ
② ㄱ, ㄷ
③ ㄴ, ㄹ
④ ㄷ, ㄹ

13 희망복지지원단에 대한 설명으로 옳지 않은 것은?

① 지방자치단체의 읍·면·동 행정복지센터에 설치되어 있다.
② 복합적 욕구를 가진 대상자에게 통합사례관리를 제공한다.
③ 자원의 총괄관리업무를 수행한다.
④ 지역사회보장협의체 및 지역 내 관련 기관과의 연계와 협력을 추진한다.

14 노인장기요양보험법령상 노인성 질병에 해당하는 것만을 모두 고르면?

> ㄱ. 파킨슨병
> ㄴ. 당뇨병
> ㄷ. 뇌경색증
> ㄹ. 고혈압
> ㅁ. 뇌내출혈
> ㅂ. 류마티스 관절염

① ㄱ, ㄴ, ㄷ
② ㄱ, ㄷ, ㅁ
③ ㄴ, ㄹ, ㅂ
④ ㄹ, ㅁ, ㅂ

15 사회복지 역사에 대한 설명으로 옳은 것만을 모두 고르면?

> ㄱ. 복지국가의 이념적 기반이 되었던 케인즈 주의가 쇠퇴한 직후 미국에서는 신자유주 의 이념이 영향력을 발휘한 반면, 영국에 서는 신자유주의보다는 제3의 길 노선이 강화되었다.
>
> ㄴ. 영국 개정구빈법의 원칙 중 하나인 열등처 우의 원칙은 구제를 받는 빈민의 처우가 최하층 독립 근로자의 수준보다 높아서는 안 된다는 원칙이다.
>
> ㄷ. 인도주의적 구빈제도로 평가받는 스핀햄 랜드법은 현대의 최저생활보장의 기반이 되었다.
>
> ㄹ. 자선조직협회는 빈곤의 원인을 개인의 성 격적 결함으로 인식했으며, 중복 구빈을 없애고 빈민에 대한 적절한 조사를 통해 알맞은 원조를 제공하는 것을 목적으로 하 였다.

① ㄱ, ㄹ
② ㄷ, ㄹ
③ ㄱ, ㄴ, ㄷ
④ ㄴ, ㄷ, ㄹ

16 「사회복지사업법」상 사회복지법인의 임원에 대한 설명으로 옳지 않은 것은?

① 법인은 대표이사를 제외한 이사 7명 이상과 감 사 2명 이상을 두어야 한다.

② 이사의 임기는 3년으로 하고 감사의 임기는 2년으로 하며, 각각 연임할 수 있다.

③ 이사 또는 감사 중에 결원이 생겼을 때에는 2 개월 이내에 보충하여야 한다.

④ 외국인인 이사는 이사 현원의 2분의 1 미만이 어야 한다.

17 「정신건강증진 및 정신질환자 복지서비스 지원에 관한 법률」(이하 정신건강복지법)에 대한 설명으 로 옳지 않은 것은?

① 정신건강복지법은 정신질환의 예방·치료, 정 신질환자의 재활·복지·권리보장과 정신건강 친화적인 환경 조성에 필요한 사항을 규정하고 있다.

② 2016년 「정신보건법」이 정신건강복지법으로 전부 개정되었다.

③ 정신건강전문요원은 그 전문분야에 따라 정신 건강간호사, 정신건강요양보호사 및 정신건강 사회복지사로 구분한다.

④ 국가와 지방자치단체는 정신건강복지센터와 정신건강증진시설, 사회복지시설, 학교 및 사 업장 등을 연계하는 정신건강서비스 전달체계 를 확립하여야 한다.

18 사회보장 권리구제에 대한 심사청구와 재심사청구 를 규정하고 있지 않은 법률은?

① 산업재해보상보험법
② 국민건강보험법
③ 고용보험법
④ 국민연금법

19 국민기초생활 보장법령상 자활급여 등에 대한 설명으로 옳지 않은 것은?

① 자활급여는 수급자의 자활을 돕기 위해 자활에 필요한 근로능력의 향상 및 기능습득의 지원, 자활을 위한 근로기회의 제공, 자활에 필요한 자산형성지원 등을 실시하는 것으로 한다.

② 자활급여는 관련 공공기관·비영리법인·시설 등에 위탁하여 실시할 수 있으며, 이 경우 그에 드는 비용은 보장기관이 부담한다.

③ 자활사업에는 직업훈련, 취업알선 등의 제공, 지역자활센터의 사업 등이 해당되나, 「고용정책기본법」에 근거한 공공근로사업은 제외된다.

④ 시장·군수·구청장이 자활근로사업을 실시하는 경우에는 생계급여의 조건이 자활근로인 조건부수급자를 우선적으로 선정하여야 한다.

20 청소년지원사업에 대한 설명으로 옳은 것만을 모두 고르면?

> ㄱ. 꿈드림은 학교 밖 청소년을 지원하는 청소년지원센터이다.
> ㄴ. 지역사회 청소년통합지원체계(CYS-Net)는 지역사회 자원을 연계하여 위기청소년에 대한 맞춤형 서비스를 제공한다.
> ㄷ. 이주배경청소년지원재단 무지개청소년센터는 탈북청소년, 다문화청소년, 중도입국청소년 등을 지원하는 비영리 재단법인이다.
> ㄹ. 청소년쉼터는 가출청소년이 가정·학교·사회로 복귀하여 생활할 수 있도록 가출청소년을 일정기간 보호하면서 상담·주거·학업·자립 등을 지원한다.

① ㄱ, ㄹ   ② ㄴ, ㄷ
③ ㄱ, ㄷ, ㄹ   ④ ㄱ, ㄴ, ㄷ, ㄹ

2019년 기출
2019.02.23. 시행

서울시(상반기) 9급

01 길버트(Gilbert)와 스펙트(Specht)가 제시한 모든 사회가 공통적으로 수행해야 하는 다섯 가지 주요 기능에 대한 설명으로 가장 옳지 않은 것은?

① 사회구성원들이 일상생활을 영위하는 데 필요로 하는 재화와 서비스를 생산, 분배, 소비하는 과정과 관련된 기능은 주로 경제제도에 의해 수행된다.

② 사회가 향유하고 있는 지식, 사회적 가치 그리고 행동양태를 사회구성원에게 전달하는 사회화의 기능은 가장 일차적으로 가족제도에 의해 수행된다.

③ 공공부조를 시행하면서 자활사업의 참여를 강제하는 조건부 수급은 사회구성원들이 사회의 규범을 순응하게 만드는 사회통합의 기능을 수행한다.

④ 현대 산업사회에서 주요 사회제도에 의해 자신들의 욕구를 충족할 수 없는 경우 필요한 상부상조의 기능은 정부, 민간사회복지단체, 종교단체, 경제단체, 자조집단 등에 의해 수행된다.

02 사회복지실천의 가치에 대한 설명으로 가장 옳지 않은 것은?

① 사회복지사는 클라이언트가 사회적으로 용납할 수 없는 특별한 행동을 하거나 신념을 지녔더라도 인간으로서의 존엄성을 인정해야 한다.

② 사회복지사는 고정관념이나 편견에서 벗어나기 위해서 클라이언트 개인의 독특성(uniqueness)을 존중해야 한다.

③ 클라이언트의 자기결정권은 다른 사람들의 권리를 침해하거나 법률을 위반할 위험이 있는 경우 제한된다.

④ 원조를 목적으로 하는 모든 경우에 클라이언트에 대한 정보는 전문가들 사이에서 공유될 수 있다.

03 사회복지행정모델에 대한 설명으로 가장 옳지 않은 것은?

① 과학적 관리모형은 조직의 생산성을 높이기 위해서는 분업화, 개개인의 기본동작과 형태와 소요시간의 표준화, 수행과정과 보상의 연결 등을 통한 관리를 요구한다.

② 인간관계모형은 물리적 환경보다 노동자의 사회, 심리적 요소가 조직의 개별 생산성에 더 많은 영향을 미친다고 가정한다.

③ 관료제모형은 조직 내부의 개별 구성원의 행동과 조직 외부의 환경에 대한 이해가 중요하다고 가정한다.

④ 정치경제이론은 조직의 생존과 서비스의 생산에 필요한 정치적 자원과 경제적 자원을 확보하는 것이 중요하다고 강조한다.

04 신자유주의에 기반한 복지국가의 변화 경향에 대한 설명으로 가장 옳지 않은 것은?

① 복지비용을 삭감하고 지출구조를 변화시킨다.

② 공공부문의 민영화, 기업규제를 통해 정부의 역할을 축소하였다.

③ 빈곤층에 대한 복지제공의 조건으로 근로를 요구하는 근로연계복지를 강화하였다.

④ 만성적 불안정 고용층, 저숙련 노동자 등에 대한 복지 제도의 축소는 사회적 양극화 문제를 초래하였다.

05 사회복지실천과정에서 수행되는 사회복지사의 역할에 대한 설명을 옳게 짝지은 것은?

① 옹호자(advocate) – 클라이언트의 정당한 권리를 대변하고 정책적 변화를 추구하는 활동을 한다.

② 교사(teacher) – 클라이언트에게 적합한 서비스를 연결하고 그러한 서비스를 활용하도록 조정한다.

③ 중개자(broker) – 클라이언트에게 부정적 영향을 주는 프로그램이나 정책을 변화시키기 위한 운동을 지지한다.

④ 계획가(planner) – 전문적 사회복지실천이론의 발전과 프로그램의 향상을 꾀한다.

06 고용보험에 대한 설명으로 옳은 것은?

① 근로자를 사용하지 않거나 50명 미만의 근로자를 사용하는 사업주도 고용보험의 의무가입대상이다.

② 근로자와 사업주는 실업급여사업과 고용안정사업 및 직업능력개발사업의 보험료를 절반씩 부담한다.

③ 고용보험료 고지, 수납 및 체납관리는 국민건강보험공단에서 한다.

④ 구직급여는 연령과 상관없이 가입기간에 따라 90일~240일 동안 받을 수 있다.

07 최근 노동중심적 복지국가의 한계가 부각되면서, 실현가능한 대안 중 하나로 논의되고 있는 '기본소득(Basic Income)'의 개념적 특성이 아닌 것은?

① 보편성(universality)

② 재정적 지속가능성(financial sustainability)

③ 무조건성(unconditionality)

④ 개별성(individual base)

08 마셜(Marshall)의 「시민권론」에 대한 비판의 내용에 해당하지 않는 것은?

① 남성 백인에게만 유효한 권리 범주에 불과하며, 여성과 흑인 등 다른 집단의 권리는 보장하지 못했다.

② 영국의 사례에 국한된 측면이 있다.

③ 시민권의 발전을 자연적인 진화의 과정으로 간주하여, 투쟁을 통해 실질적으로 획득될 수 있다는 것을 간과하고 있다.

④ 관찰시점에 따라 상이한 유형으로 구분될 수 있으며, 명확한 구분이 어려운 애매한 사례도 존재한다.

09 롤스(Rawls)의 「정의론」에서 제시하는 정의의 원칙으로 옳지 않은 것은?

① 평등한 기본적 자유의 원칙

② 차등의 원칙

③ 공정한 기회균등의 원칙

④ 부정의의 시정원칙

10 「사회복지사업법」상 용어에 대한 설명으로 옳지 않은 것은?

① 사회복지사업이란 도움을 필요로 하는 모든 국민에게 사회복지사업을 통한 서비스를 제공하여 삶의 질이 향상되도록 제도적으로 지원하는 것을 말한다.

② 지역사회복지란 주민의 복지증진과 삶의 질 향상을 위하여 지역사회 차원에서 전개하는 사회복지를 말한다.

③ 사회복지시설이란 사회복지사업을 할 목적으로 설치된 시설을 말한다.

④ 보건의료서비스란 국민의 건강을 보호·증진하기 위하여 보건의료인이 하는 모든 활동을 말한다.

11 한국 사회복지행정의 대표적인 변화 가운데 시기적으로 가장 빠른 것은?

① 사회복지통합관리망 행복e음 구축
② 노인장기요양보험제도 실시
③ 지역복지계획수립 의무화
④ 사회복지시설 및 기관평가제도 도입

12 사회복지기관에서 사용하는 예산양식 중 품목예산(Line – Item Budget)에 대한 설명으로 가장 옳지 않은 것은?

① 전체 예상지출항목을 열거하고 지출비용을 계산하는 방식으로 이루어진다.
② 상대적으로 단순하고 사용하기에 간편하다.
③ 기관의 투입(input)요소에 주의를 집중하는 예산양식이다.
④ 기관이 성취하고자 하는 성과나 목표를 제시한다.

13 「사회복지사 윤리강령」상 사회복지사의 윤리기준으로 가장 옳지 않은 것은?

① 적법하고도 적절한 논의 없이 동료 혹은 다른 기관의 클라이언트와 전문적 관계를 맺어도 된다.
② 클라이언트의 지불능력에 상관없이 서비스를 제공해야 한다.
③ 전문가단체 활동에 적극 참여하여 사회복지사의 권익옹호를 위해 노력하여야 한다.
④ 기관의 부당한 정책이나 요구에 대해 즉시 사회복지윤리위원회에 보고해야 한다.

14 「사회보장기본법」에서 사회보장수급권에 대해 금지하고 있는 행위로 가장 옳지 않은 것은?

① 사회보장수급권은 타인에게 양도할 수 없다.
② 사회보장수급권은 포기할 수 없다.
③ 사회보장수급권은 담보로 제공할 수 없다.
④ 사회보장수급권은 압류할 수 없다.

15 사례관리(case management)의 과정을 순서대로 바르게 나열한 것은?

① 기획 → 사정 → 개입 → 점검 → 평가
② 사정 → 기획 → 점검 → 개입 → 평가
③ 사정 → 기획 → 개입 → 점검 → 평가
④ 기획 → 사정 → 점검 → 개입 → 평가

16 〈보기〉에서 설명한 오류는?

─── 보기 ───
자료분석은 자료가 수집된 이후에 수집된 자료를 분석하고 해석하는 일인데, 이는 이론 또는 실제적 목적과 관련해서 수집된 자료를 일반적으로 통계적 방법을 사용하여 분석하고 분석결과의 의미를 해석하는 과정이다. 이때, 분석단위의 적용상 오류가 발생할 수 있다. 집단 또는 집합체에서 발견된 내용을 개인에게 적용할 때, 즉 특정지역의 노령화비율이 높고 그 지역에 특정 정당 지지율도 높다고 해서 해당 지역의 노인이 그 정당을 더 지지한다고 잘못된 결론을 내리는 것을 말한다.

① 퇴행적 오류
② 인과관계적 오류
③ 생태학적 오류
④ 환원주의적 오류

17 엘리자베스 구빈법(The Elizabeth Poor Law, 1601)에 대한 설명으로 가장 옳은 것은?

① 근로능력이 있는 건강한 빈민(The able-bodied poor)이 교정원 또는 열악한 수준의 작업장에서 강제노역을 하도록 하였다.
② 공동작업장을 설치하여 임금지불과 직업보도 등을 처음 시작하게 되었다.
③ 빈민의 도시 유입을 막기 위해 농촌 노동력의 이동을 통제하는 제도이다.
④ 저임금 노동자의 생활비를 위해서 임금을 보충해 주는 빈민의 처우개선제도이다.

18 「사회복지사업법 시행규칙」상 사회복지관의 사업 중 지역조직화기능으로 옳지 않은 것은?

① 서비스연계사업
② 주민조직화사업
③ 자원개발 및 관리사업
④ 복지네트워크 구축사업

19 길버트(Gilbert)와 테렐(Terrell)이 제시한 사회복지정책 분석틀의 네 가지 구성요소로 옳지 않은 것은?

① 할당(allocation)의 기반
② 사회적 위험(social risks)의 포괄 범주
③ 전달체계(delivery)의 전략
④ 급여(social provision)의 형태

20 〈보기〉와 같은 실천개입기술에 해당하는 것은?

─── 보기 ───
ㄱ. 클라이언트의 말, 행동, 생각 간에 모순을 지적하는 것
ㄴ. 클라이언트가 특정 행동이나 경험 혹은 생각에서 벗어나도록 하거나 그런 쪽으로 행동을 취할 수 있도록 도움을 제공하는 것

	ㄱ	ㄴ
①	재보증(reassurance)	재명명(reframing)
②	직면(confrontation)	격려(encouragement)
③	중재(mediation)	격려(encouragement)
④	조언	정보제공

서울시(하반기) 9급

2019년 기출

2019.06.15. 시행

01 퍼니스(Furniss)와 틸톤(Tilton)이 분류한 복지 국가 유형 중에서 국민최저수준의 복지를 보장 하려는 국가는?

① 적극적 국가(positive state)
② 사회보장국가(social security state)
③ 사회복지국가(social welfare state)
④ 분화복지국가(differentiated state)

02 사회복지의 잔여적 개념에 대한 설명으로 가장 옳은 것은?

① 사회복지는 가족, 시장과 동등한 위상을 갖는다.
② 사회복지 활동이 필요하지 않은 것이 궁극적인 지향이다.
③ 시장의 불완전한 분배는 불가피하므로 사회 복지는 사회유지에 있어서 필수적이다.
④ 사회복지는 포괄적인 사회제도로서의 위치를 확보한다.

03 신뢰도와 타당도에 대한 설명으로 가장 옳은 것은?

① 신뢰도에 대해 질적 연구자와 양적 연구자는 다르게 접근한다.
② 좋은 척도는 100%의 신뢰도를 가질 수 있다.
③ 신뢰도와 타당도는 상관성이 없다.
④ 신뢰도가 높으면 타당도도 항상 높다.

04 〈보기〉에서 사회복지 정책결정의 이론적 모형에 대한 설명으로 옳지 않은 것을 모두 고르면?

─── 보기 ───
ㄱ. 기존의 정책과 유사한 정책대안에 대한 검토와 보완을 거치는 모형은 점증모형이다.
ㄴ. 모든 대안들을 합리적으로 검토하여 최선의 정책대안을 찾을 수 있다고 가정하는 것은 만족모형이다.
ㄷ. 합리모형과 점증모형의 절충적 성격을 갖는 모형은 혼합모형이다.
ㄹ. 제한된 합리성을 바탕으로 접근이 용이한 일부 대안에 대한 만족할 만한 수준을 추구하는 것은 합리모형이다.

① ㄱ, ㄴ　　　　　② ㄴ, ㄷ
③ ㄴ, ㄹ　　　　　④ ㄷ, ㄹ

05 쿠블러(Kubler) – 로스(Ross)의 죽음에 대한 적응 단계로서 옳은 것은?

① 분노 – 부정 – 수용 – 우울 – 타협
② 부정 – 분노 – 타협 – 수용 – 우울
③ 부정 – 분노 – 타협 – 우울 – 수용
④ 부정 – 우울 – 분노 – 수용 – 타협

06 종단조사에 대한 설명으로 가장 옳은 것은?

① 한 시기에 여러 연령집단을 조사하는 방법은 동류집단(cohort)조사이다.

② 동일한 대상을 일정 시차를 두고 추적 조사하는 방법은 패널조사이다.

③ 동류집단조사는 포괄적인 범위에 속한 인구집단의 변화를 측정하기 위한 조사이다.

④ 동류집단조사와 패널조사는 조사 대상자 측면에서 동일하다.

07 〈보기〉는 사회복지실천의 기원에 해당하는 기관에 대한 설명이다. ㉠, ㉡에 들어갈 기관 명칭으로 옳은 것을 순서대로 바르게 짝지은 것은?

─── 보기 ───
• (㉠)은(는) 빈곤과 고통의 원인이 주로 환경적 요인에 있다고 보고 주택, 공중보건, 고용 착취 등을 개선하기 위한 활동을 하였다.
• (㉡)은(는) 빈곤과 고통의 원인이 도덕적 실패에 있다고 보고 클라이언트의 상황에 대한 철저한 조사와 평가를 기초로 원조를 제공하고자 하였다.

	㉠	㉡
①	사회사업협회	인보관
②	자선조직협회	인보관
③	사회사업협회	자선조직협회
④	인보관	자선조직협회

08 복지국가의 발달을 설명하는 이론 중 〈보기〉의 주장과 가장 밀접한 이론은?

─── 보기 ───
노동자 계급을 대변하는 정치적 집단의 정치적 세력이 커질수록 복지국가가 발전한다.

① 국가중심적 이론
② 이익집단정치이론
③ 산업화이론
④ 사회민주주의이론

09 「국민기초생활 보장법」에 대한 설명으로 가장 옳지 않은 것은?

① 이 법에 따른 급여는 건강하고 문화적인 최저생활을 유지할 수 있는 것이어야 한다.

② 부양의무자란 수급권자를 부양할 책임이 있는 사람으로서 수급권자의 1촌의 직계혈족만을 말한다.

③ 생계급여 최저보장수준은 원칙적으로 생계급여와 소득인정액을 포함하여 생계급여 선정기준 이상이 되도록 하여야 한다.

④ 부양의무자가 「병역법」에 따라 소집된 경우 부양을 받을 수 없는 것으로 본다.

10 지역사회복지 실천모델에 대한 설명으로 가장 옳은 것은?

① 지역사회복지 실천모델은 사회복지사에게 지역사회 개입방법을 안내하는 역할을 할 수 있다.
② 지역사회개발모델은 전문가가 지역사회복지의 주도자가 된다.
③ 사회계획모델은 주민들의 자조(self-help)를 강조하는 형태이다.
④ 사회행동모델은 지역사회 내에서 기득권층의 이익을 대표하는 것이다.

11 사회복지정책 분석틀과 관련된 설명으로 가장 옳은 것은?

① 할당이란 사회복지정책의 대상을 어떤 집단으로 할 것인지를 결정하는 것이다.
② 현물급여는 수급자가 자신이 원하는 재화와 서비스를 선택할 수 있다는 측면에서 수급자의 효용이 극대화된다.
③ 선별주의는 사회급여가 모든 국민에게 하나의 권리로 인정되게 하는 것이다.
④ 바우처는 정부조직을 통한 강제적 징수방법으로 보험의 원리에 의해 보험 가입자가 납부하는 기여금을 의미한다.

12 〈보기〉가 설명하는 사회복지실천의 접근방법은?

보기
• 개인의 내적 요소와 사회적 요소를 모두 중시한다.
• 실천의 초점은 개인을 둘러싼 사회환경과 상호작용에 두고 있다.
• 개인이 가진 현재의 기능은 과거의 사건에 영향을 받는다는 입장이다.

① 인지행동적 접근방법
② 클라이언트 중심적 접근방법
③ 심리사회적 접근방법
④ 과제중심적 접근방법

13 〈보기〉의 설명에 해당하는 「사회복지사 윤리강령」 기준은?

보기
• 사회복지사는 클라이언트의 지불능력에 상관없이 서비스를 제공해야 하며 이를 이유로 차별대우를 해서는 안 된다.
• 사회복지사는 전문가로서의 품위와 자질을 유지하고 자신이 맡고 있는 업무에 대해 책임을 진다.

① 기본적 윤리기준
② 사회에 대한 윤리기준
③ 클라이언트에 대한 윤리기준
④ 기관에 대한 윤리기준

14 〈보기〉의 설명에 해당하는 길버트(Gilbert)와 스펙트(Specht)의 사회복지 급여 유형은?

─── 보기 ───
• 물품과 자원에 대한 통제력을 재분배하는 것과 연관된다.
• 클라이언트 및 다른 사회적 약자 집단의 대표자들을 사회복지 관련 기관의 이사로 선임하는 정책 등을 통하여 추구된다.

① 기회   ② 신용
③ 권력   ④ 서비스

15 「고용보험법」에 따른 구직급여 지급일수는 (㉠), (㉡)에 의해서 결정된다. ㉠, ㉡에 들어갈 말을 〈보기〉에서 골라 바르게 짝지은 것은?

─── 보기 ───
ㄱ. 재취업을 위한 노력
ㄴ. 이직일 현재 연령
ㄷ. 피보험기간
ㄹ. 소득수준

① ㄱ, ㄷ   ② ㄱ, ㄹ
③ ㄴ, ㄷ   ④ ㄴ, ㄹ

16 사회보험과 공공부조에 대한 설명으로 가장 옳은 것은?

① 사회보험은 생활유지능력이 없거나 생활이 어려운 국민의 최저생활을 보장하고 자립을 지원하는 제도다.
② 공공부조는 정부가 조세를 통해 마련한 재원으로 급여나 서비스를 제공한다.
③ 공공부조는 보험적 기술을 이용하여 사회적 위험을 방지하기 위하여 조직된 제도다.
④ 사회보험은 개인의 사회적 기능 향상을 위하여 교육, 상담 등 간접적 방법으로 비물질적 서비스를 제공하는 것이다.

17 사회복지행정 조직이론에 대한 설명으로 가장 옳은 것은?

① 과학적 관리론은 계층제적 권한구조, 정책과 행정결정의 분리 등의 특징을 지닌 대규모 조직을 설명하는 이론이다.
② 인간관계이론은 호손 공장의 실험을 계기로 전개되었다.
③ X-Y이론은 목표에 의한 관리를 강조하는 이론을 의미한다.
④ 목표관리이론은 목표보다는 인간관계를 강조한 이론이다.

18 〈보기〉의 ㉠, ㉡에 들어갈 단어를 순서대로 바르게 짝지은 것은?

> ─── 보기 ───
>
> 사회복지의 효율성을 논할 때 (㉠) 효율과 (㉡) 효율이 있다. 전자는 더 이상 어떠한 개선이 불가능한 최적의 자원배분 상태를 의미하며, 후자는 특정한 목표를 달성하는 데 가능한 한 적은 자원을 투입하여 최대한의 산출을 얻는 것을 의미한다.

	㉠	㉡
①	자원적	수단적
②	파레토	비용적
③	목표적	자원적
④	파레토	수단적

19 「아동권리에 관한 국제협약」에서 규정한 아동의 기본적인 4대 권리로 가장 적절하지 않은 것은?

① 자유권 ② 보호권
③ 발달권 ④ 참여권

20 우리나라 「장애인복지법」에 규정된 내용으로 가장 옳지 않은 것은?

① 매년 장애인의 날부터 1주간을 장애인 주간으로 한다.
② 기본이념은 장애인의 완전한 사회 참여와 평등을 통하여 사회통합을 이루는 데에 있다.
③ 장애인 복지정책 수립에 필요한 기초자료로 활용하기 위하여 장애실태조사는 3년마다 실시하여야 한다.
④ 장애인의 권익과 복지증진을 위하여 3년마다 장애인 정책종합계획을 수립·시행하여야 한다.

2018

사회복지학개론 기출문제

국가직 9급

지방직 9급

서울시 9급

국가직 9급

01 자조집단을 만드는 동기는?

① 경쟁
② 자선
③ 상부상조
④ 기업의 사회적 책임감

02 다음 사회복지시설 중 이용시설은?

① 노인여가복지시설
② 아동양육시설
③ 장애인거주시설
④ 모자가족복지시설

03 사회복지급여 수급권에 대한 설명으로 옳지 않은 것은?

① 사회복지급여 수급권은 정당한 이유 없이 불이익하게 변경될 수 없다.
② 사회복지급여 수급권은 상속될 수 없다.
③ 사회복지급여 수급권을 행사하는 자는 수급절차 및 과정에서 각종 보고와 자료제출 등의 의무를 이행해야 한다.
④ 사회복지급여 수급권은 행정기관의 재량행위에 의해 인정된다.

04 〈보기 1〉의 급여형태와 〈보기 2〉의 예시를 바르게 연결한 것은?

──── 보기 1 ────
ㄱ. 현금급여   ㄴ. 현물급여
ㄷ. 증서   ㄹ. 기회

──── 보기 2 ────
A. 「장애인고용촉진 및 직업재활법」의 장애인 의무고용
B. 보건복지부의 사회서비스 전자바우처
C. 「노인장기요양보험법」의 방문목욕
D. 「국민연금법」의 노령연금

① ㄱ － D
② ㄴ － B
③ ㄷ － A
④ ㄹ － C

05 소득재분배에 대한 설명으로 옳지 않은 것은?

① 사회보장제도에서 보호하는 위험의 종류와 적용대상 범위는 소득재분배의 효과에 영향을 미친다.
② 자녀가 없는 계층으로부터 자녀가 있는 계층으로 소득이 재분배되는 형태는 수평적 재분배에 해당한다.
③ 공적연금제도의 재정조달방식에서 적립방식은 부과방식보다 세대 간 재분배효과가 더 뚜렷하게 나타난다.
④ 누진세를 재원으로 하는 공공부조제도는 기여금을 재원으로 하는 사회보험제도보다 수직적 소득재분배 효과가 더 크다.

06 사회복지실천모델의 기본가정과 주요개입기술을 모두 바르게 연결한 것은?

	사회복지 실천모델	기본가정	주요개입 기술
①	심리사회 모델	인간은 개인적·환경적·인지적 영향력 사이에서 끊임없이 상호작용하면서 행동하는 존재다.	인지재구 조화
②	해결중심 모델	인간은 누구나 문제 해결능력을 가지고 있으며, 변화는 불가피하다.	예외 질문
③	인지행동 모델	인간의 현재 행동을 이해하기 위해서는 과거 경험에 대한 탐색이 중요하다.	발달적 고찰
④	위기개입 모델	인간은 감당하기 어려운 상황에 직면하게 되면 균형상태가 깨져 혼란상태에 놓인다.	관계성 질문

07 다음 그림에서 임계경로(critical path)로 옳은 것은?

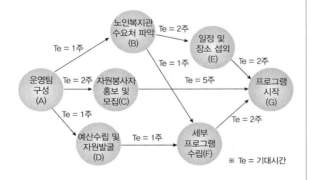

① A → B → E → G
② A → B → F → G
③ A → C → G
④ A → D → F → G

08 테일러 – 구비(Taylor-Gooby)가 주장하는 신사회적 위험의 발생원인으로 옳지 않은 것은?

① 저출산에 따른 생산가능인구의 감소로 인한 국가경쟁력 하락
② 여성의 경제활동참여 증가에 따른 일–가정 양립의 어려움
③ 미숙련 생산직의 비중 하락을 가져온 생산기술의 변동으로 인한 저학력자들의 사회적 배제
④ 고령화에 따른 노인돌봄을 위해 가족구성원의 경제활동 포기로 인한 소득 감소

09 리더십이론에 대한 설명으로 옳은 것은?

① 리더십 특성이론은 리더가 가진 특성이나 자질을 강조하면서, 그러한 특성과 자질을 학습하면 누구나 리더가 될 수 있다고 주장한다.
② 허시와 블랜차드(Hersey & Blanchard)의 상황이론에서는 리더십 유형의 유효성을 높일 수 있는 상황조절변수로 리더의 성숙도를 들고 있다.
③ 피들러(Fiedler)의 상황이론에서는 상황의 주요 구성요소로 리더와 부하의 관계, 과업이 구조화되어 있는 정도, 관리자의 지위권력 정도를 제시한다.
④ 블레이크와 머튼(Blake & Mouton)이 제시하는 관리격자이론에서는 중도(middle- of-the-road)형 리더십을 가장 이상적인 리더십으로 간주한다.

10 〈보기 1〉의 ㉠~㉣에 들어갈 말을 〈보기 2〉의 ⓐ~ⓗ에서 바르게 연결한 것은?

─── 보기 1 ───

- (㉠)는(은) 어머니를 미워하는 것이 자아에 수용될 수 없으므로 나 자신이 미운 것으로 대치시키는 것으로서 우울증을 야기하는 중요한 기제로도 여겨진다.
- (㉡)는(은) 보상과 속죄의 행위를 통해 죄책감을 일으키는 충동이나 행동을 중화 또는 무효화하는 것이다.
- (㉢)는(은) 실패가능성이 있거나 심한 좌절, 불안감을 느낄 때 초기의 발달단계나 행동양식으로 후퇴하는 것이다.
- (㉣)는(은) 받아들일 수 없는 욕망, 기억, 사고 따위를 의식수준에서 몰아내어 무의식으로 추방하는 것이다.

─── 보기 2 ───

ⓐ 반동형성	ⓑ 퇴행
ⓒ 취소	ⓓ 전환
ⓔ 합리화	ⓕ 투사
ⓖ 투입	ⓗ 억압

	㉠	㉡	㉢	㉣
①	ⓓ	ⓒ	ⓐ	ⓗ
②	ⓖ	ⓒ	ⓑ	ⓗ
③	ⓓ	ⓔ	ⓐ	ⓕ
④	ⓖ	ⓔ	ⓑ	ⓕ

11 최근 우리나라의 가족생활주기 변화현상에 대한 설명으로 옳지 않은 것은?

① 초혼 연령이 높아지면서 가족생활주기가 시작되기 전까지의 기간이 길어지고 있다.

② 첫 자녀결혼 시작에서 막내 자녀결혼 완료까지의 기간은 출산자녀수의 감소로 짧아지고 있다.

③ 평균수명 증가, 자녀수 감소 등으로 인해 가족생활주기가 변화되고 있다.

④ 새로운 가족유형이 나타나면서 가족생활주기별 구분이 보다 더 뚜렷해지고 있다.

12 다음 설명에 해당하는 의사결정기법은?

- 어떤 주제에 대해 전문가들의 합의를 얻으려고 할 때 적용될 수 있다.
- 전문가들에게 우편으로 의견이나 정보를 수집한 후, 분석한 결과를 다시 응답자들에게 보내 의견을 묻는 방식이다.
- 전문가가 자유로운 시간에 의견을 제시할 수 있는 장점이 있지만, 시간이 많이 걸리고 반복하는 동안 응답자의 수가 줄어드는 문제가 있다.

① 의사결정나무분석기법

② 브레인스토밍

③ 명목집단기법

④ 델파이기법

13 마셜(Marshall)이 제시한 시민권에 대한 설명으로 옳지 않은 것은?

① 시민권은 사회권, 참정권, 공민권의 순서로 발달하였다.

② 공민권이란 법 앞에서의 평등, 신체의 자유, 언론의 자유 등과 같은 권리를 의미한다.

③ 사회권을 보장하기 위한 대표적인 장치로 교육과 사회복지제도를 제시하였다.

④ 투표할 수 있는 권리와 정치과정에 참여할 수 있는 권리는 참정권에 해당한다.

14 클라이언트의 고지된 동의(informed consent)에 대한 설명으로 옳지 않은 것은?

① 사회복지사는 클라이언트가 받는 서비스의 범위와 내용에 대해 정확하고 충분한 정보를 제공하고 클라이언트의 동의를 얻어야 한다.

② 고지된 동의는 클라이언트의 자기결정의 가치를 실현하기 위한 윤리원칙이다.

③ 원칙적으로 고지된 동의가 이루어지기 위해서는 클라이언트가 충분한 정보를 제공받아서 지식을 갖추고 있고, 자발적으로 동의를 해야 하며, 동의를 할 수 있는 능력을 갖추고 있어야 한다.

④ 클라이언트를 대상으로 연구하는 사회복지사는 클라이언트로부터 고지된 동의를 얻을 필요가 없다.

15 로렌츠 곡선에 대한 설명으로 옳지 않은 것은?

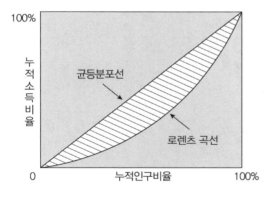

① 균등분포선과 로렌츠 곡선이 이루는 면적(빗금 친 부분)이 클수록 소득불평등도는 커진다.

② 로렌츠 곡선과 균등분포선이 일치하는 사회에서는 누적인구비율 20%의 누적소득비율은 20%가 된다.

③ 로렌츠 곡선은 전체적인 소득불평등 상태를 알아보는 데 유용하다.

④ 한 사회의 모든 구성원의 소득이 같다면 지니계수는 1이 된다.

16 다음 사례에서 컴튼(Compton)과 갤러웨이(Galaway)가 분류한 사회복지실천체계를 바르게 연결한 것은?

알코올중독자인 남편 甲은 술만 먹으면 배우자인 乙에게 폭력을 행사한다. 이를 견디다 못한 乙은 사회복지사 丙을 찾아가 甲의 알코올중독에 따른 가정폭력문제를 호소하였다. 丙은 乙의 문제를 함께 해결해 가기 위해 계약을 맺고, 甲의 가정폭력을 해결할 수 있는 방안을 찾기로 했다.
한편, 甲과 乙의 고등학생 아들인 丁은 비행을 저질러 법원(戊)으로부터 보호관찰처분에 따른 부가처분으로 상담을 명받아 丙을 찾아왔다.

① 甲 : 클라이언트체계, 丙 : 변화매개체계
② 甲 : 표적체계, 乙 : 클라이언트체계
③ 乙 : 클라이언트체계, 丙 : 행동체계
④ 丁 : 의뢰체계, 戊 : 변화매개체계

17 다음 사례에서 甲에게 적용되는 사회보험급여는?

甲은 4대 사회보험(국민건강보험, 산업재해보상보험, 고용보험, 국민연금)이 적용되는 제조업체에서 일하는 30대 정규직 근로자이다. 甲은 휴일에 중학교 동창 친구들과 나들이를 갔다가 손목을 다쳤다. 장애판정을 받을만큼 심각하지 않았기 때문에, 퇴근 후 거주지 부근 정형외과를 다니며 치료를 받았다. 업무를 수행할 때 약간 불편하지만, 일을 그만둘 정도는 아니므로 현재 정상적으로 근무하는 중이다.

① 국민건강보험에 의한 요양급여
② 국민연금에 의한 노령연금
③ 산업재해보상보험에 의한 장해급여
④ 고용보험에 의한 조기재취업수당

18 단일사례조사에 대한 설명으로 옳지 않은 것은?

① 사회복지실천에서 단일사례조사는 개입 전과 후를 비교하여 그 효과를 증명하는 데 활용된다.

② 단일사례조사 결과분석방법 가운데 경향선 접근은 기초선이 안정적일 때 사용한다.

③ 시각적 분석은 기초선단계와 개입단계에 그려진 그래프를 보면서 개입변화 여부를 확인하는 방식이다.

④ 단일사례조사에서 표적행동은 개입에 따라 변화가 기대되는 대상으로서 종속변수가 된다.

19 사회복지조직이론에 대한 설명으로 옳은 것은?

① 과학적 관리론(scientific management theory)에 따르면 조직은 갈등과 불화가 존재하는 체계이며, 조직의 목표가 분명치 않아 조직관리자가 우선순위를 정하기 어렵다.

② 사회복지서비스의 질은 객관성 있게 측정될 수 있기 때문에 총체적품질관리(TQM : Total Quality Management)는 사회복지조직에 적용하기에 적합한 관리기법이다.

③ 제도이론(institutional theory)은 폐쇄체계적 관점에서 조직 자체의 규범이나 규칙 등과 같은 제도에 의해 조직 성격이 규정되고 조직 생존이 결정된다고 주장한다.

④ 조직군생태학이론(population-ecology theory)은 조직을 개방체계로 인식하면서 조직의 생존은 결국 환경이 결정한다는 결정론적 입장을 취한다.

20 다음 법을 먼저 제정된 순서대로 바르게 나열한 것은?

> ㄱ. 「사회보장급여의 이용·제공 및 수급권자 발굴에 관한 법률」
> ㄴ. 「장애인차별금지 및 권리구제 등에 관한 법률」
> ㄷ. 「청소년복지지원법」
> ㄹ. 「학교 밖 청소년 지원에 관한 법률」

① ㄱ → ㄴ → ㄷ → ㄹ

② ㄴ → ㄷ → ㄱ → ㄹ

③ ㄷ → ㄴ → ㄹ → ㄱ

④ ㄷ → ㄹ → ㄴ → ㄱ

2018년 기출
2018.05.19. 시행

지방직 9급

01 사회복지관 사업의 3대 기능분야가 아닌 것은?

① 사례관리기능
② 지역조직화기능
③ 서비스제공기능
④ 역량강화기능

02 질적 연구에 대한 설명으로 옳은 것은?

① 과학적 실증주의(positivism)를 기반으로 한다.
② 인과관계의 법칙과 작용을 밝혀내며 가치중립적이다.
③ 귀납적 논리방법이 대부분 사용된다.
④ 주로 이론을 바탕으로 가설을 도출한 다음에 가설을 검증한다.

03 현재 시행되고 있는 복지제도에 대한 설명으로 옳은 것은?

① 국민기초생활보장제도는 수급권자 본인이 신청하지 않으면 수급권이 주어지지 않는다.
② 국민연금의 노령연금 수급연령은 90세까지이다.
③ 노인장기요양보험은 65세 미만이어도 요양등급을 받으면 혜택을 받을 수 있다.
④ 고용보험은 실업사유와 상관없이 모든 실업자는 실업급여를 받을 수 있다.

04 사회복지실천의 사정(assessment) 도구에 대한 설명을 바르게 연결한 것은?

> (가) 가족과 환경체계의 관계를 다양한 선으로 표현함으로써 가족과 환경체계 간의 상호작용 양상을 파악할 수 있다.
> (나) 가족의 2~3세대 이상에 대한 정보를 제공해 주며, 가족 내에서 반복되는 정서적·행동적 패턴을 이해할 수 있다.

	(가)	(나)
①	가계도	생태도
②	생태도	소시오그램
③	소시오그램	가계도
④	생태도	가계도

05 다음 사례관리실천에서 사용된 사례관리자의 관점은?

> • 힘든 역경 속에서도 지금까지 어떻게 그렇게 버티어 올 수 있었나요?
> • 살아오면서 지금보다 조금 나았을 때는 언제였나요?
> • 어려운 상황에서도 나에게 조금이라도 도움이 되어준 것은 무엇이었나요?

① 생태체계적 관점
② 강점 관점
③ 옹호 관점
④ 네트워크 관점

06 자선조직협회(COS)에 대한 설명으로 옳은 것만을 모두 고르면?

> ㄱ. 개별사회사업(casework) 발전에 기여
> ㄴ. 과학적 자선(scientific charity)에의 기여
> ㄷ. 지역사회복지(community welfare)의 기본적인 모형 제공
> ㄹ. 사회조사(social survey) 기술의 발전 도모

① ㄱ, ㄴ
② ㄱ, ㄴ, ㄹ
③ ㄱ, ㄷ, ㄹ
④ ㄱ, ㄴ, ㄷ, ㄹ

07 길버트와 테렐(Gilbert & Terrell)이 분류한 할당의 원리와 관련하여 할당의 세부원칙, 원칙의 결정기준, 사례를 연결한 것으로 옳지 않은 것은?

	할당의 세부원칙	원칙의 결정기준	사례
①	귀속적 욕구	욕구에 대한 경제적 기준에 근거한 집단지향적 할당	도시재개발에 의해 피해를 입은 사람
②	보상	욕구에 대한 규범적 기준에 근거한 집단지향적 할당	사회보험 가입자
③	진단적 구분	욕구의 기술적·진단적 기준에 근거한 개인별 할당	「장애인복지법」상의 수급자
④	자산조사에 의한 욕구	욕구에 대한 경제적 기준에 근거한 개인별 할당	「국민기초생활 보장법」상 수급자

08 로스만(Rothman)의 지역사회복지 실천모델에 대한 설명으로 옳지 않은 것은?

① 지역사회개발모델은 주민의 참여를 바탕으로 지역사회 내 문제를 주민들 스스로 해결할 수 있도록 하여 긍정적인 환경을 만드는 것이다. 따라서 역량강화기술이 강조된다.
② 사회계획모델은 지역사회 내 권력과 자원의 재분배, 사회적 약자에 대한 의사결정의 접근성을 강화함으로써 지역사회의 변화에 초점을 두고 있다. 따라서 갈등, 대결, 직접적 행동, 협상 등의 전술을 사용한다.
③ 사회행동모델은 소수인종집단, 학생운동, 여성해방 혹은 여권신장운동, 복지권운동, 소비자보호운동 등에서 주로 사용된다.
④ 지역사회개발모델에서 지역복지실천가는 조력자, 조정자, 안내자, 문제해결기술 훈련자의 역할을 담당한다.

09 아동복지 대상과 서비스 분류에 대한 설명으로 옳지 않은 것만을 모두 고르면?

> ㄱ. 지지적 서비스는 가정을 이탈한 아동이 다른 체계에 의해 보호를 받는 동안 부모를 지원하여 가족기능을 강화하도록 하는 상담서비스이다.
> ㄴ. 선별주의 원칙에 따라 보호가 필요한 아동으로, 보편주의 원칙에 따라 일반 아동으로 구분한다.
> ㄷ. 일하는 어머니를 도와주는 보육서비스는 보완적(보충적) 서비스에 해당된다.
> ㄹ. 아동에 대한 가정 외 서비스에는 시설보호, 위탁가정, 일시보호소, 쉼터서비스 등이 포함된다.
> ㅁ. 가장 예방적인 접근인 대리적 서비스는 재가서비스 형태로 이루어진다.

① ㄱ, ㄷ   ② ㄱ, ㅁ
③ ㄴ, ㄷ   ④ ㄴ, ㄹ

10 에스핑–앤더슨(Esping-Andersen)의 복지국가 유형화 논의에 대한 설명으로 옳지 않은 것은?

① 자유주의 복지체제에서는 탈상품화 정도가 낮다.
② 보수주의 복지체제에서는 사회보험이 발달되어 탈상품화 효과는 제한적이다.
③ 사회민주주의 복지체제에서는 선별주의와 자조의 원칙에 따라 탈상품화 효과가 크다.
④ 탈상품화와 계층화 등의 개념으로 복지국가체제를 유형화하였다.

11 선별적 사회복지의 특징으로 옳은 것만을 모두 고르면?

> ㄱ. 예외주의 이념에 기반을 두고 있다.
> ㄴ. 사회복지의 대상을 사회적 약자나 요보호대상자로 한정한다.
> ㄷ. 서비스를 받는 것에 대한 낙인이 없다.
> ㄹ. 사회복지를 국민의 권리로 간주한다.
> ㅁ. 사회문제는 사회체계의 불완전성과 불공평성에서 기인한다고 본다.

① ㄱ, ㄴ   ② ㄴ, ㄷ
③ ㄱ, ㄴ, ㄹ   ④ ㄴ, ㄷ, ㅁ

12 우리나라의 노후 소득보장정책에 대한 설명으로 옳은 것은?

① 국민기초생활보장제도는 공공부조 프로그램으로 선별주의제도이다.
② 노후 소득보장정책은 기초연금제도와 기초노령연금제도로 이원화되어 있다.
③ 국민연금 가입대상에서 제외되는 직군은 공무원과 군인뿐이다.
④ 2018년 현재 노인수당인 경로연금제도를 운영하고 있다.

13 사회복지사가 청소년과의 면담에서 사용한 기법 ㉠, ㉡을 바르게 연결한 것은?

> 청소년 : 우리 부모님은 폭군이에요. 항상 자기들 마음대로 해요. 나를 미워하고 내가 불행해지기를 바라는 것 같아요. 가출하고 싶을 때가 한두 번이 아니에요.
> 사회복지사 : 부모님 때문에 숨이 막힐 것처럼 느끼는구나. …… (㉠)
> 내가 보기에는 부모님이 과격하게 사랑을 표현한 것 같아. …… (㉡)
> 힘들었을 텐데 지금까지 잘 견뎌 왔구나.

	㉠	㉡
①	해석	직면
②	공감	직면
③	공감	재명명
④	명료화	재보증

14 정보화에 따른 사회복지부문의 통합 전산정보시스템 구축에 대한 설명으로 적절하지 않은 것은?

① 2000년대 이후 보편적 사회서비스의 확대로 인해 정부부처들과 지방자치단체 및 민간부문의 정보들이 연결될 필요성이 높아졌다.

② 사회보장정보시스템(행복e음)은 지방자치단체에서 수행하는 복지사업을 지원하기 위한 통합정보시스템이다.

③ 사회복지시설정보시스템은 민간부문의 사회복지서비스기관들이 생산하는 자료들을 직접 수집하지 않는다.

④ 통합정보를 통한 트래킹시스템(tracking system, 이력관리시스템)은 생애주기별 사례관리에 긴요하지만, 클라이언트 비밀보장이나 개인정보보호에 취약성을 가질 수 있다.

15 「노인복지법」상 같은 종류의 노인복지시설에 해당하지 않는 것은?

① 노인전문병원, 주·야간보호서비스
② 양로시설, 노인공동생활가정
③ 노인요양시설, 노인요양공동생활가정
④ 노인복지관, 경로당

16 비에스텍(Biestek)이 제시한 사회복지실천 관계의 기본원칙에 대한 설명으로 옳지 않은 것은?

① 의도적인 감정표현 - 사회복지사는 클라이언트가 자신의 감정을 자유롭게 표현하도록 하며, 클라이언트가 표현한 많은 것을 적극적으로 경청하여야 한다.

② 개별화 - 사회복지서비스의 대상자를 각각 독특한 자질을 가진 사람으로 인정해야 한다.

③ 수용 - 클라이언트의 말과 감정에 동조하거나 비난하는 태도를 보이지 않고 있는 그대로 받아들인다.

④ 자기결정 - 사회복지사는 실천과정에 함께 참여하도록 하고, 클라이언트의 능력에 상관없이 클라이언트 스스로 모든 사항을 직접 결정할 수 있도록 원조해야 한다.

17 다음 사례에 적용된 학교사회복지 접근모델은?

낙후지역인 A지역에 소재한 B중학교 학생들의 생활실태를 조사하였다. 그 결과, 한부모가정의 비율이 높고, 부모의 직업은 일용직·임시직 비율이 높았다. 학생들은 수업이 끝난 후 혼자 방치되거나 오락실이나 PC방에서 대부분의 시간을 보내면서 식사는 결식 또는 인스턴트식품으로 해결하는 등 물리적 방임과 의료적 방임을 경험하고 있었다. 또한 이들 학생들은 학업성취도가 낮고 집단따돌림을 당하는 등 학교적응이 어려운 상황이었다.

B중학교 학교사회복지사는 이들을 표적집단으로 선정한 후, 교육서비스와 복지서비스를 제공할 수 있도록 계획을 수립하였다. 우선 가까운 대학에 있는 사회복지학과 학생들과 일대일 멘토링프로그램을 통하여 정서지원서비스를 제공하고, 사범대학 학생들의 도움을 받아 방과후 학생들에게 학업지원서비스를 제공하였다. 또한 인근 사회복지관과 연계하여 가정도우미를 추천받아 학생의 가정에 정기적으로 방문하여 저녁밥 서비스를 제공하는 사업을 기획하였다.

① 학교변화모델
② 사회적 상호작용모델
③ 지역사회학교모델
④ 학교－지역사회－학생관계모델

18 정책결정모형에 대한 설명으로 옳은 것만을 모두 고르면?

ㄱ. 점증모형은 기존의 정책에 기반한 약간의 정책 개선이나 수정을 강조하는 정책결정모형으로 이상적·경제적 합리성보다는 시민의 지지를 얻을 수 있는 정치적 합리성을 더 추구하는 모형이라 할 수 있다.

ㄴ. 쓰레기통모형은 조직화된 무질서 상태를 가정하면서 정책결정이 일정한 규칙에 따라 이루어지는 것이 아니라 정책결정에 필요한 여러 가지 흐름이 우연히 한곳에 모여 정책결정이 이루어진다고 보는 모형이다.

ㄷ. 만족모형은 합리모형과 점증모형의 절충적인 형태로서 중요한 문제의 경우에는 합리모형에서와 같이 포괄적 관찰을 통해 기본적인 정책결정을 하고, 이후 기본적인 결정을 수정·보완하면서 세부적인 사안을 점증적으로 결정한다는 모형이다.

ㄹ. 합리모형은 인간이 매우 이성적이며 고도의 합리성에 따라 행동하고 결정한다는 전제하에 정책결정에는 경제적 합리성과 함께 직관, 통찰력, 창의력 등을 동시에 고려해야 한다는 모형이다.

① ㄱ, ㄴ
② ㄴ, ㄹ
③ ㄷ, ㄹ
④ ㄱ, ㄴ, ㄷ

19 다음 표에서 임계경로(critical path)를 순서대로 바르게 나열한 것은?

작업	선행작업	소요기간(일)
A	없음	2
B	A	6
C	A	4
D	B, C	2
E	D	4
F	D	3
G	E	2
H	E	4
I	F	2
J	F	1
K	G, H	2
L	I, K	2
M	J, L	3

① A → B → D → E → G → K → L → M
② A → B → D → E → H → K → L → M
③ A → C → D → E → G → K → L → M
④ A → C → D → F → H → K → L → M

20 〈보기 1〉의 사회복지 전달체계 문제 상황에서 ㉠~㉢에 들어갈 말을 〈보기 2〉의 ⓐ~ⓓ에서 바르게 연결한 것은?

─── 보기 1 ───

약물중독문제를 가지고 있는 실업자인 한부모 A는 딸 B를 주간보호센터에 맡기고, 본인은 약물재활치료를 받은 후 나머지 시간에 자활 근로훈련을 받는다. 만약 주간보호센터와 재활클리닉, 훈련프로그램이 각각 다른 장소와 일정으로 운영되어 중복의 문제가 발생한다면 이는 (㉠)문제이다. A의 거주지가 약물재활치료센터 및 지역자활센터와 거리가 멀어서 재활치료나 근로훈련을 받을 수 없다면 이는 (㉡)의 문제이다. 클라이언트가 이러한 상황에 대한 불만을 토로할 수단이 없다면 이는 (㉢)문제이다.

─── 보기 2 ───

ⓐ 단편성(fragmentation)
ⓑ 비연속성(discontinuity)
ⓒ 무책임성(unaccountability)
ⓓ 비접근성(inaccessibility)

	㉠	㉡	㉢
①	ⓐ	ⓑ	ⓓ
②	ⓐ	ⓓ	ⓒ
③	ⓒ	ⓓ	ⓑ
④	ⓓ	ⓒ	ⓑ

서울시 9급

01 품목예산(line – item budgeting)의 특징으로 옳은 것을 〈보기〉에서 모두 고른 것은?

> ─── 보기 ───
>
> ㄱ. 통제보다는 기획에 초점을 둔다.
> ㄴ. 서비스 효율성에 대한 정보를 알기 어렵다.
> ㄷ. 전년도 예산을 기준으로 증감방식을 활용한다.
> ㄹ. 구체적인 품목은 프로그램의 목적에 의해 구분된다.

① ㄱ, ㄴ　　　　　② ㄱ, ㄹ
③ ㄴ, ㄷ　　　　　④ ㄷ, ㄹ

02 〈보기〉가 정의하는 「사회보장기본법」상의 개념은?

> ─── 보기 ───
>
> "생애주기에 걸쳐 보편적으로 충족되어야 하는 기본욕구와 특정한 사회위험에 의하여 발생하는 특수욕구를 동시에 고려하여 소득 및 서비스를 보장하는 맞춤형 사회보장제도를 말한다."

① 사회보험 및 사회서비스
② 국민기초생활보장제도
③ 평생사회안전망
④ 사회보장

03 현행 법령상 노인장기요양보험에 대한 설명으로 가장 옳은 것은?

① 장기요양 1등급은 장기요양점수가 최소 65점 이상이다.
② 장기요양보험료는 국민연금과 통합하여 징수한다.
③ 경증의 치매환자에게도 장기요양급여를 제공할 수 있도록 장기요양 5등급이 신설되었다.
④ 국가는 당해 연도 장기요양보험료 예상수입액의 100분의 50에 상당하는 금액을 지원한다.

04 국민기초생활보장제도에 대한 설명으로 가장 옳지 않은 것은?

① 조세를 재원으로 한다.
② 급여수준은 소득인정액과 상관없다.
③ 자산을 조사하여 수급 여부를 결정하고 제공한다.
④ 부양의무자의 존재 여부와 부양의무자의 부양능력이 수급 여부에 영향을 미친다.

05 사회보장에 관한 현행 법령의 내용으로 옳은 것을 〈보기〉에서 모두 고른 것은?

> ─── 보기 ───
>
> ㄱ. 모든 인간은 인간다운 생활을 할 권리를 가진다.
> ㄴ. 사용자는 사회보장의 증진에 노력할 의무를 진다.
> ㄷ. 질병, 노령 등으로 생활능력이 없는 국민은 법률이 정한 바에 따라 국가의 보호를 받는다.
> ㄹ. 「사회보장기본법」상 사회보장은 사회보험, 공공부조, 사회서비스로 이루어진다.

① ㄴ, ㄷ
② ㄱ, ㄴ
③ ㄱ, ㄷ, ㄹ
④ ㄱ, ㄴ, ㄷ, ㄹ

06 로웬버그(F. Loewenberg)와 돌고프(R. Dolgoff)의 윤리원칙심사(EPS) 기준이 아닌 것은?

① 자율과 자유의 원칙
② 생명보호의 원칙
③ 자기결정의 원칙
④ 성실의 원칙

07 슈퍼비전(supervision)에 대한 설명으로 가장 옳지 않은 것은?

① 사회복지사의 지식과 기술을 향상시키는 교육적 기능을 한다.
② 사회복지사의 위상을 확립하고 권익을 실현하는 기능을 한다.
③ 업무의 장애요소를 제거해 주고 사회복지사가 일을 잘 감당할 수 있도록 지지적 기능을 한다.
④ 사회복지사가 기관의 규정과 절차에 맞게 서비스를 제공하도록 관리하는 행정적 기능을 한다.

08 〈보기〉가 설명하는 사회복지조사방법으로 가장 옳은 것은?

─── 보기 ───

• 대상자의 행동을 현장에서 직접 포착할 수 있다.
• 대상자가 면접을 거부하거나 비협조적인 경우에 가능하다.
• 대상자에게 질문을 통해 자료를 얻을 수 없을 때 가능하다.

① 질문지조사법   ② 관찰조사법
③ 면접조사법   ④ 전자조사법

09 우리나라 사회복지 전달체계로 2010년 구축된 '사회복지통합관리망(행복e음)'에 대한 설명으로 가장 옳지 않은 것은?

① 국민이 필요할 때 언제든지 도움을 요청할 수 있는 체계구성을 위해 만들어졌으며, 보건복지 관련 상담 및 안내서비스를 원스톱으로 제공하기 위하여 희망의 전화가 개통되었다.
② 신속하고 정확한 소득 및 재산조사와 업무처리 간소화를 통해 행정효율화를 도모하였다.
③ 급여의 부정 및 중복수급 차단으로 복지재정의 효율화를 도모하였다.
④ 복지서비스의 통합신청과 찾아가는 복지서비스 확대에 기여하였다.

10 사회복지의 제도적 개념에 대한 내용으로 가장 옳지 않은 것은?

① 낙인이나 응급처치적 요소와는 거리가 멀다.
② 빈곤으로부터의 자유, 우애를 기본적인 가치로 한다.
③ 절대적 빈곤의 개념에 따라 빈곤수준을 낮게 책정한다.
④ 보편주의를 선호하며, 국가 책임을 점차적으로 확대한다.

11 1834년 개정 구빈법에서 명문화된 열등처우의 원칙에 대한 설명으로 가장 옳은 것은?

① 국가로부터 부조를 받는 자의 처우는 최하층 노동자의 생활조건보다 낮아야 한다.
② 근로능력이 있는 빈민을 국가가 고용하여 작업하도록 한다.
③ 빈민구제에 대한 가족의 1차적 책임을 강조하는 것이다.
④ 빈곤 근로자들에게 임금을 보조해 주어야 한다.

12 공공부조를 시행할 때 무엇보다 먼저 수급자가 갖고 있는 능력을 활용하고, 그 후에도 수급자가 최저생활을 유지할 수 없을 경우에 비로소 국가가 그 부족한 부분을 보충해 주는 것을 원칙으로 삼는 원리는?

① 최저생활보장의 원리
② 생존권 보장의 원리
③ 국가책임의 원리
④ 보충성의 원리

13 「사회보장기본법」에 명시되어 있는 사회적 위험에 해당되는 것을 〈보기〉에서 모두 고른 것은?

보기
ㄱ. 출산   ㄴ. 양육
ㄷ. 주거   ㄹ. 빈곤
ㅁ. 산재

① ㄱ, ㄴ, ㄷ, ㄹ, ㅁ
② ㄱ, ㄷ, ㄹ, ㅁ
③ ㄱ, ㄷ, ㅁ
④ ㄱ, ㄴ, ㄹ

14 조사설계에 대한 설명으로 옳은 것을 〈보기〉에서 모두 고른 것은?

보기
ㄱ. 실험설계는 외적 타당도가 높다.
ㄴ. 유사실험설계에는 무작위할당이 시행된다.
ㄷ. 사전검사는 내적 타당도를 위협하는 요인이면서 외적 타당도를 위협하기도 한다.
ㄹ. 사전조사에서 매우 높은 값이나 낮은 값을 응답한 경우 사후조사에서 통계적 회귀가 일어나 내적 타당도에 위협이 나타난다.

① ㄱ, ㄹ   ② ㄷ, ㄹ
③ ㄴ, ㄹ   ④ ㄱ, ㄴ

15 〈보기〉와 같은 상황에서 요구되는 사회복지서비스 전달체계 구축의 가장 바람직한 원칙은?

보기
K복지관을 찾은 갑(甲)은 결혼이주민으로, 현재 이혼상태이며 한부모 가정의 여성 가장이다. 갑(甲)은 초등학교 1학년 된 딸과 함께 빌라 지하 월세방에서 생활하고 있다. 안정적인 직업을 갖지 못하고 낮에는 건물 청소일을 하며 저녁에는 같은 나라 출신의 친구가 운영하는 가게에서 주방일을 하고 있다. 갑(甲)은 하루하루 돈벌이에 바빠 딸의 교육에는 전혀 신경을 쓰지 못하고 있다. 갑(甲)은 신장기능이 저하되어 건강이 좋지 못하다.

① 자활 및 재활의 원칙
② 적정성의 원칙
③ 평등성의 원칙
④ 포괄성의 원칙

16 사회복지 기관 및 시설의 예로 가장 옳지 않은 것은?

① 1차 기관 - 사회복지관
② 2차 기관 - 노인복지관
③ 이용시설 - 지역아동센터
④ 생활시설 - 장애인거주시설

17 사회복지실천의 개입유형 중 직접적 개입에 해당하지 않는 것은?

① 정서, 인지에 개입하는 기술
② 사회적 지지체계 개발
③ 문제해결 향상기술
④ 행동변화기술

18 사회복지실천과정을 순서대로 나열한 것으로 가장 옳은 것은?

① 계획 → 개입 → 사정 → 평가 → 종결
② 계획 → 사정 → 개입 → 종결 → 평가
③ 사정 → 개입 → 계획 → 평가 → 종결
④ 사정 → 계획 → 개입 → 평가 → 종결

19 〈보기〉가 설명하는 피아제(J. Piaget)의 인지발달 개념으로 가장 옳은 것은?

─── 보기 ───

인간이 주변세계를 이해하고 그것에 대해 생각하는 이해의 틀이다. 또한 연령이 증가함에 따라 많은 경험을 통해 인지구조가 발달하면서 질적인 변화를 하게 된다.

① 도식(scheme)
② 적응(adaptation)
③ 평형(equilibrium)
④ 조직화(organization)

20 귤릭(L. Gulick)과 어위크(L. Urwick)가 구분한 사회복지행정과정인 POSDCoRB 중 '작업의 할당이 규정되고 조정되는 공식적인 구조의 설정'과 관련된 것은?

① 기획(planning)
② 조직(organizing)
③ 지휘감독(directing)
④ 통합조정(coordinating)

2017

사회복지학개론 기출문제

국가직 9급

지방직 9급

서울시 9급

2017년 기출

2017.04.08. 시행

국가직 9급

01 사회복지의 대상자를 결정할 때 기준이 되는 선별주의와 보편주의에 대한 설명으로 옳은 것은?

① 선별주의는 자산이나 욕구에 관계없이 특정 범주에 속한 모든 사람이 급여나 서비스를 받을 수 있음을 의미한다.

② 보편주의를 적용한 제도에는 빈곤층을 위한 공동주택, 공공부조 등이 있다.

③ 선별주의는 서비스가 필요한 대상을 선정하여 급여를 제공하기 때문에 비용의 효율성이 있다.

④ 보편주의는 개인의 소득을 조사하는 데서 기인하는 비인간화 과정을 수반한다.

02 카두신(Kadushin)이 제시한 아동복지서비스의 유형 중 지지적 서비스(supportive service)에 해당하지 않는 것은?

① 아동상담　　　　② 가정위탁
③ 부모교육　　　　④ 가족치료

03 「청소년 기본법」에 의한 청소년의 연령은?

① 18세 미만
② 만 19세 미만
③ 9세 이상 24세 이하
④ 15세 이상 25세 이하

04 다음 설명에 해당하는 사회복지사의 역할은?

> 클라이언트가 어려움에 스스로 대처하도록 그의 문제해결능력을 향상시키고 자원을 찾아 회복하게 하는 역할로서, 사회복지사가 이러한 변화를 일으키는 것이 아니라 클라이언트가 자신의 노력으로 변화되는 경험을 하도록 돕는 것이 중요함

① 옹호자(advocate)
② 중재자(mediator)
③ 창시자(initiator)
④ 조력자(enabler)

05 드림스타트(Dream Start)에 대한 설명으로 옳은 것만을 모두 고른 것은?

> ㄱ. 아동과 가족을 대상으로 맞춤형 통합서비스 제공
> ㄴ. 시·군·구가 아동통합서비스지원기관 설치·운영
> ㄷ. 아동에 대한 사회투자의 중요성 강조
> ㄹ. 아동의 사회진출시 필요한 자립자금 마련

① ㄱ, ㄴ　　　　　② ㄱ, ㄷ
③ ㄱ, ㄴ, ㄷ　　　④ ㄴ, ㄷ, ㄹ

06 확률표집방법에 해당하는 것만을 모두 고른 것은?

> ㄱ. 단순무작위표집 ㄴ. 체계적 표집
> ㄷ. 집락표집 ㄹ. 할당표집
> ㅁ. 층화표집

① ㄱ, ㄴ, ㄷ   ② ㄴ, ㄹ, ㅁ
③ ㄱ, ㄴ, ㄷ, ㅁ   ④ ㄱ, ㄷ, ㄹ, ㅁ

07 에스핑 – 앤더슨(Esping–Andersen)의 복지국가 유형화에 대한 설명으로 옳지 않은 것은?

① 탈상품화는 사람들이 시장질서에 의존하지 않고 생계를 유지할 수 있는 정도를 말한다.
② 스웨덴 등 북유럽 복지국가 모델은 탈상품화의 정도가 가장 낮은 것으로 평가된다.
③ 탈상품화와 계층화의 개념을 사용하여 복지국가를 유형화하였다.
④ 복지국가를 자유주의 복지국가, 보수주의 복지국가, 사회민주주의 복지국가로 유형화하였다.

08 잔여적 사회복지와 제도적 사회복지에 대한 설명으로 옳은 것은?

① 잔여적 사회복지는 사회구성원 간의 상부상조를 주요기능으로 하고, 다른 사회제도의 기능과 구별되며 독립적으로 수행되는 제도이다.
② 제도적 사회복지는 사회복지 급여나 서비스를 국민에 대한 시혜로 간주한다.
③ 잔여적 사회복지는 사회복지 대상자에 대한 낙인감(stigma)을 수반하지 않는 것을 기본전제로 한다.
④ 잔여적 사회복지는 안전망 기능만을 수행하고, 제도적 사회복지는 제일선 기능을 수행한다.

09 리머(Reamer)가 제시한 윤리적 의사결정의 준거틀에 대한 설명으로 옳지 않은 것은?

① 타인의 자기결정권은 개인의 기본적인 복지권보다 우선한다.
② 개인의 자기결정권은 그 자신의 기본적 복지권보다 우선한다.
③ 자발적으로 동의한 법률, 규칙, 규정을 준수해야 하는 개인의 의무는 이러한 법률, 규칙, 규정과 갈등을 일으키는 방식으로 자유롭게 행동할 수 있는 개인의 권리보다 일반적으로 우선한다.
④ 개인의 복지에 대한 권리는 그와 갈등을 일으키는 법률, 규칙, 규정 및 자원단체의 협정보다 우선한다.

10 사회복지 급여의 형태 중 현물급여의 장점이 아닌 것은?

① 사회복지 정책목표의 효율성을 높일 수 있다.
② 규모의 경제를 실현함으로써 효과적인 분배가 가능하다.
③ 무제한 선택의 자유를 보장함으로써 비합리적 선택의 문제를 방지할 수 있다.
④ 급여용도 외로 사용될 가능성이 낮다.

11 사회복지 프로그램의 성과목표 설정에 대한 설명으로 옳지 않은 것은?

① 목표는 측정가능하여야 한다.
② 목표는 획득가능하여야 한다.
③ 목표는 시간이 설정되어야 한다.
④ 목표는 과정지향적이어야 한다.

12 과제중심모델에 대한 설명으로 옳은 것은?

① 개인의 내적 사고와 갈등 감정을 잘 이해하도록 도움으로써 사회적 기능을 향상하고자 한다.

② 개인의 비합리적 신념이나 인지적 오류를 변화시킴으로써 부정적 감정을 극복하고 긍정적인 행동 변화를 이끈다.

③ 클라이언트의 문제해결능력을 향상하기 위하여 심리적인 변화와 사회환경적인 변화를 시도한다.

④ 리드(Reid)와 엡스타인(Epstein)이 대표적 학자이고, 클라이언트가 인식한 문제에 초점을 둔 단기개입을 한다.

13 사회복지실천에서 관계형성 및 유지기술에 대한 설명으로 옳지 않은 것은?

① 통제된 정서적 관여 – 사회복지사는 클라이언트가 과도한 정서를 표출하지 않도록 통제해야 한다.

② 의도적 감정표현 – 사회복지사는 정서적 지지를 통해 클라이언트가 자신의 의견과 감정을 자연스럽게 표현할 수 있도록 기회를 마련해 주어야 한다.

③ 비밀보장 – 사회복지사는 클라이언트의 비밀을 보장해야 하지만 사례회의에서 면담내용이 공개될 수 있다.

④ 수용 – 사회복지사는 클라이언트를 있는 그대로 인정하고 받아들여야 하지만 일탈적 행동을 허용한다는 것은 아니다.

14 다문화가족의 적응력 향상을 위한 한국문화체험 프로그램을 논리모델(logic model)로 구성하였을 때, 다음 예시 (가)~(라)에 해당하는 요소를 바르게 연결한 것은?

> (가) 교육이수자 ○○명, 교육이수 ○○시간, 자격취득자 ○○명
> (나) 한국어 능력 향상, 한국문화 이해도 증진, 가족기능 강화
> (다) 건강가정사 ○명, 한국어강사 ○명, 사회복지사 ○명
> (라) 한국어 교육, 문화답사, 가족캠프

	(가)	(나)	(다)	(라)
①	산출	성과	투입	활동
②	투입	성과	산출	활동
③	투입	활동	산출	성과
④	산출	활동	성과	투입

15 사례관리의 특성으로 옳지 않은 것은?

① 서비스의 접근성 향상

② 공식적·비공식적 자원의 연계 및 조정

③ 직접적·간접적 서비스 수행

④ 서비스 비용의 증대 추구

16 자선조직협회와 인보관운동에 대한 설명으로 옳지 않은 것은?

① 자선조직협회와 인보관운동은 모두 빈민구제를 목적으로 하였다.

② 자선조직협회의 주된 활동층은 중산층의 부인이었으나 인보관운동은 의식 있는 대학생이었다.

③ 자선조직협회는 활동목표를 개인의 변화에 두었으나 인보관운동은 사회의 변화에 두었다.

④ 자선조직협회는 빈곤의 원인을 사회구조적인 책임으로, 인보관운동은 개인의 책임으로 보았다.

17 사회복지실천모델에 대한 설명으로 옳지 않은 것은?

① 심리사회모델은 상황 속의 인간(person-in-situation)을 강조한다.

② 위기개입모델은 초점화된 단기개입으로 클라이언트의 심리내적 변화에 일차적인 목표를 둔다.

③ 권한부여모델은 전문가적 접근성보다는 협력적인 파트너십과 해결지향적 접근을 강조한다.

④ 해결중심모델은 클라이언트의 문제 그 자체보다는 성공경험과 강점을 강화함으로써 해결책을 모색한다.

18 우리나라 사회복지사 윤리강령의 내용으로 옳지 않은 것은?

① 사회복지사는 자기가 속한 전문가 조직의 권익옹호를 최우선의 가치로 삼고 행동해야 한다.

② 사회복지사는 인권존중과 인간평등을 위해 헌신해야 하며, 사회적 약자를 옹호하고 대변하는 일을 주도해야 한다.

③ 사회복지사는 사회정의 실현과 클라이언트의 복지증진에 헌신하며, 이를 위한 환경조성을 국가와 사회에 요구해야 한다.

④ 사회복지사는 기관의 부당한 정책이나 요구에 대하여, 전문직의 가치와 지식을 근거로 이에 대응하고 즉시 사회복지윤리위원회에 보고해야 한다.

19 사회보험에 비해 공공부조의 장점은?

① 근로동기를 저해하는 부작용이 적다.

② 수직적인 소득재분배 효과가 높다.

③ 수급자가 낙인감(stigma)을 적게 느낀다.

④ 행정절차가 간소하여 비용이 적게 든다.

20 반두라(Bandura)의 사회학습이론에 대한 설명으로 옳은 것만을 모두 고른 것은?

> ㄱ. 학습은 개인의 경험뿐만 아니라 관찰학습을 통해서 이루어진다.
> ㄴ. 모방, 열등감, 조작적 조건화 등이 주요 개념이다.
> ㄷ. 개인의 내적요인, 행동, 환경이 상호작용한다고 보는 상호결정론을 강조한다.
> ㄹ. 성격의 지형학적 구조를 의식, 전의식, 무의식으로 나누었다.

① ㄱ, ㄷ   ② ㄱ, ㄹ

③ ㄴ, ㄷ   ④ ㄴ, ㄹ

지방직 9급

01 강점 관점(strength perspective)에 대한 설명으로 옳지 않은 것은?

① 클라이언트의 문제를 사정하고 해결하기 위해 과거를 중요하게 본다.

② 클라이언트가 갖고 있는 내적·외적 자원을 활용하고자 한다.

③ 클라이언트의 문제를 도전, 전환점, 성장의 기회로 간주한다.

④ 클라이언트를 변화할 수 있는 능력을 가진 존재로 본다.

02 1601년 엘리자베스 구빈법에 대한 설명으로 옳지 않은 것은?

① 노동능력에 따라 빈민을 구분하고 차등적으로 처우하였다.

② 빈민구제를 국가책임으로 인식하였다.

③ 빈민구제를 담당하는 행정기관을 설립하고 구빈세를 부과하였다.

④ 구빈 수급자의 구제수준은 최하층 노동자의 생활수준보다 높지 않아야 한다는 원칙을 확립하였다.

03 인보관운동에 대한 설명으로 옳지 않은 것은?

① 영국의 토인비홀과 미국의 헐하우스가 대표적인 인보관이다.

② 사회조사를 통해 빈곤지역의 생활환경을 개선하고자 노력하였다.

③ 빈곤가정에 우애방문자를 파견함으로써 문제를 해결하고자 하였다.

④ 집단사회복지 발전의 기초가 되었다.

04 로스만(Rothman)이 제시한 지역사회복지 실천모델이 아닌 것은?

① 지역사회보호모델

② 지역사회개발모델

③ 사회계획모델

④ 사회행동모델

05 핀커스(Pincus)와 미나한(Minahan)이 제시한 사회복지사의 활동체계에 대한 설명으로 옳지 않은 것은?

① 변화매개체계는 사회복지사와 사회복지사를 고용하고 있는 기관 및 조직을 의미한다.

② 클라이언트체계는 변화노력을 달성하기 위해 상호작용하는 모든 체계들을 의미한다.

③ 행동체계는 변화목표를 설정하거나 표적에 영향을 미치기 위해 활용될 수 있다.

④ 표적체계는 목표달성을 위하여 직접적으로 영향을 주거나 변화가 필요한 사람들이다.

06 다음의 상황에서 사회복지사 A가 겪을 수 있는 윤리적 쟁점은?

> 사회복지사 A는 신입 사회복지사 B의 이야기를 듣고 상사에게 보고해야 하는지에 대한 고민이 생겼다. 동료 사회복지사 C가 신입 사회복지사 B에게 자신의 프로그램 운영에 필요한 자료 제작을 지시하였을 뿐만 아니라, 개인적인 대학원 과제도 시키는 일이 있어 어떻게 해야 할지 난감하다고 하였기 때문이다.

① 제한된 자원의 공정한 분배
② 전문적 동료관계
③ 진실성 고수와 알권리
④ 클라이언트의 이익과 사회복지사의 이익

07 로웬버그(Loewenberg)와 돌고프(Dolgoff)가 제시한 윤리적 원칙 심사표(Ethical Principles Screen)의 윤리원칙을 우선순위대로 바르게 나열한 것은?

> ㄱ. 생명보호의 원칙
> ㄴ. 사생활과 비밀보장의 원칙
> ㄷ. 삶의 질의 원칙
> ㄹ. 평등과 불평등의 원칙
> ㅁ. 진실성과 완전공개의 원칙
> ㅂ. 최소 해악의 원칙
> ㅅ. 자율성과 자유의 원칙

① ㄱ → ㄹ → ㄴ → ㅅ → ㅂ → ㅁ → ㄷ
② ㄱ → ㄹ → ㅅ → ㅂ → ㄷ → ㄴ → ㅁ
③ ㄱ → ㅅ → ㄷ → ㄹ → ㅁ → ㅂ → ㄴ
④ ㄱ → ㅅ → ㄹ → ㅂ → ㄴ → ㄷ → ㅁ

08 「노인복지법」상 노인복지시설의 종류에 해당하는 것만을 모두 고른 것은?

> ㄱ. 노인주거복지시설
> ㄴ. 노인의료복지시설
> ㄷ. 재가노인복지시설
> ㄹ. 노인보호전문기관
> ㅁ. 노인여가복지시설

① ㄱ, ㄹ, ㅁ
② ㄴ, ㄷ, ㅁ
③ ㄱ, ㄴ, ㄷ, ㄹ
④ ㄱ, ㄴ, ㄷ, ㄹ, ㅁ

09 에릭슨(Erikson)의 심리사회적 발달단계에서 제6단계(성인 초기)의 심리사회적 위기는?

① 자아통합 대 절망
② 정체감 대 정체감 혼란
③ 친밀감 대 고립감
④ 생산성 대 침체

10 공적연금에 대한 설명으로 옳지 않은 것은?

① 대표적인 4대 공적연금 중 가장 먼저 시행된 것은 군인연금이다.
② 공적연금에는 국민연금과 특수직역연금이 있다.
③ 사립학교교직원연금은 공적연금에 해당한다.
④ 노령연금은 국민연금의 급여 종류에 해당한다.

11 행동주의모델의 치료기법이 아닌 것은?

① 체계적 둔감화 ② 자기주장훈련
③ 자유연상 ④ 이완훈련

12 장애인복지의 이념에 대한 설명으로 옳지 않은 것은?

① 자립생활이란 다른 사람에게 의존하지 않고 장애인 자신이 삶의 주체가 되어 자기결정권을 행사하는 것이다.
② 평등은 장애를 가진 사람도 비장애인과 동일한 의무와 권리가 인정되고 평등한 기회를 보장받는 것이다.
③ 사회통합이란 장애인이 가지고 있는 불리를 경감하고 해소하여 의미 있는 사회참여를 할 수 있도록 하는 것이다.
④ 정상화는 장애인만의 생활방식과 리듬을 강조하면서 장애인이 정상적인 발달경험을 할 수 있도록 시설에 보호하는 것이다.

13 제도적 사회복지에 대한 설명으로 옳지 않은 것은?

① 사회문제에 대한 사회적 책임을 강조한다.
② 보충성 원칙에 입각하고 있다.
③ 주요 사회보장제도는 사회보험이다.
④ 사회통합의 기능을 한다.

14 「국민기초생활 보장법」의 내용으로 옳지 않은 것은?

① 이 법은 생활이 어려운 사람에게 필요한 급여를 실시하여 이들의 최저생활을 보장하고 자활을 돕는 것을 목적으로 한다.
② 생계급여 최저보장수준은 생계급여와 소득인정액을 포함하여 생계급여 선정기준 이상이 되도록 하여야 한다.
③ 보장기관은 대통령령으로 정하는 바에 따라 근로능력이 있는 수급자에게 자활에 필요한 사업에 참가할 것을 조건으로 하여 생계급여를 실시할 수 있고 이 경우 자활지원계획을 고려하여 조건을 제시하여야 한다.
④ 이 법에 따른 급여는 부양의무자의 부양과 다른 법령에 따른 보호에 우선하여 행하여지는 것으로 한다.

15 길버트(Gilbert)와 테렐(Terrell)이 제시한 사회복지정책 분석틀을 구성하는 주요 선택의 차원에 대한 설명으로 옳지 않은 것은?

① 할당, 급여, 전달, 재정으로 구성되어 있다.
② 할당은 수급자를 누구로 할 것인가에 관한 것이다.
③ 급여는 재정마련의 방법에 관한 것으로 공공, 민간, 혼합 형태가 있다.
④ 전달은 서비스 전달방식과 주체에 관한 것이다.

16 사회복지조사에서 내적 타당도(internal validity)의 저해요인이 아닌 것은?

① 통계적 회귀(statistical regression)
② 도구효과(instrumentation effect)
③ 외부사건(history)
④ 무작위 오류(random error)

17 사회복지정책 결정모형에 대한 설명으로 옳은 것은?

① 쓰레기통모형은 정책결정자가 높은 합리성을 가지고 주어진 상황에서 최선의 정책대안을 찾아낼 수 있다고 본다.

② 혼합모형은 합리적 요소와 함께 직관, 판단, 통찰력과 같은 초합리적 요소를 바탕으로 정책결정을 한다고 본다.

③ 최적모형은 과거의 정책결정을 기초로 하여 약간의 변화를 추구하면서 새로운 정책대안을 검토하고 점증적으로 수정하는 과정을 거친다고 본다.

④ 만족모형은 정책결정과정에서 모든 정책대안이 다 고려되지 않고 고려될 수도 없다고 본다.

18 로마니신(Romanyshyn)이 제시한 사회변화에 따른 사회복지 개념의 변화로 옳은 것만을 모두 고른 것은?

```
ㄱ. 최적 생활보장에서 최저 생활보장으로 변화
ㄴ. 자선에서 시민의 권리로 변화
ㄷ. 특수성에서 보편성의 성향으로 변화
ㄹ. 공공지원에서 민간지원으로 변화
ㅁ. 개인의 변화에서 사회의 개혁으로 변화
```

① ㄱ, ㄴ, ㄹ
② ㄱ, ㄷ, ㄹ
③ ㄴ, ㄷ, ㅁ
④ ㄷ, ㄹ, ㅁ

19 다음은 「사회보장기본법」상 사회보장의 정의에 대한 설명이다. ㉠~㉢에 들어갈 용어를 바르게 연결한 것은?

사회보장이란 (㉠), (㉡), (㉢), 노령, 장애, 질병, 빈곤 및 사망 등의 사회적 위험으로부터 모든 국민을 보호하고 국민 삶의 질을 향상시키는 데 필요한 소득·서비스를 보장하는 사회보험, 공공부조, 사회서비스를 말한다.

	㉠	㉡	㉢
①	재해	자립	고용
②	출산	재해	실업
③	양육	고용	자립
④	출산	양육	실업

20 집단사회복지실천의 주요 개념에 대한 설명으로 옳지 않은 것은?

① 집단규범은 집단 성원 모두가 집단에서 적절한 행동방식이라고 믿고 있는 신념이나 기대를 의미한다.

② 집단응집력은 '우리'라는 강한 일체감 또는 소속감을 의미한다.

③ 집단문화는 특정 성원이 집단 내에서 수행해야 할 구체적인 과업이나 기능과 관련된 행동을 의미한다.

④ 집단역동성은 집단 내에서 작용하는 사회적인 힘과 상호작용을 의미한다.

서울시 9급

01 사회복지실천모델에 대한 설명 중 옳지 않은 것은?

① 심리사회모델 : 인간의 문제를 심리적(정서적)인 동시에 사회적(환경적)인 문제로 이해하고, 클라이언트의 문제를 상황 속에서 파악하고 심리사회적으로 개입해야 함을 강조한다.

② 해결중심모델 : 클라이언트 문제의 개입 초반부터 문제의 해결을 모색할 수 있도록 클라이언트를 지원하고 격려하는 것을 강조한다.

③ 행동주의모델 : 단기개입, 구조화된 접근, 클라이언트의 자기결정권에 대한 존중, 클라이언트의 환경에 대한 개입, 개입의 책임성 등을 강조한다.

④ 인지행동주의모델 : 클라이언트가 자신의 사고와 행동을 통제하기 위한 대체기제를 학습하는 교육적 접근을 강조한다.

02 다음은 비스텍(Biestek)이 제시한 사회복지사와 클라이언트 사이의 관계 형성의 원칙 중 하나를 설명한 것이다. 〈보기〉 내용에 가장 부합하는 원칙은?

―― 보기 ――
사회복지사는 클라이언트를 인간으로서의 존엄성과 가치를 지니는 독특한 개체로 인식해야 한다. 모든 인간은 독특한 자질과 특성을 가지고 있으며, 개별적 욕구를 가지고 있으므로 사회복지사는 각 클라이언트의 특수성을 이해하고, 다양한 원리와 방법을 활용해야 한다.

① 자기결정　　　　② 비심판적 태도
③ 개별화　　　　　④ 수용

03 스핀햄랜드법(Speenhamland Act)에 관한 다음의 설명 중 옳은 것을 모두 고른 것은?

ㄱ. 빈민의 독립심과 노동능률을 저하시킨 법이다.
ㄴ. 오늘날의 가족수당 또는 최저 생활보장의 기반이 된 법이다.
ㄷ. 스핀햄랜드법 제정에 따라 구빈세 부담이 줄어들고 노동자의 임금이 상승하였다.
ㄹ. 스핀햄랜드법의 핵심 내용이 개정구빈법(Poor Laws Reform of 1834)에 의해 폐지되었다.

① ㄱ, ㄹ　　　　　② ㄱ, ㄴ, ㄹ
③ ㄴ, ㄷ, ㄹ　　　④ ㄱ, ㄴ, ㄷ, ㄹ

04 산업화 이전과 산업화 이후의 사회복지 대상에 대한 인식과 범위의 변화를 설명한 것으로 옳지 않은 것은?

① 자선에서 시민의 권리로 변화되어 왔다.
② 최저수준에서 최적수준의 급여로 변화되어 왔다.
③ 보편성에서 특수성으로 변화되어 왔다.
④ 개인의 변화에서 사회개혁으로 변화되어 왔다.

05 사회복지조직의 일반환경 중 사회인구학적 조건에 해당하지 않는 것은?

① 사회계층　　　　② 노동윤리
③ 인구구조　　　　④ 소득수준

06 다음 제시문의 ( ) 안에 들어갈 용어가 바르게 연결된 것은?

> 사회보장급여의 수준에 관해 「사회보장기본법」에는 국가와 지방자치단체는 모든 국민이 (㉠)하고 (㉡)적인 생활을 유지할 수 있도록 사회보장급여의 수준 향상을 위하여 노력하여야 한다고 규정하고 있다.

	㉠	㉡
①	건강	문화
②	행복	창조
③	건강	인간
④	행복	도덕

07 우리나라 국민연금의 급여액 산정에 영향을 미치는 요소와 거리가 먼 것은?

① 가입기간
② 전체 가입자 평균소득
③ 본인의 최종소득
④ 전국소비자물가변동률

08 시장기능만으로는 자원이 효율적으로 배분되지 못하는 시장실패가 발생하는 원인으로 옳지 않은 것은?

① 불완전경쟁이 발생할 경우
② 파생적 외부성이 발생할 경우
③ 서비스나 재화가 공공재일 경우
④ 정보의 비대칭성으로 인한 역선택 문제가 발생할 경우

09 방어기제에 대한 설명 중 옳은 것을 모두 고른 것은?

> ㉠ 스스로를 보호하기 위해 의식적으로 작동되는 심리기제이다.
> ㉡ 주로 사용하는 방어기제를 통해 그 사람의 성격적 특성을 알 수 있다.
> ㉢ 한 사람은 한 번에 하나의 방어기제만을 사용한다.
> ㉣ 일부 방어기제는 불안감소뿐만 아니라 긍정적 결과도 가져 온다.

① ㉠, ㉡   ② ㉠, ㉣
③ ㉡, ㉢   ④ ㉡, ㉣

10 사회복지법인에 대한 다음 설명으로 옳은 것은?

① 「사회보장기본법」에 근거한다.
② 사회복지법인이 아니면 사회복지시설을 운영할 수 없다.
③ 사회복지법인을 설립하려면 시·도지사의 인가를 받아야 한다.
④ 사회복지법인은 이사 7명 이상과 감사 2명 이상을 두어야 한다.

11 사례관리(case management)에 대한 설명으로 옳은 것은?

① 서비스 전달체계의 단편성 및 서비스의 연속성 결여의 문제를 해결하기 위하여 서비스에 대하여 통합적으로 접근한다.
② 사례관리자는 대상자의 문제해결을 위해서 클라이언트 개인을 변화시키기 위한 직접적 서비스 제공에 초점을 두고 활동한다.
③ 시설보호에 초점을 두고, 시설에서 생활하는 클라이언트의 복합적인 욕구를 해결하기 위한 포괄적인 서비스 제공체계를 구축하기 위해 시작되었다.
④ 클라이언트의 심리치료나 상담 등에 초점을 두고 개인적 변화를 달성하기 위한 것으로 환경보다는 개인을 강조하는 실천방법이다.

12 사회보험제도의 도입 역사에 대한 다음 서술 중 옳은 것은?

① 세계 최초의 사회보험제도는 독일의 산업재해보험(1883년)이다.

② 영국 국민보험법(1911년)은 질병보험과 노령연금으로 구성되었다.

③ 미국 사회보장법(1935년)은 노령연금과 실업보험을 도입하였다.

④ 베버리지보고서(1942년)는 사회보험 6대 원칙 중 하나로 소득에 비례한 기여를 제안하였다.

13 로스만(Rothman)의 지역사회복지 실천모델에 대한 설명으로 옳은 것은?

① 지역사회개발모델은 자조에 기반하며, 과업목표 지향적이다.

② 사회계획모델에서는 변화전략으로 주로 클라이언트의 임파워먼트(empowerment)가 사용된다.

③ 사회행동모델은 세 모델 중 전문가의 역할이 가장 중요하며, 이의제기, 데모 등 대항전략을 많이 사용한다.

④ 사회계획모델은 클라이언트의 역할이 가장 최소화된 모델이다.

14 국제노동기구(ILO)는 「사회보장 최저기준에 관한 조언」(1952년)을 통해 국가가 현대 산업사회에서 나타나는 사회적 위험으로부터 시민들을 보호하기 위해 사회보장 급여를 제공할 것을 권고하였다. 다음 중 이 조약에서 열거한 사회적 위험에 해당하지 않는 것은?

① 빈곤(poverty)

② 질병(sickness)

③ 실업(unemployment)

④ 임신 및 출산(maternity)

15 우리나라 사회복지 역사의 다음 사건들을 먼저 일어난 것부터 순서대로 바르게 나열한 것은?

> ㄱ. 국민기초생활보장제도 시행
> ㄴ. 최저임금제도 도입
> ㄷ. 4대 사회보험체제 완비
> ㄹ. 저출산·고령사회기본계획 수립

① ㄱ → ㄴ → ㄹ → ㄷ

② ㄴ → ㄷ → ㄱ → ㄹ

③ ㄷ → ㄹ → ㄴ → ㄱ

④ ㄹ → ㄴ → ㄱ → ㄷ

16 지역사회복지실천에서 활용될 수 있는 기술로서 옹호에 대한 설명으로 옳지 않은 것은?

① 옹호란 클라이언트나 시민의 이익 또는 권리를 위해 싸우거나, 대변하거나, 방어하는 활동이다.

② 거시적 실천기술로서 옹호는 개별적 문제를 공공의 쟁점으로 또는 개인적 문제를 사회적 쟁점으로 전환시킨다.

③ 시민권 확보를 위한 입법운동, 장애인 등을 포함한 위험에 처한 인구집단의 권리를 위한 투쟁 등은 대의옹호(cause advocacy)의 대표적 예이다.

④ 옹호활동은 개별 사례나 클라이언트 개인의 문제를 다루는 미시적 실천에서는 활용되기 어려우며 주로 지역사회옹호나 정책옹호를 통해 이루어진다.

17 핀커스(Allen Pincus)와 미나한(Anne Minahan)의 사회복지실천의 4체계와 아래 상황이 바르게 연결된 것은?

> A가정의 남편은 자상하고 가정적이었지만 술을 마시기만 하면 늘 아내를 폭행하였다. 남편의 문제를 해결하기 위해 아내는 B복지관의 사회복지사를 찾아가 남편의 행동을 변화시켜 줄 것을 요청하였다. 이에 사회복지사는 A가정의 아내와 계약을 맺고, 남편의 폭행을 근절시키기 위해 가족치료전문가의 도움을 받아 어제부터 개입하기 시작하였다.

① 변화매개체계 – 남편   클라이언트체계 – 아내
② 클라이언트체계 – 아내   표적체계 – 남편
③ 표적체계 – 남편   행동체계 – 사회복지사
④ 행동체계 – 가족치료   클라이언트체계 – 남편
　　　　전문가

18 다음 중에서 「한부모가족지원법」에 의한 국가와 지방자치단체의 한부모가족에 대한 복지조치에 해당하지 않는 것은?

① 영양·건강에 대한 교육, 건강검진 등의 의료 서비스를 지원할 수 있다.
② 아동교육비, 의료비, 주택자금 등의 복지자금을 대여할 수 있다.
③ 청소년 한부모가 학업을 할 수 있도록 교육비 등을 지원할 수 있다.
④ 공공시설에 매점을 허가할 경우 한부모가족에게 우선적으로 허가할 수 있다.

19 사회복지서비스 전달체계 구축의 주요 원칙 중 하나는 '접근용이성'의 원칙이다. 다음 중에서 서비스 접근의 장애요인에 해당되지 않는 것은?

① 서비스에 관한 정보 부족 또는 결여
② 소외의식이나 사회복지사와의 거리감 등 심리적 장애
③ 서비스 수혜절차의 까다로움이나 긴 시간 소요 등 선정절차 장애
④ 유사한 서비스 제공 기관들의 난립에 따른 선택 장애

20 다음에서 설명하고 있는 척도는?

> 다수의 항목으로 인간의 태도 및 속성을 측정하여 응답한 각 항목의 점수를 합산하여 전체적인 특성을 측정하는 방법으로 총화평정척도라고도 한다. 한 문항보다 여러 문항을 하나의 척도로 사용해야 한다는 논리로 사회과학에서 많이 사용된다.

① 거트만 척도(Guttman scale)
② 보가더스 척도(Bogardus scale)
③ 서스톤 척도(Thurstone scale)
④ 리커트 척도(Likert scale)

사회복지학개론
기출문제집

사회복지학개론 기출문제

국가직 9급

지방직 9급

2016년 기출

2016.04.09. 시행

국가직 9급

01 탈상품화 개념에 대한 설명으로 옳지 않은 것은?

① 노동자가 자신의 노동력을 팔지 않고 살아갈 수 있는 정도를 의미한다.
② 에스핑-앤더슨(Esping-Andersen)은 탈상품화 수준에 따라 사회복지모델을 잔여적 복지와 제도적 복지로 구분하였다.
③ 탈상품화 수준이 높을수록 권리로서의 복지가 강조되는 경향이 있다.
④ 일반적으로 자유주의 복지국가보다 사회민주주의 복지국가의 탈상품화 수준이 높다.

02 민영보험과 사회보험의 차이에 대한 설명으로 가장 적절하지 않은 것은?

① 민영보험은 자발적 가입을, 사회보험은 강제 가입을 원칙으로 한다.
② 민영보험은 계약에 의해 급여수준이 결정되며, 사회보험은 법률에 의해 급여수준이 정해진다.
③ 민영보험은 최저수준의 소득보장을, 사회보험은 지불능력에 따른 급여보장을 목적으로 한다.
④ 민영보험에서 보험급여액은 개별적 공평성이, 사회보험의 보험급여액은 사회적 적정성이 강조된다.

03 「사회보장기본법」에서 정의하는 다음의 제도는?

국가·지방자치단체 및 민간부문의 도움이 필요한 모든 국민에게 복지, 보건의료, 교육, 고용, 주거, 문화, 환경 등의 분야에서 인간다운 생활을 보장하고 상담, 재활, 돌봄, 정보의 제공, 관련 시설의 이용, 역량개발, 사회참여 지원 등을 통하여 국민의 삶의 질이 향상되도록 지원하는 제도

① 공공부조
② 사회안전망
③ 사회복지서비스
④ 사회서비스

04 사회보장제도의 발전 역사에 대한 설명으로 옳은 것은?

① 세계에서 가장 먼저 도입된 사회보험제도는 독일의 산업재해보험제도이다.
② 영국의 국민보험법(1911)은 노령연금과 건강보험제도를 도입하는 내용이었다.
③ 미국은 사회보장법(1935)의 제정으로 노령연금, 산재보험, 공공부조의 세 가지 제도가 도입되었다.
④ 베버리지보고서는 사회보험의 원칙 가운데 하나로 소득에 관계없이 동일한 금액의 기여금을 낼 것을 제시하였다.

05 사회복지의 가치와 원리에 대한 설명으로 가장 적절하지 않은 것은?

① 인간존중 : 모든 사람은 인간으로서의 가치, 품위, 존엄성을 갖는다.
② 사회연대 : 누구나 겪을 수 있는 공통의 위험에 대비하기 위하여 상호 책임을 갖는다.
③ 개인주의 : 사회는 개인에게 균등한 기회를 차별 없이 제공해야 한다.
④ 자기결정 : 모든 사람은 타인의 권리를 침해하지 않는 한 자신과 관련된 것을 스스로 결정할 자유를 갖는다.

06 프로그램의 효과성을 판단하는 다음의 연구설계에서 내적 타당성을 저해하는 요인으로 가장 적절하지 않은 것은?

학교폭력의 피해를 당한 지 1주일 이내인 학생들을 대상으로, '정서불안완화' 프로그램을 실행하였다. 프로그램 참여를 원하는 17명의 학생들에 대해서 프로그램 시작 전에 불안증 수준을 측정하는 검사지로 사전검사를 실시하였다. 2주에 걸쳐 하루 2시간씩 참여하는 프로그램을 실시한 후, 종료시까지 남은 10명의 참여자들을 대상으로 동일한 검사지를 통해 불안증 수준을 재측정하는 사후검사를 실시하였다. 사후검사 결과 사전검사에 비해 불안증 수준이 감소하였다. 이에 이 프로그램은 불안증을 완화시키는 데 효과적이라고 결론을 내렸다.

① 도구효과(instrumentation effect)
② 성숙효과(maturation effect)
③ 외부사건(history)
④ 연구대상의 상실(experimental mortality)

07 사회서비스 바우처(voucher)에 대한 설명으로 옳지 않은 것은?

① 일종의 교환권으로 사용처에 제한을 둔 상태에서 수급자에게 선택기회를 제공할 수 있는 급여 형태이다.
② 현금급여와 현물급여의 특성을 혼합한 것으로 두 급여의 단점을 보완하려는 것이다.
③ 공급자 지원방식의 대표적인 정책수단이다.
④ 이 방식은 서비스 생산자들 간 경쟁을 통해 서비스 질의 제고를 목적으로 한다.

08 2015년 7월 시행(2014년 12월 30일 개정)된 「국민기초생활 보장법」의 변화된 내용으로 옳지 않은 것은?

① 자활지원계획의 수립조항이 신설되었다.
② 기준 중위소득에 대한 조항이 신설되었다.
③ 교육급여를 교육부장관의 소관으로 한다.
④ 주거급여에 관하여 필요한 사항은 따로 법률에서 정한다.

09 우리나라의 현행 근로장려세제에 대한 설명으로 옳지 않은 것은?

① 소득지원제도로서 일정금액 이하의 저소득 근로자가구를 대상으로 한다.
② 근로의욕을 높여서 실질소득을 지원하기 위한 환급형 세액제도이다.
③ 「조세특례제한법」을 근거로 한다.
④ 근로장려금의 크기는 소득구간이 높아질수록 비례하여 커진다.

10 우리나라 사회복지법제의 연혁에 대한 설명으로 옳은 것은?

① 1960년대 초 인간다운 생활을 할 권리보장조항을 헌법에 포함함으로써, 향후 사회복지입법의 토대를 마련하였다.
② 1980년대 초에 제정된 「국민복지연금법」으로 국민연금제도가 본격적으로 실행되었다.
③ 1990년대 후반부터 분권교부세에 근거한 사회복지사업의 지방이양이 이루어졌다.
④ 2000년대 초에 제정된 「영유아보육법」을 근간으로 보육서비스 지원확대가 이루어지고 있다.

11 사회복지사들이 당면하는 까다롭고 복잡한 윤리적 의사결정에 대해 로웬버그(Lowenberg)와 돌고프(Dolgoff)는 윤리원칙의 적용순서를 규정한 윤리적 원칙 심사표(Ethical Principles Screen)를 제시한다. 여기에 포함된 원칙들의 적용순서를 바르게 나열한 것은?

> ㄱ. 삶의 질의 원칙
> ㄴ. 사생활 보호와 비밀보장의 원칙
> ㄷ. 생명보호의 원칙
> ㄹ. 진실성과 정보개방의 원칙
> ㅁ. 최소한 손실의 원칙
> ㅂ. 평등과 불평등의 원칙
> ㅅ. 자율성과 자유의 원칙

	1순위	2순위	3순위	4순위	5순위	6순위	7순위
①	ㄱ	ㄷ	ㅁ	ㅅ	ㄴ	ㄹ	ㅂ
②	ㄷ	ㅂ	ㅅ	ㅁ	ㄱ	ㄴ	ㄹ
③	ㅁ	ㄱ	ㄹ	ㅅ	ㅂ	ㄷ	ㄴ
④	ㅅ	ㅁ	ㄱ	ㄹ	ㄷ	ㅂ	ㄴ

12 「아동복지법」이 금지하고 있는 다음 행위 중에서 유죄가 인정되었을 경우 벌금형 없이 징역형에만 처하도록 규정되어 있는 것은?

① 아동에게 음란한 행위를 시키는 행위
② 아동의 신체를 손상시키는 학대행위
③ 자신의 보호·감독을 받는 아동을 유기하는 행위
④ 아동을 매매하는 행위

13 콤튼(Compton)과 갤러웨이(Galaway)에 따른 사회복지실천의 면접에 대한 특성으로 옳지 않은 것은?

① 면접을 위한 장(setting)이 있다.
② 면접자와 피면접자의 정해진 역할이 있다.
③ 구체적인 목표를 추구하는 의도적 과정이다.
④ 자유로운 분위기를 위해 계약을 지양한다.

14 사회복지프로그램의 대상자 선정에 있어 집단의 구분에 대한 설명으로 옳지 않은 것은?

① 인구집단을 일반집단 - 위기집단 - 표적집단 - 클라이언트집단으로 구분할 수 있다.
② 위기집단은 위기를 겪어서 프로그램에 참여하는 모든 집단이다.
③ 표적집단은 위기집단 내에서 프로그램 혜택을 받을 자격을 갖춘 집단이다.
④ 클라이언트집단은 표적집단 중에서 프로그램을 제공받는 수혜자 집단이다.

15 사회복지 전달체계에서 지방자치단체에 비해 중앙 정부가 기능적으로 우위인 이유로 제시되는 것 중 가장 적절하지 않은 것은?

① 지역별 다양한 사회복지서비스 욕구에 탄력적 으로 대응하기 쉽다.

② 사회복지가 추구하는 평등과 소득재분배의 목 적을 달성하는 데 유리하다.

③ 서비스의 안정성과 규모의 경제성을 제고하는 데 효과적이다.

④ 공공재의 성격이 강하여 모든 국민을 대상으로 하는 서비스의 제공에 적합하다.

16 사회복지실천의 통합적 접근방법이 등장한 배경으로 가장 적절하지 않은 것은?

① 체계이론적 관점과 생태학적 관점을 활용하면 서 이론적 기반이 형성되었다.

② 클라이언트의 문제와 욕구들이 점차 표준화되 었다.

③ 제한된 특정문제에 대한 개입만을 중요시하는 전통적 사회복지 접근의 한계가 나타났다.

④ 인간과 환경은 서로 분리되어 있는 것이 아니 라 지속적 상호 교류를 하는 하나의 체계로 이 해되었다.

17 우리나라의 현행 노인복지제도에 대한 설명으로 옳은 것은?

① 노인복지주택에 입소할 수 있는 자는 65세 이 상으로 소득인정액이 보건복지부장관이 정하 여 고시하는 금액 이하인 사람으로 한다.

② 기초연금은 65세 이상의 모든 노인에게 제공되 는 보편적 현금급여이다.

③ 「노인복지법」에 의한 노인여가복지시설에는 노 인복지관, 경로당, 노인교실이 포함된다.

④ 장기요양보험제도는 요양시설에 거주하는 중 증질환 노인들만을 대상으로 실시하고 있다.

18 사회복지사로서 역할수행 중 다음과 같은 성찰이 생길 때 이에 대한 실마리를 제공하는 개념이 가장 적절하게 연결된 것은?

┌─────── 성찰 내용 ───────┐

ㄱ. 기초생활수급자가 현재 빈곤한 상태인지만 을 가지고 업무를 진행하면 이들이 빈곤한 상태로 이르게 되는 맥락을 간과하는 것이 아닐까?

ㄴ. 경제활동에 참여하면서도 빈곤을 벗어나지 못하는 사람들이 있는데 이것은 왜 그럴까?

ㄷ. 우리 시(군)에 장애인들이 지역사회의 동등 한 일원으로 살아갈 수 있도록 할 수는 없 을까?

ㄹ. 우리지역의 복지예산이 부족한데 일인시위, 거리행진 등을 통해 이것을 이슈화하면 추 후에 개선이 이루어지지 않을까?

└─────────────────────┘

┌─────── 개념 ───────┐

A. 신빈곤   B. 상대적 빈곤
C. 사회적 배제   D. 정상화
E. 사회행동   F. 지역사회개발

└─────────────────┘

	ㄱ	ㄴ	ㄷ	ㄹ
①	A	B	C	D
②	C	A	D	E
③	E	F	B	C
④	F	D	E	A

19 「장애인차별금지 및 권리구제 등에 관한 법률」상 금지하는 차별에 해당될 수 있는 경우를 모두 고른 것은?

> ㄱ. 정당한 사유 없이 장애인에 대하여 정당한 편의 제공을 거부한 경우
> ㄴ. 정당한 사유 없이 장애인에 대한 제한·배제·분리·거부 등 불리한 대우를 표시·조장하는 광고를 직접 행하는 경우
> ㄷ. 장애인보조기구의 정당한 사용을 방해하는 경우
> ㄹ. 보조견의 정당한 사용을 방해하는 경우

① ㄱ, ㄴ, ㄷ   ② ㄱ, ㄷ, ㄹ
③ ㄴ, ㄹ   ④ ㄱ, ㄴ, ㄷ, ㄹ

20 사회복지실천의 개념 중 '사회복지사가 과거에 다른 사람에게 가졌던 감정을 현재의 클라이언트에게서 느끼는 현상을 의미하는 것은?

① 라포(rapport)
② 자유연상(free association)
③ 역전이(counter-transference)
④ 임파워먼트(empowerment)

2016년 기출
2016.03.19. 시행

지방직 9급

01 우리나라의 사회보험에 해당하지 않는 것은?

① 산업재해보상보험　　② 국민기초생활보장
③ 고용보험　　　　　　④ 노인장기요양보험

02 사회복지에 대한 설명으로 옳지 않은 것은?

① 복지다원주의(welfare pluralism)는 정부뿐만 아니라 민간부문의 조직들도 복지제공의 주체가 된다고 본다.
② 에스핑-앤더슨(Esping-Andersen)은 복지국가의 유형을 분류하는데 있어 탈상품화 정도가 높을수록 복지선진국을 의미한다고 보았다.
③ 윌렌스키와 르보(Wilensky & Lebeaux)는 사회복지의 개념을 '잔여적 개념'과 '제도적 개념'으로 구분하였다.
④ 조지와 윌딩(George & Wilding)이 제시한 '신우파'는 소극적 집합주의 성향을 가지며 자유보다 평등과 우애를 옹호한다.

03 사회복지 대상의 선정기준에 대한 설명으로 옳지 않은 것은?

① 보편주의(universalism)는 복지 수혜 자격과 기준을 균등화하여 낙인감을 감소시킨다.
② 선별주의(selectivism)는 자산조사 등을 통해 사회복지 대상자들을 선정한다.
③ 선별주의는 기여자와 수혜자를 구별하지 않아 사회통합에 더 효과적이다.
④ 보편주의는 사회복지 급여를 국민의 권리로 생각한다.

04 19세기 자선조직협회(Charity Organization Society)에 대한 설명으로 옳은 것만을 모두 고른 것은?

> ㄱ. 빈곤문제의 책임이 사회구조보다는 개인에게 있다고 보았다.
> ㄴ. 빈민보호를 위한 조직화와 입법활동 등을 통하여 사회개혁에 힘썼다.
> ㄷ. 자선의 중복과 낭비를 막기 위해 자선단체들을 등록하여 그들의 활동을 조정하였다.

① ㄱ, ㄴ　　　　　　　② ㄱ, ㄷ
③ ㄴ, ㄷ　　　　　　　④ ㄱ, ㄴ, ㄷ

05 영국의 빈민정책에 대한 설명으로 옳은 것은?

① 엘리자베스 구빈법(1601년)은 노동능력과 상관없이 모든 빈민에게 동일한 구호를 제공하였다.
② 정주법(1662년)은 빈민들의 이동을 금지하여 빈곤문제를 교구단위로 해결하고자 하였다.
③ 스핀햄랜드법(1795년)은 최저생계를 보장하여 결과적으로 근로동기를 강화시켰다.
④ 신구빈법(1834년)은 노동능력이 있는 자에 대해 원외구제를 지속하고, 노동능력이 없는 자에게는 원내구제를 제공하였다.

06 우리나라가 국가적인 경제위기를 경험한 1997년 이후 제정한 법률에 해당하지 않는 것은?

① 「국민기초생활 보장법」
② 「최저임금법」
③ 「장애인차별금지 및 권리구제 등에 관한 법률」
④ 「국민건강보험법」

07 빈곤에 대한 설명으로 옳은 것만을 모두 고른 것은?

ㄱ. 절대적 빈곤은 최소한의 생활수준에 미치지 못하는 것을 의미한다.
ㄴ. 빈곤갭(poverty gap)은 자력으로 일을 해서 가난으로부터 벗어나려 하기보다 사회복지 급여에 의존하여 생계를 해결하려는 의존심이 생기는 현상을 의미한다.
ㄷ. 상대적 빈곤은 한 사회의 평균적인 생활수준과 비교하여 빈곤을 규정하는 것이다.
ㄹ. 전물량방식과 반물량방식은 상대적 빈곤의 산정방식이다.

① ㄱ, ㄷ
② ㄴ, ㄷ
③ ㄴ, ㄹ
④ ㄱ, ㄷ, ㄹ

08 우리나라 '사회복지사 윤리강령'에 명시된 윤리기준으로 옳지 않은 것은?

① 사회복지사는 긴급한 사정으로 인해 동료의 클라이언트를 맡게 된 경우, 동료의 전문적 관계를 훼손하지 않기 위해 최소한의 서비스를 제공한다.
② 사회복지사는 전문가로서 성실하고 공정하게 업무를 수행하며 이 과정에서 어떠한 부당한 압력에도 타협하지 않는다.
③ 사회복지사는 한국사회복지사협회 등이 실시하는 제반교육에 적극 참여하여야 한다.
④ 사회복지사는 필요한 경우에 제공된 서비스에 대해 공정하고 합리적으로 이용료를 책정해야 한다.

09 사회복지의 기본가치 중 평등에 대한 설명으로 옳은 것은?

① 비례적 평등은 개인의 욕구 등에 따라 사회적 자원을 상이하게 배분하는 것으로, 형평(equity)을 평등의 개념으로 본다.
② 조건의 평등은 개인의 능력이나 장애와 상관 없이 기회를 모든 사람에게 균등하게 제공하고, 동일한 업적에 대해 동일한 보상을 제공한다.
③ 수량적 평등은 개인의 기여도와 상관 없이 사회적 자원을 똑같이 분배하는 것을 강조하며, 어느 사회에서나 현실적으로 실현가능하다.
④ 기회의 평등은 참여와 시작단계에서부터 평등을 강조하기 때문에 가장 적극적인 평등개념이라 할 수 있다.

10 다음의 사례관리(case management)에 대한 설명으로 옳은 것만을 모두 고른 것은?

ㄱ. 사례관리는 장기적인 보호를 필요로 하는 클라이언트를 시설에서 비용-효율적으로 관리하기 위해 고안된 실천방법이다.
ㄴ. 사례관리는 클라이언트의 욕구를 개별화하고, 그들의 참여와 자기결정을 중요시한다.
ㄷ. 사례관리의 목표는 클라이언트의 무의식을 분석하여 자신의 문제를 깨닫도록 돕는 것이다.
ㄹ. 사례관리는 포괄적인 서비스를 제공하고, 서비스의 조정과 점검을 실시한다.

① ㄱ, ㄷ
② ㄱ, ㄹ
③ ㄴ, ㄷ
④ ㄴ, ㄹ

11 우리나라 장애인복지법령의 내용으로 옳은 것은?

① 발달장애는 신체적 장애에 포함된다.

② 장애인 거주시설이란 장애인을 입원 또는 통원하게 하여 상담, 진단·판정, 치료 등 의료재활 서비스를 제공하는 시설을 말한다.

③ 국가와 지방자치단체는 학생, 공무원, 근로자, 그 밖의 일반국민 등을 대상으로 장애인에 대한 인식개선을 위한 교육 및 공익광고 등 홍보사업을 실시하여야 한다.

④ 보건복지부장관은 장애인 복지정책의 수립에 필요한 기초자료로 활용하기 위하여 5년마다 장애실태조사를 실시하여야 한다.

12 아동학대 피해아동의 가족에게 아동보호전문기관을 소개해 주는 사회복지사의 역할은?

① 교육자(educator) ② 중재자(mediator)

③ 중개자(broker) ④ 옹호자(advocate)

13 다음 내용에 해당하는 사회복지 면담기술은?

> 클라이언트의 억압된 감정, 특히 부정적 감정인 분노, 슬픔, 죄의식 등이 문제해결을 방해하거나 그러한 감정 자체가 문제가 되는 경우, 이를 표출하도록 함으로써 감정의 강도를 약화시키거나 해소시킨다.

① 환기(ventilation)

② 직면(confrontation)

③ 재보증(reassurance)

④ 일반화(universalization)

14 「아동학대범죄의 처벌 등에 관한 특례법」상 아동학대의 신고의무자만을 모두 고른 것은?

> ㄱ. 「성매매방지 및 피해자보호 등에 관한 법률」에 따른 성매매피해상담소의 장
> ㄴ. 가정위탁지원센터의 장
> ㄷ. 「학원의 설립·운영 및 과외교습에 관한 법률」에 따른 학원 강사
> ㄹ. 「아이돌봄 지원법」에 따른 아이돌보미

① ㄱ, ㄷ ② ㄱ, ㄹ

③ ㄴ, ㄷ, ㄹ ④ ㄱ, ㄴ, ㄷ, ㄹ

15 사회보장급여의 이용·제공 및 수급권자 발굴에 관한 법령상 지역사회보장계획에 대한 설명으로 옳은 것만을 모두 고른 것은?

> ㄱ. 시·도지사는 시·도의 사회보장 증진을 위하여 시·도 사회보장위원회를 둔다.
> ㄴ. 보장기관의 장은 지역사회보장계획의 수립 및 지원 등을 위하여 지역사회보장조사를 4년마다 실시한다. 다만, 필요한 경우에는 수시로 실시할 수 있다.
> ㄷ. 지역사회보장계획에는 지역사회보장 수요의 측정, 목표 및 추진전략과 사회보장급여의 사각지대 발굴 및 지원방안이 포함된다.
> ㄹ. 특별자치시장 및 시장·군수·구청장은 지역사회보장계획안의 주요 내용을 20일 이상 공고하여 지역주민 등 이해관계인의 의견을 들은 후 특별자치시 및 시·군·구의 지역사회보장계획을 수립하여야 한다.

① ㄱ, ㄴ ② ㄱ, ㄹ

③ ㄴ, ㄷ, ㄹ ④ ㄱ, ㄴ, ㄷ, ㄹ

16 「국민기초생활 보장법」상 국민기초생활보장에 대한 설명으로 옳은 것만을 모두 고른 것은?

> ㄱ. 수급자 및 차상위자는 상호 협력하여 자활 기업을 설립·운영할 수 있다.
> ㄴ. 국가 또는 시·도가 직접 수행하는 보장업 무에 드는 비용은 국가 또는 해당 시·도 가 부담한다.
> ㄷ. 부양의무자란 수급권자를 부양할 책임이 있는 사람으로서 수급권자의 1촌의 직계혈 족 및 그 형제자매를 말한다.
> ㄹ. 급여의 종류에는 생계급여, 주거급여, 의료 급여, 교육급여, 해산급여, 장제급여, 자활 급여가 있다.

① ㄱ, ㄹ
② ㄱ, ㄴ, ㄷ
③ ㄱ, ㄴ, ㄹ
④ ㄴ, ㄷ, ㄹ

17 우리나라 노인장기요양보험법령에 대한 내용으로 옳은 것은?

① 장기요양급여는 의료서비스와 연계하여 제공 하기가 용이한 시설급여를 재가급여보다 우선 적으로 제공하여야 한다.
② 장기요양등급은 장기요양등급판정위원회에서 판정하고, 세밀한 판정을 위해 7개 등급의 체 계로 운용한다.
③ 「노인장기요양보험법」은 고령이나 노인성 질 병 등의 사유로 일상생활을 혼자서 수행하기 어려운 노인 등에게 제공하는 신체활동 또는 가사활동 지원 등의 장기요양급여에 관한 사항 을 규정하고 있다.
④ 노인장기요양보험의 관리운영기관은 노후생활 과 밀접히 연관이 되어 있는 국민연금공단이다.

18 권한부여(empowerment)모델의 특징으로 옳지 않은 것은?

① 사회적, 조직적 환경에 대한 클라이언트의 통제 력을 증가시키기 위한 개입모델이다.
② 전문적 지식과 기술을 활용한 치료계획을 통해 클라이언트의 증상을 치료하는 구조적인 접근 방법이다.
③ 클라이언트와 사회복지사는 협력적인 파트너 십을 토대로 문제해결과정에 함께 참여한다.
④ 클라이언트의 강점과 자원에 초점을 두어 역량 을 강화시키는 것을 목적으로 한다.

19 1952년 국제노동기구(ILO)가 제정한 「사회보장의 최저기준에 관한 조약」의 사회보장급여에 포함되 지 않는 것은?

① 실업급여
② 교육급여
③ 유족급여
④ 노령급여

20 사회복지조사에서 조사도구가 측정하고자 의도하 였던 개념을 정확히 측정하는지를 나타내는 것은?

① 신뢰도
② 타당도
③ 자유도
④ 산포도

사회복지학개론 기출문제

국가직 9급

지방직 9급

국가직 9급

2015년 기출
2015.04.18. 시행

01 윌렌스키와 르보(Wilensky&Lebeaux)가 제시한 사회복지의 개념에 대한 설명으로 옳지 않은 것은?

① 전통적으로 잔여적 개념의 사회복지기능이 강했으나, 산업화가 진전되면서 제도적 개념이 강조되었다.

② 잔여적 개념의 사회복지는 가족이나 시장경제가 제 기능을 원활히 수행하지 못할 경우에 파생되는 문제를 보완 내지는 해소하기 위한 제도로 필요하다고 보았다.

③ 잔여적 개념의 사회복지는 소극적이고 한정적인 사회복지 개념으로 복지대상자를 사회적 약자나 요보호대상자로 제한한다.

④ 제도적 개념의 사회복지는 사회문제의 발생원인에 있어 개인의 책임을 강조한다.

02 복지다원주의(welfare pluralism)에 관한 내용으로 옳은 것만을 모두 고른 것은?

ㄱ. 복지공급형태의 다양성
ㄴ. 서비스 이용자의 선택권 축소
ㄷ. 제3섹터의 배제
ㄹ. 시민참여에 의한 정책결정

① ㄱ, ㄷ
② ㄱ, ㄹ
③ ㄴ, ㄷ
④ ㄴ, ㄹ

03 매슬로(Maslow)가 주장한 인간의 5가지 위계적 욕구를 순서대로 바르게 나열한 것은?

ㄱ. 생리적 욕구
ㄴ. 소속과 애정의 욕구
ㄷ. 안전의 욕구
ㄹ. 자아실현의 욕구
ㅁ. 자기존중의 욕구

① ㄱ─ㄴ─ㄷ─ㄹ─ㅁ
② ㄱ─ㄴ─ㄷ─ㅁ─ㄹ
③ ㄱ─ㄷ─ㄴ─ㄹ─ㅁ
④ ㄱ─ㄷ─ㄴ─ㅁ─ㄹ

04 다음 설명에 해당하는 사회복지 예산편성방식은?

다가오는 해의 계획된 총비용을 파악하기 위해 기관의 모든 수입과 지출을 단순하게 목록화한 것으로, 가장 기본적이며 널리 사용된다. 또한 전년도 예산을 근거로 하여 일정한 양만큼 증가시켜 나가는 점진주의적 특성을 가지고 있다.

① 영기준 예산
② 품목별 예산
③ 성과주의 예산
④ 계획예산

05 다음 설명에 해당하는 복지국가의 발달이론은?

> 복지국가의 발전원인을 국가의 정치적 역할에서 찾는 이론으로, 다양한 집단 간 경쟁과정에서 희소한 사회적 자원의 배분을 둘러싼 갈등이 발생하면 그것을 국가가 중재하게 되는데 그 결과로 복지국가가 발전한다는 견해이다.

① 산업화이론　　　　② 국가중심이론
③ 이익집단이론　　　　④ 권력자원이론

06 다음 설명에 해당하는 자아방어기제의 종류는?

> 부모의 사랑을 독차지하던 아이가 동생이 태어나 사랑을 빼앗기게 되면, 부모의 주의를 더 많이 끌기 위해 그리고 부모가 자신을 소홀히 여기게 될까 두려워하여 그 대처 방법으로 옷에 오줌을 싸거나 손가락을 빠는 것과 같은 유아적인 행동을 한다.

① 투사　　　　② 억압
③ 승화　　　　④ 퇴행

07 장애인복지에 관한 설명으로 옳은 것만을 모두 고른 것은?

> ㄱ. 재활모델은 장애인의 문제를 장애인 당사자가 가장 잘 이해하고 있다는 관점을 취한다.
> ㄴ. 장애범주는 각 국가의 정치적·사회적·경제적·문화적 환경에 따라 차이가 있다.
> ㄷ. 청각장애 및 언어장애는 신체 내부기관 장애에 해당한다.
> ㄹ. 선진국의 경우에는 일반적으로 저개발 국가에 비하여 장애인의 범위가 포괄적이다.

① ㄱ, ㄷ　　　　② ㄱ, ㄹ
③ ㄴ, ㄷ　　　　④ ㄴ, ㄹ

08 우리나라의 사회보험제도를 도입 순서대로 바르게 나열한 것은?

① 산업재해보상보험－고용보험－국민연금－노인장기요양보험
② 국민연금－산업재해보상보험－노인장기요양보험－고용보험
③ 산업재해보상보험－국민연금－고용보험－노인장기요양보험
④ 고용보험－산업재해보상보험－노인장기요양보험－국민연금

09 「사회복지사업법」상 사회복지시설의 설치에 대한 내용으로 옳은 것은?

① 둘 이상의 사회복지사업은 하나의 시설에서 통합하여 수행할 수 없다.
② 국가나 지방자치단체가 설치한 사회복지시설은 필요한 경우 사회복지법인이나 영리법인에 위탁하여 운영하게 할 수 있다.
③ 사회복지시설의 위탁운영의 기준·기간 및 방법 등에 관하여 필요한 사항은 보건복지부령으로 정한다.
④ 국가 또는 지방자치단체 외의 자가 사회복지시설을 설치·운영하려는 경우에는 해당 지방자치단체의 조례에서 정하는 바에 따라 시장·군수·구청장에게 신고하여야 한다.

10 다음 설명에 해당하는 제도와 관련된 법은?

> 지역의 식량가격을 기준으로 최저생계비를 설정하여 최저생활기준에 미달되는 임금의 부족액을 보조하는 일종의 임금보조제도이다.

① 엘리자베스 구빈법(The Elizabethan Poor Law, 1601)
② 스핀햄랜드법(The Speenhamland Act, 1795)
③ 길버트법(The Gilbert's Act, 1782)
④ 정주법(The Settlement Act, 1662)

11 다음에서 설명하는 사정도구는?

> 2~3세대까지 확장해서 가족구성원에 관한 정보와 그들 간의 관계를 도표로 작성하는 방법이다.

① 가계도
② 생태도
③ 가족생활주기표
④ 사회적 관계망표

12 과제중심모델에 대한 설명으로 옳지 않은 것은?

① 과제중심모델의 이론적 관점은 인본주의 철학을 중심으로 한다.
② 과제중심모델은 단기개입과 구조화된 접근을 강조한다.
③ 문제규명단계에서 클라이언트가 제시한 문제에 개입하기 위해서는 표적문제를 구체적으로 설정해야 한다.
④ 실행단계에서는 매 회기마다 클라이언트가 수행한 과제의 내용을 점검하고 상황에 따라 과제를 수정 보완해 나간다.

13 다음 설명에 해당하는 사회복지실천의 기본원칙은?

> 사회복지사가 각 클라이언트의 독특한 특성과 자질을 알고 이해하는 것으로, 클라이언트의 문제해결을 위해서 각기 다른 원리나 방법을 활용하는 것이다.

① 통제된 정서적 관여
② 개별화
③ 수용
④ 비심판적 태도

14 사례관리의 등장배경으로 옳지 않은 것은?

① 분산된 서비스 체계를 개선할 필요성
② 복잡하고 다양한 욕구를 지닌 클라이언트의 증가
③ 시설보호를 강조하는 시설화의 영향
④ 클라이언트와 그 가족에게 부과되는 과도한 책임을 완화할 필요성

15 「청소년복지 지원법」상 청소년 복지시설에 해당하지 않는 것은?

① 청소년수련관
② 청소년쉼터
③ 청소년자립지원관
④ 청소년치료재활센터

16 조지와 윌딩(George & Wilding)이 제시한 사회복지의 이념에 대한 설명으로 옳지 않은 것은?

① 밝고 약한 녹색주의는 환경을 무질서한 착취로부터 보호하고 방어해야 한다는 자각 아래 환경친화적 경제성장과 소비를 주장한다.

② 중도노선은 국가 차원의 복지정책을 통해 자본주의의 사회적 폐해를 완화할 필요성이 있다고 여긴다.

③ 민주적 사회주의는 평등, 자유, 우애를 중심사회가치로 여기며, 시장사회주의를 지향한다.

④ 신우파는 반집합주의의 성향을 갖고 있으며, 평등을 최고의 가치로 여긴다.

17 다음 사례에 해당하는 표집방법은?

> 성인의 정치의식을 조사하기 위하여 소득을 기준으로 최상·상·하·최하로 구분한 다음, 각각의 계층이 모집단에서 차지하고 있는 비율에 맞추어 1,000명의 표본을 4개의 소득계층별로 무작위 표집하였다.

① 체계적 표집
② 층화표집
③ 할당표집
④ 단순무작위표집

18 다음 설명에 해당하는 휴먼서비스 기획·관리기법은?

> 일회성으로 끝나거나 종합적 파악이 중요한 프로젝트에 유용한 기법으로, 프로젝트의 목표에 따라 이와 관련된 과업과 활동, 세부활동 간의 관계를 논리적으로 시간 순서에 따라 도식화한 것이다.

① 프로그램평가검토기법(Program Evaluation and Review Technique)
② 목표관리(Management by Objectives)
③ 전략적 기획(Strategic Planning)
④ 클라이언트 흐름도(Client Flow Chart)

19 다음의 상황에서 사회복지사 A가 직면한 윤리적 딜레마는?

> 종합사회복지관에 근무하는 사회복지사 A는 방과 후 프로그램을 운영하고 있다. 방과 후 프로그램을 이용하는 아동 B의 결석이 잦아, 사회복지사 A는 이 문제에 대한 상담을 위해 가정방문을 하였다. 사회복지사 A는 가정방문을 통해 아동 B의 실직한 아버지와 도박중독인 어머니, 그리고 치매증상을 보이는 할아버지를 만나게 되었다. 사회복지사 A는 이러한 상황 속에서 어떠한 문제에 먼저 개입해야 할지 결정하기가 쉽지 않은 상황에 직면하였다.

① 다중 클라이언트체계의 문제
② 가치 상충
③ 충성심과 역할 상충
④ 힘과 권력의 불균형

20 「아동학대범죄의 처벌 등에 관한 특례법」의 내용으로 옳지 않은 것은?

① 누구든지 아동학대범죄를 알게 된 경우나 그 의심이 있는 경우에는 아동보호전문기관 또는 수사기관에 신고할 수 있다.

② 아동학대범죄 신고를 접수한 기관의 직원은 신고인 및 피해아동의 인적사항을 지체 없이 관할 지방자치단체의 장에게 통보하여야 한다.

③ 「소방기본법」에 따른 구급대의 대원은 아동학대범죄의 신고의무자에 해당한다.

④ 아동학대범죄 신고의무자가 보호하는 아동에 대하여 아동학대범죄를 범한 때에는 그 죄에 정한 형의 2분의 1까지 가중처벌한다.

지방직 9급

01 「노인장기요양보험법」상 장기요양급여에 포함되지 않는 것은?

① 방문요양
② 주·야간 보호
③ 도시락 배달
④ 방문목욕

02 다음 설명에 해당하는 조사방법은?

> 일정기간 동안 동일한 응답자에게 동일한 주제에 대해 시차를 두고 반복하여 행하는 조사

① 패널(panel)조사
② 설문(survey)조사
③ 횡단(cross sectional)조사
④ 추이(trend)조사

03 사회복지실천기술에 대한 설명으로 옳지 않은 것은?

① 바꾸어 말하기(paraphrasing) : 클라이언트가 말한 내용을 말의 뜻에 초점을 맞춰 재진술하는 것
② 해석(interpretation) : 클라이언트가 말한 내용과 행동 사이의 불일치를 지적하는 것
③ 명료화(clarification) : 클라이언트의 메시지가 추상적이고 애매모호할 때 구체화하는 것
④ 요약(summarization) : 클라이언트가 말한 내용을 축약하여 정리하는 것

04 베버리지보고서의 내용으로 옳지 않은 것은?

① 사회보험이 모든 사람과 욕구를 포괄해야 한다는 포괄성의 원칙을 제시했다.
② 영국 사회가 극복해야 할 5대 사회악으로 빈곤, 질병, 무지, 불결, 나태를 제시하였다.
③ 소득에 따라 보험료와 급여를 달리하는 차등기여, 차등급여 원칙을 제시하였다.
④ 기여금과 급여를 단일한 사회보험기금으로 운영하는 통합적 행정책임의 원칙을 제시하였다.

05 잔여적 개념에 따른 사회복지의 특성으로 옳지 않은 것은?

① 가족이나 시장경제가 제 기능을 원활하게 수행하지 못할 경우 파생되는 문제를 해결하기 위해 필요하다.
② 사회를 유지하는 데 필수적 기능을 수행하지 않는다.
③ 일시적, 임시적, 보충적인 성격을 갖는다.
④ 국민 전 계층을 사회복지의 대상에 포함한다.

06 사회복지발달이론에 대한 설명으로 옳지 않은 것은?

① 권력자원론은 노동자계급의 정치적 세력이 확대되면 그 결과로 사회복지가 발전한다고 본다.
② 시민권이론은 역사적으로 공민권, 정치권에 이어 사회권(복지권)이 확대되었다고 본다.
③ 수렴이론은 산업화에 의해 새로운 욕구가 만들어지고 이를 해결하기 위해 사회복지가 확대된다고 본다.
④ 확산이론은 다양한 이익집단들의 활동으로 인해 사회복지가 발전한다고 본다.

07 다음 특징을 포함하고 있지 않은 사회복지급여는?

> 일정한 범위 내에서 재화나 서비스를 선택할 수 있으며, 지정된 용도 이외의 목적으로 사용할 수 없다.

① 영유아보육제도의 보육서비스
② 장애인활동지원제도의 활동지원급여
③ 고용보험제도의 구직급여
④ 장애아동복지지원제도의 발달재활서비스

08 「영유아보육법」에 규정된 내용으로 옳지 않은 것은?

① "영유아"란 7세 미만의 취학 전 아동을 말한다.
② "보육"이란 영유아를 건강하고 안전하게 보호·양육하고 영유아의 발달 특성에 맞는 교육을 제공하는 어린이집 및 가정양육 지원에 관한 사회복지서비스를 말한다.
③ 보건복지부장관은 이 법의 적절한 시행을 위해 보육실태조사를 3년마다 하여야 한다.
④ 보건복지부장관은 어린이집 원장과 보육교사의 자질 향상을 위한 보수교육을 실시하여야 한다.

09 우리나라 사회복지의 역사적 사실을 먼저 일어난 순서대로 바르게 나열한 것은?

> ㄱ. 사회복지법인에 대한 법적 근거가 만들어졌다.
> ㄴ. 정신보건전문요원으로서 정신보건사회복지사 자격제도를 도입하였다.
> ㄷ. 사회복지전문요원제도가 시행되었다.
> ㄹ. 「생활보호법」이 제정되었다.

① ㄱ → ㄹ → ㄴ → ㄷ
② ㄹ → ㄱ → ㄷ → ㄴ
③ ㄱ → ㄴ → ㄹ → ㄷ
④ ㄹ → ㄷ → ㄱ → ㄴ

10 우리나라 사회복지사 윤리강령에 명시된 내용으로 옳은 것만을 모두 고른 것은?

> ㄱ. 사회복지사는 인본주의·평등주의 사상에 기초하여, 모든 인간의 존엄성과 가치를 존중하고 천부의 자유권과 생존권의 보장 활동에 헌신한다.
> ㄴ. 사회복지사는 클라이언트의 지불능력에 상관없이 서비스를 제공해야 하며, 이를 이유로 차별대우를 해서는 안 된다.
> ㄷ. 사회복지사는 동료의 클라이언트에게도 상시적으로 상담을 제공하며 전문적 관계를 맺어야 한다.
> ㄹ. 사회복지사는 필요한 사회서비스를 개발하기 위한 사회정책의 수립·발전·입법·집행에 적극적으로 참여하고 지원해야 한다.

① ㄱ
② ㄱ, ㄷ
③ ㄱ, ㄴ, ㄹ
④ ㄱ, ㄴ, ㄷ, ㄹ

11 집단 내 성원들 간의 상호작용을 상징을 사용하여 그림으로 나타냄으로써 집단 내 소외자, 하위집단, 연합 등을 파악할 수 있게 해주는 사회복지실천의 도구는?

① 이고그램(egogram)
② 소시오그램(socio-gram)
③ 생태도(ecomap)
④ 가계도(genogram)

12 사회복지조사방법에서 초점집단 인터뷰(Focus Group Interview)에 대한 설명으로 옳은 것만을 모두 고른 것은?

> ㄱ. 집단구성원 간의 활발한 토의와 상호작용을 의도적으로 강조한다.
> ㄴ. 조사결과의 외적 타당성이 높다.
> ㄷ. 응답자들을 통제한 상태에서 질문에 대한 명확한 답변을 도출할 수 있다.
> ㄹ. 참여자들이 직접적 대면관계 없이 반복적 의견개진방식으로 합의적 견해를 도출하는 데 유용하다.

① ㄱ
② ㄱ, ㄹ
③ ㄴ, ㄷ
④ ㄴ, ㄷ, ㄹ

13 길버트와 테렐이 제시한 사회복지정책 분석틀에 해당하지 않는 것은?

① 누구에게 급여를 지급할 것인가? (the bases of social allocation)
② 급여의 형태는 무엇인가? (the types of social provisions)
③ 어떠한 전달체계를 통하여 급여를 전달할 것인가? (the strategies for the delivery)
④ 어느 시점에 급여를 전달할 것인가? (the timing of interventions)

14 사회복지의 필요성을 촉진시키는 현대사회의 특성으로 옳지 않은 것은?

① 저출산·고령화
② 이혼 증가
③ 실업률 감소
④ 소득 양극화

15 「사회보장기본법」상 사회보장에 관한 국민의 권리로 옳지 않은 것은?

① 모든 국민은 사회보장 관계법령에서 정하는 바에 따라 사회보장급여를 받을 권리를 가진다.
② 국가는 관계법령에서 정하는 바에 따라 최저보장수준과 최저임금을 매년 공표하여야 하고, 이를 고려하여 사회보장급여의 수준을 결정하여야 한다.
③ 사회보장수급권은 정당한 권한이 있는 기관에 서면으로 통지하여 포기할 수 있으며, 사회보장수급권의 포기는 취소할 수 없다.
④ 사회보장수급권은 관계법령에서 정하는 바에 따라 다른 사람에게 양도하거나 담보로 제공할 수 없으며, 이를 압류할 수 없다.

16 프로그램평가검토기법(PERT, Program Evaluation Review Technique)에 대한 설명으로 옳지 않은 것은?

① 조직구성원 개인별 목표를 취합한 후 공통 목적을 집합적으로 찾아가는 과정이다.
② 개별활동들을 앞당기거나 늦추는 것이 전체 프로젝트에 미칠 영향력을 파악할 수 있게 해준다.
③ 전체 프로젝트를 완수하는 데 걸리는 시간을 추정할 수 있다.
④ 프로젝트 완수를 위해 필요한 과업들을 전체 그림을 통해 보여 준다.

17 먼저 제정된 순서대로 바르게 나열한 것은?

> ㄱ. 「사회보장기본법」
> ㄴ. 「영유아보육법」
> ㄷ. 「국민건강보험법」
> ㄹ. 「노인장기요양보험법」

① ㄱ → ㄴ → ㄷ → ㄹ
② ㄱ → ㄷ → ㄹ → ㄴ
③ ㄴ → ㄱ → ㄹ → ㄷ
④ ㄴ → ㄱ → ㄷ → ㄹ

18 2015년 7월 개정된 「국민기초생활 보장법」의 내용으로 옳지 않은 것은?

① 수급자 선정기준으로 기준 중위소득을 활용한다.
② 모든 법정급여의 수급자 선정기준은 동일하다.
③ 교육급여는 교육부장관의 소관으로 한다.
④ 자활센터의 사업수행기관에 사회적 협동조합이 추가될 근거를 마련하였다.

19 장애인연금에 대한 설명으로 옳은 것은?

① 모든 장애인의 노후생활을 보장하기 위해 연금을 제공한다.
② 급여선정기준으로 연령기준은 활용되지만 소득기준은 활용되지 않는다.
③ 보건복지부장관은 수급자에 대한 장애인연금 지급의 적정성을 확인하기 위하여 매년 연간조사계획을 수립하고, 필요한 사항을 조사하여야 한다.
④ 연령에 따라 기초급여와 부가급여가 차등적으로 지급된다.

20 우리나라 사회보장제도의 내용에 대한 설명으로 옳은 것만을 모두 고른 것은?

> ㄱ. 국민연금액은 지급사유에 따라 기본연금액과 부양가족연금액을 기초로 산정한다.
> ㄴ. 건강보험에서 본인부담액의 연간 총액이 법령이 규정하는 일정금액을 넘는 경우, 그 넘는 금액을 국민건강보험공단이 부담한다.
> ㄷ. 산재보험의 법정급여 중에는 장해급여가 있다.
> ㄹ. 고용보험료의 체납관리는 근로복지공단에서 수행한다.

① ㄱ, ㄹ
② ㄱ, ㄴ, ㄷ
③ ㄴ, ㄷ, ㄹ
④ ㄱ, ㄴ, ㄷ, ㄹ

사회복지학개론
기출문제집

2014

사회복지학개론 기출문제

국가직 9급

지방직 9급

국가직 9급

2014년 기출
2014.04.19. 시행

01 국가에 의한 사회복지의 필요성을 주장할 때, '시장실패론'에 근거하지 않은 것은?

① 사회복지제도는 긍정적 외부효과를 발생시킨다.
② 사회보험은 민간보험에 비해 수직적 소득재분배 효과가 크다.
③ 사회복지제도는 공공재로서의 성격을 가지고 있다.
④ 의료서비스는 정보의 비대칭성으로 국가개입이 필요한 대표적인 사례이다.

02 브래드쇼(Bradshaw)가 분류한 인간의 욕구와 사례가 바르게 연결된 것은?

① 감지적 욕구(felt need) - 전문가, 행정가 등이 최저생계비를 규정한 경우
② 기능적 욕구(functional need) - 장애인 스스로 치료와 재활이 필요하다고 인식하는 경우
③ 표현적 욕구(expressed need) - 의료·보건분야에서 서비스를 신청한 사람의 수로 판명하는 경우
④ 규범적 욕구(normative need) - A지역 주민의 욕구를 B지역 주민의 욕구와 비교하여 나타내는 경우

03 장애인의 역량을 강화하기 위해 '권한부여(empowerment)모델'을 적용할 경우, 적합하지 않은 것은?

① 사회복지사는 대화를 통해 장애인의 상황, 욕구 및 강점 등을 파악한다.
② 사회복지사와 장애인은 협력적인 파트너십을 기반으로 하여 문제해결과정에 참여한다.
③ 사회복지사는 장애인이 보유하고 있는 자원을 사정하여 바람직한 결과를 위한 계획을 작성한다.
④ 사회복지사는 장애인이 직면한 문제를 해결할 수 있도록 장애인이 처해 있는 환경을 변화시켜 준다.

04 사회복지실천이론에 대한 설명으로 옳은 것은?

① 행동주의모델의 주요한 이론적 배경은 정신역동이론이다.
② 위기개입모델은 클라이언트 스스로 문제를 인식하게 하고 클라이언트의 자기결정권을 강조한다.
③ 심리사회모델은 클라이언트의 개별성을 강조하며 클라이언트의 심리적 변화와 사회환경적인 변화를 시도한다.
④ 생태체계모델은 클라이언트의 행동변화를 위한 체계적인 개입을 강조하며 변화목표를 명확하게 설정하고 개입과정을 모니터링·기록·평가하는 것을 중요시한다.

05 먼저 실시된 순서대로 바르게 나열한 것은?

> ㄱ. 국민기초생활보장제도
> ㄴ. 사회복지통합관리망
> ㄷ. 긴급복지지원제도
> ㄹ. 사회복지사 1급 국가시험

① ㄱ - ㄴ - ㄹ - ㄷ
② ㄱ - ㄹ - ㄷ - ㄴ
③ ㄹ - ㄴ - ㄷ - ㄱ
④ ㄹ - ㄷ - ㄱ - ㄴ

06 「아동학대범죄의 처벌 등에 관한 특례법」에서 명시하고 있는 아동학대 신고의무자에 해당하는 자만을 모두 고르면?

> ㄱ. 초·중등학교 교직원
> ㄴ. 의료인
> ㄷ. 사회복지 전담공무원
> ㄹ. 학원의 강사

① ㄱ, ㄴ, ㄷ   ② ㄱ, ㄷ, ㄹ
③ ㄴ, ㄷ, ㄹ   ④ ㄱ, ㄴ, ㄷ, ㄹ

07 성격이론을 인간의 발달단계와 연관시켜 설명하지 않은 학자는?

① 아들러(Adler)   ② 에릭슨(Erikson)
③ 프로이드(Freud)   ④ 융(Jung)

08 정신보건사회복지에 대한 설명으로 옳지 않은 것은?

① 보건복지부장관은 정신건강전문요원의 자격을 줄 수 있으며, 정신건강전문요원은 그 전문분야에 따라 정신건강임상심리사, 정신건강간호사 및 정신건강사회복지사로 구분한다.
② 정신건강사회복지사는 정신질환자 등에 대한 사회서비스 지원 등에 대한 조사와 정신질환자 등과 그 가족에 대한 사회복지서비스 지원에 대한 상담·안내 등을 업무로 한다.
③ 정신재활시설은 정신질환자 또는 정신건강상 문제가 있는 사람 중 대통령령으로 정하는 사람(정신질환자 등)의 사회적응을 위한 각종 훈련과 생활지도를 하는 시설을 말한다.
④ 정신건강사회복지사 수련제도가 시행되고 있으며, 정신건강사회복지사는 1급, 2급, 3급으로 구분되어 있다.

09 사회복지서비스 정책의 최근 변화경향으로 옳은 것만을 모두 고르면?

> ㄱ. 서비스 대상 인구가 보편적 방향으로 확대되고 있다.
> ㄴ. 서비스 재원은 점차 일반조세로 일원화되고 있다.
> ㄷ. 서비스 공급기관이 다양화되면서 공공부문이 서비스를 직접 공급하는 역할 비중이 커지고 있다.
> ㄹ. 서비스 재정지원방식은 서비스 구매계약(POSC)이나 바우처(voucher) 제공방식보다 시설보조금(subsidy) 방식이 급속히 확대되고 있다.

① ㄱ   ② ㄱ, ㄴ
③ ㄱ, ㄹ   ④ ㄱ, ㄴ, ㄷ, ㄹ

10 입양에 대한 설명으로 옳은 것은?

① 아동의 권리보호를 위해 입양기관을 통하지 않은 입양은 금지되어 있다.

② 입양기관의 장은 국내에서 양친이 되려는 사람을 찾지 못하였을 경우에 한하여 국외입양을 추진할 수 있다.

③ 입양을 하면 친부모는 법적으로 아동에 대한 권리는 포기해야 하지만 의무가 없어지는 것은 아니다.

④ 「입양특례법」에 따르면 입양기관의 장은 입양이 성립된 후 3년 동안 사후서비스를 제공해야 한다.

11 사회보장정책의 기본방향으로 「사회보장기본법」에서 명시하고 있지 않은 것은?

① 소득의 보장

② 사회서비스의 보장

③ 사례관리시스템의 구축

④ 평생사회안전망의 구축 및 운영

12 조지(George)와 윌딩(Wilding)의 사회복지 이념모형에 대한 설명으로 옳은 것은?

① 반(反)집합주의는 소극적 자유를 강조하며 현존하는 불평등은 경제성장에 기여할 수 있다고 본다.

② 마르크스주의는 자본주의가 효율적이고 공정하게 기능하기 위해서는 국가에 의한 규제와 통제가 필요하다고 본다.

③ 소극적 집합주의는 자유시장체제를 수정·보완해야 한다고 주장하며 토오니(Tawney)와 티트머스(Titmuss)가 대표적인 인물에 해당한다.

④ 페이비언주의는 적극적 자유를 중심 가치로 추구하며 복지국가에 대해 반대하는 입장으로 밀리반드(Miliband)가 대표적인 인물에 해당한다.

13 사회복지서비스 전달체계의 운영주체로서 중앙정부에 비해 지방정부가 가진 장점으로 볼 수 없는 것은?

① 경쟁을 유발시켜 서비스 가격과 질을 수급자에게 유리하게 할 수 있다.

② 정책결정에 수급자가 참여할 기회가 높아 수급자의 입장을 반영하기 쉽다.

③ 프로그램을 통합·조정하거나 프로그램을 지속적이고 안정적으로 유지하는 데 유리하다.

④ 창의적이고 실험적인 서비스 개발이 용이하여 수급자의 변화하는 욕구에 탄력적으로 대처할 수 있다.

14 사회복지조사방법에서 외적 타당성(external validity)에 대한 설명으로 옳지 않은 것은?

① 조사 반응성(research reactivity)이 높을수록 외적 타당성이 높다.

② 연구표본, 환경 및 절차의 대표성이 높을수록 외적 타당성이 높다.

③ 외적 타당성을 확보하기 위해서는 플라시보 효과(placebo effect)를 통제해야 한다.

④ 외적 타당성이란 조사의 연구결과를 다른 조건의 환경이나 집단으로 일반화할 수 있는 정도를 말한다.

15 외국의 사회복지 역사에 대한 설명으로 옳은 것은?

① 독일에서 최초로 실시된 사회보험은 질병(의료)보험이다.

② 영국의 자선조직협회는 빈곤문제 해결을 위해 정부가 주도하여 설립한 것이다.

③ 미국의 의료보험(Medicare)은 「사회보장법」이 제정된 1935년에 실시되었다.

④ 영국의 「신구빈법」(1834년)에서 '열등처우의 원칙'은 최저 생활기준에 미달되는 임금의 부족분을 보조해주는 것을 말한다.

16 「사회복지사업법」에서 정하고 있는 사회복지사업을 규정하고 있지 않은 법률은?

① 「한부모가족지원법」

② 「정신건강증진 및 정신질환자 복지서비스 지원에 관한 법률」

③ 「청소년기본법」

④ 「식품 등 기부 활성화에 관한 법률」

17 알코올 중독자인 남편의 금주치료를 위해 부인이 사회복지사를 찾아왔을 경우, 콤튼(Compton)과 갤러웨이(Gallaway)의 6가지 사회복지 실천체계 중 이 남편에게 해당하는 체계는?

① 행동체계

② 표적체계

③ 변화매개체계

④ 의뢰-응답체계

18 노인장기요양보험에 대한 설명으로 옳은 것은?

① 일정한 소득 이하인 경우에만 급여를 신청할 수 있다.

② 비영리법인만이 노인장기요양서비스를 제공할 수 있다.

③ 국민연금공단의 장기요양등급판정위원회에서 요양등급을 판정한다.

④ 신체·정신·성격 등의 사유로 가족 등으로부터 장기요양을 받아야 하는 자에게 현금급여를 지급할 수 있다.

19 사회복지관에 대한 설명으로 옳은 것만을 모두 고르면?

> ㄱ. 사회복지관은 설립법인에 따라 정치 및 종교활동에서 중립적이지 않을 수 있다.
> ㄴ. 사회복지관의 기능은 크게 사례관리기능, 서비스제공기능, 지역조직화기능으로 구분된다.
> ㄷ. 지역사회연계사업, 지역욕구조사, 실습지도는 사회복지관의 사례관리기능에 해당한다.
> ㄹ. 서비스제공기능에 해당하는 지역사회보호사업의 세부사업에는 급식서비스, 보건의료서비스, 재가복지봉사서비스 등이 있다.

① ㄱ, ㄴ   ② ㄴ, ㄹ
③ ㄷ, ㄹ   ④ ㄴ, ㄷ, ㄹ

20 아동복지에 대한 설명으로 옳은 것만을 모두 고르면?

> ㄱ. 국가 또는 지방자치단체 외의 자는 아동복지시설을 설치할 수 없다.
> ㄴ. 가정위탁지원센터의 장 및 아동복지시설의 장은 보호하고 있는 15세 이상의 아동을 대상으로 매년 개별 아동에 대한 자립지원계획을 수립해야 한다.
> ㄷ. 지역아동센터는 아동의 보호·교육, 건전한 놀이와 오락의 제공, 보호자와 지역사회의 연계 등 아동의 건전육성을 위하여 종합적인 아동복지서비스를 제공하는 시설을 말한다.
> ㄹ. 시장·군수·구청장은 아동의 친권자가 친권을 남용할 경우 아동의 복지를 위하여 필요하다고 인정할 때에는 친권을 제한할 수 있다.

① ㄱ   ② ㄴ, ㄷ
③ ㄷ, ㄹ   ④ ㄴ, ㄷ, ㄹ

지방직 9급

01 사회문제에 대한 설명으로 옳지 않은 것은?

① 사회문제는 시간에 따라 달리 정의될 수 있다.
② 사회문제는 공간에 따라 달리 정의될 수 있다.
③ 사회문제는 가치중립적이다.
④ 사회문제를 정의하는 데에는 기준이 존재한다.

02 테일러 – 구비(Taylor-Gooby)가 말한 새로운 사회적 위험이 아닌 것은?

① 아동 보육이나 노인 부양의 어려움을 감내해야 하는 저숙련 여성노동자의 사회적 위험
② 산업재해, 질병, 노후 등에 대처하는 남성 가장의 사회적 위험
③ 연금과 건강서비스의 비용 증가로 인한 노인들의 사회적 위험
④ 기술발전과 비숙련직 감소로 인한 저교육 노동자들의 사회적 배제

03 복지활동에 있어 주체의 성격이 다른 하나는?

① 인보관(Settlement House)
② 우애협회(Friendly Society)
③ 「구민법」의 작업장(Workhouse)
④ 자선조직협회(Charity Organization Society)

04 사회복지 관련 개념들에 대한 설명으로 옳지 않은 것은?

① 일반적으로 사회복지는 정책과 제도적인 측면을 강조할 때 사용하고, 사회사업은 개인이나 집단을 돕는 전문적인 방법이나 기술에 초점을 두는 개념이다.
② 광의적 개념의 사회복지는 사회정책, 보건, 의료, 주택, 고용 등을 포괄한다.
③ 사회복지를 보편주의 원칙으로 모든 국민에게 제공하려는 시도는 제도적 개념보다 잔여적 개념의 사회복지라고 할 수 있다.
④ 사회사업은 사후적·치료적 성격을 갖는 반면에 사회복지는 사전적·예방적 성격을 갖는다고 볼 수 있다.

05 다음 제시문 〈보기 1〉의 대화에 적합한 〈보기 2〉의 이론을 올바르게 연결한 것은?

─── 보기 1 ───

ㄱ. "요즘에 은퇴하고 쉬는 게 뭐가 나쁜가? 나이 들면 신체적으로 약해지니까 직장생활 그만하고 쉬는 게 사회적으로도 개인적으로도 이롭지."

ㄴ. "나이가 들어도 건강한 사람은 여전히 왕성하게 사회생활을 할 수 있네. 아무래도 사회활동을 하면 보람도 있고 내가 아직 가치 있는 사람이라는 느낌도 생기고 말이야."

ㄷ. "하지만 사회에서 노인들을 대하는 것이 어디 우리 어릴 적만 하던가? 쓸모없는 노인네 취급하지. 자식들도 분가해서 따로 살고 말이야."

ㄹ. "돈이 많아서 자식들한테 용돈도 자주 주고 건강해서 손자들 키워주면 대우가 다르잖아. 스마트폰이나 인터넷 검색을 잘해서 맛집 정보라도 알려주면 자식들도 고맙다고 외식도 시켜준다고 하던데."

─── 보기 2 ───

A. 성공적 노화이론   B. 교환이론
C. 분리이론   D. 현대화이론
E. 활동이론

	ㄱ	ㄴ	ㄷ	ㄹ
①	C	A	B	D
②	C	E	D	B
③	D	A	C	B
④	D	E	C	B

06 우리나라 사회복지 관련 용어들에 대한 설명으로 옳은 것은?

① 노년부양비는 전체 인구 중 65세 이상 인구의 비율이다.

② 전체 인구 중에서 65세 이상 노인인구가 차지하는 비율이 14%에 도달한 사회는 고령 사회에 해당한다.

③ 노령화지수는 경제활동인구 중 65세 이상 인구의 비율이다.

④ 제1차 베이비붐 세대는 1970년대 경제성장기에 태어난 세대이다.

07 2001년 개정된 우리나라 「사회복지사 윤리강령」의 전문에 명시하고 있는 기본이념에 해당하는 것만을 모두 고른 것은?

ㄱ. 인간의 존엄성	ㄴ. 평등과 자유
ㄷ. 사회정의	ㄹ. 문화적 다양성

① ㄱ, ㄴ   ② ㄱ, ㄴ, ㄷ
③ ㄱ, ㄴ, ㄹ   ④ ㄱ, ㄴ, ㄷ, ㄹ

08 우리나라 사회보장체계에서 사회보험이 아닌 것은?

① 국민연금

② 기초노령연금

③ 군인연금

④ 사립학교교직원연금

09 정책결정과정에서 조직화된 무정부상태 속에서의 우연성을 강조하는 사회복지정책모형은?

① 합리모형   ② 점증모형

③ 최적모형   ④ 쓰레기통모형

10 다음의 특징을 모두 포함하는 국민건강보험제도의 요양급여비용 지불제도는?

- 과잉진료를 억제하고 환자의 의료비 부담을 줄인다.
- 의사에게 환자 1인당 혹은 진료일수 1일당 아니면 질병별로 보수단가를 설정하여 보상한다.
- 새로운 약의 사용이나 새로운 의과학기술의 적용에는 적합하지 못하다.

① 총액계약제   ② 행위별수가제

③ 포괄수가제   ④ 인두제

11 사회복지사상에 대한 설명으로 옳지 않은 것은?

① 신자유주의는 국가복지에 대해 부정적이다.

② 케인즈주의는 국가의 개입을 긍정적으로 생각한다.

③ 사회민주주의는 복지의 탈상품화를 적극적으로 추구한다.

④ 자유주의는 빈곤의 원인을 사회로 돌린다.

12 다음 글에 해당하는 사회복지사의 역할은?

다양한 기관, 조직, 시설에서 제공하고 있는 적합한 서비스에 클라이언트를 연결하고 서비스를 활용하도록 조정함으로써 개인과 가족에게 지속적으로 서비스를 제공한다. 또한 다양한 욕구를 지닌 클라이언트의 기능을 최적화하기 위해서 공식적·비공식적 지원망을 창조하고 조정한다.

① 옹호   ② 아웃리치

③ 중재   ④ 사례관리

13 사회복지실천의 종결단계에서 이루어지는 일이 아닌 것은?

① 종결 이후 사후관리 계획 수립

② 개입 목표의 달성 정도 평가

③ 종결과 관련된 클라이언트의 정서적 반응대처

④ 클라이언트의 문제와 욕구에 대한 다차원적인 조사

14 우리나라의 장애인복지법령에 따른 장애유형은 크게 신체적 장애와 정신적 장애로 구분되는데, 이러한 방법으로 장애의 범주화를 시도할 때 장애의 성격이 다른 것은?

① 정신장애　　　　② 뇌병변장애
③ 지적장애　　　　④ 자폐성장애

15 사회복지의 전달체계 구축의 원칙에 해당되지 않는 것은?

① 연속성　　　　② 접근성
③ 책임성　　　　④ 수익성

16 공적연금의 재정운영방식 중 부과방식(pay-as-you-go)의 제도적 장점만을 모두 고른 것은?

> ㄱ. 인플레이션의 영향을 비교적 받지 않는다.
> ㄴ. 제도 성숙기에 자원의 활용이 가능하다.
> ㄷ. 시행 초기에 재정적 부담이 적다.
> ㄹ. 연금의 장기적 수리추계가 불필요하다.

① ㄱ, ㄴ　　　　② ㄱ, ㄷ
③ ㄱ, ㄷ, ㄹ　　　④ ㄱ, ㄴ, ㄷ, ㄹ

17 「국민기초생활 보장법」상 용어에 대한 설명으로 옳지 않은 것은?

① "수급자"란 「국민기초생활 보장법」에 따른 급여를 받을 수 있는 자격을 가진 사람을 말한다.
② "부양의무자"란 수급권자를 부양할 책임이 있는 사람으로서 수급권자의 1촌의 직계혈족 및 그 배우자를 말한다.
③ "조건부수급자"는 자활에 필요한 사업에 참가할 것을 조건으로 생계급여를 지급받는 사람이다.
④ "소득인정액"이란 보장기관이 급여의 결정 및 실시 등에 사용하기 위하여 산출한 개별가구의 소득평가액과 재산의 소득환산액을 합산한 금액을 말한다.

18 다음 제시문의 ㉠~㉢에 들어갈 용어가 바르게 연결된 것은?

> 사회복지사업법에서 사회복지서비스 제공시에는 (㉠)를 원칙적인 급여 제공의 형태로 규정하고 있다. (㉠)는 (㉡)에 비해 목적달성에 충실할 수 있지만 선택의 자유를 제한하는 단점이 있어서 (㉢)로 불리는 급여 형태도 인정하고 있다.

	㉠	㉡	㉢
①	현물급여	현금급여	바우처
②	현금급여	바우처	현물급여
③	바우처	현금급여	현물급여
④	현금급여	현물급여	바우처

19 다음 제시문 〈보기 1〉의 의문사항이 발생하였을 때, 〈보기 2〉의 조사방법이 바르게 연결된 것은?

┌─────── 보기 1 ───────┐

〈의문사항〉

ㄱ. 이번 사항은 위원들의 합의가 중요한데 의견을 조사하면서 의견일치에 도달할 수 있도록 하는 방법은 없을까?

ㄴ. 실험설계처럼 완벽하지 않지만, 독립변수 조작과 외적변수 통제가 가능하고 비교집단을 설정할 수 있는 상황인데 어떤 방법이 좋을까?

ㄷ. 베이비부머들의 은퇴시기가 다가오는데 이들의 노후 준비상황이 매년 어떻게 변하는지를 알 수 없을까?

└──────────────────────┘

┌─────── 보기 2 ───────┐

〈조사방법〉

A. 초점집단 인터뷰
B. 델파이기법
C. 비실험 설계
D. 유사실험 설계(준실험 설계)
E. 횡단적 조사설계
F. 종단적 조사설계

└──────────────────────┘

	ㄱ	ㄴ	ㄷ
①	A	C	E
②	A	D	F
③	B	C	F
④	B	D	F

20 「협동조합기본법」에 대한 설명으로 옳지 않은 것은?

① 협동조합 및 사회적 협동조합의 최소 설립 인원은 5인 이상이며 시·도지사에게 신고하면 설립된다.

② 사회적 협동조합은 비영리법인으로 한다.

③ 협동조합 조합원은 출자좌수에 관계없이 각각 1개의 의결권과 선거권을 가진다.

④ 협동조합 등 및 사회적 협동조합 등은 투기를 목적으로 하는 행위와 일부 조합원 등의 이익만을 목적으로 하는 업무와 사업을 하여서는 아니된다.

사회복지학개론
기출문제집

2013

사회복지학개론 기출문제

국가직 9급

지방직 9급

2013년 기출
2013.07.27. 시행

국가직 9급

01 먼저 일어난 순서대로 바르게 나열된 것은?

> ㄱ. 영세교구들이 연합한 빈민공장 설립이 허용되고 원외구호가 조장되었다.
> ㄴ. 빈민의 구제수준이 노동자의 임금수준보다 낮아야 한다는 원칙이 제시되었다.
> ㄷ. 수당으로 저임금 노동자의 임금을 보충해주는 제도가 제정되었다.

① ㄱ → ㄴ → ㄷ
② ㄱ → ㄷ → ㄴ
③ ㄴ → ㄷ → ㄱ
④ ㄷ → ㄱ → ㄴ

02 사회복지 예산모형에 대한 설명으로 옳지 않은 것은?

① 품목별 예산은 간편하다는 장점이 있다.
② 성과주의 예산은 사회복지조직이 수행하는 업무에 중점을 둔다.
③ 기획예산은 사업계획을 세부사업으로 분류하고 각 세부사업을 '단위원가×업무량＝예산액'으로 표시하여 편성한다.
④ 영기준 예산은 전년도 예산을 고려하지 않고 비용 － 편익분석에 따라 우선순위를 결정한다.

03 사회복지정책 결정모형 중 합리주의 모형에 대한 설명으로 옳은 것은?

① 새로운 정책은 과거 정책들의 점증적인 수정에 의해 만들어진다.
② 정책결정은 다양한 이익을 추구하는 이익집단들 간 경쟁의 산물이다.
③ 정책대안들의 결과를 정확히 예측하고 비용편익 혹은 비용효과를 정확히 산출할 수 있다고 가정한다.
④ 정책결정은 조직화된 무정부상태 속에서 나타나는 몇가지 흐름에 의해 우연히 이루어진다.

04 사회복지전달체계에 대한 설명 중 옳은 것은?

① 「사회복지사업법」상 사회복지협의회는 지역 내 서비스의 연계 및 조정의 기반을 마련하고 지원하는 민간협의체이다.
② 원스톱 서비스센터나 통합사례관리서비스는 통합조정의 원칙에 근거한다.
③ 클라이언트가 필요할 때 쉽고 편리하게 서비스를 받을 수 있도록 전달체계를 구축하는 것은 책임성의 원칙에 근거한다.
④ 「사회복지사업법」상 국가나 지방자치단체는 사회복지사업을 하는 자 중 보건복지부령으로 정하는 자에게 운영비 등 필요한 비용의 일부를 보조할 수 있다.

05 다음 설명 중 옳지 않은 것은?

① UN은 전체 인구 중에서 65세 이상 인구가 차지하는 비율이 14% 이상 20% 미만인 사회를 고령 사회라 한다.

② 우리나라 통계청에서는 노년부양비를 경제활동인구 중에서 65세 이상 인구가 차지하는 비율로 본다.

③ 지니계수는 소득의 불평등을 나타내는 지표이다.

④ 빈곤갭은 빈곤의 심도를 알려 주는 지표이다.

06 우리나라 사회보험제도에 대한 설명으로 옳은 것은?

① 감액노령연금은 가입기간이 10년 이상이면서 55세 이상으로 소득이 있는 업무에 종사하지 아니할 때 본인이 신청해서 받는다.

② 개별실적요율은 업종별로 과거 3년간 발생한 재해율을 반영하여 보험료를 산정하는 방식이다.

③ DRG포괄수가제는 보험을 관리하는 측과 의사 대표 간에 미리 진료비의 총액을 정해 놓고 지불한다.

④ 연금 슬라이드제는 생활수준, 물가 등을 고려하여 연금급여수준을 조정하는 것으로 국민연금은 전국소비자물가변동률을 반영하고 있다.

07 2012년 1월 26일 개정된 「사회보장기본법」의 내용으로 옳지 않은 것은?

① "평생사회안전망"이란 생애주기에 걸쳐 보편적으로 충족되어야 하는 기본욕구와 특정한 사회위험에 의하여 발생하는 특수욕구를 동시에 고려하여 소득·서비스를 보장하는 맞춤형 사회보장제도를 말한다.

② "사회서비스"란 사회적 위험으로부터 모든 국민을 보호하고 국민 삶의 질을 향상시키는 데 필요한 소득·서비스를 보장하는 제도를 말한다.

③ 보건복지부장관은 사회서비스의 품질기준 마련, 평가 및 개선 등의 업무를 수행하기 위하여 필요한 전담기구를 설치할 수 있다.

④ 사회보장업무에 종사하거나 종사하였던 자는 사회보장업무 수행과 관련하여 알게 된 개인·법인 또는 단체의 정보를 관계법령에서 정하는 바에 따라 보호하여야 한다.

08 다음 글에서 설명하고 있는 제도는?

- 부의 소득세(negative income tax)의 일종이다.
- 노동공급 유인을 제공하면서 근로빈곤층에게 소득을 보전한다.
- 장애인 등과 같이 근로의지와 무관하게 취업을 할 수 없는 계층을 위해서는 별도의 공공부조제도가 필요하다.

① 근로장려세제 ② 취업촉진수당
③ 긴급생계급여 ④ 가족수당

09 복지국가 위기 이후 등장하는 복지국가 재편에 관한 설명으로 옳지 않은 것은?

① 저출산·고령화 문제는 대표적인 신사회적 위험이다.

② 사회투자국가는 인적자원개발에 대한 투자보다 시장실패자에 대한 사후 소득보장에 주력한다.

③ 스웨덴과 덴마크는 지속적 경제침체와 고실업의 위험에 대응하기 위해 적극적으로 공공부문을 확대하였다.

④ 독일과 프랑스는 내부시장을 강화하는 노동감축방식을 통해 성장을 유지하고자 하였다.

10 영리기관과 비영리기관의 선택기준을 제시한 Gilbert(1984)의 주장에 근거해 볼 때 비영리기관이 영리기관보다 더 적합한 경우가 아닌 것은?

① 아동, 지적장애인 등과 같이 표현할 능력이 부족한 이용자에 대한 서비스의 제공

② 보호관찰이나 기초생활보장 조건부 수급자의 서비스와 같이 강제적인 서비스의 제공

③ 공중예방접종과 같은 표준적 절차나 내용을 담고 있는 서비스의 제공

④ 치료서비스와 같이 사례별로 다른 기술이 필요한 서비스의 제공

11 사회복지실천과정에 대한 설명으로 옳지 않은 것은?

① 클라이언트와 함께 문제해결을 위한 목표를 설정한다.

② 클라이언트와 계약을 할 때는 시간, 기술, 윤리 등을 고려한다.

③ 사정에서는 클라이언트와 그를 둘러싼 환경의 부정적 측면뿐만 아니라 긍정적 측면도 고려해야 한다.

④ 클라이언트가 종결에 대한 두려움을 갖지 않도록 가능한 한 종결시기는 명백하게 제시하지 않는다.

12 사회복지프로그램 성과측정에 대한 설명으로 옳지 않은 것은?

① 개인뿐만 아니라 집단, 조직, 시스템, 지역사회 차원까지도 측정이 가능하다.

② 양적 지표와 질적 지표가 모두 가능하다.

③ 자료수집방법으로 서베이, 면접, 관찰, 시험 등을 활용할 수 있다.

④ 단일의 지표와 단일의 측정방법을 사용해야 한다.

13 다음 글에서 사회복지사가 적용한 사회복지실천기술은?

> 사회복지사 : "지난 면담에서는 절대 체벌을 해서는 안 된다고 말씀하셨는데 오늘은 체벌만큼 효과적인 교육법이 없다고 하시니 제가 혼란스럽네요."

① 환기(ventilation)
② 재보증(reassurance)
③ 직면(confrontation)
④ 해석(interpretation)

14 위기개입에 대한 설명으로 옳은 것만을 모두 고른 것은?

> ㄱ. 클라이언트의 통찰력 강화, 성격의 변화에 초점을 둔다.
> ㄴ. 특정 위기상황은 예측할 수 있는 단계를 거치며 단계마다 사람들이 예측할 수 있는 정서적 반응과 행동을 드러낸다고 전제한다.
> ㄷ. 클라이언트가 최소한 위기 이전의 기능수준으로 회복하도록 돕는다.
> ㄹ. 정확한 문제의 원인을 파악하고 진단하는 데 초점을 둔다.

① ㄱ, ㄴ   ② ㄴ, ㄷ
③ ㄴ, ㄹ   ④ ㄷ, ㄹ

15 우리나라 자원봉사에 대한 설명으로 옳지 않은 것은?

① 자원봉사활동을 진흥하기 위해 자원봉사활동 기본법을 제정하였다.
② 자원봉사자에 대한 인정 및 보상에는 정서적 보상, 기회 제공, 표창 추천 등이 있다.
③ 행정안전부장관은 5년마다 자원봉사활동의 진흥을 위한 국가기본계획을 수립해야 하는데 현재 제3차 5개년 국가기본계획에 따른 사업이 진행 중이다.
④ 한국청소년활동진흥원과 지방청소년활동진흥센터는 청소년 자원봉사활동의 활성화 사업을 수행한다.

16 우리나라 「사회복지사 윤리강령」에 관한 설명으로 옳지 않은 것은?

① 사회복지사는 전문가로서 성실하고 공정하게 업무를 수행하며, 이 과정에서 클라이언트의 요구 외에 어떠한 부당한 압력에도 타협하지 않는다.
② 사회복지사는 적법하고도 적절한 논의 없이 동료 혹은 다른 기관의 클라이언트와 전문적 관계를 맺어서는 안 된다.
③ 사회복지사는 필요한 사회서비스를 개발하기 위한 사회정책의 수립·발전·입법·집행에 적극적으로 참여하고 지원해야 한다.
④ 사회복지사는 클라이언트의 지불능력에 상관 없이 서비스를 제공해야 하며 이를 이유로 차별대우를 해서는 안 된다.

17 가족사회복지실천모델에 대한 설명으로 옳지 않은 것은?

① 구조적 가족치료는 역기능적인 가족구조로 인해 가족문제가 비롯된다고 가정하며 주된 기법으로 합류, 경계만들기 등이 있다.

② 해결중심 가족치료는 문제가 일어나지 않았던 예외상황에 초점을 두며 주된 기법으로 기적질문, 대처질문 등이 있다.

③ 이야기 가족치료는 사회구성주의 관점에 근거하며 주된 기법으로 문제의 외현화, 시련기법 등이 있다.

④ 전략적 가족치료는 지금까지 가족이 문제해결을 위해 시도해 온 방법을 변화시키는 데 초점을 두며 주된 기법으로 순환적 질문, 역설적 개입 등이 있다.

18 우리나라 청소년복지에 관한 설명으로 옳지 않은 것은?

① 「학교폭력예방 및 대책에 관한 법률」에 명시된 학교폭력에는 강제적인 심부름, 사이버 따돌림, 정보통신망을 이용한 음란·폭력정보 등에 의하여 신체·정신 또는 재산상의 피해를 수반하는 행위 등이 포함된다.

② 「청소년복지 지원법」에 명시된 청소년복지시설에는 반드시 사회복지사를 배치해야 한다.

③ 학교폭력문제에 대한 접근 중 피해자-가해자 조정(Victim-Offender Mediation)프로그램은 제3자인 조정자의 도움으로 피해자와 가해자가 서로 자신들의 피해와 어려움을 이야기하도록 하는 것이다.

④ 「청소년복지 지원법」상 청소년상담원이 정관을 변경하려는 경우에는 여성가족부장관의 인가를 받아야 한다.

19 샐리베이(Saleebey)가 소개한 강점 관점 실천을 위한 유용한 질문으로 옳지 않은 것은?

① 예외질문(exception questions)
② 변화질문(change questions)
③ 생존질문(survival questions)
④ 훈습질문(working-through questions)

20 우리나라 지역사회복지에 관한 설명으로 옳지 않은 것은?

① 사회복지관의 운영이 지방이양사업으로 바뀌고 법인의 자부담을 의무화하였다.

② 지역자활센터에서는 자활의욕 고취를 위한 교육, 직업교육 및 취업알선, 생업을 위한 자금융자 알선 등을 행한다.

③ 사회복지협의회는 사회복지 관련 기관·단체 간의 연계·협력·조정을 행한다.

④ 사회복지공동모금회는 사회복지공동모금사업, 공동모금재원의 배분, 운용 및 관리 등을 행한다.

지방직 9급

01 사회복지의 개념 정의에 대한 설명으로 옳지 않은 것은?

① 사회복지를 저소득층, 장애인, 노인 등 특수계층의 욕구를 충족시키려는 정책, 급여, 프로그램 및 서비스로 이해하는 것은 협의의 개념 정의이다.

② 사회복지를 제도적 개념과 잔여적 개념으로 구분하는 것은 사회 내에서 사회복지가 어떻게 기능하는가에 따라 구분한 것이다.

③ 사회복지를 사회문제의 치료와 예방, 인적자원의 개발, 인간생활의 향상에 직접 관련된 일체의 시책과 과정뿐만 아니라 사회제도를 강화하거나 개선하려는 노력을 포함하는 것으로 보는 것은 광의의 개념 정의이다.

④ 광의의 사회복지 개념에 입각하는 것보다 협의의 사회복지 개념에 입각해서 제도와 정책을 실시하는 경우, 사회통합의 효과는 높지만 경제적 효율성 효과는 낮다.

02 사회복지급여나 서비스의 대상자 결정에 적용되는 원칙의 하나인 보편주의에 대한 설명으로 옳지 않은 것은?

① 자산조사
② 집합주의 가치
③ 낙인감 감소
④ 사회통합

03 사회과학으로서 사회복지학의 특성에 대한 설명으로 옳지 않은 것은?

① 인간의 구체적 욕구충족을 위해 과학적 지식을 사용한다.

② 다학문적인 성격을 가지고 있기 때문에 사회과학의 다양한 학문적 성과를 총체적으로 활용한다.

③ 사회문제의 해결을 위한 방법을 창출해 내고 이를 실제 사회현상에 적용하는 실천지향적 학문이다.

④ 대상자의 이익을 최우선으로 하기 때문에 상호충돌가능성이 있는 양 극단의 가치 중 어느 하나를 선택해야만 한다.

04 다음 예시에서 강조하고 있는 사회복지사의 역할은?

장기간의 무단결석과 비행으로 학교에서 퇴학 위기에 처한 학생의 선처에 관한 의견 차이로 부모와 학교 당국 간에 갈등을 빚고 있다. 사회복지사는 양자 간의 타협 또는 문제의 해결을 위해 중립을 유지하며 돕는다.

① 중재자
② 교육자
③ 중개자
④ 옹호자

05 다음의 내용에 해당하는 카두신(Kadushin)이 제시한 아동복지서비스의 유형은?

> 가족과 부모-자녀 관계체계가 스트레스에 노출될 경우 아동복지에서의 초기 문제를 다루는 제1차 방어선의 역할을 하는 것으로, 가족의 기능이 원활하게 수행될 수 있도록 지원해 주는 제반의 가족기반서비스이다.

① 지지적 서비스
② 대리적 서비스
③ 보충적 서비스
④ 심리적 서비스

06 영국의 1834년 「개정 구빈법」에서 규정된 열등처우의 원칙에 대한 설명으로 옳지 않은 것은?

① 자유주의자인 맬서스(Malthus)의 영향을 받았다.
② 사회보험제도의 대상자 선정기준으로 활용되고 있다.
③ 노동 가능한 빈민에 대한 구제를 국가가 거절할 수 있는 법적 근거를 제공하였다.
④ 구제대상 빈민의 생활수준은 최하층 근로자의 생활수준보다 낮은 조건에서 구제가 제공되어야 한다는 것이다.

07 과제중심모델의 특성에 해당하지 않는 것은?

① 시간제한적이고 구조화된 단기개입
② 사회복지사와 클라이언트의 협조적 관계
③ 조사에 근거한 경험적 자료에 기초
④ 관찰가능한 행동과 환경을 분석하여 변화시킴

08 사회복지 역사에 대한 설명으로 옳은 것은?

① 영국의 1601년 「구빈법」은 구빈세를 재원으로 저임금을 보충해주려던 제도로서 복지국가의 효시로 간주된다.
② 16~18세기의 유럽에서는 노동하는 자들을 관리하거나 보호하는 일을 정책의 주요 과제로 생각하였다.
③ 영국의 1834년 「개정 구빈법」은 열등처우의 원칙을 내세웠으며, 지나치게 중앙집중화된 구빈행정을 교구단위로 효율화하였다.
④ 사회보험제도의 도입은 국가마다 그 개혁의 특성이 달랐는데, 독일은 노동자 정당과 우호적 관계에 있던 자유당 정권에 의해, 영국은 사회통제의 성격을 띤 권위주의적 개혁을 거쳐 이루어졌다.

09 드림스타트사업에 대한 설명으로 옳지 않은 것은?

① 빈곤아동을 대상으로 사례관리를 통한 맞춤형 서비스를 제공한다.
② 보건, 복지, 교육 및 보육서비스를 통합적으로 제공한다.
③ 보건복지부가 2006년부터 시행하고 있으며 그 대상지역이 계속 확대되고 있다.
④ 다학제적 접근을 통한 예방적 서비스를 제공한다.

10 사회복지실천과정에서 성공적 종결을 위한 내용으로 옳지 않은 것은?

① 클라이언트의 진전사항에 대해 정기적으로 검토하고, 종결이 임박하기 이전에 종결에 대해 다시 인식하게 한다.

② 클라이언트의 변화를 확인하고 이를 유지할 수 있는 방법을 모색한다.

③ 종결에 대한 클라이언트의 두려움 또는 상실감을 고려하여 종결시기를 미리 알리지 않는다.

④ 평가를 통하여 성공과 실패의 원인을 검토하고, 해결되지 않은 문제 또는 초기 계약시에 제시되지 않은 문제 등에 대해 논의한다.

11 사회복지정책을 통해 제공되는 재화나 서비스의 형태 중 현금으로 지급되는 급여의 장점이 아닌 것은?

① 현물을 보관, 관리 및 전달하는 데 필요한 비용이 절약된다.

② 정책목표에 적합한 방향으로 집중적으로 소비가 이루어질 수 있다.

③ 수급자 선택의 자유와 자기결정의 권리를 보호할 수 있다.

④ 소비단계에서 낙인이 발생하지 않아 인간의 존엄성을 유지할 수 있다.

12 사회복지실천과정에서 지켜야 할 전문적 원조관계의 기본원칙에 대한 설명으로 옳지 않은 것은?

① 수용은 클라이언트를 있는 그대로 인정하고 받아들이는 것이다.

② 의도적인 감정표현은 클라이언트가 자유롭게 감정을 표현하도록 하는 것이다.

③ 통제된 정서 관여는 클라이언트의 감정을 통제하면서 반응하는 것이다.

④ 개별화는 클라이언트에 대해 각각 개별적인 특징을 가진 존재로 인정하는 것이다.

13 윌렌스키와 르보(Wilensky&Lebeaux)는 사회복지제도와 다른 사회제도의 관계를 어떻게 규정하는가에 따라 사회복지의 개념을 두 가지로 나누었다. 사회복지의 두 개념에 대한 설명으로 옳지 않은 것은?

① 잔여적 개념은 사회복지란 가족이나 시장경제가 제 기능을 수행하지 못할 때 생기는 문제를 보완하거나 해소하는 제도라고 설명한다.

② 제도적 개념은 사회복지가 사회를 유지하기 위한 사회구성원간의 상부상조로서, 다른 사회제도가 수행하는 기능과 구별되며 독립적으로 수행된다고 설명한다.

③ 잔여적 개념은 보편주의와 자유주의 이념에, 제도적 개념은 예외주의와 보수주의 이념에 기반을 두고 있다고 설명한다.

④ 잔여적 개념은 사회문제의 발생원인에서 개인의 책임을, 제도적 개념은 사회구조적 책임을 강조한다고 설명한다.

14 우리나라 공공부조제도의 특징에 해당하는 것만을 모두 고르면?

> ㄱ. 강제적 가입
> ㄴ. 근로연계성
> ㄷ. 기여의 급여
> ㄹ. 자산조사
> ㅁ. 보충급여의 원칙
> ㅂ. 가족부양 우선의 원칙

① ㄱ, ㄴ, ㄷ
② ㄱ, ㄴ, ㅂ
③ ㄴ, ㄷ, ㄹ, ㅁ
④ ㄴ, ㄹ, ㅁ, ㅂ

15 사회복지조사의 표집방법으로 확률표집방법에 해당하지 않는 것은?

① 할당표집(quota sampling)
② 층화표집(stratified sampling)
③ 군집표집(cluster sampling)
④ 체계표집(systematic sampling)

16 가족체계사정도구인 생태도(eco-map)에 대한 설명으로 옳지 않은 것은?

① 클라이언트와 가족을 포함하는 클라이언트 체계를 환경과의 관계 속에서 그리는 그림이라고 할 수 있다.
② 클라이언트와 사회복지사에게 클라이언트 가족이 집단과 단체, 조직, 다른 가족, 개인들과 맺는 관계의 본질에 대해 전체적 시각을 갖도록 돕는 기능을 한다.
③ 복잡한 가족유형을 한눈에 볼 수 있게 하는 그림으로, 가족성원의 세대 간 맥락에 기반한 정서적, 행동상의 문제를 검토하는 데 유용하게 활용된다.
④ 가족의 건강한 성장, 발전 및 적응에 기여하는 외부환경과의 상호 교류와 가족생활을 해치며 가족기능을 약화시키는 외부환경과의 상호 교류에 대한 이해를 돕는 기능을 한다.

17 새로운 사회적 위험인 사회적 배제(social exclusion)에 대응하기 위한 전략으로 옳지 않은 것은?

① 빈곤화에 이르는 역동적 과정보다는 결과적 상태를 나타내는 빈곤개념을 강조한다.
② 사회적 위험에 대한 보장을 넘어서 사회적 결속의 증진을 강조한다.
③ 정보, 자원 및 사회적 서비스에 대한 접근성을 확대한다.
④ 가족이나 친구들과 같은 유의미한 사회적 상호작용에 참여한다.

18 우리나라 노인장기요양보험제도에 대한 설명으로 옳지 않은 것은?

① 장기요양급여는 노인 등의 심신상태나 건강 등이 악화되지 아니하도록 의료서비스와 연계하여 제공하여야 한다.

② 장기요양급여는 노인 등의 심신상태·생활환경과 노인 등 및 그 가족의 욕구·선택을 종합적으로 고려하여 적정하게 제공하여야 한다.

③ 장기요양급여는 일상생활 지원과 의료서비스가 제공되는 시설급여를 우선적으로 제공한다.

④ 장기요양기본계획은 5년 단위로 수립·시행하여야 한다.

19 「국민기초생활 보장법」의 내용으로 틀린 것은?

① 생계급여는 수급자의 주거에서 실시한다. 다만, 수급자가 주거가 없거나 주거가 있어도 그 곳에서는 급여의 목적을 달성할 수 없는 경우 또는 수급자가 희망하는 경우에는 보장시설이나 타인의 가정에 위탁하여 급여를 실시할 수 있다.

② 생계급여는 금전을 지급하는 것으로 한다. 다만, 금전으로 지급할 수 없거나 금전으로 지급하는 것이 적당하지 아니하다고 인정하는 경우에는 물품을 지급할 수 있다.

③ 생계급여는 차등지급할 수 없다.

④ 보장기관은 대통령령으로 정하는 바에 따라 근로능력이 있는 수급자에게 자활에 필요한 사업에 참가할 것을 조건으로 하여 생계급여를 실시할 수 있다. 이 경우 보장기관은 자활지원계획을 고려하여 조건을 제시하여야 한다.

20 「사회복지사 윤리강령」의 기능에 해당하지 않는 것은?

① 사회복지사에게 윤리적 딜레마에 대한 지침을 제공한다.

② 외부의 통제로부터 사회복지 전문직의 전문성을 보호한다.

③ 사회복지사를 실천오류(malpractice) 소송으로부터 보호한다.

④ 동료나 기관과 갈등이 생길 때 사회복지사를 법적으로 보호한다.

사회복지학개론
기출문제집

2012

사회복지학개론 기출문제

국가직 9급

지방직 9급

국가직 9급

2012년 기출
2012.04.07. 시행

01 다음 설명에 가장 적합한 사회복지실천모델은?

> - 시간제한, 제한된 목표, 현재에의 집중
> - 클라이언트와 사회복지사 간 동의에 의한 문제해결 활동을 강조
> - 중기단계에서는 장애물의 규명과 해결, 문제 초점화 등이 이루어짐

① 권한부여모델
② 인지행동모델
③ 과제중심모델
④ 인간중심모델

02 다음 설명에 해당하는 사업은?

> - 학교에서 학생들의 삶의 질을 향상하기 위해 학생, 가정과 지역사회에 교육, 문화, 복지서비스를 제공하는 사업
> - 학교에 '지역사회 교육전문가'를 배치하여 학교와 지역사회 기관들과의 네트워크를 통해 지역의 인적·물적자원을 연계하는 역할을 담당하게 하는 사업

① 전문상담교사사업
② 교육복지(투자)우선지원사업
③ 아동발달지원계좌사업
④ 드림스타트사업

03 다음 예시에서 주된 사회복지사의 역할은?

> 몸이 불편하고 경제상황이 어려운 노인에게 정기적으로 병원에 동행할 자원봉사자를 연계하였다.

① 옹호자(advocate)
② 중개자(broker)
③ 행동가(activist)
④ 집단촉진자(group facilitator)

04 사례관리에 대한 설명으로 옳지 않은 것은?

① 복합적인 문제와 욕구를 가진 사람들이 사례관리의 대상이 된다.
② 사례관리를 통해 복잡하고 분산된 서비스 체계에서 서비스의 연계성을 확보할 수 있다.
③ 사례관리자는 클라이언트가 여러 기관의 서비스를 제공받을 수 있도록 지원한다.
④ 사례관리자는 클라이언트를 직접 상담하는 치료자 역할을 수행하지 않는다.

05 사회복지서비스 기획에 필요한 욕구조사의 자료수집방법으로 델파이기법을 적용한 것은?

① 기존의 공인된 이차적 자료들의 소재를 파악하고, 접근성을 확보한 후 자료를 수집한다.
② 지역사회에서 현재 서비스를 제공하고 있는 기관들이 보유하는 서비스 실태자료를 수집한다.
③ 지역사회의 잠재적 서비스 대상자들에 대해 확률표집을 적용한 설문자료를 수집한다.
④ 전문가들을 대상으로 반복적 과정을 통해 합의된 의견에 대한 자료를 수집한다.

06 소득불평등과 빈곤에 대한 설명으로 옳지 않은 것은?

① 빈곤율(poverty rate)은 빈곤자(가구)가 전체 인구(가구)에서 차지하는 비율을 말한다.
② 소득불평등의 정도를 수치화하여 나타내는 측정치로써 지니계수(Gini coefficient)가 있다.
③ 빈곤은 주관적 기준으로 측정될 수 있으며, 라이덴 빈곤선(poverty line)이 한 예이다.
④ 사회적 배제(social exclusion)의 개념은 소득빈곤의 결과적 측면에 초점을 두는 것이다.

07 유엔 아동권리협약에 대한 설명으로 옳지 않은 것은?

① 우리나라는 1991년 이 협약에 서명하고, 비준서를 유엔에 제출하였다.
② 아동의 생존권, 평등권, 자기결정권이 규정되어 있다.
③ 아동 이익 최우선의 원칙을 제시하고 있다.
④ 협약 당사국은 모든 아동들의 인권보장을 위한 법적, 제도적, 행정적 조치를 취하여야 한다.

08 우리나라의 사회복지 관련법 중 가장 최근에 제정된 것은?

① 「노인장기요양보험법」
② 「장애인활동 지원에 관한 법률」
③ 「저출산·고령사회기본법」
④ 「긴급복지지원법」

09 가족치료모델 중 행동이론, 학습이론, 의사소통이론을 기초로 하며, 직접적이고 분명한 의사소통과 개인·가족의 성장을 치료목표로 하는 것은?

① 사티어(Satir)의 경험적 가족치료모델
② 헤일리(Haley)의 전략적 가족치료모델
③ 보웬(Bowen)의 다세대 가족치료모델
④ 미누친(Minuchin)의 구조적 가족치료모델

10 사회복지사상 중 인적자원의 개발을 강조하는 사회투자국가의 논리와 가장 밀접하게 연관된 것은?

① 제3의 길(the third way)
② 신자유주의(neo-liberalism)
③ 케인즈주의(Keynesianism)
④ 페이비언주의(Fabianism)

11 19세기 후반 등장한 자선조직협회(COS)와 인보관(SH)운동에 대한 설명으로 옳지 않은 것은?

① COS는 공공의 구빈활동, SH는 민간의 구빈활동을 강조했다.
② COS는 개별사회사업, SH는 집단사회사업에 대한 이론적 기초를 제공했다.
③ COS는 자선의 효율성, SH는 지역사회 참여를 통한 빈곤문제의 해결을 강조했다.
④ 빈곤문제의 근원으로 COS는 개인적 측면, SH는 환경적 측면을 강조했다.

12 제도적(institutional) 사회복지와 잔여적(residual) 사회복지에 대한 설명으로 옳지 않은 것은?

① 제도적 사회복지는 사회복지를 독자적인 사회기능과 역할을 수행하는 사회제도로 본다.
② 잔여적 사회복지는 예외주의와 보수주의 이념에 기반을 두고 있다.
③ 제도적 사회복지에서는 사회복지의 대상자에 대한 선별적 사후 치료서비스를 강조한다.
④ 잔여적 사회복지에서는 사회복지의 대상자에 대한 사회적 낙인효과가 나타나기 쉽다.

13 우리나라에서 2000년대 이후 확대된 사회서비스의 주된 공급전략으로, 국가가 서비스 생산자가 아닌 서비스 소비자에게 재정지원을 하여 서비스를 이용하게 만드는 방식은?

① 서비스구매계약(POSC)
② 현금급여(cash)
③ 바우처(voucher)
④ 시설보조금(subsidy)

14 기능주의 관점에서는 사회제도의 분화와 각 제도에 따른 주요 사회기능을 연결시킨다. 정치, 경제, 종교제도와 구분되는 사회복지제도의 일차적 사회기능은?

① 상부상조
② 사회통합
③ 생산·분배·소비
④ 사회통제

15 역사적으로 사회복지실천에 영향을 미친 이념 중 다음 설명에 해당하는 것은?

> 부자는 그들이 우월해서 부유층으로 살아남는 것이고, 빈곤한 사람은 그들이 게으르고 비도덕적이기 때문에 가난할 수밖에 없다.

① 다원주의
② 민주주의
③ 사회진화론
④ 인도주의

16 사회복지이론을 과학적 조사방법을 통해 구성할 때, 두 변수 간 인과관계의 확인을 위해 필요한 3가지 경험조건에 해당되지 않는 것은?

① 연속성(continuity)
② 공변성(covariation)
③ 시간적 우선성
④ 통제(외부설명의 배제)

17 세계보건기구(WHO)가 2001년에 발표한 새로운 국제장애분류체계는?

① ICF   ② ICD
③ ICIDH   ④ ICIDH-2

18 현재 우리나라의 노인장기요양보험제도에 대한 설명으로 옳지 않은 것은?

① 제도의 운용은 기본적으로 사회보험의 원리에 입각한다.
② 「노인장기요양보험법」의 장기요양급여는 65세 이상 노인에게 한정된다.
③ 장기요양급여 중 재가급여의 종류에는 '단기보호'급여도 포함되어 있다.
④ 장기요양급여에 '가족요양비'를 인정하고 있다.

19 공공부조의 원리들 중 빈곤함정(poverty trap)의 유발원인과 가장 직접적으로 연관된 것은?

① 생존권 보장의 원리   ② 국가책임의 원리
③ 무차별 평등의 원리   ④ 보충성의 원리

20 「사회보장급여의 이용·제공 및 수급권자 발굴에 관한 법률」에서 규정하는 지역사회보장계획의 수립 및 수행에 대한 설명으로 옳은 것은?

① 시·도지사 또는 시장·군수·구청장은 지역사회보장계획을 시행할 때 필요하다고 인정하는 경우에도 사회보장 관련 민간 법인·단체·시설에 인력, 기술, 재정 등의 지원을 할 수 없다.
② 특별시장·광역시장·특별자치시장·도지사·특별자치도지사(시·도지사) 및 시장·군수·구청장은 지역사회보장계획을 5년마다 수립하고, 매년 지역사회보장계획에 따라 연차별 시행계획을 수립하여야 한다.
③ 시장·군수·구청장은 해당 시·군·구의 지역사회보장계획을 시·도사회보장위원회의 의견을 들은 후 수립한다.
④ 시·군·구 지역사회보장계획은 지역사회보장의 분야별 추진전략, 중점 추진사업 및 연계협력 방안을 포함하여야 한다.

지방직 9급

01 집단사회복지실천에 대한 설명으로 옳은 것은?

① 집단의 목표달성 및 결속감 강화에 부정적인 영향을 미치므로 집단역동성(group dynamics)이 생기지 않도록 개입해야 한다.

② 집단구성원의 이질성은 집단 초기부터 집단구성원에 대한 매력을 높여 구성원 간의 관계를 증진시키고 방어와 저항을 줄인다.

③ 치료집단(treatment group)에서는 집단의 공동목적과 성원개개인의 목적을 모두 다룬다.

④ 집단 초기단계에는 집단의 구성, 지속기간, 회합빈도를 결정한다.

02 가족을 대상으로 하는 사회복지실천모델과 주요기법을 바르게 연결한 것은?

① 경험주의 가족치료 : 유형 – 역동적 고찰

② 해결중심 가족치료 : 탐색 – 묘사 – 환기

③ 전략적 가족치료 : 역설적 개입

④ 구조적 가족치료 : 예외질문

03 지역사회복지실천모델에 대한 설명으로 옳은 것은?

① 지역사회연계(community liaison)모델은 지역주민의 정치력을 핵심적 요소로 보며 합법적 권력구조로의 진입을 강조한다.

② 지역사회개발(locality development)모델은 지역 내 전문치료시설을 설치하고 클라이언트를 수용, 보호하는 것을 강조한다.

③ 다문화조직(multi-cultural organizing)모델은 서로 다른 문화집단 간 상호작용과 상호이해를 바탕으로 소수자의 복지 향상을 이룰 수 있다고 본다.

④ 지역자산(community asset)모델은 전문가의 역할이 강조되며 지역사회 내 존재하는 각종 문제해결에 중점을 둔다.

04 우리나라의 장애인복지에 대한 설명으로 옳은 것은?

① 장애인복지시설을 설치·운영하려면 허가를 받아야 한다.

② 수화통역센터, 점자도서관, 장애인생활이동지원센터는 장애인 지역사회재활시설에 해당된다.

③ 정신재활시설에는 장애인유료복지시설, 정신보건센터, 중독자재활시설이 포함된다.

④ 장애인 등록을 하려면 보건복지부에 등록해야 한다.

05 사례관리에 대한 설명으로 옳지 않은 것은?

① 체계이론과 생태체계이론을 주요 기반으로 하며 클라이언트의 주변자원 활용을 극대화한다.
② 고도의 전문성을 필요로 하는 새로운 사회복지 실천방법이다.
③ 점검(monitoring)은 서비스 전달을 지속적으로 감시하고 감독하는 것이다.
④ 클라이언트 각자의 고유한 욕구에 부응하는 서비스의 개별성을 강조한다.

06 다음 글에 해당하는 학교사회복지실천모델은?

> 학교사회복지사 A는 학교의 문제 원인이 빈곤을 포함한 지역사회의 사회적 조건과 문화적 차이에 대한 학교의 이해부족 때문이라고 보아 학교와 지역사회에 대한 개입이 모두 필요하다고 판단하였다. 그 결과 학교에 대한 이해와 신뢰가 적은 취약지역에 대해서는 학교 역할을 설명, 이해시킴으로써 학교를 지지하도록 도왔다. 또한 학교 교직원들에게는 지역사회의 역동성과 학교에 영향을 미치는 사회적 요소를 설명하고 학교가 취약지역 학생을 위한 프로그램을 개발, 운영하도록 도왔다.

① 위기개입모델(crisis intervention model)
② 학교변화모델(school change model)
③ 전통적 모델(traditional model)
④ 지역사회학교모델(community school model)

07 「자원봉사활동 기본법」에 대한 설명으로 옳지 않은 것은?

① 자원봉사활동의 범위에는 부패방지 및 소비자보호 활동, 공명선거에 관한 활동, 공공행정분야 사무지원에 관한 활동이 포함된다.
② 자원봉사활동에 관한 주요 정책을 심의하기 위하여 국무총리 소속 하에 자원봉사진흥위원회를 둔다.
③ 국가 및 지방자치단체는 자원봉사센터를 직접 운영할 수 없다.
④ 국가 및 지방자치단체로부터 지원을 받는 자원봉사단체 및 자원봉사센터는 그 명의 또는 그 대표의 명의로 특정정당 또는 특정인의 선거운동을 하여서는 아니된다.

08 사회복지서비스의 공급주체가 다른 것은?

① 비영리사회복지관이 제공하는 재가서비스
② 국립정신보건센터에서 제공하는 상담서비스
③ 사회복지법인의 정신장애인시설 보호서비스
④ 사회적 기업이 제공하는 활동보조서비스

09 살리베이(Saleebey)가 제시한 강점 관점의 원리에 대한 설명으로 옳지 않은 것은?

① 모든 환경에는 자원이 풍부하다.
② 모든 개인, 집단, 가족, 지역사회는 강점을 가지고 있다.
③ 외상, 학대, 질병은 도전과 기회의 단초가 될 수도 있다.
④ 사회복지사는 문제의 원인을 파악하고 해결하는 데 주도적으로 개입한다.

10 사회복지조사에 대한 설명으로 옳지 않은 것은?

① 단일사례 디자인은 개입의 효과성에 대한 즉각적인 피드백 제공이 어렵다.
② 실험디자인은 인과관계 검증에 유리한 높은 내적 타당성을 갖는다.
③ 우리나라 인구센서스 조사는 대표적인 횡단적 연구이다.
④ 근거이론은 자료에서 이론을 도출하는 데 주된 초점을 둔다.

11 다음 글에서 사회보장의 개념과 범위에 대한 설명으로 옳은 것으로만 묶인 것은?

> ㄱ. 국제노동기구(ILO)는 사회보장의 핵심을 소득보장으로 정의하여 좁은 의미로 보는 경향이 있다.
> ㄴ. 사회보장은 각 나라의 이념 및 재정상황이 다름에도 불구하고, 최소한의 인간다운 생활을 보장하는 공공부조로 정의된다.
> ㄷ. 미국에서 사회보장프로그램들은 전반적으로 경제적 보장프로그램의 일부분으로 범위가 좁게 인식된다.
> ㄹ. 우리나라 「사회보장기본법」에서는 사회보장을 사회보험, 공공부조, 사회복지서비스 및 관련 복지제도로 넓게 정의하고 있다.

① ㄱ, ㄴ   ② ㄱ, ㄹ
③ ㄴ, ㄷ   ④ ㄷ, ㄹ

12 사회복지의 개념에 대한 설명으로 옳지 않은 것은?

① 프리드랜더와 엡트(Friedlander&Apte)는 현대 산업사회의 사회복지활동기준으로 공식조직, 사회승인과 사회책임, 이윤추구 배제, 인간의 욕구에 대한 통합적 관심, 인간의 소비욕구에 대한 직접적 관심 등을 제시하였다.
② 사회복지는 정책이나 제도의 목적적 개념을 중시하고 사회환경 변화를 지향하는 데 비해, 사회사업은 개인, 가족, 집단, 지역사회 등에 대한 개입이나 기술적 활동을 중시하고 개인의 변화를 강조한다.
③ 로마니신(Romanyshyn)은 사회의 변화에 따라 사회복지의 역할이 자선에서 권리로, 특수성에서 보편성으로, 최저수준에서 적정수준으로, 개인 변화에서 사회개혁 등으로 변화한다고 주장하였다.
④ 사회복지가 사회사업보다는 다소 광의의 의미를 지닌다.

13 우리나라의 사회복지 역사에 대한 설명으로 옳은 것은?

① 상평창은 조선시대 구빈제도의 하나로 백성이 공동으로 저축하여 상부상조하는 민간구빈기구였다.
② 납속보관지제는 고려 충렬왕 때 흉년 재해시 백성을 구휼하는 제도로 시작되었으나 이후 국가에 금품을 납입한 자에게 관직을 주는 제도로 변화되었다.
③ 자휼전칙은 유기아 입양법으로 고려시대 대표적인 아동복지관련법이었다.
④ 재면지제는 고려시대 이재민에게 조세, 부역, 형벌 등을 감면해주었던 반면 수한질여진대지제는 의료, 주택 등을 제공하는 사업이었다.

14 유럽에서 사회보험이 등장하게 된 배경에 대한 설명으로 옳은 것을 모두 고른 것은?

> ㄱ. 자본주의의 발전과 각종 사회문제의 심화
> ㄴ. 노동계의 정치세력화
> ㄷ. 국가 개입기능의 확대
> ㄹ. 가족 및 시장의 문제해결기능의 확대

① ㄱ, ㄴ
② ㄷ, ㄹ
③ ㄱ, ㄴ, ㄷ
④ ㄱ, ㄴ, ㄷ, ㄹ

15 학자와 사회복지 이데올로기 모형구분을 바르게 연결한 것은?

① 웨더범(Wedderbum) : 반집합주의, 시민권, 녹색주의
② 티트머스(Titmuss) : 기능주의, 산업주의, 제도주의
③ 조지와 윌딩(George&Wilding) : 신우파, 중도주의, 사회민주주의, 통합주의
④ 테일러-구비와 데일(Taylor-Gooby&Dale) : 개인주의, 개혁주의, 구조주의, 마르크스주의

16 미즐리와 리버모어(Midgley & Livermore)가 제시한 개발적 관점(developmental perspective)에 대한 설명으로 옳은 것은?

① 사회복지는 경제발전의 긍정적 동력이다.
② 사회복지가 기업과 개인에게 부담을 지움으로써 경제를 약화시킨다.
③ 복지증진을 위해 정부의 규제와 개입은 최소화되어야 한다.
④ 근로조건부 복지(workfare)를 강조하는 신자유주의적 관념을 배척한다.

17 「아동·청소년의 성보호에 관한 법률」에 대한 설명으로 옳지 않은 것은?

① 누구든지 아동·청소년 대상 성범죄의 발생사실을 알게 된 때에는 수사기관에 신고할 수 있다.
② 의료기관, 장애인복지시설, 학교의 장과 그 종사자는 직무상 아동·청소년 대상 성범죄의 발생사실을 알게 된 때에는 즉시 수사기관에 신고하여야 한다.
③ 아동·청소년 관련 교육기관 등의 장은 그 기관에 취업 중이거나 사실상 노무를 제공 중인 자 또는 취업하려는 자에 대하여 필요한 경우 성범죄의 경력을 확인할 수 있다.
④ 아동·청소년 대상 성범죄로 유죄판결이 확정된 자는 신상정보 등록대상자가 된다.

18 「장애인복지법」에서 국가나 지방자치단체가 지급할 수 있는 급여에 해당하지 않는 것은?

① 장애수당　　　　② 장애아동수당
③ 장애연금　　　　④ 보호수당

19 복지정책과 주된 실행목표를 바르게 연결한 것은?

① 저소득 장애인 가구에게 자녀 교육비 지원 : 교육기회 보장
② 노후 생활보장을 위한 국민연금제도 실시 : 최후의 사회안전망
③ 빈곤층에게 EITC(Earned Income Tax Credit) 실시 : 근로동기 약화
④ 저소득층에게 생계급여 지급 : 수평적 재분배

20 다음 글과 관련이 없는 것은?

> • 위험분산과 소득재분배 효과를 극대화하기 위해 법적인 강제성을 가지고 최대한 많은 대상을 포함하여야 한다.
> • 급여의 수준이 기여의 정도에 단순비례하지 않거나, 저소득자에게 유리하게 설계되면 좋다.
> • 사전에 규정된 욕구(presumed need)에 따라 급여가 제공된다.

① 국민기초생활보장제도
② 국민연금제도
③ 산재보험제도
④ 고용보험제도

2011

사회복지학개론 기출문제

국가직 9급

지방직(상반기) 9급

지방직(하반기) 9급

국가직 9급

01 사회복지급여 형태 중 현금급여에 대한 설명으로 옳지 않은 것은?

① 정책의 목표효율성(target efficiency)을 높일 수 있다.

② 현물급여에 비해 프로그램의 운영비용이 적게 든다.

③ 수급자 선택의 자유와 소비자 주권(consumer sovereignty)의 측면에서 장점을 가진다.

④ 인간의 존엄성을 유지시키는 데 현물급여보다 우월하다.

02 우리나라 「사회복지사업법」에서 제시된 사회복지사업이 아닌 것은?

① 「긴급복지지원법」에 의한 보호·선도 또는 복지에 관한 사업

② 「성매매방지 및 피해자보호 등에 관한 법률」에 의한 보호·선도 또는 복지에 관한 사업

③ 「근로기준법」에 의한 여성근로자의 복지에 관한 사업

④ 「장애인·노인·임산부 등의 편의증진 보장에 관한 법률」에 의한 보호·선도 또는 복지에 관한 사업

03 윌렌스키와 르보(Wilensky&Lebeaux)가 분류한 사회복지의 제도적 관점으로 옳은 것은?

① 사회복지의 역할은 가족과 시장체제의 보완이다.

② 빈곤문제의 발생원인은 개인의 책임이다.

③ 사회복지의 대상은 요보호대상자만이다.

④ 사회문제의 발생원인에 대해 사회구조적 책임을 강조한다.

04 빈곤을 소득의 결핍으로 이해하는 것은 협의의 관점이라고 비판하며 빈곤의 역동적이고 다차원적인 측면을 강조하는 것은?

① 빈곤율(poverty rate)

② 빈곤갭(poverty gap)

③ 빈곤의 덫(poverty trap)

④ 사회적 배제(social exclusion)

05 우리나라 사회복지 역사에 대한 설명으로 옳지 않은 것은?

① 1960년대에는 「공무원연금법」, 「생활보호법」, 「재해구호법」, 「아동복리법」 등이 제정되었다.

② 1970년대 중반에 지역사회 중심의 사회복지서비스로서 재가복지가 도입되었다.

③ 2003년 「사회복지사업법」 개정으로 지역사회복지계획수립이 지방자치단체의 의무가 되고, 지역사회복지협의체가 도입되었다.

④ 2005년에는 기존 복지제도로 대처하기 어려운 위기상황에 대처하기 위해 「긴급복지지원법」이 제정되었다.

06 사회복지 역사에 대한 설명으로 옳은 것을 모두 고른 것은?

> ㄱ. 「엘리자베스 구빈법」에서는 빈민의 자유로운 이동을 금지하였다.
> ㄴ. 1834년 「신구빈법」은 열등처우의 원칙을 전제로 하였다.
> ㄷ. 독일의 비스마르크는 사회보험제도를 도입하였다.
> ㄹ. 베버리지보고서에서는 소득수준에 따른 보험료 차등납부의 원칙을 제시하였다.

① ㄱ, ㄴ
② ㄴ, ㄷ
③ ㄴ, ㄷ, ㄹ
④ ㄱ, ㄴ, ㄷ, ㄹ

07 조지(George)와 윌딩(Wilding)이 분류한 '사회복지 이념체계'에서 자유, 개인주의, 불평등이 중심가치인 것은?

① 신우파(the new right)
② 중도노선(the middle way)
③ 민주적 사회주의(democratic socialism)
④ 마르크스주의(marxism)

08 우리나라 「사회복지사 윤리강령」에 규정된 내용으로 옳은 것은?

① 사회복지사는 사회복지사의 권익옹호를 최우선의 가치로 삼고 행동한다.
② 한국사회복지협의회는 사회복지윤리위원회를 구성해야 한다.
③ 사회복지사는 기관의 정책과 사업목표의 달성을 위해 노력함으로써 기관에게 이익이 되도록 해야 한다.
④ 사회복지사는 문서·사진·컴퓨터 파일 등의 형태로 된 클라이언트의 정보에 대해 비밀보장의 한계·정보를 얻어야 하는 목적 및 활용에 대해 구체적으로 알려야 하며 정보공개시에는 동의를 얻어야 한다.

09 지역복지실천모델에 대한 설명으로 옳은 것을 모두 고른 것은?

> ㄱ. 로스만(Rothman)의 '지역사회개발모델'에서는 지역사회 내의 모든 집단들이 긍정적 변화를 위한 필수요소들이자 잠재적 파트너로 간주된다.
> ㄴ. 웨일과 갬블(Weil&Gamble)의 '기능적 지역사회 조직모델'에서는 공통의 관심사에 근거한 기능적 지역사회조직에 중점을 두어 사회적 이슈나 특정집단의 권익보호 및 옹호를 목표로 삼고 있다.
> ㄷ. 테일러와 로버츠(Tayler&Roberts)가 제시한 모델의 주된 특징은 후원자와 클라이언트 간의 의사결정권한 정도를 구체적으로 구분한 것이다.

① ㄱ, ㄴ   ② ㄱ, ㄷ
③ ㄴ, ㄷ   ④ ㄱ, ㄴ, ㄷ

10 점증식 예산 책정의 관행을 타파하기 위해 도입되었으며 모든 프로그램의 정당성을 매년 새롭게 마련해야 하는 예산편성방법은?

① 영기준 예산(zero-based budgeting)
② 성과주의 예산(performance budgeting)
③ 품목별 예산(line-item budgeting)
④ 계획예산제도(planning-programming budgeting system)

11 사회복지실천모델에 대한 설명으로 옳은 것은?

① 심리사회모델은 클라이언트가 자신의 내적 갈등을 이해하고 통찰하도록 하기 보다는 클라이언트에게 필요한 자원을 제공, 발굴하며 옹호하는 환경적 요소에 치중한다.
② 위기개입모델은 클라이언트의 인격을 성장시키거나 변화시키는 데 1차적 목표를 두며 단기적인 접근, 과거 탐색에 초점을 둔다.
③ 임파워먼트모델은 사회복지사와 클라이언트가 협력적인 파트너십을 기반으로 문제해결과정에 함께 참여한다.
④ 과제중심모델은 클라이언트가 명확하게 인식하고 있는 특정문제에 초점을 두기 때문에 조언, 환경적 개입과 같은 기술을 사용하지 않는다.

12 집단사회복지실천에 대한 설명으로 옳지 않은 것은?

① 집단사회복지실천모델 중 사회적 목표모델에서는 집단사회복지사가 집단 내의 민주적 절차를 개발하고 유지하는 역할을 한다.
② 집단사회복지사는 집단 전체와 개별성원이 목적을 달성하도록 돕기 위해 중개자(broker), 중재자(mediator), 교육자(educator)의 역할을 수행할 수 있다.
③ 집단사회복지실천은 사회복지방법론 중의 하나이며 사회복지 전문직의 가치, 목적, 원리, 윤리에 기초한다.
④ 집단사회복지실천과정 중 중간단계는 집단구성원이 집단에 대한 불안과 긴장이 높은 시기이므로 사회복지사는 주로 신뢰할 수 있는 분위기를 확립하고 집단활동에 대한 동기와 능력을 고취시키는 데 중점을 둔다.

13 사회복지조사방법에 대한 설명으로 옳지 않은 것은?

① 실험 디자인(experimental design)은 인과관계 검증에 유리한 높은 내적 타당성을 갖는다는 장점이 있다.
② 유사실험 디자인(quasi-experimental design)에는 시계열 디자인(time-series design)과 비동일통제집단 디자인(nonequivalent control group design)이 있다.
③ 질적 조사방법에서는 연구자의 주관이 개입되지 않은 완전한 객관적인 관찰이라는 것은 불가능하다고 믿기 때문에 조사자와 조사대상자의 주관적인 인지나 느낌, 해석 등을 정당한 자료로 간주한다.
④ 델파이기법(delphi technique)은 단일한 사례를 대상으로 개입의 효과성을 측정하는 데 유용하지만 불명확한 미래 사건에 대한 예측도구로서는 유용성이 낮다.

14 우리나라 「장애인복지법」에 규정된 내용으로 옳지 않은 것은?

① 장애인종합정책을 수립하고 관계부처 간의 의견을 조정하며 그 정책의 이행을 감독·평가하기 위하여 국무총리 소속하에 장애인정책조정위원회를 둔다.

② 지방행정기관의 장은 해당 기관의 장애인정책을 효율적으로 수립·시행하기 위하여 소속 공무원 중에서 장애인정책조정관을 지정해야 한다.

③ 장애인복지 관련 사업의 기획·조사·실시 등을 하는 데에 필요한 사항을 심의하기 위해 지방자치단체에 지방장애인복지위원회를 둔다.

④ 장애인정책조정위원회는 장애인복지 향상을 위한 제도개선과 예산지원, 장애인 고용촉진정책의 중요한 조정, 장애인 이동보장 정책조정 등에 관한 사항을 심의·조정한다.

15 다음 글이 설명하는 학교사회복지실천모델은?

> 학교제도가 학생들의 부적응과 학업 미성취의 원인이 된다고 보고 학생이 사회적·교육적 기대에 적절하게 부응하는 데 장애가 되는 학교의 역기능적인 규범과 조건을 변화시키고자 하는 것으로 주된 개입의 초점은 학교환경이다.

① 학교변화모델
② 지역사회학교모델
③ 사회적 상호작용모델
④ 전통적 임상모델

16 「가정폭력범죄의 처벌 등에 관한 특례법」에 규정된 내용으로 옳지 않은 것은?

① 누구든지 가정폭력 범죄를 알게 된 경우에는 수사기관에 신고할 수 있다.

② 판사는 피해자 또는 가정구성원의 주거, 직장 등에서 300미터 이내의 접근금지와 같은 임시조치를 할 수 있다.

③ 검사는 가정폭력사건을 수사한 결과 가정폭력 행위자의 성행 교정을 위하여 필요하다고 인정하는 경우에는 상담조건부 기소유예를 할 수 있다.

④ 진행 중인 가정폭력범죄에 대하여 신고를 받은 사법경찰관리는 즉시 현장에 나가서 폭력행위의 제지, 가정폭력행위자·피해자의 분리 및 범죄수사, 피해자를 가정폭력 관련 상담소 또는 보호시설로 인도(피해자가 동의한 경우만 해당) 등의 조치를 하여야 한다.

17 공적연금의 재원조달방식 중 부과방식에 대한 설명으로 옳지 않은 것은?

① 제도를 도입함과 동시에 급여를 지급할 수 있다.
② 세대 간 소득재분배가 발생한다.
③ 적립방식에 비해 인플레에 취약하다.
④ 인구의 노령화에 따른 인구구조의 변화에 취약하다.

18 「노인복지법」에 규정된 노인학대의 정의에 해당하는 것을 모두 고른 것은?

> ㄱ. 신체적 폭력 　ㄴ. 성적 폭력
> ㄷ. 방임 　　　　ㄹ. 경제적 착취

① ㄱ, ㄴ　　　　　② ㄱ, ㄴ, ㄷ
③ ㄱ, ㄴ, ㄹ　　　④ ㄱ, ㄴ, ㄷ, ㄹ

19 사례관리서비스의 특성으로 옳지 않은 것은?

① 클라이언트의 사회적 기능과 독립을 극대화하기 위하여 보호의 연속성을 중시한다.
② 사례관리자의 직접적 개입에는 클라이언트와 서비스 제공자의 연결, 기관 간의 조정 등이 있다.
③ 개별적인 실천기술과 지역사회 실천기술을 통합한 형태이다.
④ 개입과정에서 클라이언트의 참여와 자기결정을 촉진시킨다.

20 사회복지실천기술에 대한 설명으로 옳은 것은?

① 명료화기술은 클라이언트의 메시지가 추상적이거나 혼란스러운 경우 보다 구체적으로 표현하도록 클라이언트에게 요청하는 것을 말한다.
② 사회복지사의 자기노출은 클라이언트가 사회복지사를 진솔한 인간으로 인식할 수 있도록 가능한 자주 사용하는 것이 좋다.
③ 재보증(reassurance)기술은 클라이언트의 말한 내용과 행동 또는 말한 내용들 간에 일치되지 않는 부분이 있을 경우 클라이언트 메시지의 불일치된 내용을 지적할 때 사용하는 기술이다.
④ 사회복지사는 초기단계부터 문제원인과 관련하여 사회복지사가 생각한 초기 가설에 대해 클라이언트와 허심탄회하게 활발히 논의해야 한다.

2011년 기출
2011.05.14. 시행

지방직(상반기) 9급

01 사회복지실천에 대한 설명으로 옳은 것은?

① 핀커스와 미나한(Pincus & Minahan)은 사회복 지실천에서 중요한 3가지의 초점체계로 자연 체계, 공식체계, 인간체계 등을 강조하고 있다.
② 통합적 접근은 정신역동적 측면의 이해를 포함 한다.
③ 통합적 접근에서는 개인의 심리역동을 설명하 는 행동주의 이론도 적용된다.
④ 사회복지실천방법은 프로이드가 창시한 심리 사회적 모델의 도입으로 발달하였다.

02 우리나라의 노인복지에 대한 설명으로 옳지 않은 것은?

① 노인문제의 대상이 재가노인일 경우 가족의 노인 보호기능을 강화시켜 주는 서비스가 중요하다.
② 노인문제 해결에 있어서 노인 개인의 책임 및 사회보장의 한계성을 인식하는 것이 필요하다.
③ 노인문제는 다른 어떤 연령층의 문제보다 단기 적인 대비가 예방적 차원에서 요구된다.
④ 노인복지정책에서 가족책임주의의 강조가 연 금보험과 같은 사회보장제도의 발전을 지연시 켰다.

03 선별적 프로그램(Selective Program)의 단점으로 옳지 않은 것은?

① 수급자와 비수급자 간 갈등의 야기
② 자격 있는 빈자의 신청기피
③ 낮은 목표(대상)효율성
④ 정치적 지지기반의 협소

04 사회복지 행정조직의 특성에 대한 설명으로 옳지 않은 것은?

① 조직의 원료는 인간이다.
② 조직의 일선 사회복지사의 활동보다 관리자의 활동이 더 중요하다.
③ 조직의 목표에 대한 구체적 합의의 결여로 목 표추구활동이 어렵다.
④ 조직이 제공하는 서비스에 관한 지식과 기술이 불완전하다.

05 정부가 나서서 빈곤문제를 해결하려고 하였던 것 으로 옳지 않은 것은?

① 인보관운동(Settlement House Movement)
② 엘리자베스 구빈법(Elizabeth Poor Law)
③ 신구빈법(the New Poor Law)
④ 스핀햄랜드(Speenhamland)제도

06 카두신(Kadushin)은 아동복지서비스를 지지적, 보충적, 대리적 서비스로 구분하였다. 같은 종류 의 서비스로만 묶은 것은?

> ㄱ. 부모교육서비스
> ㄴ. 위탁보호서비스
> ㄷ. 보육서비스
> ㄹ. 가족상담서비스
> ㅁ. 입양서비스
> ㅂ. 시설보호서비스

① ㄱ, ㄴ, ㅂ   ② ㄱ, ㄷ, ㄹ
③ ㄴ, ㄷ, ㅁ   ④ ㄴ, ㅁ, ㅂ

07 장애인복지모델에 대한 설명으로 옳지 않은 것은?

① 시민권모델(civil rights model)에서는 장애인을 '장애로 인해 사회적인 불이익을 당하는 사람'으로 본다.
② 복지모델(welfare model)은 장애의 유형에 따른 적합한 재활서비스의 제공을 강조한다.
③ 시민권모델(civil rights model)은 장애인의 의료적 재활을 최우선적 목표로 한다.
④ 복지모델(welfare model)은 장애인을 보호의 대상으로 강조한다.

08 여성주의 사회복지실천에 대한 내용으로 옳은 것을 모두 고른 것은?

> ㄱ. 여성문제를 개인 내적인 측면에서 찾는 것이 아니라 사회구조적인 측면에서 파악한다.
> ㄴ. 여성주의 사회복지실천에서는 클라이언트가 자기 내부에서 변화의 가능성을 찾도록 권한을 부여하는 것에 초점을 둔다.
> ㄷ. 여성문제의 주요 요인은 여성의 자원과 권력의 결핍이므로 사회복지사는 여성 클라이언트와의 관계에서 전문가적 권위를 행사해야 한다.
> ㄹ. 여성주의 사회복지실천에서는 여성문제의 원인을 남성의 가부장적 특성과 여성의 권력 결핍에서만 기인하는 것으로 본다.

① ㄱ, ㄴ   ② ㄱ, ㄴ, ㄷ
③ ㄱ, ㄴ, ㄹ   ④ ㄷ, ㄹ

09 사회복지와 관련한 용어에 대한 설명으로 옳은 것은?

① 사회보장은 인적자원(human resources)의 보존, 보호, 개선을 직접적 목적으로 하는 조직화된 활동으로 사회입법과 민간단체를 통해 제공되는 보호조치를 말한다.
② 사회서비스는 국가·지방자치단체 및 민간부문의 도움이 필요한 모든 국민에게 복지, 보건의료, 교육, 고용, 주거, 문화, 환경 등의 분야에서 인간다운 생활을 보장하고 상담, 재활, 돌봄, 정보의 제공, 관련 시설의 이용, 역량 개발, 사회참여 지원 등을 통하여 국민의 삶의 질이 향상되도록 지원하는 제도를 말한다.
③ 사회사업은 사회적 시책에 의한 제도적 체계이며, 사회복지는 전문적 사회사업에 의한 기술적 체계를 말한다.
④ 평생사회안전망은 대량실업, 재해, 전시 등 국가의 위기상황에서 국가가 국민에게 기초생활을 보장해 주어 안정된 사회생활을 하도록 만드는 보호조치로 민간에서 제공되는 것은 제외된다.

10 우리나라의 근대 이전 사회복지 역사에 대한 설명으로 옳지 않은 것은?

① 해아도감(孩兒都監)은 우리나라 최초의 관설 영아원이다.
② 대곡자모구면(貸穀子母俱免)은 춘궁기 등에 백성에게 대여한 관곡을 거두어들일 시기가 되었는데 재해로 인한 흉작으로 상환이 곤란할 때에는 원래 관곡 및 이자를 감면해 주는 것이다.
③ 시식소(施食所)는 현재 노숙자 대상 무료급식소와 유사하다.
④ 구황(救荒)은 춘궁기와 흉년에 곡식을 대여하는 제도이다.

11 노인장기요양보험에 대한 설명으로 옳은 것을 모두 고른 것은?

> ㄱ. 제도운영에 소요되는 재원은 장기요양보험료, 국가 및 지방자치단체의 부담금 등으로 구성된다.
> ㄴ. 제도의 관리운영기관은 국민건강보험공단이다.
> ㄷ. 65세 이상 노인 중 일정소득 이하의 노인에게 요양급여를 제공한다.
> ㄹ. 대상자에게 제공되는 장기요양급여는 재가급여, 시설급여, 세제혜택급여로 구분된다.

① ㄱ, ㄴ
② ㄱ, ㄴ, ㄷ
③ ㄴ, ㄹ
④ ㄱ, ㄴ, ㄹ

12 다음 글이 설명하는 사회복지사의 윤리적 책임은?

> 사회복지사는 문제해결과정에서 클라이언트 스스로 자신의 목표를 수립할 수 있도록 도움을 제공해야 한다.

① 클라이언트의 사생활 및 비밀보장
② 클라이언트에 대한 수용
③ 클라이언트의 자기결정 존중
④ 클라이언트의 개별적 다양성 존중

13 장애에 대한 설명으로 옳은 것은?

① 세계보건기구가 분류한 장애는 손상(impairment), 능력장애(disability), 사회적 배제(social exclusion)이다.
② 장애의 개념에서 신체적 잔존기능을 최대화시키고자 하는 것은 심리사회적 관점이다.
③ 현재 우리나라 「장애인복지법」은 장애의 유형을 지체장애, 시각장애, 청각장애, 언어장애, 정신지체장애로 분류한다.
④ 장애의 개념규정에서 환경적 요인들이 점차 강조되는 추세이다.

14 사회복지전달체계에 대한 설명으로 옳지 않은 것은?

① 고용지원센터의 원스톱 서비스(one-stop service)는 통합성의 원칙을 고려한 것이다.
② 사회보험이나 공공부조의 경우 서비스 성격상 공공조직 또는 사적조직이 제공할 수 있다.
③ 서비스 장소의 위치, 서비스 사용시 사회적 낙인의 여부 등은 접근성에 영향을 미치는 요소이다.
④ 사회복지전달체계는 사회복지정책에서 제공하는 급여 또는 서비스를 제공하는 조직적 장치를 말한다.

15 사회복지와 관련된 효율의 개념에 대한 설명으로 옳은 것은?

① 사회복지정책이 평등의 가치를 훌륭히 이루더라도 효율의 가치를 크게 훼손하면 바람직하지 않다.
② 사회복지정책에서 효율은 항상 수단으로서의 효율보다 파레토 효율을 중시한다.
③ 사회복지정책에서 효율은 어떠한 상황에서도 최소의 비용을 들이는 것이다.
④ 사회복지정책에서 효율성 평가는 정책이 원래 의도했던 목표를 달성하였는지를 판단하는 방법이다.

16 생태체계론에 대한 설명으로 옳은 것은?

① 체계론과 심리사회적 모델을 결합한 것이다.
② 체계는 투입과 산출과정에서 절대적으로 안정된 항상성을 유지하려는 경향이 있다.
③ 단선적 인과론에 입각하여 문제의 원인을 찾는다.
④ 변화를 위한 방법으로 다양한 이론과 전략을 수용한다.

17 사회복지사가 수행하는 역할에 대한 설명으로 옳지 않은 것은?

① 조력자(enabler)의 역할은 클라이언트 개인의 강점이나 자원을 찾아내도록 도와주는 것이다.

② 조정자(coordinator)의 역할은 클라이언트가 시의적절한 방식으로 서비스를 제공받도록 서비스를 연결·조정하는 것이다.

③ 옹호자(advocator)의 역할은 사회복지사가 개입목표의 달성을 위해 클라이언트의 입장을 대변하고 변호하는 것이다.

④ 중재자(mediator)의 역할은 사회복지실천의 목표를 달성하기 위해 가능한 모든 자원과 클라이언트를 연결시키는 것이다.

18 사례관리에 대한 설명으로 옳은 것을 모두 고른 것은?

> ㄱ. 클라이언트에 대한 직접적인 개입기술 및 옹호·연계·협력·조정 등의 간접적 개입기술을 필요로 한다.
> ㄴ. 사정(assessment)과정에서 클라이언트의 욕구 및 참여보다는 사회복지사의 전문성이 더 우선시된다.
> ㄷ. 다양하고 복합적인 욕구를 가진 클라이언트를 대상으로 한다.
> ㄹ. 클라이언트에 대한 시설보호와 치료적인 접근을 강조한다.

① ㄱ, ㄷ   ② ㄱ, ㄴ, ㄷ
③ ㄴ, ㄹ   ④ ㄴ, ㄷ, ㄹ

19 사회복지의 이념에 대한 설명으로 옳지 않은 것은?

① 교육, 직업, 사회적 지위 등에서 남성과 동등한 권리를 획득하는 데 관심을 두는 것은 자유주의적 페미니즘이다.

② 주택을 사회공공재로 규정하고 국가가 집값을 규제하는 것은 자유방임주의 이념에 기초하는 것이다.

③ 신우파는 시장의 역할을 강조하지만 모든 종류의 정부개입을 반대하는 것은 아니다.

④ 마르크스주의는 자유, 평등, 우애를 사회적 가치로 강조한다.

20 사회적 배제(social exclusion)로서의 빈곤에 대한 설명으로 옳지 않은 것은?

① 빈곤의 개념에서 빈곤화(impoverishment)에 이르는 역동적 과정(dynamic process)을 강조한다.

② 빈곤의 개념에는 소득빈곤뿐 아니라 불이익의 다양한 차원이 포함된다.

③ 빈곤의 문제는 공공부조와 실업급여 등 사전적 조치로 해결가능하다.

④ 빈곤의 근본적인 책임은 사회권의 보장이나 정책의 주요결정과정에서 개인을 제외시키는 사회에 있다.

지방직(하반기) 9급

01 다음 글에서 설명하는 사회복지정책발달의 이론은?

> 사회복지정책은 산업화 과정에서 필연적으로 나타난 새로운 욕구와 사회문제를 확보된 자원을 통해 해결하는 방안으로 등장하였다.

① 시민권이론
② 사회양심이론
③ 산업화론
④ 사회정의론

02 다음 글에서 설명하는 사회복지사의 역할은?

> 중소기업에서 경영상의 악화를 이유로 장애인 근로자를 전원 해고했다. 이에 사회복지사는 상담을 요청한 해고 장애인들과 함께 협력하여 기업을 대상으로 법적 대응방안을 강구하고, 집단행동을 통해 부당한 해고방침이 철회되도록 노력하였다.

① 중개자(broker)
② 조정자(coordinator)
③ 교육자(educator)
④ 옹호자(advocator)

03 다음은 길버트(Gilbert)와 스펙트(Specht)가 제시한 사회제도와 주요 기능을 연결한 것이다. ( ) 안에 들어갈 내용은?

사회제도	주요 기능
가족	사회화
종교	사회통합
경제	생산·분배·소비
정치	사회통제
사회복지	( )

① 상부상조
② 자선
③ 치료
④ 사회행동

04 영국에서 실시되었던 스핀햄랜드법(Speenhamland Act, 1795)에 대한 설명으로 옳은 것은?

① 빈민의 독립심과 노동 동기를 향상시켰다.
② 구빈지출비용을 축소함으로써 1834년 개정 구빈법(신구빈법) 제정에 결정적인 영향을 미쳤다.
③ 극도의 경제불황으로부터 노동자의 최저생활을 보장하기 위해 부족한 임금을 보조해주었다.
④ 최저생계비는 가계부양자의 연령과 성에 따라 다르게 책정되었다.

05 영국에서 1601년 제정된 엘리자베스 빈민통제법(The Elizabethan Poor Law)에 대한 설명으로 옳은 것은?

① 빈민의 자유로운 이동을 금지하였다.
② 빈민구제를 정부책임으로 인식하였다.
③ 작업장보다는 인근의 직장에 취업하도록 알선해주는 원외구호를 장려하였다.
④ 열등처우의 원칙에 의해 급여를 지급했다.

06 사회복지실천에서 윤리원칙들이 상충할 때 로웬버그(Lowenberg)와 돌고프(Dolgoff)의 윤리원칙 사정표(Ethical Principles Screen)가 사용된다. 중요도에 따라 가장 우선적으로 적용해야 할 원칙은?

① 생명보호의 원칙
② 평등과 불평등의 원칙
③ 진실성과 개방의 원칙
④ 사생활과 비밀보장의 원칙

07 다음 글에서 설명하는 사회복지실천의 사회체계 유형은?

> 이 체계는 사회복지사와 함께 클라이언트 변화를 위해 상호작용하는 사람들이다. 이웃, 가족, 전문가들이 이 체계에 해당된다. 클라이언트 변화노력의 과정에서 여러 다른 사람들이 사회복지사와 함께 작업할 수 있다.

① 표적체계   ② 행동체계
③ 변화매개체계   ④ 전문가체계

08 다음 글에서 설명하는 의사결정기법은?

> 이 기법은 집단조사방법의 일종으로, 참여자가 집단활동을 통해 특정사안에 대한 의견일치에 도달하도록 만드는 방법이다. 수차례 반복되는 우편설문조사를 통해 집단 참여자가 다른 참여자의 견해를 공유한 상태에서 자신의 의견을 수정해나가는 것을 허용하는 방법이다.

① 델파이기법   ② 초점집단기법
③ 사회지표분석   ④ 공청회

09 사회복지사의 사례관리 실천과정 중 다음 글에서 설명하는 단계는?

> • 내부자원 획득을 통해 직접적 서비스를 제공하고, 외부자원 획득을 위한 간접적 서비스를 제공하는 과정이다.
> • 직접적 서비스 제공을 위해 이행자, 안내자, 교육자, 정보제공자, 지원자로서의 역할을 수행한다.
> • 간접적 서비스 제공을 위해 중개자, 연결자, 옹호자로서의 역할을 수행한다.

① 욕구사정단계   ② 계획단계
③ 개입단계   ④ 평가단계

10 사회복지실천에서 사회복지사와 클라이언트 간의 전문적 관계에 대한 설명으로 옳은 것은?

① 사회복지사는 개인적 이익을 위해 클라이언트와 전문적 관계를 이용할 수 있다.
② 클라이언트가 개입목표와 반대되는 행동을 보이는 원인 중 하나는 양가감정이다.
③ 통제된 정서적 관여는 클라이언트가 자신의 감정을 자유롭게 표현하도록 돕는 것이다.
④ 클라이언트의 자기결정의 원리에 따르면 사회복지사는 의견이나 제안을 피력하지 않는다.

11 아동위탁보호(child foster care)서비스에 대한 설명으로 옳지 <u>않은</u> 것은?

① 위탁보호서비스는 미국의 경우, 시설보호에 대한 비판으로 대두되었다.
② 위탁보호가정의 대리부모는 위탁보호 아동과 법적 친권관계를 맺는다.
③ 아동위탁보호서비스는 입양서비스, 시설보호서비스와 함께 대리적 서비스의 범주에 포함된다.
④ 친가정(원가정)에서 정상적인 양육이 어려운 경우, 일정기간 동안 아동을 돌보는 대리보호 서비스이다.

12 다음 글에서 설명하는 장애인고용의 유형은?

- 일반경쟁고용을 통해서는 취업이 어려운 중증장애인을 위하여 지속적인 지원을 제공하는 장애인고용제도이다.
- 장애인은 비장애인과 함께 고용되고, 통합적 작업환경에서 직무지도원(job coach)의 직접적인 직업지도를 받는다.
- 직업훈련 후 바로 사업체에 배치되는 것이 아니라 먼저 사업체에 선(先) 배치되고, 후(後) 훈련받는 방식을 활용하는 유급고용제도이다.

① 지원고용   ② 할당고용
③ 우선고용   ④ 보호고용

13 다음 글에서 설명하는 사회복지실천모델은?

리드(Reid)와 엡스타인(Epstein)이 개발한 모델로써 시간제한, 초점화된 면접, 현재의 집중, 신속한 초기 사정에 기초한 단기의 구조화된 개입 접근이다. 또한, 클라이언트가 규명한 표적문제에 초점을 둔다.

① 심리사회모델   ② 인지행동주의모델
③ 위기개입모델   ④ 과제중심모델

14 다음 글에서 설명하는 비에스텍(F. Biestek)의 관계원칙은?

사회복지사는 클라이언트의 강점과 약점, 바람직한 자질과 바람직하지 못한 자질, 긍정적인 감정과 부정적인 감정, 건설적인 태도와 행동 또는 파괴적인 태도와 행동을 있는 그대로 이해한다.

① 개별화   ② 수용
③ 비심판적 태도   ④ 통제된 정서적 관여

15 미누친(Minuchin)의 구조적 가족치료모델에 대한 설명으로 옳지 않은 것은?

① 가족을 재구조화하여 가족이 적절한 기능을 수행하도록 돕는 방법이다.

② 극단적인 가족문제는 가족 하위체계들의 경계가 지나치게 유리되거나 밀착된 경우이다.

③ 가족에 대한 개입을 할 때, 가족 내 권력구조와 힘의 불균형 상태에 초점을 둔다.

④ 가족의 역기능적 의사소통의 유형을 회유형, 비난형, 계산형, 혼란형으로 구분하였다.

16 사회체계이론을 구성하는 개념과 그 내용에 대한 설명으로 옳은 것은?

① 항상성은 체계가 안정되고 지속적인 균형상태를 유지하고자 하는 상태이다.

② 엔트로피는 체계가 왕성한 성장을 향해 움직일 수 있도록 반투과적(semipermeable) 경계를 갖고 있는 상태이다.

③ 경계는 질서 있고 상호 관련되며 기능적으로 전체를 구성하는 요소들의 집합체이다.

④ 개방체계는 다른 체계와 상호 교류를 하지 않기 때문에 투입을 받아들이지 않고, 산출도 생산하지 않는다.

17 윌렌스키(Wilensky)와 르보(Lebeaux)의 사회복지개념 중 '제도적 개념'에 대한 설명으로 옳은 것은?

① 개인의 욕구와 사회문제해결의 일차적인 책임은 가족과 시장경제에 있다.

② 사회복지의 관심분야는 문제를 갖고 있는 특수집단이나 계층에 한정한다.

③ 사회복지서비스 제공은 보편주의 원칙을 따른다.

④ 사회문제에 대해 자선과 구호 중심의 임시적·보충적 서비스를 제공하는 개념이다.

18 사례관리(case management)에 대한 설명으로 옳지 않은 것은?

① 주요 서비스 대상은 아동, 장애인, 노인, 정신장애인 등과 같이 다양하고 복합적인 욕구를 가진 클라이언트이다.

② 사례관리 결과 서비스의 파편화(fragmentation)가 초래된다.

③ 클라이언트의 욕구충족을 위해 지역사회의 자원을 연계한다.

④ 사례관리자는 조정자, 중개자, 평가자, 옹호자 등 복합적인 기능을 수행한다.

19 다음 글에서 설명하는 단일사례연구설계의 유형은?

> 응급상황에 놓여 개입이 우선적으로 필요한 클라이언트에게 개입을 먼저 시작한 후, 개입의 효과를 확인하기 위해 개입을 중단하고, 다시 개입하는 연구설계방법이다.

① AB
② ABAB
③ BAB
④ 복수기초선설계

20 다음 글에서 설명하는 노화의 유형은?

> 한 개인이 사회에서 자신의 연령에 맞게 역할을 얼마나 잘 수행하는지를 말하며, 사회적 기대나 규범이 반영된 연령을 의미한다.

① 생물학적 노화
② 심리학적 노화
③ 사회학적 노화
④ 생활연령에 의한 노화

사회복지학개론

기출문제집

2010

사회복지학개론 기출문제

국가직 9급
지방직 9급

국가직 9급

2010년 기출

2010.04.10. 시행

01 「노인장기요양보험법」에서 제시하고 있는 급여제 공의 기본원칙으로 옳지 않은 것은?

① 장기요양급여는 노인 등이 온전한 심신상태를 유지하여 일상생활을 혼자서 수행할 수 있도록 노인성질환 예방급여를 제공하여야 한다.

② 장기요양급여는 노인 등이 가족과 함께 생활하면서 가정에서 장기요양을 받는 재가급여를 우선적으로 제공하여야 한다.

③ 장기요양급여는 노인 등의 심신상태나 건강 등이 악화되지 아니하도록 의료서비스와 연계하여 이를 제공하여야 한다.

④ 장기요양급여는 노인 등의 심신상태·생활 환경과 노인 등 및 그 가족의 욕구·선택을 종합적으로 고려하여 필요한 범위 안에서 이를 적정하게 제공하여야 한다.

02 어린이집에 대한 설명으로 옳지 않은 것은?

① 사업주가 직장어린이집을 설치하여야 하는 사업장은 상시 여성근로자 300명 이상 또는 상시 근로자 500명 이상을 고용하고 있는 사업장이다.

② 영유아란 6세 미만의 취학 전 아동을 말한다.

③ 국공립어린이집 외의 어린이집을 설치·운영하고자 하는 자는 시장·군수·구청장에게 신고하여야 한다.

④ 가정어린이집의 정원은 상시 영유아 5명 이상 20명 이하이다.

03 「건강가정기본법」에서 명시하고 있는 '건강가정사업'의 내용으로 옳지 않은 것은?

① 가족단위 복지증진

② 이혼예방 및 이혼가정지원

③ 성별분리에 근거한 가족관계의 확립

④ 가족단위의 시민적 역할증진

04 조세제도를 활용한 소득보장정책으로 특정가구의 소득이 가구규모별로 설정된 최저생계비에 미달할 때 그 차액의 일정비율만큼을 조세환급의 형태로 정부가 지급해주는 제도는?

① 누진세제도

② 조세감면제도

③ 목적세제도

④ 부(負)의 소득세제도

05 사회복지급여 중 현물급여에 비해 교환가치가 크면서 계획된 목적 외의 용도로 사용할 수 있는 현금급여의 단점을 보완한 급여형태는?

① 서비스

② 기회

③ 권력

④ 바우처(증서)

06 매슬로(Maslow)가 제시한 인간의 욕구체계와 그에 따른 산업복지의 내용이 바르게 연결되지 않은 것은?

① 생존의 욕구 – 산업재해보상보험, 직업안정, 직업훈련 등
② 안전과 안정의 욕구 – 노사협의, 재임용, 성과배분제, 경영참가, 소득보장 등
③ 소속과 애정의 욕구 – 친목행사, 취미집단활동, 운동회, 가족프로그램, 가족 상담 등
④ 자아실현의 욕구 – 실적 표창, 공정한 인사고과, 장려금 등

07 「장애인복지법」에 근거하여 국가나 지방자치단체가 지급할 수 있는 급여에 해당하는 것을 모두 고른 것은?

> ㄱ. 장애수당
> ㄴ. 장애아동수당
> ㄷ. 보호수당
> ㄹ. 장애연금

① ㄱ, ㄴ, ㄷ   ② ㄱ, ㄷ
③ ㄴ, ㄹ   ④ ㄱ, ㄴ, ㄷ, ㄹ

08 복지국가 위기 이후 복지국가 재편과 관련하여 제숍(Jessop)이 제시한 '슘페테리안 워크페어 국가(Schumpeterian Workfare State)'의 특징으로 옳지 않은 것은?

① 국민국가의 강화
② 노동의 유연성 강조
③ 신보수주의 영향
④ 국가 개입의 축소

09 2000년 이후 한국에서 나타난 사회복지발달에 대한 설명으로 옳지 않은 것은?

① 국민의 정부는 자활을 위한 사회적 투자개념의 도입 등 생산적 복지개념을 구체화하였다.
② 국민기초생활 보장법의 시행으로 저소득층에 대한 국가책임을 강화하였다.
③ 소득보장 중심의 복지정책에서 의식주 전반의 생활권보장의 개념으로 복지정책이 확대되었다.
④ 사회복지시설 허가제 및 평가제도 도입 등을 통해 민간의 복지참여에 대한 통제를 강화하였다.

10 개인과 조직의 갈등은 불가피한 것으로 보며, 갈등을 순기능적으로 보는 사회복지행정모형은?

① 구조주의모형
② 인간관계모형
③ 행정관리모형
④ 과학적 관리모형

11 사회보험제도를 시장원리에 입각한 민간보험방식에 맡겼을 때 우려되는 '도덕적 해이' 및 '역선택' 현상에 관한 설명으로 옳지 않은 것은?

① 양자 모두 정보의 비대칭성으로 인해 생기는 문제이다.

② 보험에 가입한 사람들이 사고를 방지하려는 노력을 줄이는 것을 역선택이라고 한다.

③ 사회보험에서는 역선택을 방지하기 위해 강제가입의 원칙을 채택한다.

④ 사회보험 중 건강보험과 고용보험에서 상대적으로 도덕적 해이가 발생할 빈도가 높다.

12 사회복지가치로서의 평등에 대한 설명으로 옳지 않은 것은?

① 수량적 평등은 소득재분배를 목적으로 모든 사람에게 능력이나 기여와 상관없이 똑같이 사회적 자원을 배분한다.

② 비례적 평등은 개인의 욕구, 노력, 능력 등에 따라 사회적 자원을 상이하게 배분한다.

③ 결과의 평등은 기여에 따라 급여를 배분하는 것으로, 이를 흔히 공평(equity)이라고 한다.

④ 기회의 평등은 최소한의 국가 개입을 주장하는 보수주의자 내지 (신)자유주의자들이 선호하는 개념이다.

13 에스핑 – 앤더슨(Esping – Andersen)의 복지국가 유형화에 대한 설명으로 옳지 않은 것은?

① 복지국가의 유형을 자유주의적 복지국가, 보수주의적 복지국가, 사회민주주의적 복지국가로 구분하였다.

② 복지국가의 유형들 중에서 자유주의적 복지국가가 탈상품화 정도가 가장 낮다.

③ 탈상품화는 복지정책의 시장영향력 완화 정도를 분석하기 위한 개념 틀이다.

④ 개별 복지국가의 유형들은 국가별 경제상황과 경제정책의 특성에 영향을 받아 형성되었다.

14 사회복지실천의 목적에 해당하는 것을 모두 고른 것은?

> ㄱ. 사회정책의 개발과 향상에 기여
> ㄴ. 체계의 효과적이고 효율적인 운영의 향상
> ㄷ. 자원, 서비스, 기회를 제공하는 체계와 개인의 연결
> ㄹ. 개인의 문제해결 및 대처능력의 고양

① ㄱ, ㄴ

② ㄷ, ㄹ

③ ㄱ, ㄴ, ㄷ

④ ㄱ, ㄴ, ㄷ, ㄹ

15 사회복지발달이론 중 수렴이론에 대한 설명으로 옳지 않은 것은?

① 현대사회를 이해하기 위한 주요 변수로 산업화와 경제발전을 들고 있다.

② 산업사회의 사회구조를 결정짓는 열쇠는 기술, 즉 산업화이며 어느 수준의 산업화를 이룬 국가들의 사회복지제도들은 어느 한 점으로 수렴되어 비슷하다고 주장한다.

③ 인도주의 사상에 기초하여 이타주의와 사회적 책임성 맥락에서 사회복지제도의 발달을 설명한다.

④ 일단 산업화가 시작되면 사회복지제도의 도입은 거의 필연적이며, 기술이 발전하면 할수록 사회복지는 발달하게 된다고 본다.

16 사회복지 이념 및 사상으로서 '제3의 길'에 대한 설명으로 옳지 않은 것은?

① 사회민주주의와 신자유주의의 장점을 결합하고 단점을 시정한 것이다.

② 인간의 얼굴을 한 시장경제를 추구한다.

③ 적극적인 복지시민의 위상정립에 정책의 초점을 맞추고 있다.

④ 자유, 평등, 우애를 중심 가치로 하고 국민 최저선의 설정, 기회평등의 촉진, 취약자에 대한 적극적 차별의 시행을 강조한다.

17 사회복지의 이념적 특성에 대한 설명으로 옳지 않은 것은?

① 신자유주의는 사회복지에 대한 민영화를 강조한다.

② 사회민주주의는 기회와 소득에서의 불평등을 인정하지 않고 결과의 평등을 강조한다.

③ 마르크스주의는 복지국가의 역할과 기능에 대해 부정적 입장을 취한다.

④ 자유주의는 사회복지에 대한 정부의 최소한의 개입을 강조한다.

18 '사회복지 평가'의 목적을 설명한 것으로 옳지 않은 것은?

① 역기능적 상호작용을 수정한다.

② 사회복지실천에 관한 이론형성에 기여한다.

③ 프로그램 계획이나 운영에 필요한 정보를 제공한다.

④ 국가나 사회로부터의 책임성을 이행한다.

19 '심리사회적 모델'에 대한 설명으로 옳은 것을 모두 고른 것은?

> ㄱ. 상황 속의 인간이라는 개념을 중요시한다.
> ㄴ. 인간의 비합리적 신념을 합리적으로 바꾸는 것에 초점을 둔다.
> ㄷ. 정신분석이론, 생태체계론 등을 이론적 기반으로 한다.
> ㄹ. 주된 기법으로 직접 영향주기, 탐색－기술－환기기법, 유형－역동성 고찰 등이 있다.
> ㅁ. 개입에 있어 구조화된 절차를 가지고 교육적 접근을 강조한다.

① ㄱ, ㄴ, ㄷ   ② ㄱ, ㄷ, ㄹ
③ ㄴ, ㄹ, ㅁ   ④ ㄷ, ㄹ, ㅁ

20 생태체계적 관점에 입각하여 유기체로서의 개인이 그를 둘러싸고 있는 환경과 어떻게 적응관계를 유지하는가에 주요 관심을 두고, 사람과 환경 간, 특히 인간의 욕구와 환경적 자원 간의 적합수준(level of fit)을 향상시키는 것을 목적으로 하는 사회복지실천모델은?

① 행동수정모델   ② 인지모델
③ 생활모델   ④ 심리사회모델

2010년 기출
2010.05.22. 시행

지방직 9급

01 가족이나 종교, 경제제도 등의 여타 사회제도와 구분되어 사회복지제도가 가지는 대표적 사회 기능은?

① 생산 및 소비　　② 상호부조
③ 사회화　　　　　④ 사회통제

02 다음에 해당하는 사회복지서비스 조직의 문제를 지칭하는 개념은?

> 사회복지서비스 조직들은 보다 유순하고 성공 가능성이 높은 클라이언트를 선발하고, 비협조적이거나 어려울 것으로 예상되는 클라이언트들을 배척할 수 있다. 이는 한편으로 개별서비스 조직들이 외부환경과의 관계 속에서 생존가능성을 극대화하는 데 필요한 전략으로 간주되지만, 전체 사회적 관점에서는 사회복지서비스의 책임성을 낮춘다는 점에서 사회적 병폐가 된다.

① 레드 테이프(red tape)
② 서비스 과활용(over-utilization)
③ 매몰비용(sunk cost) 효과
④ 크리밍(creaming) 현상

03 영국의 사회복지발달과정에서 나타났던 사회복지 법제의 의도에 대한 설명으로 옳은 것은?

① 「정주법」(1662) - 농촌지역 노동자들의 도시지역 이주와 정착을 장려하려는 제도
② 「작업장법」(1696) - 빈민들의 작업장(workhouse)에서의 혹사를 방지하기 위한 제도
③ 「길버트법」(1782) - 노동 능력이 있는 빈민의 원외구호(outdoor relief)를 제한하기 위한 제도
④ 「스핀햄랜드법」(1795) - 최저생계비 이하 임금 노동자에 대해 임금보조를 해주기 위한 제도

04 「정신건강증진 및 정신질환자 복지서비스 지원에 관한 법률」에 명시된 정신건강전문요원을 모두 고른 것은?

> ㄱ. 정신건강의사
> ㄴ. 정신건강임상심리사
> ㄷ. 정신건강간호사
> ㄹ. 정신건강사회복지사

① ㄱ　　　　　　　② ㄱ, ㄹ
③ ㄴ, ㄷ　　　　　④ ㄴ, ㄷ, ㄹ

05 1990년대 후반 영국의 토니 블레어 노동당 정부가 내세운 '제3의 길'에서 강조하는 적극적 복지전략에 포함되지 않는 것은?

① 케인즈주의(Keynesianism)
② 복지다원주의(welfare pluralism)
③ 제3섹터와 지역사회의 역할 강조
④ 사회투자국가(social investment state)

06 우리나라의 「사회복지사 윤리강령」에서 제시되지 않은 것은?

① 사회복지사는 인본주의와 평등주의 사상에 기초한다.
② 사회복지사는 클라이언트와의 직무수행과정에서 얻은 정보를 최대한 공개하기 위해 노력해야 한다.
③ 사회복지사는 소속기관의 성장·발전을 위해서도 노력해야 한다.
④ 사회복지사는 사회정의를 증진시키기 위한 사회정책의 수립과 집행을 요구하고 옹호해야 한다.

07 사회복지프로그램은 체계론적 관점에서 다수 요소들 간의 관계로 구조화된다. 현재 지역사회복지계획 수립과정에서도 권장되고 있는 다음의 프로그램 체계모형은?

투입 → 활동 → 산출 → 성과

① PERT모델
② TQM
③ MBO
④ 논리모델(logic model)

08 사회복지조사에서 활용하는 자료수집의 방법에 대한 설명으로 옳지 않은 것은?

① 델파이방법은 일반인들의 폭넓은 의견의 수렴에 유리하다.
② 우편설문방법은 민감한 질문에 대한 익명성 보장에 유리하다.
③ 대면면접방법은 심층탐구(probing)를 수행하는 데 유리하다.
④ 관찰방법은 조사대상자의 비언어적 행동자료를 추출하는 데 유리하다.

09 사회복지협의회에 대한 설명으로 옳지 않은 것은?

① 중앙협의회, 시·도협의회 및 시·군·구협의회는 사회복지사업법에 따른 사회복지법인으로 한다.

② 중앙협의회의 설립 및 운영 등에 관한 허가, 인가, 보고 등에 관하여 제22조(임원의 해임명령)를 적용할 때에는 "시·도지사"는 "보건복지부장관"으로 본다.

③ 중앙협의회, 시·도협의회 및 시·군·구협의회는 임원으로 대표이사 1인을 포함한 15인 이상 30인 이하(시·군·구협의회의 경우에는 10인 이상 30인 이하)의 이사와 감사 2인을 둔다.

④ 사회복지협의회는 시·군·구와 시·도에 둔다.

10 사회복지실천에서 다음을 주로 하는 사회복지사의 역할은?

> 개인이나 가족이 그들 자신의 욕구를 파악하고 문제를 명확히 규명하며, 스스로 문제를 해결할 수 있는 능력을 개발하고 필요한 자원을 찾아낼 수 있도록 돕는다.

① 중개자(broker)

② 옹호자(advocate)

③ 조력자(enabler)

④ 중재자(mediator)

11 「사회복지사업법」의 내용으로 틀린 것은?

① 보건복지부장관은 사회복지사의 자질 향상을 위하여 필요하다고 인정하면 사회복지사에게 교육을 받도록 명할 수 있다.

② 사회복지법인 또는 사회복지시설을 운영하는 자는 그 법인 또는 시설에 종사하는 사회복지사에 대하여 교육을 이유로 불리한 처분을 하여서는 아니 된다.

③ 보건복지부장관은 교육을 보건복지부령으로 정하는 기관 또는 단체에 위탁할 수 있다.

④ 사회복지법인 및 사회복지시설을 설치·운영하는 자는 사회복지사를 그 종사자로 채용하는 경우 시·도지사에게 사회복지사의 임면에 관한 사항을 보고하여야 한다.

12 비에스텍(Biestek)이 언급한 사회복지실천 관계의 7대 원칙에 해당되지 않는 것은?

① 클라이언트의 문제를 표준화하기 위해 노력해야 한다.

② 클라이언트를 심판하거나 비난하지 않아야 한다.

③ 클라이언트의 자기결정권을 존중해야 한다.

④ 클라이언트를 있는 그대로 인정하고 받아들여야 한다.

13 「아동복지법」의 내용으로 틀린 것은?

① 아동의 건강한 성장을 도모하고 범국민적으로 아동학대의 예방과 방지에 관한 관심을 높이기 위해 매년 11월 19일을 아동학대예방의 날로 지정하고 아동학대예방의 날부터 1주일을 아동학대예방주간으로 한다.

② 국가기관과 지방자치단체의 장, 「공공기관의 운영에 관한 법률」에 따른 공공기관과 대통령령으로 정하는 공공단체의 장은 아동학대의 예방과 방지를 위하여 필요한 교육을 연 1회 이상 실시하고, 그 결과를 보건복지부장관에게 제출하여야 한다.

③ 시·도지사는 아동학대 관련 정보를 공유하고 아동학대를 예방하기 위하여 국가아동학대정보시스템을 구축·운영하여야 한다.

④ 아동보호전문기관의 장은 아동학대행위자에 대하여 상담·교육 및 심리적 치료 등 필요한 지원을 받을 것을 권고할 수 있다. 이 경우 아동학대행위자는 정당한 사유가 없으면 상담·교육 및 심리적 치료 등에 성실히 참여하여야 한다.

14 우리나라 사회복지제도의 발달과정에 대한 사실로 옳은 것은?

① 1970년에 「사회복지사업법」 제정으로 사회복지서비스 조직에 대한 법적 근거가 정비되었다.

② 1990년대에 「노인복지법」과 「장애인복지법」 등의 사회복지서비스 관련법 제정이 이루어졌다.

③ 2000년에 「생활보호법」을 대체하는 「국민기초생활 보장법」이 제정되었다.

④ 2007년부터 「노인장기요양보험법」이 시행되었다.

15 가족치료의 제반모델에 대한 설명으로 옳지 않은 것은?

① 구조적 가족치료는 가족을 재구조화(restructuring)함으로써 가족이 적절한 기능을 수행할 수 있도록 돕는다.

② 해결중심적 가족치료는 부정적이고 바람직하지 않은 행동을 없애는 것보다 긍정적 행동을 증가시키는 것을 강조한다.

③ 경험적 가족치료는 가족 내 의사소통을 명확화하는데 초점을 두며, 주요 기법으로는 대처질문, 기적질문, 척도질문이 있다.

④ 전략적 가족치료는 인간의 부적응적 행동에 대한 원인보다는 증상행동의 변화에 초점을 둔다.

16 핀커스와 미나한(Pincus&Minahan)의 사회복지실천의 주요 대상체계에 대한 설명으로 옳지 않은 것은?

① 변화매개체계에는 사회복지사뿐만 아니라 사회복지사를 고용한 기관도 해당될 수 있다.

② 표적체계란 변화매개체계가 목적달성을 위해 영향을 미치거나 변화시킬 필요가 있는 체계를 말한다.

③ 클라이언트체계와 표적체계는 경우에 따라 동일할 수도 있다.

④ 행동체계의 구성요소와 클라이언트체계의 구성요소는 중첩되지 않는다.

17 사회복지실천모델에 대한 설명으로 옳지 않은 것은?

① 위기개입모델은 단기적 접근으로 클라이언트가 적어도 위기 이전의 기능수준으로 회복하도록 돕는데 일차적 목표를 둔다.

② 인지행동모델은 클라이언트의 주관적 경험의 독특성을 중시하고, 구조화되고 교육적인 접근을 강조한다.

③ 과제중심모델은 클라이언트의 표적문제들에 내재된 무의식적 충동과 같은 근본적인 문제원인의 해결에 집중한다.

④ 심리사회모델은 클라이언트를 '상황 속의 인간'으로 이해하며 과거 경험이 현재 상태에 미치는 영향을 중시한다.

18 사회복지서비스를 공급하는 방식으로서 바우처(서비스이용권, voucher)에 대한 설명으로 옳은 것은?

① 현금지급방식에 비해 특정 서비스 이용에 대한 장려나 통제를 하기 어렵다.

② 서비스 기관에 대한 보조금방식에 비해 이용자의 권리를 약화시킨다.

③ 복수의 서비스 제공조직 간 경쟁을 허용하지 않는다.

④ 실효성을 높이는 데 이용자의 합리적 선택능력이 중요시된다.

19 「노인복지법」에서 정한 노인의료복지시설에 대한 설명으로 틀린 것은?

① 노인요양시설은 치매·중풍 등 노인성질환 등으로 심신에 상당한 장애가 발생하여 도움을 필요로 하는 노인을 입소시켜 급식·요양과 그 밖에 일상생활에 필요한 편의를 제공함을 목적으로 하는 시설을 말한다.

② 노인요양공동생활가정은 치매·중풍 등 노인성질환 등으로 심신에 상당한 장애가 발생하여 도움을 필요로 하는 노인에게 가정과 같은 주거여건과 급식·요양, 그 밖에 일상생활에 필요한 편의를 제공함을 목적으로 하는 시설을 말한다.

③ 국가 또는 지방자치단체는 노인의료복지시설을 설치할 수 있으며, 국가 또는 지방자치단체 외의 자가 노인의료복지시설을 설치하고자 하는 경우는 보건복지부장관에게 신고하여야 한다.

④ 국가 또는 지방자치단체는 경로당의 활성화를 위해 지역별·기능별 특성을 갖춘 표준모델 및 프로그램을 개발·보급하여야 한다.

20 우리나라 공공부조제도의 특성에 대한 설명으로 옳은 것은?

① 1971년에 「생활보호법」 제정으로 공공부조의 기틀을 마련하였다.

② 「국민기초생활 보장법」에서 급여를 신청할 수 있는 자는 수급권자와 사회복지 전담공무원으로 한정한다.

③ 「국민기초생활 보장법」에서는 최저 생활보장 및 자활조성을 제도 시행의 주요 목적으로 한다.

④ 공공부조 지출을 위한 주된 재원은 조세와 보험료로 충당한다.

사회복지학개론
기출문제집

PART
02

정답 및 해설편

2023년~2010년

국가직 9급 정답 및 해설

2023년 기출
2023.04.08. 시행

총평

✓ 출제영역 및 문항별 분석

문항	출제내용	난이도	문항	출제내용	난이도
1	자선조직협회와 인보관 운동	하	11	연구방법	중
2	사회문제로 규정하기 위한 조건	상	12	장애인복지	하
3	강점관점	하	13	비스텍(Biestek)	중
4	로웬버그와 돌고프(Loewenberg & Dolgoff)	하	14	면접에서 활용하는 상담기술	하
5	선별주의와 보편주의	중	15	측정	하
6	사회복지와 복지국가	중	16	가족단위의 개입	하
7	노인복지법	하	17	정신건강증진 및 정신질환자 복지서비스 지원에 관한 법률	중
8	매슬로(Maslow)	하	18	아동 시기	하
9	페미니즘	상	19	서구 사회복지의 발전과정	중
10	고령화	상	20	인간행동과 성격	하

✓ 영역별 분석 통계

구분	출제영역	문항
사회복지일반론	자선조직협회와 인보관 운동, 아동, 서구 사회복지의 발전과정	3
사회복지 기초이론 및 실천방법론	특정 현상을 사회문제로 규정하기 위한 조건, 강점관점, 로웬버그와 돌고프(Loewenberg & Dolgoff)가 제시한 윤리원칙 심사표, 선별주의와 보편주의, 매슬로(Maslow)의 욕구 위계론, 페미니즘의 분파, 고령화, 연구방법, 비스텍(Biestek)의 사회복지실천 관계의 원칙, 면접에서 활용하는 상담기술, 측정, 가족단위에 개입에서 활용하는 기법, 인간행동과 성격	13
사회보장론	사회복지와 복지국가	1
사회복지서비스 분야론	노인복지법, 장애인복지, 정신건강증진 및 정신질환자 복지서비스 지원에 관한 법률	3

✓ 총평

2023년 국가직 9급 사회복지학개론은 최신 경향을 많이 반영하고 여러 분야의 내용을 한쪽에 치우치지 않고 골고루 출제하였습니다. 특히 페미니즘의 분파에 대한 설명과 고령화와 관련된 설명을 묻는 문제는 최신 출제경향을 보여주었기 때문에 관련 내용을 충분히 학습하지 못한 수험생은 체감난이도가 매우 높은 문제였습니다.

자주 출제되고 있는 「노인복지법」과 「정신건강증진 및 정신질환자 복지서비스 지원에 관한 법률」의 내용 역시 이번 2023년 국가직 9급에서 출제되었습니다. 사회복지의 기초이론과 관련된 내용에서도 기본서와 기출문제에서 자주 다루었던 내용이 출제되었습니다.

매년 1문제 이상 출제되는 사회복지학 관련 역사와 발전과정의 문제에서는 서구 사회복지의 발전과정의 내용을 묻는 문제가 출제되었고, 특정 현상을 사회문제로 규정하기 위한 조건을 묻는 문제는 사회문제의 성립 조건을 묻는 새로운 개념의 문제라고 할 수 있었습니다.

항상 최선을 다해 미래를 준비하는 수험생 여러분의 건승을 기원합니다.

☑ 정답

01	④	02	③	03	②	04	④	05	③
06	③	07	②	08	④	09	③	10	①
11	①	12	④	13	①	14	②	15	③
16	②	17	②	18	④	19	③	20	①

01

✦ 정답해설

④ 우애방문원을 활용한 사회조사를 통해 통계자료를 생성한 것은 인보관 운동이 아닌 자선조직협회와 관련된 내용이다.

02

✦ 정답해설

③ 집단적인 사회적 행동을 통해서도 현상의 개선이 가능해야 한다.
특정 현상을 사회문제로 규정하기 위해서는 사회문제는 사회규범에서 이탈하고, 사회적으로 부정적인 영향을 미치며, 사회적으로 확산되고 파급된다. 또한 사회문제는 영향력 있는 사람이 규정하며, 집단적 사회행동이 요구된다는 조건이 있다.

03

✦ 정답해설

② ㄱ, ㄴ은 강점관점의 특징으로 클라이언트 중심으로 개인을 강점, 기질, 재능 등을 가진 독특한 존재로 규정한다.

✦ 오답해설

ㄷ, ㄹ은 병리적 관점의 특징으로 전문가중심의 병리적 관점은 개인을 진단에 따른 증상을 가진 '사례'로 규정한다.

04

✦ 정답해설

④ 로웬버그와 돌고프(Loewenberg & Dolgoff)가 제시한 윤리원칙심사표상의 원칙
1단계 : 생명보호의 원칙
2단계 : 평등과 불평등의 원칙
3단계 : 자율과 자유의 원칙
4단계 : 최소 해악의 원칙
5단계 : 삶의 질의 원칙
6단계 : 사생활 보호와 비밀보장의 원칙
7단계 : 성실의 원칙

05

✦ 정답해설

③ 우리나라의 장애수당과 장애인연금은 모두 선별주의에 해당한다.

✦ 오답해설

① 선별주의는 수혜자에게 낙인감과 스티그마를 남기는 단점이 있다.
② 보편주의는 빈곤의 예방이라는 장점이 있고 선별주의는 목표효율성이 높고 자원의 낭비를 줄일 수 있다.
④ 선별주의는 비용효과성을 강조한다.

06

✦ 정답해설

③ 윌렌스키와 르보(Wilensky & Lebeaux)는 사회복지를 정치, 경제, 가족 등이 갖는 사회적 기능처럼 사회의 기본적인 기능을 하는 제도로 보는 제도적 사회복지를 주장하였다.

✦ 오답해설

① 로마니신(Romanyshyn)은 사회복지가 민간 지원에서 공공 지원으로 변화, 발전한다고 주장하였다.
② 기든스(Giddens)는 제3의 길을 제시하면서 교육에 대해 투자적 지출을 강조하였다.
④ 에스핑-안데르센(Esping-Andersen)은 자유주의 복지국가에서는 사회정책이 계층화를 강화하는 방향으로 작용한다고 주장하였다.

07

✦ 정답해설

「노인복지법」 제32조(노인주거복지시설)
① 노인주거복지시설은 다음 각 호의 시설로 한다.
  1. 양로시설 : 노인을 입소시켜 급식과 그 밖에 일상생활에 필요한 편의를 제공함을 목적으로 하는 시설
  2. 노인공동생활가정 : 노인들에게 가정과 같은 주거여건

과 급식, 그 밖에 일상생활에 필요한 편의를 제공함을
목적으로 하는 시설
3. 노인복지주택 : 노인에게 주거시설을 임대하여 주거의
편의·생활지도·상담 및 안전관리 등 일상생활에 필
요한 편의를 제공함을 목적으로 하는 시설

✦ 오답해설

① 경로당과 노인교실은 노인여가복지시설이다(「노인복지법」
제36조 제1항)
③ 노인복지관(제36조)은 노인여가복지시설이고 노인요양
시설은 노인의료복지시설(제34조)이다.
④ 노인공동생활가정은 노인주거복지시설(제32조)이고 노
인요양공동생활가정은 노인의료복지시설(제34조)이다.

08

✦ 정답해설

④ 매슬로(Maslow)의 초기 연구에서 제시된 5단계 욕구 위
계론은 다섯 가지 욕구에 우선순위가 있어서 단계가 구
분된다고 본다. 생리적 욕구, 안전의 욕구, 소속과 사랑의
욕구, 존경의 욕구 그리고 자아실현의 욕구가 있다.

✦ 오답해설

① 안전의 욕구가 자아실현의 욕구보다 강도가 더 강하다.
② 존경의 욕구는 결핍욕구이고, 자아실현의 욕구는 성장욕
구에 해당한다.
③ 소속감과 사랑의 욕구는 충족된 이후에 욕구의 강도가 더
강해지는 것이 아니라 상위단계인 존경의 욕구의 강도가
강하게 나타난다.

09

✦ 정답해설

③ 자유주의 페미니즘은 제도 및 관습상의 차별과 교육의
불평등으로 여성억압이 발생한다고 인식하였으며, 마르
크스주의 페미니즘은 사적 영역인 가정에서 발생하는 여
성의 종속문제를 해결함으로써 여성억압 문제를 해결할
수 있다고 주장한다.

10

✦ 정답해설

ㄱ. 우리나라는 2018년 65세 노인인구 14%인 고령 사회가
되었다.

ㄴ. 노령화지수 = 65세 이상 인구(노년 인구)/ 0~14세 인구
(유년 인구) × 100

✦ 오답해설

ㄷ. 우리나라의 고령화 속도는 일본, 이탈리아, 스페인 3개국
들과 비교하여 가장 빠른 고령화비율 상승을 보이고 있다.
ㄹ. 우리나라의 노인의 경제활동참가율은 높지만 일용직 등
의 비정규직이 대부분이고, 공적이전소득이 여전히 부족
하여 노인빈곤율이 상대적으로 높아지고 있다.

11

✦ 오답해설

② 단일사례설계 : 단일 사례에 대한 개입의 효과성과 효율
성을 현장에서 즉각 검증하기 위한 설계법으로 시계열
설계의 논리를 적용한 과학적 방법이다.
③ 유사실험설계 : 무작위 배정으로 실험집단과 통제집단을
동등하게 배치할 수 없을 경우에 무작위 배정 대신에 실
험집단과 유사한 비교집단을 구성하는 설계 방법이다.
④ 일회사례연구설계 : 일회사례연구설계는 실험변수에 노
출된 하나의 집단에 대해 사후적으로 결과변수를 측정하
는 방법으로 실험변수의 조작이나 집단의 무작위화가 이
루어지지 않으며 실험자가 임의로 실험대상을 선정하는
설계 방법이다.

12

✦ 정답해설

④ ㄷ. 개인의 기능적 제한이 아니라 심리적 상실에서 장애
가 발생한다고 보는 것은 개별적 모델이다.

13

✦ 정답해설

사회복지실천의 기본 원리
• 개별화 : 사회복지사는 클라이언트의 고유한 특성과 자질
을 있는 그대로 인정하고 이해한다.
• 의도적인 감정표현 : 클라이언트가 자신의 감정, 특히 부정
적인 감정을 자유롭게 표현하도록 지지한다.
• 통제된 정서적 관여 : 클라이언트의 감정에 대해 적절한 대
응을 하면서 공감을 하고 민감성과 이해로써 반응해야 한다.
• 수용 : 사회복지사는 클라이언트를 존중하고 있는 그대로
의 클라이언트를 인정하고 받아들인다.
• 비심판적 태도 : 사회복지사가 문제의 책임이 클라이언트
에게 있는지를 심판하거나 비난하지 않는다.

• 자기결정 : 클라이언트가 모든 의사결정 과정에 참여하여 스스로 선택하고 결정하는 권리를 가진다.
• 비밀보장 : 클라이언트의 정보를 타인에게 공개하지 않으며 클라이언트와 상담한 내용에 대해 비밀보장을 해줘야 한다.

14

✦ 오답해설

① '바꾸어 말하기'는 전체적인 내용을 확인할 때 사용하는 것으로, 상대방이 말한 용어와 같은 뜻을 가진 다른 말을 사용함으로써 내담자의 말을 확인하는 것이다.
③ '격려'는 내담자에게 문제해결능력과 동기를 최대화시키는 효과적인 방법으로 내담자의 행동, 태도, 감정을 칭찬해 주거나 인정해 주는 언어적 표현방식으로 이루어진다.
④ '해석'은 감정표현을 촉진하도록 돕는 기술이 아니라 내담자가 자신의 행동과 생활방식에 대해 이해하고 있는 것과는 다른 새로운 틀을 상담자가 제공하는 것이다.

15

✦ 오답해설

① 측정의 신뢰도가 높으면 타당도는 높거나 낮다.
② 속성 간의 거리나 간격을 동일한 것으로 보는 척도는 등간척도이다.
④ 측정 시 발생하는 문화적 차이에 의한 편향, 사회적 적절성 편향 등은 체계적 오류이다.

16

✦ 정답해설

② 밀착된 가족성원들을 분리시켜 적절한 경계를 만들도록 돕는 기법은 '경계만들기'이다.
'가족 조각'은 가족의 상호작용 양상을 동작과 공간을 이용하여 비언어적으로 표현함으로써 가족에 대한 이해를 돕는 기법이다.

17

✦ 정답해설

「정신건강증진 및 정신질환자 복지서비스 지원에 관한 법률」 제3조(정의) 제4호, 제5호
4. "정신건강증진시설"이란 정신의료기관, 정신요양시설 및 정신재활시설을 말한다.

5. "정신의료기관"이란 다음 각 목의 어느 하나에 해당하는 기관을 말한다.
　가. 「의료법」에 따른 정신병원
　나. 「의료법」에 따른 의료기관 중 제19조 제1항 후단에 따른 기준에 적합하게 설치된 의원
　다. 「의료법」에 따른 병원급 의료기관에 설치된 정신건강의학과로서 제19조 제1항 후단에 따른 기준에 적합한 기관

18

✦ 오답해설

① 제1차 신체적 성장 급등기에 해당하는 시기는 영아기이다.
② 피아제(Piaget)가 제시한 형식적 조작기 단계의 사고가 주로 나타나는 시기는 12세~16세이다.
③ 이 시기의 아동은 단체놀이를 통하여 집단의 목표가 개인의 목표보다 우선시됨을 학습하게 된다.

19

✦ 오답해설

ㄱ. 최초의 사회보험은 독일이 1883년에 도입한 질병보험이다.
ㄴ. 개정구빈법(1834년)은 빈민의 처우를 균일하게 하려는 계획하에 원내구호를 확대하였다.

20

✦ 오답해설

② 비합리적인 신념을 제거하는 것을 개입의 목표로 제시한 것은 인지행동모델이다.
로저스(Rogers)의 현상학이론은 인간은 주관적 경험들을 통해 자신을 형성하고 삶의 경험을 통해 개인의 성격이 달라지며 인간은 합리적이라는 인간관을 제시하였다.
③ 각 발달단계에서 심리사회적 위기를 경험하지 않을 때 건강한 발달이 나타난다고 본 것은 에릭슨의 심리사회이론이다.
아들러(Adler)의 개인심리이론은 인간은 성적 동기보다 사회적 동기에 의해 동기화되며 목표지향적으로 행동한다고 본다. 열등감과 보상이 개인의 발달에 동기가 되며 우월감을 추구하고 있는 것은 타인에 대한 열등감에서 기인한다고 설명한다.
④ 무의식을 개인무의식과 집단 무의식으로 구분한 것은 융의 분석심리이론이며 프로이트(Freud)의 정신분석이론은 인간의 무의식을 강조하였다.

2023년 기출

2023.06.10. 시행

지방직 9급 정답 및 해설

총평

☑ 출제영역 및 문항별 분석

문항	출제내용	난이도	문항	출제내용	난이도
1	사회복지실천	하	11	인권	하
2	질적조사방법	하	12	장애인활동 지원에 관한 법률	중
3	베버리지 보고서	중	13	의료급여제도	상
4	사회복지의 잔여적 관점과 제도적 관점	중	14	사회보장 기본법	중
5	길버트법 (Gilbert Act)	하	15	강점관점	하
6	노인복지법	상	16	소득보장 프로그램	하
7	사례관리	하	17	노인장기 요양보험법	중
8	사회서비스 바우처	하	18	사례관리	중
9	사회복지 실천기술	중	19	정신건강증진 및 정신질환자 복지서비스 지원에 관한 법률	상
10	사회복지사 윤리강령	중	20	청소년복지 지원법	상

☑ 영역별 분석 통계

구분	출제영역	문항
사회복지일반론	길버트법(Gilbert Act), 우리나라 사회복지사 윤리강령, 인권에 대한 설명	3
사회복지 기초이론 및 실천방법론	사회복지실천, 질적조사방법, 사회복지의 잔여적 관점과 제도적 관점, 사례관리, 사회복지실천기술, 장애인활동 지원에 관한 법률, 의료급여제도, 강점관점, 소득보장프로그램	10
사회보장론	베버리지 보고서에서 제시한 사회보험 운영의 기본 원칙, 사회보장기본법	2
사회복지서비스 분야론	노인복지법, 바우처, 노인장기요양보험법, 정신건강증진 및 정신질환자 복지서비스 지원에 관한 법률, 청소년복지 지원법	5

☑ 총평

2023년 지방직 9급 사회복지학개론은 어렵지 않게 출제되었습니다. 기본적인 사회복지학의 이론과 법령, 사회복지일반론의 내용이 고르게 출제되어 수험생이 느끼는 체감 난이도 역시 높지 않았을 것이라고 평가할 수 있습니다.

출제내용을 살펴보면 사례관리와 관련된 내용이 2문제나 출제되었고 정신건강과 청소년복지와 관련된 문제가 출제되었습니다. 「정신건강증진 및 정신질환자 복지서비스 지원에 관한 법률」, 「청소년복지 지원법」의 내용을 확실하게 정리하지 못한 수험생은 다소 어렵게 느낄 수도 있는 문제였습니다.

「사회보장기본법」과 관련된 문제 역시 법령의 내용이 그대로 지문에 출제되어 기본 이론의 내용과 함께 사회복지학 관련 주요 법령의 내용을 꼼꼼하게 학습하는 것이 매우 중요하다고 할 수 있습니다.

그동안 오랜 시간동안 열심히 공부해온 수험생 여러분의 좋은 결과를 응원합니다.

✓ 정답

01 ②	02 ④	03 ②	04 ④	05 ②
06 ①	07 ③	08 ①	09 ①	10 ④
11 ①	12 ④	13 ①	14 ②	15 ②
16 ③	17 ②	18 ③	19 ①	20 ④

01

✦ 정답해설

② 사정(assessment)은 자료를 수집・분석・종합하여 서비스 계획 수립을 기초자료로 만드는 것이다. 즉 사정은 자료수집과 밀접한 관련이 있으며 실천적 개입을 위한 함의를 도출하는 과정이라고 할 수 있다. 따라서 사회복지 개입의 성과를 확인할 수 있다는 ②의 설명은 옳지 않다.

02

✦ 정답해설

④ 양적조사방법이 대상의 속성을 계량화하며 전체 모집단에 일반화시키는 것이라면 질적조사방법은 현지조사, 관찰, 심층면접 등을 통해 현상에 대한 깊이 있는 이해를 도모하는 방법이다. 질적조사방법은 연구절차가 경직되지 않고 연구 과정에 비중을 두고 있다. 즉 질적조사방법은 연구 절차의 유연성을 특징으로 하고 있다.

03

✦ 정답해설

베버리지 보고서에서 제시한 사회보험 운영의 기본 원칙 6개는 다음과 같다. ② 열등처우의 원칙은 기본 원칙이 아니다.

합격생 Guide

• 행정책임 통합의 원칙 : 행정의 통합화로 모든 사회보장제도의 관리와 운영을 국가가 담당하는 것이다. 사회보험의 체계를 통일하고 행정 운영의 낭비를 최소화한다.
• 포괄성의 원칙 : 적용범위의 포괄화로 전 국민을 사회보험의 대상으로 삼는 것이다.
• 정액보험료의 원칙 : 사회경제적 수준이나 인구학적 차이에 관계없이 모든 사람이 동일한 액수의 보험료를 부담하는 것이다.
• 정액 급여의 원칙 : 사회경제적 수준과 인구학적 차이에 관계없이 모든 사람에게 동일한 급여를 제공하는 것이다.

• 급여 충분성의 원칙 : 급여의 적절화로 급여금액과 지급 기간의 충분성이 확보되어야 하는 것이다.
• 대상의 분류와의 원칙 : 사회보험의 대상자를 대상자의 욕구에 기반하여 다양한 집단별로 분류하는 것이다.

04

✦ 정답해설

• 사회복지의 잔여적 관점 : 정부의 공적 부조나 사회적 서비스를 제공받을 능력이 없는 사람들을 선별적으로 구분하여 보충적으로 서비스를 제공해야 한다는 관점이다. 즉 한정된 자원을 전체 국민 중에서 가장 도움이 필요한 사람들에게 집중적으로 도움을 주어 자원과 비용의 효율성이 높은 장점이 있다.
• 사회복지의 제도적 관점 : 모든 국민이 사회복지의 급여 대상이 될 수 있으며 빈곤을 예방하고자 하는 관점이다. 사회복지의 제도적 관점은 행정절차가 용이하고 빈곤예방이라는 장점이 있으나 많은 비용이 발생하고 자원의 한계성이라는 단점이 있다.

05

✦ 정답해설

② 길버트법은 작업장 노동의 비인도적인 문제에 대응하여 원외구제를 실시하였다.

✦ 오답해설

④ 영국의 자선조직협회는 우애방문원을 통해 가정방문 및 조사, 지원활동을 지시하였다.

06

✦ 정답해설

① 방문요양, 주・야간보호서비스 등을 제공하는 곳은 재가 노인복지시설이다.

제36조(노인여가복지시설)
① 노인여가복지시설은 다음 각 호의 시설로 한다.
1. 노인복지관 : 노인의 교양・취미생활 및 사회참여활동 등에 대한 각종 정보와 서비스를 제공하고, 건강증진 및 질병예방과 소득보장・재가복지, 그 밖에 노인의 복지증진에 필요한 서비스를 제공함을 목적으로 하는 시설

2. 경로당 : 지역노인들이 자율적으로 친목도모·취미활동·공동작업장 운영 및 각종 정보교환과 기타 여가활동을 할 수 있도록 하는 장소를 제공함을 목적으로 하는 시설
3. 노인교실 : 노인들에 대하여 사회활동 참여욕구를 충족시키기 위하여 건전한 취미생활·노인건강유지·소득보장 기타 일상생활과 관련한 학습프로그램을 제공함을 목적으로 하는 시설

제38조(재가노인복지시설)

① 재가노인복지시설은 다음 각 호의 어느 하나 이상의 서비스를 제공함을 목적으로 하는 시설을 말한다.
1. 방문요양서비스 : 가정에서 일상생활을 영위하고 있는 노인(이하 "재가노인"이라 한다)으로서 신체적·정신적 장애로 어려움을 겪고 있는 노인에게 필요한 각종 편의를 제공하여 지역사회안에서 건전하고 안정된 노후를 영위하도록 하는 서비스
2. 주·야간보호서비스 : 부득이한 사유로 가족의 보호를 받을 수 없는 심신이 허약한 노인과 장애노인을 주간 또는 야간 동안 보호시설에 입소시켜 필요한 각종 편의를 제공하여 이들의 생활안정과 심신기능의 유지·향상을 도모하고, 그 가족의 신체적·정신적 부담을 덜어주기 위한 서비스
3. 단기보호서비스 : 부득이한 사유로 가족의 보호를 받을 수 없어 일시적으로 보호가 필요한 심신이 허약한 노인과 장애노인을 보호시설에 단기간 입소시켜 보호함으로써 노인 및 노인가정의 복지 증진을 도모하기 위한 서비스
4. 방문 목욕서비스 : 목욕장비를 갖추고 재가노인을 방문하여 목욕을 제공하는 서비스
5. 그 밖의 서비스 : 그 밖에 재가노인에게 제공하는 서비스로서 보건복지부령이 정하는 서비스

✦ 오답해설

② 법 제34조 제1항
③ 법 제32조 제1항
④ 법 제39조의5 제2항 제6호

07

✦ 정답해설

③ 사례관리 과정은 초기단계, 사정단계, 계획단계, 실행단계, 평가 및 종결의 단계가 있다.
  • 사정 : 사정단계에서는 클라이언트의 문제를 발견하고 형성하고 규정한다.
  • 계획 : 계획단계에서는 개입 계획을 수립한다.
  • 실행 : 클라이언트의 문제를 해결하기 위해 상담, 자원연계, 교육 등 다양한 실천기술을 활용하는 단계이다.

  • 점검 : 실행의 효과에 대해서 중간 점검을 한 후에 개입의 계획을 수정하는 단계이다.
  • 평가 : 사회복지실천활동이 효과적이었는지 효율적이었는지를 판단하는 단계로 개입의 효과를 평가한다.

08

✦ 정답해설

① 바우처는 일종의 교환권으로 사용처에 제한을 둔 상태에서 수급자에게 선택기회를 제공할 수 있는 형태로, 이 방식은 서비스 생산자들 간 경쟁을 통해서 서비스 질의 제고를 목적으로 하고 있다. 즉 바우처는 재화나 서비스 공급자들 간에 경쟁을 유발함으로써 재화나 서비스의 질적인 향상을 기여하고 시장가격 인하에도 영향을 줄 수 있다. 따라서 이런 장점이 극대화되기 위해서는 공급자 간에 충분한 경쟁이 있어야 한다.

09

✦ 정답해설

① 요약에 대한 올바른 설명이 아니다.
  • 요약 : 클라이언트가 말한 내용을 축약하여 정리하는 것으로 논의된 내용을 간단히 요약하여 핵심을 잡아주는 것이다.
  • 명료화 : 클라이언트의 메시지가 추상적이고 애매모호할 때 구체화하는 것으로 사회복지사는 자신이 클라이언트가 말한 이야기에 대해 잘 이해하고 있는지 질문하는 것이다.

10

✦ 정답해설

합격생
Guide

※ 사회복지사의 동료에 대한 윤리기준 : 슈퍼바이저
1) 슈퍼바이저는 슈퍼바이지가 전문적 업무 수행을 할 수 있도록 지원하고 슈퍼바이지는 슈퍼바이저의 전문적 지도와 조언을 존중해야 한다.
2) 슈퍼바이저는 전문적 기준에 따라 슈퍼비전을 수행하며, 공정하게 평가하고 평가 결과를 슈퍼바이지와 공유한다.
3) 슈퍼바이저는 개인적인 이익 추구를 위해 자신의 지위를 이용해서는 안 된다.
4) 슈퍼바이저는 사회복지사 수련생과 실습생에게 인격적·성적으로 수치심을 주는 행위를 해서는 안 된다.

오답해설

① 한국사회복지사협회는 2023.4.11. 사회복지사 윤리강령 5차 개정을 공포하였다.

② 윤리강령은 전문과 윤리기준으로 구성되어 있고 기본적 윤리기준에는 전문가로서의 자세, 전문성 개발을 위한 노력 등의 내용으로 구성되어 있다. 법률에 준하는 강제적 효력이 있다고 할 수는 없다.

③ 사회복지사는 필요한 경우에 제공된 서비스에 대해 공정하고 합리적으로 이용료를 책정할 수 있다.

11

정답해설

① 헌법 제10조에 '모든 국민은 인간으로서의 존엄과 가치를 가지며, 행복을 추구할 권리를 가진다. 국가는 개인이 가지는 불가침의 기본적 인권을 확인하고 이를 보장할 의무를 진다.'고 규정되어 있으며 1966년 인권의 국제적 보장을 위하여 채택된 국제인권조약에도 인권에 대해 규정하고 있다. 각국의 국내법에 규정된 인권의 내용이 모두 동일하다고 할 수 없으며 사회복지실천에 있어서 인권과 윤리를 명확하게 구분하고 있지 않다.

12

정답해설

④ ㄴ: 법 제16조 제1항 제1호
　　ㄷ: 법 제2조의2 제2항

오답해설

법 제16조(활동지원급여의 종류 등)
① 이 법에 따른 활동지원급여의 종류는 다음 각 호와 같다.
　1. 활동보조 : 활동지원인력인 제27조에 따른 활동지원사가 수급자의 가정 등을 방문하여 신체활동, 가사활동 및 이동보조 등을 지원하는 활동지원급여
　2. 방문목욕 : 활동지원인력이 목욕설비를 갖춘 장비를 이용하여 수급자의 가정 등을 방문하여 목욕을 제공하는 활동지원급여
　3. 방문간호 : 활동지원인력인 간호사 등이 의사, 한의사 또는 치과의사의 지시서(이하 "방문간호지시서"라 한다)에 따라 수급자의 가정 등을 방문하여 간호, 진료의 보조, 요양에 관한 상담 또는 구강위생 등을 제공하는 활동지원급여
　4. 그 밖의 활동지원급여 : 야간보호 등 대통령령으로 정하는 활동지원급여

13

정답해설

① ㄱ: 의료급여법 제3조 제1항 제4호

의료급여법 제3조(수급권자)
① 이 법에 따른 수급권자는 다음 각 호와 같다. <개정 2023.8.8.>
　4. 「입양특례법」에 따라 국내에 입양된 18세 미만의 아동

14

정답해설

② (가) 사회보험에 드는 비용은 사용자, 피용자(被傭者) 및 자영업자가 부담하는 것을 원칙으로 하되, 관계 법령에서 정하는 바에 따라 국가가 그 비용의 일부를 부담할 수 있다(법 제28조 제2항).
　(나) 공공부조 및 관계 법령에서 정하는 일정 소득 수준 이하의 국민에 대한 사회서비스에 드는 비용의 전부 또는 일부는 국가와 지방자치단체가 부담한다(법 제28조 제3항).
　(다) 부담 능력이 있는 국민에 대한 사회서비스에 드는 비용은 그 수익자가 부담함을 원칙으로 하되, 관계 법령에서 정하는 바에 따라 국가와 지방자치단체가 그 비용의 일부를 부담할 수 있다(법 제28조 제4항).

15

정답해설

② 강점관점은 클라이언트의 문제보다는 강점과 가능성에 초점을 두고 클라이언트의 강점이 발휘될 수 있도록 도와주는 역할을 강조한다. 따라서 클라이언트의 주변환경에는 활용가능한 자원이 매우 부족하기보다는 가능한 모든 자원을 활용하여 클라이언트의 역량을 실현하도록 원조하는 것이 강점관점이라고 할 수 있다.

16

정답해설

③ 공공부조는 스스로 생활능력이 없는 사람들에게 국가나 지방자치단체가 인간다운 생활을 영위할 수 있도록 지원하는 사회복지제도의 하나로 선별주의의 특징이 있다. 따라서 공공부조의 대상자로 선정되기 위해서는 국가가 규정한 소득 및 재산 등의 기준을 충족해야 한다.

사회보험은 보편주의의 특징을 가지며 사회보험과 공공부조는 국민의 최저생계를 보장하는데 목적이 있으나 서로 다른 의미를 지닌 역사적 배경을 가지고 있으며 공공부조제도는 사회보험에 비해 재분배기능이 높다고 할 수 있다.

17

✦ 정답해설

② 장기요양급여에는 재가급여, 시설급여 및 특별현금급여가 있다(법 제23조 제1항).

✦ 오답해설

① 법 제7조 제3항
③ 법 제7조 제1항, 제2항
④ 법 제2조 제3호

18

✦ 정답해설

③ 사례관리는 복합적이고 장기적인 욕구를 갖고 있는 사람에 대한 지원활동이며, 지역사회의 다양한 서비스 기관들을 연계하여 종합적인 서비스를 제공하는 활동이다. 사례관리 과정은 초기단계, 사정단계, 계획단계, 실행단계, 평가 및 종결의 단계가 있다.
사례관리의 초기단계에서는 사례관리자가 클라이언트를 발견하여 클라이언트가 새로운 환경에 적응하고 문제해결을 위한 파트너십을 형성할 수 있도록 돕는 단계이다. 사례관리를 필요로 하는 클라이언트를 발견하고 적격성 여부를 거쳐 클라이언트로 확정하는 과정은 사정단계가 아니라 사례관리의 첫 단계인 초기단계의 내용이다.

19

✦ 정답해설

① 정신재활시설에 대한 설명이다.

> 제3조(정의)
> 이 법에서 사용하는 용어의 뜻은 다음과 같다.
> 6. "정신요양시설"이란 제22조에 따라 설치된 시설로서 정신질환자를 입소시켜 요양 서비스를 제공하는 시설을 말한다.

> 7. "정신재활시설"이란 제26조에 따라 설치된 시설로서 정신질환자 또는 정신건강상 문제가 있는 사람 중 대통령령으로 정하는 사람(이하 "정신질환자등"이라 한다)의 사회적응을 위한 각종 훈련과 생활지도를 하는 시설을 말한다.

✦ 오답해설

② 법 제7조 제3항 제2호
③ 법 제3조 제4호
④ 법 제15조 제1항

20

✦ 정답해설

> 제31조(청소년복지시설의 종류)
> 「청소년기본법」 제17조에 따른 청소년복지시설(이하 "청소년복지시설"이라 한다)의 종류는 다음 각 호와 같다.
> 1. 청소년쉼터 : 가정 밖 청소년에 대하여 가정·학교·사회로 복귀하여 생활할 수 있도록 일정 기간 보호하면서 상담·주거·학업·자립 등을 지원하는 시설
> 2. 청소년자립지원관 : 일정 기간 청소년쉼터 또는 청소년회복지원시설의 지원을 받았는데도 가정·학교·사회로 복귀하여 생활할 수 없는 청소년에게 자립하여 생활할 수 있는 능력과 여건을 갖추도록 지원하는 시설
> 3. 청소년치료재활센터 : 학습·정서·행동상의 장애를 가진 청소년을 대상으로 정상적인 성장과 생활을 할 수 있도록 해당 청소년에게 적합한 치료·교육 및 재활을 종합적으로 지원하는 거주형 시설
> 4. 청소년회복지원시설 : 「소년법」 제32조 제1항 제1호에 따른 감호 위탁 처분을 받은 청소년에 대하여 보호자를 대신하여 그 청소년을 보호할 수 있는 자가 상담·주거·학업·자립 등 서비스를 제공하는 시설

2022년 기출
2022.04.02. 시행

국가직 9급 정답 및 해설

총평

✓ 출제영역 및 문항별 분석

문항	출제내용	난이도	문항	출제내용	난이도
1	윌렌스키(Wilensky)와 르보(Lebeaux)	중	11	베버리지(W. Beveridge)	하
2	사회복지 역사	하	12	사회복지실천	하
3	집단사회복지 실천단계	중	13	영국 사회복지발달사	중
4	지역사회 관련 변화	상	14	사회복지 프로그램 평가	하
5	자료수집방법	하	15	정신건강 사회복지	중
6	아동복지법	하	16	가족 대상 사회복지실천	중
7	사회투자국가	중	17	사회복지시설 및 기관에 대한 평가제도	중
8	가족문제	중	18	사회복지의 가치	상
9	핀커스(Pincus)와 미나한(Minahan)	상	19	사회복지실천	하
10	해결중심 모델기술	중	20	사회복지조사	중

✓ 영역별 분석 통계

구분	출제영역	문항
사회복지일반론	사회복지 역사, 지역사회 관련 변화, 영국 사회복지발달사, 사회복지의 가치	4
사회복지 기초이론 및 실천방법론	윌렌스키(Wilensky)와 르보(Lebeaux)가 제시한 사회복지의 제도적 개념과 잔여적 개념, 집단사회복지실천단계, 자료수집방법, 아동복지법, 사회투자국가, 가족문제를 바라보는 이론, 핀커스(Pincus)와 미나한(Minahan), 해결중심모델기술, 사회복지실천을 위한 면접, 사회복지프로그램 평가, 가족 대상 사회복지실천, 사회복지시설 및 기관에 대한 평가제도, 사회실천에 있어 기록	13
사회보장론	베버리지(W. Beveridge)가 강조한 사회보험이 성공하기 위한 전제조건	1
사회복지서비스 분야론	정신건강사회복지, 사회복지조사	2

✓ 총평

2022년 국가직 9급 사회복지학개론의 난이도는 무난하게 출제되었다고 평가할 수 있습니다. 수험생이 까다롭게 여기는 여러 법령의 세세한 내용이 많이 출제되지 않았고 사회복지학의 기초이론과 관련된 내용이 많이 출제되었기 때문입니다. 한국의 구빈제도를 묻는 문제 대신에 영국의 사회복지 발달사와 관련된 문제가 출제되었고 사회복지 역사에 대한 전반적인 내용을 묻는 문제도 출제되었습니다. 기본적 내용을 충실히 학습한 수험생이라면 충분히 정답을 맞힐 수 있는 수준의 문제가 많이 출제되었습니다. 사회복지학개론은 기본서의 내용과 기출문제의 내용을 함께 충실하게 학습한다면 고득점이 가능한 과목입니다. 수험생 여러분의 좋은 결과를 응원하겠습니다.

며 집단 전체의 목표달성 정도 등에 관한 결과평가를 시행한다.

✓ 정답				
01 ②	02 ①	03 ②	04 ④	05 ④
06 ③	07 ②	08 ④	09 ①	10 ①
11 ③	12 ③	13 ①	14 ④	15 ②
16 ④	17 ②	18 ①	19 ③	20 ②

01

✦ 정답해설

② 잔여적 개념에 대한 설명이다.

잔여적 개념으로서의 사회복지는 가족과 시장 등 사회의 주요제도들이 사회복지의 요구를 충족시키지 못한 경우에 일시적이고 한정적, 보완적으로 보충하는 것을 의미한다. 제도적 개념으로서의 사회복지는 국민들이 최적의 삶을 영위할 수 있도록 지속적으로 지원하는 것을 뜻한다.

02

✦ 정답해설

① 1601년 제정된 엘리자베스 구빈법에 대한 올바른 설명이다.

✦ 오답해설

② 자선조직협회는 여러 자선활동을 조정함으로써 구호의 중복을 피하는 한편 우애방문원의 가정방문 및 환경조사 등을 통해 선별적 구호를 제공하였다.

③ 질병보험법은 1883년, 산업재해보험법은 1884년, 노령 및 폐질보험법은 1889년에 제정되었다.

④ 공공급여에서 근로연계복지를 중심으로 하는 복지서비스로 재편되었다.

03

✦ 정답해설

② • 준비단계 – 사회복지사가 집단에 대한 계획과 구성에 대해 준비하는 단계로 집단목적을 설정하고 잠재적 성원의 모집을 하는 단계이다.

• 초기단계 – 집단목적을 명확화하고, 개별 목표를 설정하고 집단참여에 대한 동기부여를 하는 단계이다.

• 중간단계 – 사회복지사가 성원들을 격려하고 목적달성을 원조하고 참여유도와 능력고취를 도와주는 단계로 집단진행과정의 점검과 평가가 이루어지는 단계이다.

• 종결단계 – 집단에 대한 의존성을 감소시키는 단계로 사회복지사는 변화를 유지하고 일반화할 수 있게 도우

04

✦ 정답해설

④ (라) 행복e음 개통 – 2010년
(가) 희망복지지원단 설치 – 2012년
(나) 읍면동 복지허브화 실시 – 2016년
(다) 지역사회 통합돌봄 선도사업 실시 – 2019년

05

✦ 정답해설

④ 사회지표분석은 정부기관 또는 사회복지 관련 조직이 수집한 기존의 자료를 이용하여 지역사회구성원의 복지욕구나 문제를 분석하는 방법이다.

지역사회를 대표하는 사람들을 초대하여 지역사회문제에 대해 설명을 요청하고 이에 대한 의견을 나누는 방법은 지역사회 공개토론회 및 공청회이다.

06

✦ 정답해설

③

> 「아동복지법」제4조(국가와 지방자치단체의 책무) 제3항
> 국가와 지방자치단체는 아동이 태어난 가정에서 성장할 수 있도록 지원하고, 아동이 태어난 가정에서 성장할 수 없을 때에는 가정과 유사한 환경에서 성장할 수 있도록 조치하며, 아동을 가정에서 분리하여 보호할 경우에는 신속히 가정으로 복귀할 수 있도록 지원하여야 한다.

✦ 오답해설

① 동법 제4조 제1항
② 동법 제4조 제6항
④ 동법 제4조 제7항

07

✦ 정답해설

② 사회투자국가는 기든스가 그의 저서 '제3의 길'을 통해 주장한 것으로 인적자본과 사회자본에 대한 투자를 확대하고, 빈곤예방과 기회의 평등을 제공하여 경제발전과 사회발전을 동시에 추구하는 정책이다.

오답해설

ㄱ. 기회의 평등을 강조한다.

ㄷ. 경제정책과 사회정책의 통합성을 강조하지만 경제정책을 우선한다.

08

정답해설

④ 사회구성주의이론에서 가장 중요한 개념은 주관성이다. 가족의 구성원들이 각자 생각하고 받아들이는 것이 다르기 때문에 그대로 인정하고 수용하는 것을 중요하게 생각한다.

남편이 생계를 책임지고 부인은 가사를 책임지는 역할분담을 벗어나는 가족의 상태를 병리적인 가족의 해체로 보는 것은 전통적인 가부장적인 가족체계에 대한 설명이다.

09

정답해설

① 변화매개체계는 법원이 아니라 정신건강복지센터이다.

- 변화매개체계 – 사회복지사와 사회복지사가 속한 기관을 의미
- 클라이언트체계 – 서비스나 도움을 필요로 하는 사람들을 의미
- 표적체계 – 변화매개체계가 목적을 이루기 위해 변화시킬 필요가 있는 대상
- 행동체계 – 변화매개체계가 목적을 이루기 위해 함께 일하는 사람들

10

정답해설

① ㄱ, ㄷ은 해결중심모델기술의 적절한 예이며, ㄴ은 관계성 질문이라기보다는 대처질문에 해당한다.

- 예외질문 – 클라이언트가 잘하고 있으면서도 의식하지 못하고 있을 때 클라이언트의 강점을 강화하는 질문
- 관계성질문 – 클라이언트의 나아진 모습을 무엇을 통해 알 수 있는지를 클라이언트에게 중요한 사람의 입장에서 바라볼 수 있게 하는 질문
- 척도질문 – 숫자를 사용한 구체적 표현을 통해 클라이언트의 변화의지, 동기, 자신감 등을 객관적으로 알 수 있게 도움을 주는 질문

- 대처질문 – 클라이언트에게 힘든 상황 속에서 어떻게 희망을 버리지 않고 생활해 왔는지 질문하고 능력을 인정하는 질문

11

정답해설

③ 베버리지가 강조한 사회보험의 3가지 전제조건 – 완전고용, 포괄적 보건 서비스, 가족수당

12

정답해설

③ 필요한 정보를 얻기 위해서나 클라이언트의 생각과 느낌을 표현하는 것을 돕기 위해 질문기술을 활용한다. 개방질문은 클라이언트가 자신이 말하고 싶을 때 자신의 생각과 감정을 자유롭게 표현할 수 있어 대화를 이끌어내기가 편하기 때문에 클라이언트의 자유로운 의사 표현을 격려하고자 할 때 적절하다.

13

정답해설

① (가) 정주법(1662년)
   (다) 작업장법(1722년)
   (나) 길버트법(1782년)
   (마) 스핀햄랜드법(1795년)
   (라) 개정구빈법(1834년)

14

정답해설

④ 비용효과분석은 비용만을 금전적 가치로 분석하고 성과에 대해서는 화폐적 가치로 환산을 하지 않는다.
비용편익분석이 프로그램에 드는 비용과 성과 모두를 화폐적 가치로 환산하는 평가방식이다.

15

정답해설

② 정신건강사회복지의 1차적 대상은 정신적·정서적 장애를 가지고 있는 클라이언트들과 그 가족이다.

16

✦ 정답해설

④ ㄱ, ㄴ. 가족 대상 사회복지실천은 개인보다는 가족을 단
위로 개입하는 것이 효과적이고, 문제 해결을 위해 가
족 모두의 협조와 노력이 필요할 때 이루어진다.
　　ㄷ. 가족조각은 정서적 가족관계를 언어를 사용하지 않고
신체적으로 상징화하기 위해 사람 또는 대상물을 배
열해 시각적으로 표현하는 것이다.
　　ㄹ. 탈삼각화는 가족 내에 형성되어 있는 삼각관계를 벗
어나 두 성원의 감정 영역에서 제3의 성원을 분리시
키기는 과정으로 가족원들이 자아분화되도록 돕는
것이다.

17

✦ 정답해설

② 1997년에 사회복지사업법을 개정하여 1999년에 보건사
회연구원이 평가를 실시하였다.

합격생
Guide 　사회보장급여의 이용·제공 및
　수급권자 발굴에 관한 법률

제29조(한국사회보장정보원) ① 사회보장정보시스템의 운영
·지원을 위하여 한국사회보장정보원(이하 "한국사회보장정
보원"이라 한다)을 설립한다.

18

✦ 정답해설

① 에밀 뒤르켐(E. Durkheim)은 연대 방식을 기계적 연대와
유기적 연대로 구분해서 설명하였다.
　　ㄷ. 전통사회에서의 연대는 유기적 연대가 아닌 기계적
연대에 대한 설명이다.
· 기계적 연대 - 전통사회, 자신의 의사와 상관없이 권리
와 의무가 부여, 자기가 태어나고 소속되는 집단에 자
동으로 결속, 동질성과 집합의식이 높은 사회
· 유기적 연대 - 익명적, 이질적, 자발적으로 계약을 해서
결속, 유기적 연대 하에서 서로가 필요한 부분을 채워
주는 유연한 상호보완성이 있는 사회

19

✦ 정답해설

③ 기록은 사회복지의 실천활동을 문서화하고 효과적 서비
스를 위한 모니터, 행정과 조사연구 등 중요한 역할을 한
다. 기록은 클라이언트와 정보를 공유하며 의사소통 등에
활용할 수 있다.

20

✦ 정답해설

② 동질성의 원리가 반영된 조사기법은 반분법이다.
상호관찰자기법(interobserver reliability)은 두 명 이상의
관찰자들이 관찰한 다음 개별적으로 관찰한 값이 얼마나
일관성이 있는지 알아보는 것이다.

2022년 기출
2022.06.18. 시행

지방직 9급 정답 및 해설

총평

✅ 출제영역 및 문항별 분석

문항	출제내용	난이도	문항	출제내용	난이도
1	로마니신 (Romanyshyn)	중	11	연대별 사회복지 관련법	상
2	국민기초 생활 보장법	하	12	조지와 윌딩 (George & Whilding)	중
3	카두신 (Kadushin)	상	13	사회복지실천	하
4	노인복지법	중	14	등간 척도	중
5	밀착가족, 유리가족	하	15	파펠과 로스먼 (Papell & Rothman)	중
6	체계이론	중	16	사회복지 실천의 기록	하
7	사회복지사의 역할	하	17	사회보장급여의 이용·제공 및 수급권자 발굴에 관한 법률	중
8	청소년복지 지원법	하	18	기초연금법	하
9	우리나라 아동복지 제도	중	19	사회보장급여의 이용·제공 및 수급권자 발굴에 관한 법률	중
10	고려시대의 구빈제도	하	20	사회복지법인 사회복지시설 재무·회계 규칙	상

✅ 영역별 분석 통계

구분	출제영역	문항
사회복지일반론	우리나라 아동복지 제도, 고려시대의 구빈제도, 사회복지사의 역할, 연대별 사회복지 관련법	4
사회복지 기초이론 및 실천방법론	로마니신(Romanyshyn), 국민기초생활 보장법, 체계이론, 밀착가족과 유리가족, 조지와 윌딩(George & Whilding), 사회복지실천, 등간 척도, 파펠과 로스먼(Papell & Rothman), 사회복지 실천의 기록, 사회복지법인 사회복지시설 재무·회계 규칙	10
사회보장론	사회보장급여의 이용·제공 및 수급권자 발굴에 관한 법률	2
사회복지서비스 분야론	카두신(Kadushin)이 분류한 아동복지서비스, 노인복지법, 청소년복지 지원법, 기초연금법	4

✅ 총평

2022년 지방직 9급 사회복지학개론은 다소 높은 난이도를 보였습니다. 구체적인 내용을 정확히 알고 있어야만 풀 수 있는 문제들이 많이 출제되었고 다양한 법령과 이론들의 세세한 내용이 많은 문제에 반영되었습니다.

법령의 내용 중에서 특히 「사회보장급여의 이용·제공 및 수급권자 발굴에 관한 법률」은 2문제나 출제되었습니다. 그 외에도 「사회복지법인 사회복지시설 재무·회계 규칙」과 관련된 문제는 수험생 입장에서 다소 어렵다고 느낄 수 있는 문제였습니다. 고려시대 구빈제도를 묻는 문제와 연대별로 제정된 사회복지 관련법과 관련된 문제는 수험생 개인별 학습 정도에 따라 체감 난이도가 크게 차이가 날 수 있는 문제였습니다.

사회복지학은 기본서와 기출문제 풀이 학습을 통해 좋은 결과를 얻을 수 있는 과목입니다. 수험생 여러분의 좋은 결과를 응원하겠습니다.

✓ 정답

01 ①	02 ①	03 ②	04 ④	05 ①
06 ④	07 ②	08 ③	09 ④	10 ①
11 ①	12 ③	13 ②	14 ②	15 ③
16 ①	17 ②	18 ②	19 ③	20 ④

01

✦ 정답해설

① 특수성(special)에서 보편성(universal)으로 변화한다.

02

✦ 정답해설

①

> **국민기초생활 보장법 제2조(정의)**
> 이 법에서 사용하는 용어의 뜻은 다음과 같다.
> 9. "소득인정액"이란 보장기관이 급여의 결정 및 실시 등에 사용하기 위하여 산출한 개별가구의 소득평가액과 재산의 소득환산액을 합산한 금액을 말한다.

03

✦ 정답해설

② 보충적 서비스는 보육서비스 등의 부모의 역할을 일부 보조해주는 서비스이다.

✦ 오답해설

① 지지적 서비스 - 가족치료, 가족생활교육, 부모교육 등의 가정을 유지할 수 있도록 부모와 아동의 능력을 지원하고 강화시켜 주는 서비스이다.
③ 대리적 서비스 - 부모의 역할이 상실되거나 결손되었을 때 부모의 역할을 대신하는 입양, 가정위탁 등의 서비스이다.

04

✦ 정답해설

④ 노인요양공동생활가정은 노인주거복지시설이 아닌 노인의료복지시설이다.

합격생 Guide 노인복지법 제34조(노인의료복지시설)

> ① 노인의료복지시설은 다음 각 호의 시설로 한다.
> 2. 노인요양공동생활가정 : 치매·중풍 등 노인성질환 등으로 심신에 상당한 장애가 발생하여 도움을 필요로 하는 노인에게 가정과 같은 주거여건과 급식·요양, 그 밖에 일상생활에 필요한 편의를 제공함을 목적으로 하는 시설

05

✦ 정답해설

① 밀착가족은 가족성원 간 상호작용이 매우 잘 되며, 가족성원 간 상호작용이 부족한 가족은 유리가족이다.

06

✦ 정답해설

④ 네겐트로피(negative entropy) - 체계 외부로부터 에너지가 유입되어 체계 내부에 유용하지 않은 에너지가 감소하는 것을 의미한다.

07

✦ 정답해설

② • 중개자 - 클라이언트를 그가 필요로 하는 자원 및 서비스와 연결시킨다.
• 행동가 - 클라이언트 입장에서 그들의 인권이 보호받을 수 있도록 대중의 힘을 동원하고 사람들을 조직하는 활동을 한다.

08

✦ 정답해설

③

> 청소년복지 지원법 제31조(청소년복지시설의 종류)
> 「청소년기본법」 제17조에 따른 청소년복지시설(이하 "청소년복지시설"이라 한다)의 종류는 다음 각 호와 같다.
> 　3. 청소년치료재활센터: 학습·정서·행동상의 장애를 가진 청소년을 대상으로 정상적인 성장과 생활을 할 수 있도록 해당 청소년에게 적합한 치료·교육 및 재활을 종합적으로 지원하는 거주형 시설

09

✦ 정답해설

④

> 아동수당법 제4조(아동수당의 지급 대상 및 지급액)
> ① 아동수당은 8세 미만의 아동에게 매월 10만원을 지급한다.
> ⑤ 제1항에도 불구하고 2세 미만의 아동에게는 매월 50만원 이상으로서 대통령령으로 정하는 금액을 추가로 지급한다. 〈신설 2021.12.14., 2023.6.13.〉
> [시행일: 2023.9.14.] 제4조

10

✦ 정답해설

① 사창은 조선 시대 각 지방 군현의 촌락에 설치된 곡물을 대여해 주는 구빈제도이다.

11

✦ 정답해설

① 「생활보호법」 – 1961년
　「군인연금법」 – 1963년

✦ 오답해설

② 「사회보장에 관한 법률」 – 1963년, 「모자복지법」 – 1989년
③ 「사회복지 사업법」 – 1970년, 「사회복지 공동모금회법」 – 1999년
④ 「노인복지법」 – 1981년, 「사회보장기본법」 – 1995년

12

✦ 정답해설

③ 반집합주의는 자유방임주의를 특징으로 하여 개인의 자유를 중시하며 복지국가는 개인의 자유를 제한한다고 본다. 따라서 시장을 중시하며, 자본주의 체제의 조절능력을 믿어 복지국가에 반대하는 것은 반집합주의에 대한 설명이다.

13

✦ 정답해설

ㄴ. 과거의 객관적 실체와 사실관계 파악이 문제 해결의 기초라고 전제하는 것은 논리실증주의의 입장이다.

14

✦ 정답해설

② ㄱ – 명목척도
　ㄴ – 등간척도
　ㄷ – 비율척도

15

✦ 정답해설

③ 집단성원에게 기술과 정보를 제공할 목적을 가지며, 교육과 강의 중심으로 구성되는 것은 교육집단에 대한 설명이다. 사회적 목표 모델은 집단의 사회적 목표를 강조하며 보이스카우트, 걸스카우트, 시민참여 등의 집단활동을 통해 사회적 책임의 목적을 달성한다.

16

✦ 정답해설

① 문제중심기록에 대한 올바른 설명이다.

✦ 오답해설

② 이야기체기록은 사회복지사와 클라이언트 간에 있었던 모든 일을 기록하는 것이 아니라 내용을 정리하여 재구성하여 기록하는 것이다.
③ 과정기록은 핵심 내용이 아닌 모든 정보를 있는 그대로 모두 기록한다.
④ 요약기록은 중요한 내용을 중심으로 기록한다.

17

✦ 정답해설

② ㄴ. 지역사회보장계획은 4년마다 수립한다(사회보장급여법 제35조 제1항).

✦ 오답해설

사회보장급여의 이용·제공 및 수급권자 발굴에 관한법률 제35조(지역사회보장에 관한 계획의 수립)
② 시장·군수·구청장은 해당 시(「제주특별자치도 설치 및 국제자유도시 조성을 위한 특별법」 제10조 제2항에 따른 행정시를 포함한다. 이하 같다)·군·구(자치구를 말한다. 이하 같다)의 지역사회보장계획(연차별 시행계획을 포함한다. 이하 이 조에서 같다)을 지역주민 등 이해관계인의 의견을 들은 후 수립하고, 제41조에 따른 지역사회보장협의체의 심의와 해당 시·군·구 의회의 보고(보고의 경우「제주특별자치도 설치 및 국제자유도시 조성을 위한 특별법」에 따른 행정시장은 제외한다)를 거쳐 시·도지사에게 제출하여야 한다.

18

✦ 정답해설

② 지문은 국민연금법의 노령연금에 대한 설명이다. 기초연금은 기초연금법에 있다.

✦ 합격생 Guide 국민연금법 제49조(급여의 종류)

이 법에 따른 급여의 종류는 다음과 같다.
1. 노령연금
2. 장애연금
3. 유족연금
4. 반환일시금

19

✦ 정답해설

③

사회보장급여의 이용·제공 및 수급권자 발굴에 관한 법률 제41조(지역사회보장협의체)
② 지역사회보장협의체는 다음 각 호의 업무를 심의·자문한다.
  1. 시·군·구의 지역사회보장계획 수립·시행 및 평가에 관한 사항
  2. 시·군·구의 지역사회보장조사 및 지역사회보장지표에 관한 사항
  3. 시·군·구의 사회보장급여 제공에 관한 사항
  4. 시·군·구의 사회보장 추진에 관한 사항
  5. 읍·면·동 단위 지역사회보장협의체의 구성 및 운영에 관한 사항
  6. 그 밖에 위원장이 필요하다고 인정하는 사항

20

✦ 정답해설

④ ㄱ. 제41조의2(후원금의 범위 등) ① 법인의 대표이사와 시설의 장은 「사회복지사업법」 제45조에 따른 후원금의 수입·지출 내용과 관리에 명확성이 확보되도록 하여야 한다. 시설거주자가 받은 개인결연후원금을 당해인이 정신질환 기타 이에 준하는 사유로 관리능력이 없어 시설의 장이 이를 관리하게 되는 경우에도 또한 같다.
  ㄴ. 제41조의5(후원금의 수입 및 사용내용통보) 법인의 대표이사와 시설의 장은 연 1회 이상 해당 후원금의 수입 및 사용내용을 후원금을 낸 법인·단체 또는 개인에게 통보하여야 한다. 이 경우 법인이 발행하는 정기간행물 또는 홍보지등을 이용하여 일괄 통보할 수 있다.
  ㄷ. 제41조의7(후원금의 용도 외 사용금지) ③ 후원금의 수입 및 지출은 제10조의 규정에 의한 예산의 편성 및 확정절차에 따라 세입·세출예산에 편성하여 사용하여야 한다.

국가직 9급 정답 및 해설

총평

☑ 출제영역 및 문항별 분석

문항	출제내용	난이도	문항	출제내용	난이도
1	지역사회복지 실천모델	중	11	사회복지 프로그램	하
2	공적연금 재정의 운영방식	하	12	사회복지서비스 전달체계	하
3	사회복지제도	하	13	장애인복지	중
4	사회복지 관련 법률	중	14	노인복지법	상
5	사회복지와 사회사업의 개념	하	15	장애인차별금지 및 권리구제 등에 관한 법류	중
6	영국의 길버트법	하	16	지역사회보장협의체	중
7	리머의 윤리적 결정지침	중	17	아동학대범죄의 처벌 등에 관한 특례법	상
8	복지국가에 대한 이념	하	18	청소년복지 지원법	하
9	표본추출 방법	하	19	비에스텍의 관계론	중
10	생태학적 오류	하	20	클라이언트 사정도구	중

☑ 영역별 분석 통계

구분	출제영역	문항
사회복지일반론	사회복지와 사회사업의 개념, 신자유주의, 길버트법, 한국의 사회복지 관련 법률 제정연도	4
사회복지 기초이론 및 실천방법론	생태학적 오류, 집락표집, 리머의 윤리적 지침, 비에스텍의 관계론 기본원칙, 생태도, 로스만의 지역사회복지 실천모델, 지역사회보장협의체, 현금급여와 현물급여 비교, 우리나라 사회복지서비스 전달체계, 논리모형	10
사회보장론	부과방식과 적립방식 비교	1
사회복지서비스 분야론	아동학대범죄 처벌 등에 관한 특례법, 노인복지시설의 종류, 자립생활모델과 재활모델 비교, 장애인복지, 청소년복지	5

☑ 총평

2021년도 국가직 9급 사회복지학개론은 지난해와 마찬가지로 전체적으로 평이하게 출제되었습니다. 특히 올해는 선택과목제도의 마지막 해라는 특수한 상황과 맞물려 사회복지학개론의 난이도가 더욱 하향평준화된 시험이었다고 평가할 수 있습니다. 따라서 수험생은 90점 이상의 고득점을 받아야만 합격권 안에 들 수 있었던 시험이었습니다.

이번 사회복지학개론 시험은 대부분의 문제가 기존 시험에 출제되었던 난이도 하의 문제가 많았습니다. 특히 노인복지법, 장애인차별금지 및 권리구제 등에 관한 법률, 청소년복지 지원법 등 법령의 내용을 묻는 문제가 다수 출제되었고, 로스만(J.Rothman), 리머(F.Reamer), 비에스텍(F.Biestek) 등 사회복지학 학자들의 이론을 물어보는 문제도 많이 출제되었습니다. 하지만 아동학대범죄의 처벌 등에 관한 특례법에 관련된 문제는 자주 출제되는 기출문제의 내용이 아니었기 때문에 난이도 상의 문제였습니다.

사회복지학개론은 빠른 시간에 정확하게 문제를 푸는 것이 합격의 열쇠입니다. 따라서 수험생 여러분은 기본서의 내용과 더불어 기출문제의 내용을 반복 학습한다면 큰 도움을 받을 수 있을 것입니다.

⊘ 정답

01 ③	02 ②	03 ③	04 ①	05 ①
06 ③	07 ④	08 ④	09 ②	10 ②
11 ④	12 ③	13 ③	14 ②	15 ①
16 ③	17 ④	18 ④	19 ②	20 ①

01

✦ 정답해설

③ ㄴ. 지역사회개발 모델에서는 주민들이 목표를 설정하고 실천 행동에 참여하는 모형이므로 주민의 자조정신, 주민의 문제해결 능력 강화, 주민의 광범위한 참여 등이 장려된다.

　ㄷ. 사회행동 모델에서는 사회복지사의 중개자, 옹호자, 조력자, 대변자 등의 역할이 강조된다.

✦ 오답해설

ㄱ. 교육을 통해 주민 지도자를 양성하고 협력적인 지역분위기를 조성하는 데 주력하는 것은 지역사회개발 모델이다. 지역사회개발 모델은 토착적인 지도자의 개발, 교육 등을 강조하고 지역사회 전체를 대상으로 사회통합을 증진하기 위해 노력한다.

02

✦ 정답해설

② 부과방식은 적립방식에 비해 세대 간 소득재분배 효과가 높다.

✦ 오답해설

① 부과방식은 현재 근로세대가 퇴직 후에 받게 될 연금급여 재원을 미래의 근로세대가 부담하게 될 것이라는 전제하에, 현재의 근로세대가 현재의 퇴직세대의 연금급여 지출에 필요한 재원을 당장 부담하는 방식이다.

③ 적립방식은 가입자로부터 징수한 기여금을 장기에 걸쳐 적립하여 이를 기금으로 운용하고 그 원리금과 당해 기여금 수입을 재원으로 연금급여를 지급하는 방식이다.

④ 적립방식은 적립된 기금의 활용이 가능한 장점이 있지만 인플레이션 등 경제사회적 변화에 취약하고 장기적인 예측에 있어서 어려움이 존재할 수 있다.

03

✦ 정답해설

③ 정책 목표의 특정화에 용이한 것은 현물급여이다.

✦ 오답해설

① 현금급여는 개인의 자유와 선택을 중시하고 수급자의 선택권을 강화한다.

② 현금급여는 행정 관리의 비용을 절감하고 이로 인해 운영의 효율성이 증가한다.

④ 현금급여는 인간의 존엄성, 소비자 주권, 자기 결정권 등이 존중되어 수급자 효용이 극대화된다.

04

✦ 정답해설

① ㄱ. 「노인장기요양보험법」: 2007년 제정

　ㄴ. 「사회서비스 이용 및 이용권 관리에 관한 법률」: 2011년 제정

　ㄷ. 「저출산·고령사회기본법」: 2005년 제정

✦ 오답해설

ㄹ. 「사회보장기본법」: 1995년 제정

05

✦ 정답해설

① 극빈자에 대한 구호사업과 무의탁한 사람에 대한 수용보호사업이 「조선구호령」에 의하여 이루어지고 있었으나, 1961년 12월 30일 「생활보호법」이 제정되면서 공적부조 제도가 적극화되었다. 1961년 제정된 「생활보호법」은 제1조에서 '본 법은 노령, 질병 기타 근로능력의 상실로 인하여 생활유지의 능력이 없는 자 등에 대한 보호와 그 방법을 규정하여 사회복지의 향상에 기여함을 목적으로 한다.'라고 명시하였다.

✦ 오답해설

② 사회사업은 사회복지에 비해 개인이나 가족, 집단에 대한 문제해결에서 치료 접근을 강조한 개념이다.

③ 미국에서 사회사업은 1900년에서 1920년대 직후를 전문직 확립을 위한 노력단계로 분류하므로, 19세기 아닌 20세기 전반부터 전문직화되는 경향을 보인다고 해야 한다.

④ 사회복지사업법 제2조(정의)에 따르면 '사회복지사업', '지역사회복지', '사회복지법인', '사회복지시설', '사회복지관', '사회복지서비스', '보건의료서비스'의 용어의 뜻이 나와 있다.

06

◆ 정답해설

③ 1782년에 제정된 길버트법은 작업장에서의 빈민의 비참한 생활과 착취를 개선할 목적으로 제정된 것으로 교구 연합방식의 채택을 통해 구빈행정을 합리화하려고 하였다.

◆ 오답해설

① 1601년 제정된 엘리자베스 구빈법은 빈민구제를 국가책임으로 인식하고 구빈세를 부과한 것이다.

② 1722년 제정된 작업장법은 노동이 가능한 빈민을 고용해 국부를 증진시키려 하였고 오늘날 직업보도프로그램의 원조가 되었다.

④ 1834년 제정된 신구빈법은 경제적 불황과 구빈비용의 급격한 증가로 영국정부가 구빈비용을 축소하기 위해 구빈법을 수정한 것이다.

07

◆ 정답해설

④ 개인의 자기결정권이 그 자신의 기본적 복지권보다 우선한다. 이 지침은 개인이 자기파괴적인 행동을 선택하더라도 이미 정보가 충분히 제공되었고, 결과에 대해서도 알고 있기 때문에 다른 사람의 안전을 위협하지 않는 결정이라면 존중해야 한다는 것을 의미한다.

◆ 오답해설

① 기본적 위해를 예방하고 또한 주거, 교육, 공공부조를 증진할 의무는 개인의 재산에 대한 권리보다 우선한다.

② 인간 행위에 필수적인 재화를 포함한 기본적 안녕에 대한 개인의 복지권은 다른 사람의 자기결정권보다 우선한다.

③ 개인이 자발적으로 동의한 법, 규칙, 규정을 준수해야 하는 의무는 이와 상충되는 방식으로 행동할 수 있는 개인의 권리보다 우선한다.

08

◆ 정답해설

④ 신자유주의는 국가권력의 시장개입을 비판하고 자유시장 경제의 가치를 중시하며 민간의 자유로운 활동을 중시하는 이론이다.

◆ 오답해설

① 사회민주주의는 마르크스주의자들이 폭력혁명을 방법으로 삼은 것에 반해, 민주주의적 방법으로 생산수단의 사회적 소유와 관리에 의한 사회의 개조를 실현하려는 주장이다.

② 페미니즘은 남성 중심의 이데올로기에 대항하여, 사회 각 분야에서 여성 권리와 주체성을 확장하고 강화해야 한다는 운동이다.

③ 마르크스주의는 노동자계급을 주체로 한 사회주의 혁명과 관련된 마르크스와 엥겔스에 의해 시작된 과학적 사회주의이론이다.

09

◆ 정답해설

② 모집단에서 다수의 하위집단을 추출하고 최종 자료수집을 하는 단계를 통해 집락표집법인 것을 알 수 있다. 집락표집법은 모집단을 일차적으로 몇 개의 부분 단위로 나누고, 나누어진 부분 단위에서 무작위로 표본을 추출하는 방법이다.

◆ 오답해설

① 유의표집법 : 표본을 주관적으로 선택해 추출하는 표본 조사의 한 방법

③ 할당표집법 : 모집단의 일부로부터 할당에 의해 선택되는 모집단의 표집을 이용한 표본 조사의 한 방법

④ 체계표집법 : 모집단에서 일정한 순서에 따라 표본을 추출하는 표본 조사의 한 방법

10

◆ 정답해설

② 생태학적 오류란 생태학적 상관관계를 개인적 상관관계로 보아 분석단위를 집단에 둔 연구의 결과를 개인에 적용함으로 발생하는 오류이다.

◆ 오답해설

① 측정 환경의 불안정으로 수집된 자료값이 일관성을 보이지 못하는 것은 비체계적 오류이다.

③ 어떤 현상의 원인이나 개념을 하나의 요인으로 지나치게 제한하고 단순화하는 것은 환원주의적 오류이다.

④ 개인주의적 오류는 개인을 분석 단위로 해 얻은 결과를 집단에 적용해 오류가 발생하는 것으로 소수의 표본에서 얻은 결과를 전체에 과도하게 확대 적용하는 것이라고 할 수 있다.

11

✦ 정답해설

④ 성과는 산출 다음으로 발생하는 것으로 프로그램에 참여하는 과정 또는 결과로 참여자에게 주어지는 혜택이다.

✦ 오답해설

① 논리모형은 프로그램을 체계 이론의 개념을 적용하여 조직과정을 분석하고 이해한다.
② 논리모형은 투입, 활동, 산출, 성과의 관계를 논리적으로 설명하는 도식을 활용한다.
③ 논리모형에서 산출은 프로그램의 활동의 결과로 나타나는 직접적 생산물이라고 할 수 있다.

12

✦ 정답해설

③ 민간 부분은 공공 부문에 비해 안정성이 낮다는 단점과 융통성 발휘가 쉽다는 장점이 있다.

✦ 오답해설

① 민간 부문 중 비공식 부문인 가족, 친구, 이웃 등이 전통적으로 직접 서비스의 생산자 역할을 맡아 왔다.
② 개인, 가족, 친척, 비영리 단체, 기업 등이 민간 부문에 해당한다.
④ 민간부문은 정부로부터 규제를 받으며 재정지원과 세제상의 혜택도 받고 있다.

13

✦ 정답해설

③ 자립생활 모델은 장애인을 소비자로 보지만, 재활 모델은 장애인을 환자로 보는 경향이 있다.

✦ 오답해설

① 전문가의 개입을 통한 문제해결과 치료적 접근을 추구하는 것은 재활 모델이다.
② 변화가 필요한 체계로서 환경을 강조하는 것은 자립생활 모델이다.
④ 장애인의 자기결정권과 선택권을 강조하는 것은 자립생활 모델이다.

14

✦ 정답해설

② ㄷ. 노인복지관 : 노인여가복지시설(노인복지법 제36조 제1항 제1호)
　ㄹ. 경로당 : 노인여가복지시설(노인복지법 제36조 제1항 제2호)

✦ 오답해설

ㄱ. 양로시설 : 노인주거복지시설(노인복지법 제32조 제1항 제1호)
ㄴ. 단기보호서비스 시설 : 재가노인복지시설(노인복지법 제38조 제1항 제3호)
ㅁ. 노인요양시설 : 노인의료복지시설(노인복지법 제34조 제1항 제1호)

15

✦ 정답해설

① 장애인을 도우려는 목적에서라도 장애인이라는 이유로 과도하게 보호하는 경우는 「장애인차별금지 및 권리구제 등에 관한 법률」 제4조의 차별행위의 판단 기준에 해당하지 않는다.

✦ 오답해설

② 동법 제4조 제1항 제1호
③ 동법 제4조 제1항 제3호
④ 동법 제4조 제1항 제6호

합격생 Guide
장애인차별금지 및 권리구제 등에 관한 법률 제4조 (차별행위)

① 이 법에서 금지하는 차별이라 함은 다음 각 호의 어느 하나에 해당하는 경우를 말한다.
　1. 장애인을 장애를 사유로 정당한 사유 없이 제한·배제·분리·거부 등에 의하여 불리하게 대하는 경우
　2. 장애인에 대하여 형식상으로는 제한·배제·분리·거부 등에 의하여 불리하게 대하지 아니하지만 정당한 사유 없이 장애를 고려하지 아니하는 기준을 적용함으로써 장애인에게 불리한 결과를 초래하는 경우
　3. 정당한 사유 없이 장애인에 대하여 정당한 편의 제공을 거부하는 경우
　4. 정당한 사유 없이 장애인에 대한 제한·배제·분리·거부 등 불리한 대우를 표시·조장하는 광고를 직접 행하거나 그러한 광고를 허용·조장하는 경우. 이 경우 광고는 통상적으로 불리한 대우를 조장하는 광고효과가 있는 것으로 인정되는 행위를 포함한다.

5. 장애인을 돕기 위한 목적에서 장애인을 대리·동행하는 자(장애아동의 보호자 또는 후견인 그 밖에 장애인을 돕기 위한 자임이 통상적으로 인정되는 자를 포함한다. 이하 "장애인 관련자"라 한다)에 대하여 제1호부터 제4호까지의 행위를 하는 경우. 이 경우 장애인 관련자의 장애인에 대한 행위 또한 이 법에서 금지하는 차별행위 여부의 판단대상이 된다.
6. 보조견 또는 장애인보조기구 등의 정당한 사용을 방해하거나 보조견 및 장애인보조기구 등을 대상으로 제4호에 따라 금지된 행위를 하는 경우

16

✦ 정답해설

③ 지역사회보장협의체는 전국 시·도에는 설치하지 않고, 시·군·구, 읍·면·동 단위에 설치한다.

> **합격생 Guide** 사회보장급여의 이용·제공 및 수급권자 발굴에 관한 법률 제41조(지역사회보장협의체)
>
> ① 시장·군수·구청장은 지역의 사회보장을 증진하고, 사회보장과 관련된 서비스를 제공하는 관계 기관·법인·단체·시설과 연계·협력을 강화하기 위하여 해당 시·군·구에 지역사회보장협의체를 둔다.
> ⑦ 특별자치시장 및 시장·군수·구청장은 읍·면·동 단위로 읍·면·동의 사회보장 관련 업무의 원활한 수행을 위하여 해당 읍·면·동에 읍·면·동 단위 지역사회보장협의체를 둔다.

✦ 오답해설

① 사회보장급여의 이용·제공 및 수급권자 발굴에 관한 법률 제41조(지역사회보장협의체)
② 동조 제3항 제5호
④ 동조 제1항

17

✦ 정답해설

④ 피해아동보호명령사건의 심리와 결정은 판사가 한다(아동학대범죄의 처벌 등에 관한 특례법 제46조 제2항).

18

✦ 정답해설

④ 청소년수련원은 「청소년활동 진흥법」 제10조에서 규정하고 있는 청소년활동시설 중 청소년수련시설에 해당한다.

> **합격생 Guide** 청소년활동 진흥법 제10조(청소년활동시설의 종류)
>
> 청소년활동시설의 종류는 다음 각 호와 같다.
> 1. 청소년수련시설
>   나. 청소년수련원: 숙박기능을 갖춘 생활관과 다양한 청소년수련거리를 실시할 수 있는 각종 시설과 설비를 갖춘 종합수련시설

✦ 오답해설

> 청소년복지 지원법 제31조(청소년복지시설의 종류)
> 「청소년기본법」 제17조에 따른 청소년복지시설(이하 "청소년복지시설"이라 한다)의 종류는 다음 각 호와 같다.
> 1. 청소년쉼터: 가정 밖 청소년에 대하여 가정·학교·사회로 복귀하여 생활할 수 있도록 일정 기간 보호하면서 상담·주거·학업·자립 등을 지원하는 시설
> 2. 청소년자립지원관: 일정 기간 청소년쉼터 또는 청소년회복지원시설의 지원을 받았는데도 가정·학교·사회로 복귀하여 생활할 수 없는 청소년에게 자립하여 생활할 수 있는 능력과 여건을 갖추도록 지원하는 시설
> 3. 청소년치료재활센터: 학습·정서·행동상의 장애를 가진 청소년을 대상으로 정상적인 성장과 생활을 할 수 있도록 해당 청소년에게 적합한 치료·교육 및 재활을 종합적으로 지원하는 거주형 시설
> 4. 청소년회복지원시설: 「소년법」 제32조 제1항 제1호에 따른 감호 위탁 처분을 받은 청소년에 대하여 보호자를 대신하여 그 청소년을 보호할 수 있는 자가 상담·주거·학업·자립 등 서비스를 제공하는 시설

19

✦ 정답해설

② 클라이언트가 자신의 감정을 표현하도록 격려하고 자극하는 것은 '의도적 감정표현의 원칙'으로, 피해야 하는 것이 아니다.

✦ 오답해설

① 수용의 원칙의 내용이다.
③ 통제된 정서적 관여의 원칙이다.
④ 비심판적 태도의 원칙이다.

20

✦ 정답해설

① 생태도(ecomap)는 클라이언트의 상황에서 의미 있는 체계들과의 관계를 시각적으로 표현함으로써 특정 문제에 대한 개입계획을 하는 데 유용한 도구이다.

✦ 오답해설

② 가계도(genogram)는 여러 세대에 걸친 가족관계를 그림으로 표현하여 세대 간 반복되는 관계유형을 찾는 것이다.

③ 소시오그램(sociogram)은 집단 내 구성원 간 상호작용을 상징을 이용해 그림으로 표현한 것이다.

④ 생활력도표(life-history grid)는 가족 구성원의 주요 사건을 연대기적으로 서술하여 표를 활용해 작성하는 것이다.

지방직 9급 정답 및 해설

2021년 기출
2021.06.05. 시행

⊘ 총평

⊘ 출제영역 및 문항별 분석

문항	출제내용	난이도	문항	출제내용	난이도
1	선별주의와 보편주의	하	11	잔여적 사회복지의 관점	하
2	사회복지 실천	중	12	서구사회의 사회복지 발달과정	하
3	사회복지 관련법	중	13	사회복지 급여의 유형	하
4	윤리원칙 심사표	하	14	리더십이론	상
5	시장실패의 원인	중	15	사회복지 전달체계의 민간부문	하
6	사회복지 정책의 발달 관련 이론	중	16	아동학대 범죄의 처벌 등에 관한 특례법	중
7	사회복지 전달체계	중	17	사회복지 실천	상
8	사회복지 정책결정 모형	상	18	장애인 연금법	중
9	우리나라의 사회보험	중	19	소득보장 정책	하
10	사회복지 실천의 주요 접근법	중	20	모성보호와 자녀 돌봄 지원	중

⊘ 영역별 분석 통계

구분	출제영역	문항
사회복지일반론	서구의 사회복지 관련법, 시장실패의 원인, 사회복지발달과정	3
사회복지 기초이론 및 실천방법론	선별주의와 보편주의, 사회복지실천, 윤리원칙 심사표(EPS), 사회복지정책의 발달 관련 이론, 사회복지 전달체계, 사회복지 정책결정모형, 사회복지실천, 잔여적 사회복지의 관점, 리더십 이론, 사회복지전달체계	11
사회보장론	사회보험, 사회복지급여의 유형, 장애인연금법, 소득보장정책	4
사회복지서비스 분야론	아동학대범죄의 처벌 등에 관한 특례법, 모성보호와 자녀 돌봄 지원에 관한 내용	2

⊘ 총평

2021년도 지방직 9급 사회복지학개론은 작년도 시험에 비해서는 난이도가 높았습니다. 지문 자체의 길이가 길어지면서 같은 내용의 문제라도 수험생의 체감 난이도는 올라갈 수 있었던 문제가 다수 출제되었습니다.

시장실패의 원인, 사회복지 정책결정 모형, 리더십이론에 관한 문제가 박스형으로 출제되었고 아동학대범죄의 처벌 등에 관한 특례법, 장애인연금법과 관련된 법령 문제가 출제되었습니다. 자주 출제되지 않았던 모성보호와 자녀 돌봄 지원에 관한 문제가 수험생 입장에서 생소하게 느낄 수 있었던 문제였습니다. 하지만 기본적인 내용을 충분히 학습한 수험생이라면 문제를 푸는 데 큰 어려움은 없었을 것입니다.

⊘ 정답

01 ②	02 ②	03 ③	04 ①	05 ③
06 ②	07 ④	08 ①	09 ④	10 ④
11 ③	12 ③	13 ②	14 ①	15 ①
16 ③	17 ②	18 ②	19 ③	20 ④

01

✦ 정답해설

② 장애연금은 보편주의에 해당한다.

✦ 오답해설

① 선별주의는 저소득층에 복지혜택이 집중적으로 제공되어 소득재분배의 효과가 크다.

③ 보편주의는 국민전체 또는 일정 범주에 속하는 모든 국민에게 복지혜택이 제공된다.

④ 보편주의는 수급자 선정을 위한 별도의 자산조사 등이 필요하지 않기 때문에 행정절차가 단순하다.

02

✦ 정답해설

② 사회복지사는 클라이언트와의 대화를 이끌어가기 위해 개방형, 폐쇄형 질문을 혼합하여 다양하게 사용하는 것이 바람직하며, 폐쇄형 질문은 주로 종반에 중요정보를 확인하고 정리할 때 사용한다.

✦ 오답해설

① 라포(rapport)는 사회복지사와 클라이언트 간의 상호이해를 가능하게 하는 친근감, 신뢰감 등을 의미하는 것으로 주로 면접 초기에 형성한다.

③ 클라이언트가 말하기 어려운 질문에 대하여 침묵하는 것 역시 무언의 의사소통과정으로서 매우 중요하게 파악해야 한다.

④ 사회복지사는 클라이언트의 표정, 눈맞춤, 얼굴의 붉힘, 손동작 등의 비언어적 표현도 언어적 표현과 함께 관심을 가져야 한다.

03

✦ 정답해설

③ 스핀햄랜드법은 한 가정의 생계에 필요한 음식물비를 기준으로 임금보조제도를 운영하여 구빈세 부담을 증가시켰다.

✦ 오답해설

① 신구빈법은 열등처우의 원칙, 균일처우의 원칙, 작업장 수용의 원칙, 작업장 심사의 원칙을 제시하였다.

② 길버트법은 각 주 단위로 구빈을 조직하여 구빈행정을 수행하도록 하였고 원외구제를 시작한 점에서 의의가 크다고 할 수 있다.

④ 나치블법은 노동능력이 있는 빈민을 고용함으로써 근로의욕을 강화하고 국가적 부를 증대하고자 한 법으로 작업장법, 작업장조사법 등으로 불리기도 한다.

04

✦ 정답해설

① 원칙 3인 자율성 및 자유의 원칙은 원칙 6인 클라이언트의 비밀보장의 원칙에 우선한다.

합격생 Guide 돌고프, 로웬버그 윤리원칙 심사표
(EPS : Ethical Principle Screen)

윤리적 원칙 1 : 생명보호의 원칙
윤리적 원칙 2 : 평등과 불평등의 원칙
윤리적 원칙 3 : 자율성과 자유의 원칙
윤리적 원칙 4 : 최소 손실의 원칙
윤리적 원칙 5 : 삶의 질의 원칙
윤리적 원칙 6 : 클라이언트의 비밀보장의 원칙
윤리적 원칙 7 : 진실성과 완전공개 원칙

✦ 오답해설

② 원칙 2인 평등과 불평등의 원칙이 원칙 4 최소 손실의 원칙에 우선한다.

③ 원칙 4인 최소 손실의 원칙이 원칙 5 삶의 질의 원칙에 우선한다.

④ 원칙 1인 생명보호의 원칙이 원칙 7 진실과 완전공개의 원칙에 우선한다.

05

✦ 정답해설

③ ㄱ. 외부효과 : 외부효과란 교환 과정에서 제3자에게 의도하지 않은 손해나 혜택을 주게 되는 것으로 공장의 매연 같은 부의 외부효과, 사회간접자본 등의 정의 외부효과가 있다.

ㄴ. 정보의 비대칭성 : 정보의 불균등 또는 불완전으로 인해 자원배분이 효율적으로 이루어지지 못해 시장 실패가 일어난다.

ㄹ. 불완전 경쟁 : 독과점에 따른 공급 불균형이 발생하여 자원배분의 왜곡이 심화되어 시장실패가 발생한다.

✦ 오답해설

ㄷ. X-비효율성, ㅁ. 정부조직의 내부성은 시장실패가 아닌 정부실패의 원인이다.

- X-비효율성 : 기술적으로 가능한 최소 비용을 독점과 같은 제한된 경쟁 상황에서 이루지 못하는 현상을 X-비효율성이라 하며 관료제 조직의 정부는 경쟁의 압박이 없고 독점적으로 운영되기 때문에 X-비효율성이 발생한다고 할 수 있다.

- 정부조직의 내부성 : 비공식적인 목표가 공식적인 목표로 대체되는 현상으로 관료가 개인적인 이익으로 부서의 예산을 확대하거나 자리늘리기 등을 함으로써 조직내부의 목표와 사회 전체의 목표가 괴리가 생기는 현상을 정부조직의 내부성이라고 한다.

06

✦ 정답해설

② 확산이론에 따르면 경제 수준이 낮은 국가가 선진 복지국가의 영향을 받아 사회보장을 확대한 경우, 이는 공간적 확산이 아닌 위계적 확산에 해당한다.

✦ 오답해설

① 이익집단론에 따르면 사회복지정책은 힘센 특정 이익집단의 이익에 유리한 방향으로 수립되며, 국가는 집단간 경쟁과정의 갈등을 중재하기 위한 역할을 하게 된다고 보았다.

③ 음모이론에 따르면 사회적 안정과 지배질서를 유지하기 위한 사회통제를 사회복지정책의 주된 목적으로 본다.

④ 수렴이론에 따르면 산업기술, 자본주의, 산업화 등의 발전이 사회복지제도의 발전을 가져온다고 본다.

07

✦ 정답해설

④ 통합성이 아니라 포괄성에 대한 설명이다. 통합성은 클라이언트의 상호 연관되어 있는 복합적인 문제 해결을 위한 서비스를 서로 연관시켜 통합적으로 제공해야 한다는 것이다.

✦ 오답해설

① 적절성이란 클라이언트의 문제해결에 달성하기 충분할 정도의 양과 질, 기간의 서비스를 제공해야 하는 것이다.

② 지속성이란 클라이언트의 문제가 해결되는 동안 서비스가 연속적으로 제공되는 것이다.

③ 평등성이란 클라이언트의 연령, 성별, 지역, 종교와 관계없이 차별 없는 똑같은 서비스가 제공되어야 하는 것이다.

08

✦ 정답해설

① ㄱ. 점증모형은 과거의 정책을 약간 수정한 정책결정이 이루어지는 것으로 위기 상황 시 정책결정의 지침을 제시하지 못하고 새로운 대안을 과감하게 기용하는 데 미흡한 단점이 있다.

ㄴ. 쓰레기통모형은 정책결정이 일정한 규칙에 따라 이루어지는 것이 아니라 정책에 필요한 몇 가지 흐름이 우연히 통 안에 들어와 정책결정이 이루어진다고 본다.

✦ 오답해설

ㄷ. 혼합모형은 합리모형과 점증모형을 절충하여 만든 사회복지 정책결정 모형이다. 현실적으로 만족할 만한 수준의 정책대안을 선택하는 모형은 만족모형이다.

ㄹ. 합리모형이 아니라 최적모형에 대한 설명이다. 합리모형은 고도의 합리성을 가지고 정책결정자가 최선의 정책대안을 찾는다는 정책이다.

09

✦ 정답해설

④ 산업재해보상보험은 사업주의 보험료와 정부의 재정지원으로 재원이 이루어진다.

합격생
Guide ┘ 산업재해보상보험법 제3조(국가의 부담 및 지원)

① 국가는 회계연도마다 예산의 범위에서 보험사업의 사무 집행에 드는 비용을 일반회계에서 부담하여야 한다.
② 국가는 회계연도마다 예산의 범위에서 보험사업에 드는 비용의 일부를 지원할 수 있다.

10

✦ 정답해설

④ 해결중심 접근법은 과거가 아닌 현재와 미래에 영향을 미치는 모든 요인들의 상호작용을 분석함으로써 문제를 해결한다.

✦ 오답해설

① 인지행동 접근법은 인지이론과 행동주의이론에 이론적 기반을 두고 통합한 이론으로 클라이언트의 인지 재구성에 초점을 두고 행동의 변화를 유지시키도록 한다.
② 강점관점은 클라이언트를 강점중심으로 보며 클라이언트의 강점에는 용기와 낙관주의와 같은 개인적 요인뿐만 아니라 사회적, 환경적 요인까지 포함된다고 본다.
③ 증거기반실천은 과학적 조사연구를 평가하고 응용하여 사회복지실천의 결과를 좋게 할 수 있는 방법을 선택, 적용하는 것으로 EBP(evidence-based practice)로 불리기도 한다.

11

✦ 정답해설

③ 잔여적 사회복지의 관점에서 사회복지는 권리가 아닌 시혜이며, 수급자는 다른 사람보다 적응을 잘하지 못하는 비정상적이고 병리적인 존재로 여긴다.

✦ 오답해설

① 제도적 사회복지의 관점에서 사회복지는 사회를 유지하는 데 필수적인 기능을 수행한다고 본다.
② 제도적 사회복지의 관점으로, 가족과 시장은 불완전하기 때문에 사회문제의 발생은 당연하다고 본다.
④ 제도적 사회복지의 관점으로, 사회문제가 발생하는 주된 원인이 사회구조적 모순에 있다고 본다.

12

✦ 정답해설

③ 인보관운동의 주체는 중산층의 지식인층으로 자유주의와 급진주의 사상에 동조하는 계층이었다.

✦ 오답해설

① 엘리자베스 구빈법은 구빈의 국가책임을 명시하였다는 점에서 세계 최초의 구빈법이라고 할 수 있다.
② 산업혁명으로 인해 사회의 변화와 함께 발생한 사회문제를 해결하기 위해 빈민구제, 경제, 교육, 의료 제도의 개선을 위한 자선조직협회가 결정되었다.
④ 2차 세계대전이 종결된 이후 약 30년에 걸친 기간이 복지국가의 황금기로 이 시기는 자본주의의 대호황의 시기였다.

13

✦ 정답해설

② 현물급여는 목표로 했던 물품을 전달하는 것이기 때문에 현금급여에 비해 목표효율성이 더 우수하다.

✦ 오답해설

① 현물급여는 원하는 것을 자유롭게 구매할 수 없기 때문에 현금급여에 비해 수급자의 선택권이 더 제한된다.
③ 현물급여는 바우처에 비해 수급자의 선택권이 더 제한된다. 바우처는 일정한 용도 내에서 원하는 재화나 서비스를 선택할 수 있기 때문이다.
④ 기회와 권력 모두 사회복지급여의 유형이다.

14

✦ 정답해설

① ㄱ. 특성이론은 리더십의 요소로 개인적 성향이나 형질, 자질과 성격에 초점을 두고 있다.
ㄷ. 하우스(House)의 경로-목표이론에서는 상황을 크게 통제의 위치와 같은 부하의 상황과 과업의 속성 및 구조화와 같은 업무환경에 관련된 상황으로 구분한다.

✦ 오답해설

ㄴ. 관리격자이론은 사람과 일(생산) 모두에 대해 높은 관심을 갖는 팀형(9, 9)을 가장 이상적인 리더십으로 간주한다.

ㄹ. 허시(Hersey)와 블랜차드(Blanchard)의 상황이론에서는 부하가 업무능력은 없지만 업무수행 의지는 있는 경우, 설득형 리더십이 효과적이라고 주장한다.

15

✦ 정답해설

① 민간부문 전달체계에서는 다양한 사회복지서비스에 대한 선택의 기회를 제공하여 소비자의 선택권이 잘 보장된다.

✦ 오답해설

②, ③, ④는 공공부문 전달체계의 필요성과 관련된 내용이다.

16

✦ 정답해설

아동학대범죄의 처벌 등에 관한 특례법 제10조(아동학대범죄 신고의무와 절차)

② 다음 각 호의 어느 하나에 해당하는 사람이 직무를 수행하면서 아동학대범죄를 알게 된 경우나 그 의심이 있는 경우에는 시·도, 시·군·구 또는 수사기관에 즉시 신고하여야 한다. 〈개정 2023.7.18〉

1. 「아동복지법」 제10조의2에 따른 아동권리보장원(이하 "아동권리보장원"이라 한다) 및 가정위탁지원센터의 장과 그 종사자
2. 아동복지시설의 장과 그 종사자(아동보호전문기관의 장과 그 종사자는 제외한다)
3. 「아동복지법」 제13조에 따른 아동복지전담공무원
4. 「가정폭력방지 및 피해자보호 등에 관한 법률」 제5조에 따른 가정폭력 관련 상담소 및 같은 법 제7조의2에 따른 가정폭력피해자 보호시설의 장과 그 종사자
5. 「건강가정기본법」 제35조에 따른 건강가정지원센터의 장과 그 종사자
6. 「다문화가족지원법」 제12조에 따른 다문화가족지원센터의 장과 그 종사자
7. 「사회보장급여의 이용·제공 및 수급권자 발굴에 관한 법률」 제43조에 따른 사회복지전담공무원 및 「사회복지사업법」 제34조에 따른 사회복지시설의 장과 그 종사자
8. 「성매매방지 및 피해자보호 등에 관한 법률」 제9조에 따른 지원시설 및 같은 법 제17조에 따른 성매매피해상담소의 장과 그 종사자
9. 「성폭력방지 및 피해자보호 등에 관한 법률」 제10조에 따른 성폭력피해상담소, 같은 법 제12조에 따른 성폭력피해자보호시설의 장과 그 종사자 및 같은 법 제18조에 따른 성폭력피해자통합지원센터의 장과 그 종사자
10. 「119구조·구급에 관한 법률」 제2조 제4호에 따른 119구급대의 대원
11. 「응급의료에 관한 법률」 제2조 제7호에 따른 응급의료기관 등에 종사하는 응급구조사
12. 「영유아보육법」 제7조에 따른 육아종합지원센터의 장과 그 종사자 및 제10조에 따른 어린이집의 원장 등 보육교직원
13. 「유아교육법」 제2조 제2호에 따른 유치원의 장과 그 종사자
14. 아동보호전문기관의 장과 그 종사자
15. 「의료법」 제3조 제1항에 따른 의료기관의 장과 그 의료기관에 종사하는 의료인 및 의료기사
16. 「장애인복지법」 제58조에 따른 장애인복지시설의 장과 그 종사자로서 시설에서 장애아동에 대한 상담·치료·훈련 또는 요양 업무를 수행하는 사람
17. 「정신건강증진 및 정신질환자 복지서비스 지원에 관한 법률」 제3조 제3호에 따른 정신건강복지센터, 같은 조 제5호에 따른 정신의료기관, 같은 조 제6호에 따른 정신요양시설 및 같은 조 제7호에 따른 정신재활시설의 장과 그 종사자
18. 「청소년기본법」 제3조 제6호에 따른 청소년시설 및 같은 조 제8호에 따른 청소년단체의 장과 그 종사자
19. 「청소년보호법」 제35조에 따른 청소년 보호·재활센터의 장과 그 종사자
20. 「초·중등교육법」 제2조에 따른 학교의 장과 그 종사자
21. 「한부모가족지원법」 제19조에 따른 한부모가족복지시설의 장과 그 종사자
22. 「학원의 설립·운영 및 과외교습에 관한 법률」 제6조에 따른 학원의 운영자·강사·직원 및 같은 법 제14조에 따른 교습소의 교습자·직원
23. 「아이돌봄 지원법」 제2조 제4호에 따른 아이돌보미
24. 「아동복지법」 제37조에 따른 취약계층 아동에 대한 통합서비스지원 수행인력
25. 「국내입양에 관한 특별법」 제37조 제1항 및 「국제입양에 관한 법률」 제32조 제1항에 따라 업무를 위탁받은 사회복지법인 및 단체의 장과 그 종사자
26. 「영유아보육법」 제18조에 따른 한국보육진흥원의 장과 그 종사자로서 같은 법 제 30조에 따른 어린이집 평가 업무를 수행하는 사람

[시행일 : 2025.7.19.] 제10조

✦ 오답해설

① 아동학대범죄의 처벌 등에 관한 특례법 제10조 제2항 제15호
② 아동학대범죄의 처벌 등에 관한 특례법 제10조 제2항 제15호
④ 아동학대범죄의 처벌 등에 관한 특례법 제10조 제2항 제8호

17

✦ 정답해설

② 의무의 상충이 아닌 가치의 상충에 해당하는 내용이다.

✦ 오답해설

① 클라이언트 체계의 다중성이란 하나 이상의 복잡성을 가진 클라이언트와 일할 때 발생한다.
③ 결과의 모호성이란 결과의 불확실성으로 인해 사회복지사가 선택의 딜레마에 직면하는 것이다.
④ 권력의 불균형은 클라이언트가 도움을 요청하는 위치에 있기 때문에 발생하는 권력의 불균형으로 인해 클라이언트의 자기결정권이 침해되었을 때 발생하는 갈등이다.

18

✦ 정답해설

② 장애인연금의 종류에는 기초급여와 부가급여가 있다.

> 장애인연금법 제5조(장애인연금의 종류 및 내용)
> 이 법에 따른 장애인연금의 종류 및 내용은 다음 각 호와 같다.
> 1. 기초급여: 근로능력의 상실 또는 현저한 감소로 인하여 줄어드는 소득을 보전(補塡)하여 주기 위하여 지급하는 급여
> 2. 부가급여: 장애로 인하여 추가로 드는 비용의 전부 또는 일부를 보전하여 주기 위하여 지급하는 급여

✦ 오답해설

① 장애인연금 수급권자의 연령은 18세 이상이다.

> 장애인연금법 제4조(수급권자의 범위 등)
> ① 수급권자는 18세 이상의 중증장애인으로서 소득인정액이 그 중증장애인의 소득·재산·생활수준과 물가상승률 등을 고려하여 보건복지부장관이 정하여 고시하는 금액(이하 "선정기준액"이라 한다) 이하인 사람으로 한다.

③
> 장애인연금법 제4조(수급권자의 범위 등)
> ② 보건복지부장관은 선정기준액을 정하는 경우에 18세 이상의 중증장애인 중 수급자가 100분의 70 수준이 되도록 한다.

④ 「군인연금법」상 퇴역연금을 받을 자격이 있는 사람에게 장애인연금을 지급하지 아니한다.

> 장애인연금법 제4조(수급권자의 범위 등)
> ③ 제1항에도 불구하고 다음 각 호의 어느 하나에 해당하는 연금을 받을 자격이 있는 사람과 그 배우자나 다음 각 호의 어느 하나에 해당하는 연금을 받은 사람 중 대통령령으로 정하는 사람과 그 배우자에게는 장애인연금을 지급하지 아니한다.
> 2. 「군인연금법」 제7조에 따른 퇴역연금, 퇴역연금일시금, 퇴역연금공제일시금, 퇴역유족연금, 퇴역유족연금일시금 또는 「군인 재해보상법」 제7조에 따른 상이연금, 상이유족연금, 순직유족연금, 순직유족연금일시금

19

✦ 정답해설

③ 아동수당은 비기여－비자산조사 프로그램에 해당하며, 수급자의 소득, 재산과 관계없이 8세 미만의 모든 아동에게 정액의 현금급여를 제공하는 것이다.

> 아동수당법 제4조(아동수당의 지급 대상 및 지급액)
> ① 아동수당은 8세 미만의 아동에게 매월 10만원을 지급한다.

✦ 오답해설

① 사회보험은 급여액이 수급자가 낸 사회보험료에 비례하므로 재분배기능이 있다.
② 국민기초생활보장제도는 수급자 특성에 따라 맞춤형급여를 제공하므로 재분배기능이 강하다.
④ 국민연금은 기여－비소득·자산조사 프로그램에 해당한다.

20

✦ 정답해설

④ 소득에 관계없이 만 8세 미만의 아동을 둔 가정은 아동수당을 지급받는다.

> 아동수당법 제4조(아동수당의 지급 대상 및 지급액)
> ① 아동수당은 8세 미만의 아동에게 매월 10만원을 지급한다.

✦ **오답해설**

①
> 영유아보육법 시행령 제23조의2(양육수당 지원의 대상 및 기준 등)
> ② 국가와 지방자치단체는 제1항에 따라 양육수당을 지원하기로 결정한 경우에는 결정한 날이 속하는 달부터 영유아가 6세가 된 날이 속하는 해의 다음 해 2월까지 매월 정기적으로 양육수당을 지원한다.

②
> 근로기준법 제74조(임산부의 보호)
> ① 사용자는 임신 중의 여성에게 출산 전과 출산 후를 통하여 90일(한 번에 둘 이상 자녀를 임신한 경우에는 120일)의 출산전후휴가를 주어야 한다. 이 경우 휴가 기간의 배정은 출산 후에 45일(한 번에 둘 이상 자녀를 임신한 경우에는 60일) 이상이 되어야 한다.

③
> 남녀고용평등과 일·가정양립지원에 관한 법률 제19조(육아휴직)
> ① 사업주는 임신중인 여성 근로자가 모성을 보호하거나 근로자가 만 8세 이하 또는 초등학교 2학년 이하의 자녀(입양한 자녀를 포함한다. 이하 같다)를 양육하기 위하여 휴직(이하 "육아휴직"이라 한다)을 신청하는 경우에 이를 허용하여야 한다. 다만, 대통령령으로 정하는 경우에는 그러하지 아니하다.
> ② 육아휴직의 기간은 1년 이내로 한다.

국가직 9급 정답 및 해설

2020년 기출

2020.07.11. 시행

✅ 출제영역 및 문항별 분석

문항	출제내용	난이도	문항	출제내용	난이도
1	'사회적 (social)'의 의미	하	11	복지국가 유형	하
2	사회복지제도	하	12	사례관리	하
3	사회보험	중	13	사례관리	상
4	복지정책 기조	하	14	노인장기요양보험제도	상
5	사회복지의 발달과정	중	15	가족복지정책	중
6	사회복지사 윤리강령	중	16	사회복지사업법	하
7	사례와 방어기제	중	17	국민기초생활보장제도	중
8	사회복지 실천과정	중	18	장애인복지 이념	중
9	사회복지 조사연구의 과정	중	19	측정수준	하
10	노후소득보장제도	상	20	정보의 비대칭성	중

✅ 영역별 분석 통계

구분	출제영역	문항
사회복지일반론	사회복지의 개념, 신자유주의 복지정책, 복지국가 유형, 사회복지발달사	4
사회복지 기초이론 및 실천방법론	인간행동에 관한 이론, 사회복지조사, 사회복지사 윤리강령, 사회복지실천과정, 사례관리의 등장배경과 과정, 지역사회복지, 정보의 비대칭성	9
사회보장론	공공부조의 개념, 사회보험, 노인장기요양보험제도, 국민기초생활보장제도, 국민연금, 기초연금	5
사회복지서비스 분야론	장애인복지, 가족복지정책	2

✅ 총평

2020년도 국가직 9급 사회복지학개론은 난이도 중하의 문제들로 구성되었으며 기존에 출제되었던 기출내용이 많이 반영되었기 때문에 수험생 입장에서 비교적 쉽게 고득점을 얻을 수 있었던 시험이었습니다. 비록 기존에 잘 묻지 않았던 사회복지의 '사회적 (social)'의 개념을 묻는 문제 등 생소한 문제도 출제되었지만 답을 찾는 데에는 큰 어려움이 없는 지문들로 문제가 출제되었습니다.

난이도가 조금 있었던 문제들은 사회보험, 노인장기요양보험제도, 정보의 비대칭성과 관련된 박스형 문제와 사회복지 조사연구의 과정, 사례관리 과정을 순서대로 바르게 나열한 것을 찾는 문제라고 할 수 있었습니다. 특히 사례관리 과정을 묻는 문제는 단편적 지식보다는 전체적인 종합적 내용을 바르게 알고 있어야 해결할 수 있었던 문제였습니다.

사회복지학개론은 기본서의 내용과 기출문제를 함께 공부해 나갈 때 좋은 성과를 얻을 수 있는 과목입니다. 수험생 여러분의 좋은 결과를 기대합니다.

✅ 정답

01 ④	02 ①	03 ②	04 ②	05 ④
06 ②	07 ③	08 ①	09 ③	10 ②
11 ③	12 ①	13 ②	14 ①	15 ③
16 ④	17 ④	18 ④	19 ③	20 ③

01

✦ 정답해설

④ 사회복지(social welfare)는 여러 분야에서 다양하게 해석되고 있으며, 사회복지의 '사회적(social)'의 의미는 '개인적'이 아닌 사회 안에서의 개인, 집단, 사회 전체 간의 내적인 관계를 의미한다. 즉, 사회복지의 '사회적'이란 것은 이타적 속성의 공동체적 삶의 요소에 관심을 기울이고, 사회적 책임 또는 공동체의 책임으로 비영리성을 강조하는 것을 뜻한다.

02

✦ 정답해설

① "공공부조"란 국가와 지방자치단체의 책임 하에 생활 유지 능력이 없거나 생활이 어려운 국민의 최저생활을 보장하고 자립을 지원하는 제도를 말한다(사회보장기본법 제3조 제3호). 즉, 일정 수준 이하의 소득계층에 대해 신청주의원칙에 입각하여 자산조사를 실시한 후 조세를 재원으로 하여 최저생활 이상의 삶을 보장하는 제도이다.

✦ 오답해설

② 공적연금 : 국가가 운영주체가 되는 연금으로 국민연금, 공무원연금, 군인연금 등이 있다.

③ 사회서비스 : 국가·지방자치단체 및 민간부문의 도움이 필요한 모든 국민에게 복지, 보건의료, 교육, 고용, 주거, 문화, 환경 등의 분야에서 인간다운 생활을 보장하고 상담, 재활, 돌봄, 정보의 제공, 관련 시설의 이용, 역량 개발, 사회참여 지원 등을 통하여 국민의 삶의 질이 향상되도록 지원하는 제도를 말한다(사회보장기본법 제3조 제4호).

④ 사회보험 : 국민에게 발생하는 사회적 위험을 보험의 방식으로 대처함으로써 국민의 건강과 소득을 보장하는 제도를 말한다(사회보장기본법 제3조 제2호).

03

✦ 정답해설

② ㄱ. 사회보험이란 국민에게 발생하는 사회적 위험을 보험의 방식으로 대처함으로써 국민의 건강과 소득을 보장하는 제도를 말하며, 기여에 근거하여 급여가 제공되기 때문에 권리성이 강하다.

ㄷ. 사회보험은 특정 위험에 대응하기 위한 예방적 성격을 가지고 있다.

✦ 오답해설

ㄴ. 자산조사를 통해 급여를 제공하는 것은 사회보험이 아니라 공공부조에 대한 설명이다.

ㄹ. 누구나 일정한 인구학적 요건만 갖추면 급여를 지급하는 것은 사회보험이 아니라 사회수당에 대한 설명이다.

04

✦ 정답해설

② 1980년대 대처리즘(Thatcherism)은 영국 경제의 회복을 위한 대처 수상의 사회경제적 정책을 뜻하며, 레이거노믹스(Reaganomics)는 미국 레이건 대통령이 추진한 1980년대 경제정책이다. 대처리즘과 레이거노믹스 모두는 신자유주의 이념에 기초한 정책을 말하며 국가에 의한 복지서비스를 축소하고 시장의 경쟁원리를 강조하였다. 신자유주의는 국가에 의한 복지정책의 지나친 개입은 오히려 경제적 효율성을 저해시키기 때문에, 전반적인 국가의 개입을 축소해야 한다고 주장하였다.

05

✦ 정답해설

④ 국가주도 사회보험제도는 19세기 후반 독일에서 비스마르크가 세계 최초로 도입하였으며, 질병보험(1883), 산재보험(1884), 노령연금(1889) 등이 있다.

06

✦ 정답해설

② 사회복지사 윤리강령에서 규정하고 있는 윤리기준은 사회복지사의 기본적 윤리기준, 사회복지사의 클라이언트에 대한 윤리기준, 사회복지사의 동료에 대한 윤리기준, 사회복지사의 사회에 대한 윤리기준, 사회복지사의 기관에 대한 윤리기준, 사회복지윤리위원회의 구성과 운영을 각각 제시하고 있다.

✦ 오답해설

① 사회복지사 윤리강령은 전문과 윤리기준으로 구성되어 있다.

③ 기본적 윤리기준에는 전문가로서의 자세, 전문성 개발을 위한 노력, 경제적 이득에 대한 태도 등의 내용으로 구성되어 있다.

④ 사회복지윤리위원회의 구성과 운영에 관한 내용도 포함되어 있다.

> Ⅵ. 사회복지윤리위원회의 구성과 운영
> 1) 한국사회복지사협회는 사회복지윤리위원회를 구성하여, 사회복지윤리실천의 질적인 향상을 도모하여야 한다.
> 2) 사회복지윤리위원회는 윤리강령을 위배하거나 침해하는 행위를 접수받아, 공식적인 절차를 통해 대처하여야 한다.
> 3) 사회복지사는 한국사회복지사협회의 윤리적 권고와 결정을 존중하여야 한다.

07

✦ 정답해설

③ 방어기제 중 '부정'은 현재 상황에 존재하는 위협적인 요소를 감당할 수 없어, 위협적 요소가 존재한다는 사실을 인정하지 않고 현실을 부인함으로써 그로 인한 불안과 고통을 회피하려는 것을 말한다. ③의 "당신이 잘못해 놓고 더 화를 내면 어떡해?"의 경우는 방어기제 중 '부정'이라기보다는 불안의 원인을 자기 내부에서 찾기보다는 외부에 있는 것으로 가장하여 불안을 감소하려는 '투사'의 방어기제에 가깝다고 볼 수 있다.

✦ 오답해설

① 방어기제 중 '투사'는 자신이 느끼는 불안의 원인이 자신이 아닌 다른 사람이나 외부 환경적인 요인 때문이라고 생각하면서 불안을 덜어보려는 심리를 의미한다.

② 방어기제 중 '퇴행'은 미성숙한 상태로 돌아가는 것으로 어떤 발달단계에 도달 후 공포감으로 인해 다시 이전의 단계로 되돌아감으로써 불안을 감소하는 방법이다. 동생이 태어난 후에 대소변을 가리지 못하는 행동이 가장 대표적인 예에 해당한다.

④ 방어기제 중 '취소'는 죄책감이나 수치심을 없애기 위해 특정한 행동이나 태도를 취하는 것으로 보상의 행위 등을 통해 죄책감을 불러 온 행동을 무효화하는 것을 의미한다.

08

✦ 정답해설

① 사회복지 실천과정의 접수단계에서 사회복지사는 문제를 확인하고 클라이언트와 긍정적 관계조성 및 상호신뢰 확보를 위한 역할을 담당한다.

✦ 오답해설

② 개입을 통해 획득한 효과의 유지와 강화는 실천과정 중 종결단계에 해당한다.

③ 가계도 및 생태도 등을 활용한 클라이언트의 객관적 정보파악은 실천과정 중 사정단계에 해당한다.

④ 클라이언트의 문제해결을 위해 상담, 자원연계, 교육 등 다양한 실천기술은 실천과정 중 개입단계에 해당한다.

09

✦ 정답해설

③ 사회복지 조사연구의 과정은 ㄴ. 문제설정 → ㄱ. 조사설계 → ㄹ. 자료수집 → ㄷ. 자료처리 및 분석 → ㅁ. 결과해석 및 보고서 작성의 순서이다.

10

✦ 정답해설

② 기초연금은 65세 이상인 사람으로서 소득인정액이 보건복지부장관이 정하여 고시하는 금액(이하 "선정기준액"이라 한다) 이하인 사람에게 지급한다. 보건복지부장관은 선정기준액을 정하는 경우 65세 이상인 사람 중 기초연금 수급자가 100분의 70 수준이 되도록 한다(기초연금법 제3조 제1항 및 제2항).

✦ 오답해설

① 「기초노령연금법」은 2007년 제정, 2008년 시행되었고, 2014년 「기초연금법」으로 대체되었다.

③ 국내에 거주하는 국민으로서 18세 이상 60세 미만인 자는 국민연금 가입 대상이 된다. 다만, 「공무원연금법」, 「군인연금법」, 「사립학교교직원 연금법」 및 「별정우체국법」을 적용받는 공무원, 군인, 교직원 및 별정우체국 직원, 그 밖에 대통령령으로 정하는 자는 제외한다(국민연금법 제6조).

④ 국민연금법은 국민의 노령, 장애 또는 사망에 대하여 연금급여를 실시함으로써 국민의 생활 안정과 복지 증진에 이바지하는 것을 목적으로 한다(국민연금법 제1조).

11

정답해설

③ 자유주의 복지국가에서는 선별주의 원칙으로 인해 공공부조 프로그램을 상대적으로 중시한다.

오답해설

① 자유주의 복지국가는 시장의 역할을 강조하기 때문에 탈상품화의 정도가 높지 않고 탈상품화의 효과를 최소화한다.

② 자유주의 복지국가는 공공부문의 역할보다는 민간보험이나 기업복지와 같은 민간부문의 역할을 강조한다.

④ 복지정책에서 자유주의는 공공부조를 강조하고 보수주의는 사회보험을 강조하고, 사회민주주의에서 보편주의적 프로그램을 강조한다.

12

정답해설

① 사례관리의 등장배경은 시설중심의 서비스 제공이 아닌 탈시설화의 영향으로 인해 지역사회보호를 강조한다는 것이다.

합격생 Guide 사례관리의 등장배경

- 탈시설화 영향
- 복잡하고 분산된 서비스 체계
- 클라이언트와 그 가족의 과도한 책임
- 다양한 문제와 욕구를 가진 클라이언트의 증가
- 복합적인 욕구를 지닌 인구의 증가
- 서비스 전달의 지방분권화
- 기존 서비스의 단편성
- 서비스 전달의 효과 극대화
- 서비스 비용의 억제

13

정답해설

② 사례관리의 과정은 ㄴ. 사례개발 및 접수 → ㄱ. 사정과 계획 → ㄷ. 점검 → ㄹ. 평가의 단계를 거친다.

합격생 Guide 사례관리의 과정

사례관리는 사례개발 및 접수 → 사정 → 계획(기획) → 개입 → 점검 → 평가의 순으로 이루어진다.

- 사례개발 및 접수 : 기관 또는 현장에서 도움을 요청하는 사람들을 최초로 접촉하는 단계로서 문제상황을 확인하고 신뢰감을 형성하는 것이 필요한 단계이다. ㄴ에 해당하는 단계이다.
- 사정과 계획 : 클라이언트 개개인의 상황을 인식하고 이해하는 과정은 사정의 단계이며 구체적이고 포괄적인 서비스 계획을 수립하는 과정이 계획의 단계이다. ㄱ에 해당하는 단계이다.
- 개입 : 개입은 이미 수립된 개별화된 서비스 계획에 따라 실행하는 단계로 직접적 개입과 간접적 개입이 있다.
- 점검 : 클라이언트에 대한 서비스 계획이 적절하게 수행되고 있는지를 확인하는 과정으로 ㄷ에 해당하는 단계이다.
- 평가 : 클라이언트의 변화와 사례관리의 전반적인 과정을 평가하는 단계로 ㄹ에 해당한다.

14

정답해설

① ㄱ. 이 법은 국민의 질병·부상에 대한 예방·진단·치료·재활과 출산·사망 및 건강증진에 대하여 보험급여를 실시함으로써 국민보건 향상과 사회보장 증진에 이바지함을 목적으로 한다(국민건강보험법 제1조). 이 법은 고령이나 노인성 질병 등의 사유로 일상생활을 혼자서 수행하기 어려운 노인 등에게 제공하는 신체활동 또는 가사활동 지원 등의 장기요양급여에 관한 사항을 규정하여 노후의 건강증진 및 생활안정을 도모하고 그 가족의 부담을 덜어줌으로써 국민의 삶의 질을 향상하도록 함을 목적으로 한다(노인장기요양보험법 제1조).

ㄴ. 장기요양사업의 관리운영기관은 공단(국민건강보험공단)으로 한다(노인장기요양보험법 제48조 제1항).

ㅁ. "장기요양요원"이란 장기요양기관에 소속되어 노인 등의 신체활동 또는 가사활동 지원 등의 업무를 수행하는 자를 말한다(노인장기요양보험법 제2조 제5호).

오답해설

ㄷ. "노인 등"이란 65세 이상의 노인 또는 65세 미만의 자로서 치매·뇌혈관성질환 등 대통령령으로 정하는 노인성 질병을 가진 자를 말한다(노인장기요양보험법 제2조 제1호).

ㄹ. 「노인장기요양보험법」상 서비스는 소득에 비례해서 차등 제공되는 것이 아니다.

제39조(장기요양급여비용 등의 산정)
① 보건복지부장관은 매년 급여종류 및 장기요양등급 등에 따라 제45조에 따른 장기요양위원회의 심의를 거쳐 다음 연도의 재가 및 시설 급여비용과 특별현금급여의 지급금액을 정하여 고시하여야 한다.
② 보건복지부장관은 제1항에 따라 재가 및 시설 급여비용을 정할 때 대통령령으로 정하는 바에 따라 국가 및 지방자치단체로부터 장기요양기관의 설립비용을 지원받았는지 여부 등을 고려할 수 있다.
③ 제1항에 따른 재가 및 시설 급여비용과 특별현금급여의 지급금액의 구체적인 산정방법 및 항목 등에 관하여 필요한 사항은 보건복지부령으로 정한다.

15

③ 소득을 고려하여 차등 지원한다는 내용이 옳지 않다.

① 사업주는 임신 중인 여성 근로자가 모성을 보호하거나 근로자가 만 8세 이하 또는 초등학교 2학년 이하의 자녀(입양한 자녀를 포함한다. 이하 같다)를 양육하기 위하여 휴직(이하 "육아휴직"이라 한다)을 신청하는 경우에 이를 허용하여야 한다. 다만, 대통령령으로 정하는 경우에는 그러하지 아니하다(남녀고용평등과 일·가정 양립 지원에 관한 법률 제19조 제1항).
② 사용자는 임신 중의 여성에게 출산 전과 출산 후를 통하여 90일(한 번에 둘 이상 자녀를 임신한 경우에는 120일)의 출산전후휴가를 주어야 한다. 이 경우 휴가 기간의 배정은 출산 후에 45일(한 번에 둘 이상 자녀를 임신한 경우에는 60일) 이상이 되어야 한다(근로기준법 제74조 제1항).
④ 아이돌봄 지원법 제13조의2 참조

아이돌봄 지원법 제13조의2(아이돌봄서비스의 우선 제공)
국가 또는 지방자치단체와 서비스기관은 다음 각 호의 어느 하나에 해당하는 사람이 우선적으로 아이돌봄서비스를 이용할 수 있도록 하여야 한다. 다만, 예산부족이나 아이돌보미 수급이 원활하지 아니하는 등 정당한 사유가 있는 경우에는 그러하지 아니하다.
1. 「국민기초생활 보장법」 제2조 제2호에 따른 수급자의 자녀
2. 「국민기초생활 보장법」 제2조 제11호에 따른 차상위계층의 자녀
3. 「한부모가족지원법」 제5조 및 제5조의2에 따른 보호대상자의 자녀

3의2. 「청소년복지 지원법」 제2조 제6호에 따른 청소년부모의 자녀
4. 「장애인복지법」 제2조에 따른 장애인 중 여성가족부령으로 정하는 장애 정도에 해당하는 사람의 자녀
4의2. 「장애인복지법」 제2조에 따른 장애인 중 여성가족부령으로 정하는 장애 정도에 해당하는 사람이 형제자매인 아이
5. 「다문화가족지원법」 제2조 제1호에 따른 다문화가족의 자녀
6. 「국가유공자 등 예우 및 지원에 관한 법률」 제6조의4에 따른 상이등급 중 여성가족부령으로 정하는 상이등급 이상에 해당하는 사람의 자녀
7. 부모의 취업 또는 생계활동 등으로 양육을 원활히 할 수 없는 맞벌이 가정의 자녀
8. 그 밖에 소득수준 등을 고려하여 여성가족부령으로 정하는 사람의 자녀

16

④ 교정사회복지사는 전문사회복지사에 해당되지 않는다.

사회복지사업법 제11조(사회복지사 자격증의 발급 등)
① 보건복지부장관은 사회복지에 관한 전문지식과 기술을 가진 사람에게 사회복지사 자격증을 발급할 수 있다. 다만, 자격증 발급 신청일 기준으로 제11조의2에 따른 결격사유에 해당하는 사람에게 자격증을 발급해서는 아니 된다.
② 제1항에 따른 사회복지사의 등급은 1급·2급으로 하되, 정신건강·의료·학교 영역에 대해서는 영역별로 정신건강사회복지사·의료사회복지사·학교사회복지사의 자격을 부여할 수 있다.
③ 사회복지사 1급 자격은 국가시험에 합격한 사람에게 부여하고, 정신건강사회복지사·의료사회복지사·학교사회복지사의 자격은 1급 사회복지사의 자격이 있는 사람 중에서 보건복지부령으로 정하는 수련기관에서 수련을 받은 사람에게 부여한다.

17

④ 의료급여와 생계급여는 부양의무자 기준을 적용한다.

국민기초생활 보장법 제8조(생계급여의 내용 등)
② 생계급여 수급권자는 부양의무자가 없거나, 부양의무자가 있어도 부양능력이 없거나 부양을 받을 수 없는 사람으로서 그 소득인정액이 제20조 제2항에 따른 중

앙생활보장위원회의 심의·의결을 거쳐 결정하는 금액(이하 이 조에서 "생계급여 선정기준"이라 한다) 이하인 사람으로 한다. 이 경우 생계급여 선정기준은 기준 중위소득의 100분의 30 이상으로 한다.

국민기초생활 보장법 제12조의3(의료급여)
② 의료급여 수급권자는 부양의무자가 없거나, 부양의무자가 있어도 부양능력이 없거나 부양을 받을 수 없는 사람으로서 그 소득인정액이 제20조 제2항에 따른 중앙생활보장위원회의 심의·의결을 거쳐 결정하는 금액(이하 이 항에서 "의료급여 선정기준"이라 한다) 이하인 사람으로 한다. 이 경우 의료급여 선정기준은 기준 중위소득의 100분의 40 이상으로 한다.

✦ 오답해설

① "소득인정액"이란 보장기관이 급여의 결정 및 실시 등에 사용하기 위하여 산출한 개별가구의 소득평가액과 재산의 소득환산액을 합산한 금액을 말한다(국민기초생활 보장법 제2조 제9호).
② "부양의무자"란 수급권자를 부양할 책임이 있는 사람으로서 수급권자의 1촌의 직계혈족 및 그 배우자를 말한다. 다만, 사망한 1촌의 직계혈족의 배우자는 제외한다(국민기초생활 보장법 제2조 제5호).
③ "기준 중위소득"이란 보건복지부장관이 급여의 기준 등에 활용하기 위하여 제20조 제2항에 따른 중앙생활보장위원회의 심의·의결을 거쳐 고시하는 국민 가구소득의 중위값을 말한다(국민기초생활 보장법 제2조 제11호).

18

✦ 정답해설

④ 사회통합은 정상화에 기반하여 사회로부터 장애인을 구분하지 않고 비장애인과 연대감을 형성한다는 것이다. 즉, 장애인의 가치를 인정받고 장애인이 공존할 수 있도록 하고, 가치 있는 사회적 활동과 관계에 참여하게 하는 것을 의미한다.

19

✦ 정답해설

③ 등간척도란 절대영점이 없고 상대영점만 존재하는 측정단위 간격마다 동일한 차이를 부여하는 척도이다. 토익점수, 지능지수, 온도 등이 등간척도에 해당한다.

✦ 오답해설

① 명목척도란 순서나 양적 차이를 알 수 없어 단순 분류만을 알 수 있는 척도로 결혼 여부, 성별, 사용자 소속 따위 등을 설명할 때 쓰인다. 학점은 서열척도, 몸무게는 비율척도에 해당한다.
② 서열척도란 간격은 알 수 없고 순서나 순위와 같은 상대적 중요성을 나타내는 척도이다. 학점, 성적 순위, 인기가요 순위 등이 서열척도에 해당한다. 결혼 여부, 성별은 명목척도에 해당한다.
④ 비율척도란 절대영점을 가지고 있고 산술적 연산이 가능한 척도로서 몸무게, 길이, 무게, 거리 등이 이에 해당한다. 학년은 서열척도, 온도는 등간척도에 해당한다.

20

✦ 정답해설

③ 시장실패란 보이지 않는 손이 공공재, 외부효과, 비대칭 정보 등으로 인해 제대로 작동하지 않아 시장에서 자원의 효율적 분배가 이루어지지 않는 것을 의미한다. 비대칭 정보란 거래 당사자 간의 정보차이며 이 때문에 역선택과 도덕적 해이가 발생한다. 역선택은 정보의 비대칭으로 발생하며 중고차 매매시장에서 나쁜 중고차만 거래되는 현상을 말한다. 따라서 시장실패에 따른 국가개입의 필요성을 주장하는 논거 중 정보의 비대칭성으로 인해 발생하는 대표적 현상에는 ㄷ. 중고차 매매시장, ㄹ. 역의 선택이 있다.

지방직 9급 정답 및 해설

2020년 기출
2020.06.13. 시행

총평

✓ 출제영역 및 문항별 분석

문항	출제내용	난이도	문항	출제내용	난이도
1	윌렌스키와 르보의 제도적 개념	중	11	사회복지사의 역할	하
2	사회보장제도	하	12	워렌의 지역 사회의 기능	중
3	사회복지 실천 방법	하	13	강점관점	중
4	19세기 인보관운동	중	14	빈곤과 관련된 개념	하
5	소득재분배	중	15	복지국가 발전 이론	상
6	국민기초 생활 보장법	하	16	노인 대상 복지 서비스 및 제도	중
7	이용권 (바우처)의 장점	중	17	사회복지사의 상담기술	중
8	사회복지 실천의 성인지 관점	중	18	브래드쇼의 욕구개념	중
9	사례관리	상	19	사회복지사 윤리강령	하
10	장애인고용 촉진 및 직업 재활법	중	20	조선 시대의 구제기관	하

✓ 영역별 분석 통계

구분	출제영역	문항
사회복지일반론	사회복지발달사, 복지국가 발전 이론, 조선 시대의 구제기관	3
사회복지 기초이론 및 실천방법론	윌렌스키와 르보의 제보적 개념, 사회복지실천, 사례관리, 사회복지사의 역할, 지역사회의 기능, 강점관점, 빈곤과 관련된 개념, 사회복지사의 상담기술, 브래드쇼의 욕구개념, 윤리강령	11
사회보장론	사회보장제도, 국민기초생활보장법, 바우처	4
사회복지서비스 분야론	장애인고용촉진 및 직업재활법, 노인 대상 복지 서비스 및 제도	2

✓ 총평

2020년도 지방직 9급 사회복지학개론은 난이도가 매우 쉬운 시험이었습니다. 지엽적인 내용의 문제가 출제되긴 했지만 기존의 기출문제의 내용과 범위를 크게 벗어나지 않은 수준의 문제였습니다. 따라서 전체적인 합격 예상 점수가 상당히 올라갈 것으로 예상되며 기본적인 내용의 문제에서 실수하지 않은 수험생이 좋은 결과를 얻을 수 있을 것입니다.

19세기 인보관운동에 대한 설명이 박스형 문제로 출제되었고 국민기초생활 보장법, 장애인고용촉진 및 직업재활법에서 법령 관련 문제가 출제되었습니다. 사회복지학 관련 학자의 개념을 묻는 문제에서는 윌렌스키(Wilensky)와 르보(Lebeaux), 브래드쇼(Bradshaw)와 관련된 문제가 출제되었습니다.

사회복지학개론은 기본서의 내용, 관련 기출 문제를 꼼꼼히 살펴본다면 충분히 고득점을 받을 수 있는 과목입니다. 수험생 여러분이 기초에 충실한 학습을 통해 좋은 성과를 얻기를 바랍니다.

정답

01 ③	02 ①	03 ③	04 ③	05 ④
06 ②	07 ③	08 ①	09 ④	10 ③
11 ①	12 ②	13 ①	14 ④	15 ③
16 ②	17 ④	18 ④	19 ④	20 ④

취업적응훈련 실시는 훈련을 직접 실시한 것이므로 직접 실천에 해당한다.

✦ 오답해설

사회복지실천방법 중 간접실천은 사회복지에 필요한 환경을 조성하는 방법으로서 프로그램 개발, 공청회 개최, 캠페인, 홍보활동 등이 해당한다. ①, ②, ④의 연계, 프로그램 개발, 공청회 등은 간접실천에 해당한다.

01

✦ 정답해설

③ 윌렌스키(Wilensky)와 르보(Lebeaux)는 사회정책의 목표를 기준으로 제도적 개념과 잔여적 개념을 제시하였다. 제도적 모델은 국가가 현대사회의 구조적 문제에 적극 대응하여 사회복지가 그 사회의 필수적이고 정상적인 기능을 수행하는 것이라고 보았다.

✦ 오답해설

① 잔여적 개념에서는 가족 및 시장시스템이 제대로 기능하지 않거나 실패할 때 사회복지제도를 활용하는 것으로 본다.

② 잔여적 개념에서의 사회복지는 가족과 시장체계에서 제 기능을 수행하지 못하는 사람을 대상으로 보충적, 일시적, 대체적으로 보호하고 지원하는 기능을 한다.

④ 잔여적 개념에서의 사회복지 대상은 사회적 취약계층으로 선별적 계층이며, 제도적 모형에서의 사회복지 대상은 사회 전체의 구성원이다.

02

✦ 정답해설

① 국민기초생활보장제도는 공공부조로서 일반조세인 세금으로 재원을 조달한다.

✦ 오답해설

②, ③, ④는 사회보험으로서 가입자의 보험료로 재원을 조달한다.

03

✦ 정답해설

③ 사회복지실천방법 중 직접실천은 클라이언트를 직접 변화시켜 문제해결을 하는 방법으로서 정보제공, 기술교육 등의 직접 대면방식을 의미한다. ③번의 정신장애인

04

✦ 정답해설

③ 인보관운동(settlement house movement)은 빈민지역에서 지역사회 환경을 개선하는 것을 목표로 세운 단체들이 사회개혁운동으로 퍼져 나간 것을 의미한다.
　ㄴ. 인보관운동은 집단사회사업 발달의 효시가 되어 집단사회사업과 지역사회복지 발전의 기초가 되었다.
　ㄷ. 인보관운동은 가정, 직장, 지역사회 등 환경에 사회문제의 근원이 있다고 보았다.

✦ 오답해설

자선조직협회(the charity organization society)는 18세기 말 산업혁명으로 인한 사회의 변화와 더불어 발생한 여러 사회문제를 해결하기 위해 나타난 것이다.
ㄱ. 자선조직협회에 해당하는 설명이다. 자선조직협회는 사회문제의 근원이 개인에게 있고, 인보관운동은 환경에 있다고 보았다.
ㄹ. 자선조직협회에 해당하는 설명이다. 자선조직협회는 서비스 조정에 초점을 맞추었고 원조의 중복제공 방지를 중요하게 여겼다.

05

✦ 정답해설

④ 소득재분배가 아닌 단순한 지출에 불과하다. 시간적 소득재분배는 한 개인 일생의 소득을 전체 인생으로 나누어 소득재분배를 하는 것으로 개인 차원에서의 시간에 따른 재분배이다. 소득이 높은 시기에서 낮은 시기로 소득을 재분배해서 생애 전반에 걸쳐 안정적 생활을 영위할 수 있게 해준다.

✦ 오답해설

① 수직적 재분배는 부유층에서 빈곤층의 소득을 이전하는 것으로, 세금을 거두어 저소득층에게 소득을 이전하는 것을 말한다.

② 수평적 소득재분배란 유사한 총소득을 가진 가족 간의 소득이전을 말한다.

③ 세대 간의 소득재분배는 청년세대에서 노인세대로, 성인세대에서 아동세대로 소득이 이전되는 것으로 서로 다른 세대 간에 소득이 이전되는 것을 말한다.

06

✦ 정답해설

② 지역자활센터는 「국민기초생활 보장법」상 사회복지시설에 해당한다(국민기초생활 보장법 제16조).

✦ 오답해설

① "사회복지관"이란 지역사회를 기반으로 일정한 시설과 전문인력을 갖추고 지역주민의 참여와 협력을 통하여 지역사회의 복지문제를 예방하고 해결하기 위하여 종합적인 복지서비스를 제공하는 시설을 말한다(사회복지사업법 제2조 제5호).

③ "노숙인시설"이란 이 법에 따른 노숙인 등을 위한 노숙인복지시설, 노숙인종합지원센터를 말한다(노숙인 등의 복지 및 자립지원에 관한 법률 제2조 제2호).

> 노숙인 등의 복지 및 자립지원에 관한 법률 제19조 (노숙인종합지원센터)
> 노숙인종합지원센터는 다음 각 호의 업무를 수행한다.
> 1. 제10조, 제12조 및 제13조에 따른 주거·의료·고용 지원을 위한 상담 및 복지서비스 연계
> 2. 제14조에 따른 응급조치
> 3. 복지서비스 이력 관리
> 4. 심리상담
> 5. 그 밖에 보건복지부령으로 정하는 사항

④ 아동일시보호시설 : 보호대상아동을 일시보호하고 아동에 대한 향후의 양육대책수립 및 보호조치를 행하는 것을 목적으로 하는 시설(아동복지법 제52조 제1항 제2호)

07

✦ 정답해설

③ 길버트와 테렐(Gilbert & Terrell)의 할당체계 중 '보상'에 해당하는 내용이며, 바우처의 장점이 아니다. '보상'은 왜곡된 형평성을 회복하는 것을 목표로 인종차별, 성차별과 같이 사회의 부당한 행위로 피해를 입은 사람들과 국가유공자 등 사회적·경제적 기여를 한 사람들을 대상으로 한다.

08

✦ 정답해설

① 성인지 관점이란 가부장적 사회에서 관념화된 남녀의 역할에 의문을 제기하면서, 여성만의 문제를 넘어 남녀의 사회적 젠더(gender)에 기반한 다양한 사회적 문제를 개선하고 해결하기 위한 관점으로 나타난 것이다. 즉, 성인지 관점은 가족 내의 역할뿐만 아니라 사회 전체적인 시각에서 바라봐야 하며, 성역할 고정관념이 개입되어 있는지 여부를 검토하는 입장이다. 따라서 가족 내 성역할 분업을 강조하는 관점은 성인지적 관점이 아니며, 오히려 여성이 겪는 성차별의 중요한 원인 중의 하나라고 할 수 있다.

09

✦ 정답해설

④ 사례개입의 목표달성을 위해서라면 클라이언트의 자기결정을 존중하여야 하며, 이를 사례관리의 개입원칙 중 클라이언트의 자율성 극대화라 한다. 이는 클라이언트가 선택할 자유를 최대화하고, 클라이언트의 자기결정권을 보장하는 것이다. 하지만 이러한 클라이언트의 자기결정에도 한계는 있는데 능력, 법률, 도덕률, 기관의 기능에 의한 제한 등이 있다.

10

✦ 정답해설

③ 상시 50명 이상의 근로자를 고용하는 사업주(건설업에서 근로자 수를 확인하기 곤란한 경우에는 공사실적액이 고용노동부장관이 정하여 고시하는 금액 이상인 사업주)는 그 근로자의 총수(건설업에서 근로자 수를 확인하기 곤란한 경우에는 대통령령으로 정하는 바에 따라 공사실적액을 근로자의 총수로 환산한다)의 100분의 5의 범위에서 대통령령으로 정하는 비율(이하 "의무고용률"이라 한다) 이상에 해당(그 수에서 소수점 이하는 버린다)하는 장애인을 고용하여야 한다(장애인고용촉진 및 직업재활법 제28조 제1항).

11

✦ 정답해설

① 지적장애인에게 일상생활기술훈련을 실시하는 사회복지사의 역할은 교육자이다. 교육자는 일상생활에 필요한 기술을 가르치고 정보를 제공하는 역할을 수행하기 때문이다.

오답해설

② 중재자(mediator)는 집단 또는 개인 간의 갈등상황에 놓여 있는 당사자들의 의견 차이를 중립적 입장에서 조정하고 합의점을 찾을 수 있도록 도와주는 역할을 수행한다.

③ 중개자(broker)는 클라이언트가 이용 가능한 지역사회자원을 찾고, 연결될 수 있게끔 도와주는 역할을 수행한다.

④ 옹호자(advocate)는 클라이언트의 권리를 보호하고 대변해 주며, 클라이언트를 위해 정책변화 운동을 적극적으로 지지하고 도와주는 역할을 수행한다.

12

정답해설

② 사회화 기능 : 아동을 가정과 학교에서 교육시키는 것처럼 지역사회가 지식, 사회적 가치, 행동양식 등을 지역 주민들에게 공유하고 전달하는 것을 사회화 기능이라고 한다.

오답해설

① 지역주민이 자원봉사활동을 하는 것은 사회통제의 기능이 아니라 사회통합기능이다.

③ 사회통제기능은 지역 주민들에게 법, 도덕, 규칙 등 사회규범에 순응하고 행동을 자제하게 하는 기능이다.

④ 생산, 분배, 소비의 기능은 지역주민이 일상생활에서 필요한 기본적 물품을 생산, 분배, 소비하는 기능이며, 상부상조기능은 지역주민이 질병, 실업, 사고, 사망 등 여러 어려움에 처했을 때 자립할 수 있도록 도와주는 기능이다.

13

정답해설

① 개인을 진단에 따른 증상을 가진 자로 규정하는 것은 병리적 관점이며, 개인을 강점, 기질 재능 등을 가진 독특한 존재로 규정한 것은 강점관점이다.

오답해설

② 강점관점에서는 문제를 문제로 보는 것이 아니라 도전과 성장의 기회로 여긴다.

③ 변화를 위한 자원은 클라이언트 체계의 장점, 능력, 적응기술이라는 것은 병리적 관점이 아닌 강점관점을 설명한 것이다.

④ 강점관점에서는 클라이언트의 잠재역량과 가능성에 초점을 두고 개인을 고유한 특성, 재능, 자원과 강점을 가진 존재로 본다.

14

정답해설

④ 최저생계비를 기준으로 결정되는 것은 절대적 빈곤이다. 상대적 빈곤은 평균소득, 기준 중위소득의 비율 등으로 결정된다.

오답해설

① 주관적 빈곤선은 사람들의 주관적인 평가를 토대로 하여 빈곤을 정의하는 것으로, 사람들에게 자신의 상황을 고려하여 필요한 최소 소득을 묻고 그 자료와 실제 소득과의 관계를 분석하여 평가하는 것이다.

②, ③ 빈곤율, 빈곤갭에 대한 올바른 정의이다.

15

정답해설

③ 사회민주주의이론이 아니라 이익집단이론에 대한 내용이다. 이익집단이론과 사회민주주의이론 모두 복지발달에 정치적 요인을 중시하지만, 이익집단이론은 이익집단 간의 경쟁을 강조하고 사회민주주의이론은 노동계급의 정치세력화를 통해 복지국가가 등장하였다고 본다.

16

정답해설

② 노인에 대한 사회적 관심과 공경의식을 높이기 위하여 매년 10월 2일을 노인의 날로, 매년 10월을 경로의 달로 한다(노인복지법 제6조 제1항).

오답해설

① 노인돌봄종합서비스는 일상생활의 어려움을 가지고 있는 노인을 대상으로 하고, 응급안전서비스는 독거노인과 장애인을 대상으로 한다.

③ "노인 등"이란 65세 이상의 노인 또는 65세 미만의 자로서 치매·뇌혈관성질환 등 대통령령으로 정하는 노인성 질병을 가진 자를 말한다(노인장기요양보험법 제2조 제1호).

④ 치매국가책임제는 치매의료비 90%를 건강보험으로 보장하는 문재인 대통령의 정책으로 치매문제를 개인이 아닌 국가 차원에서 다루겠다는 정책으로 2017년 시행되었다. 즉, 치매국가책임제는 『치매관리법』이 제정된 이후 시행되었다.

17

✦ 정답해설

④ 클라이언트의 생각 등을 명확하게 이해하기 위해, 클라이언트의 메시지를 구체적으로 표현하도록 요청하거나 사회복지사가 분명하게 언급해 주는 것이 명료화기술이다.

✦ 오답해설

① 직면기술 : 클라이언트가 자신의 문제를 회피, 부정하고 자신의 행동의 결과에 대해 거부할 때, 클라이언트의 말과 행동의 불일치를 이야기해줌으로써 자신에 대한 인식력을 향상시키는 기술이다.

② 해석기술 : 클라이언트가 직접 진술하지 않았더라도 과거 경험과 진술내용을 바탕으로 추론해서, 문제 이면에 숨겨진 의미를 파악하는 기술이다.

③ 재보증기술 : 클라이언트의 자신감을 향상시키는 기술이다.

18

✦ 정답해설

④ 브래드쇼(Bradshaw)는 인간의 욕구를 인식하는 기준에 따라 네 가지로 분류하였다. 규범적 욕구(normative need)는 전문가가 사회적 조건과 상황, 지식과 판단에 따라 어떤 기준을 정하고 이에 욕구 수준이 미치지 못할 때, 그 차이로 규정되는 것을 의미한다. 최저생계비, 최저임금법에 의한 최저임금 등이 여기에 해당한다.

✦ 오답해설

① 감지적 욕구가 아닌 표현적 욕구(expressed need)에 해당한다. 표현적 욕구는 당사자가 실제로 욕구충족을 위해 구체적인 행위 또는 서비스 수요로 파악되며, 복지프로그램 서비스에 대한 신청자나 대기자 명단 등으로 파악할 수 있다.

② 표현적 욕구가 아닌 비교적 욕구(comparative need)에 해당한다. 비교적 욕구는 특정 집단구성원의 욕구와 유사한 다른 집단구성원들의 욕구를 비교할 때 나타나는 욕구를 의미한다. 비슷한 상황에서 서비스를 받지 못하고 있는 경우 인정되는 욕구이며 계층 간 차이 등에서 발생할 수 있다.

③ 비교적 욕구가 아닌 감지적 욕구(felt need)로서 욕구를 갖는 당사자가 스스로 인지하여 느끼며 인식하는 욕구이다. 면접, 전화 등의 사회조사를 통해서 당사자들이 필요한 것이 무엇인지를 물어보는 방식으로 파악되는 욕구이다.

19

✦ 정답해설

④ 동료의 클라이언트와의 관계에 대한 내용으로 옳지 않다.

합격생 Guide 동료의 클라이언트와의 관계

> 1) 사회복지사는 적법하고도 적절한 논의 없이 동료 혹은 다른 기관의 클라이언트와 전문적 관계를 맺어서는 안 된다.
> 2) 사회복지사는 긴급한 사정으로 인해 동료의 클라이언트를 맡게 된 경우, 자신의 의뢰인처럼 관심을 갖고 서비스를 제공한다.

✦ 오답해설

① 전문성 개발을 위한 노력에 대한 내용이다.
② 사회복지윤리위원회의 구성과 운영에 대한 내용이다.
③ 슈퍼바이저에 대한 내용이다.

20

✦ 정답해설

④ 상평창은 풍년에 곡물을 사들이고, 흉년에 곡물이 귀하면 팔아 물가를 조절하는 기관이다.

✦ 오답해설

① 사창은 흉년을 대비하여 곡식을 저장하는 각 지방 군현의 촌락에 설치된 곡물대여기관으로 향촌 자체의 민간 빈민구호기관의 성격을 가지고 있다.

② 의창은 곡식을 저장해서 흉년에 빈민을 구호하거나 대여해 주고 가을에 갚도록 한 제도이다.

③ 흑창은 고려 초에 설치되어 빈민에게 곡식을 빌려주었다가 추수기에 갚도록 한 진휼기관이었다.

국가직 9급 정답 및 해설

총평

✓ 출제영역 및 문항별 분석

문항	출제내용	난이도	문항	출제내용	난이도
1	자원봉사 활동의 위험 관리 대책	중	11	한국 가족 변화의 특징	중
2	사회복지 실천 과정	중	12	사회복지조사	하
3	정신건강증진 및 정신질환자 복지서비스 지원에 관한 법률	중	13	사회복지 재원의 특징	하
4	재화의 효율적 배분	하	14	장애인의 자립생활	하
5	사회복지 프로그램	하	15	사례관리 활동	상
6	에스핑-안데르센 복지국가 유형	하	16	안토니 기든스	중
7	학교복지사의 역할	중	17	사회적 경제 조직	중
8	사회복지 서비스	하	18	사회복지실천의 관계형성 기술	중
9	국민기초생활 보장법	하	19	사회복지 서비스	하
10	치료기법의 모형과 기법	상	20	노인장기요양 보험제도	중

✓ 영역별 분석 통계

구분	출제영역	문항
사회복지일반론	사회복지모형	1
사회복지 기초이론 및 실천방법론	인간행동에 관한 이론, 사회복지조사, 사회복지실천, 사회복지실천기술, 지역사회복지, 사회복지정책, 사회복지행정	13
사회보장론	노인장기요양보험, 공공부조제도	2
사회복지서비스 분야론	장애인복지, 한국가족변화의 특징, 정신건강증진 및 정신질환자 복지서비스 지원에 관한 법률, 사회복지 분야 자원봉사활동 위험관리 대책	4

✓ 총평

2019년도 국가직 9급 사회복지학개론은 특별히 어려운 문제없이 평이하게 출제된 시험이었습니다. 특히 최근 한국 가족 변화의 특징, 자원봉사활동의 위험관리 대책 등을 묻는 문제는 사회복지학개론의 전문적 지식이 없더라도 일반적 상식의 내용을 적용해서도 충분히 풀 수 있었던 문제들이었습니다.

기출문제의 내용을 기반으로 한 문제들이 많이 출제되었고 사례관리 활동과 사회복지실천의 관계형성 기술에 대한 내용이 박스형 문제로 출제되었습니다. 기출논점에서 벗어난 문제들도 지문의 내용이 어렵지 않았기 때문에 수험생 입장에서 충분히 정답을 고를 수 있었던 문제들이었습니다. 출제의 비중이 사회복지일반론에서 1문제만 출제되고 사회복지기초이론 및 실천방법론에서 많은 문제가 출제된 것도 이번 2019년도 시험의 특징 중 하나라고 할 수 있습니다.

단원별 시험의 비중은 매년 다를 수 있기 때문에 수험생 여러분은 시험을 준비할 때 기본서의 내용을 중심으로 전체 내용을 학습하고 기출문제로 그 내용을 복습한다는 생각으로 준비한다면 좋은 결과를 얻을 수 있을 것입니다.

⊘ **정답**

01 ①	02 ④	03 ①	04 ②	05 ④
06 ②	07 ③	08 ①	09 ④	10 ③
11 ②	12 ③	13 ④	14 ③	15 ④
16 ④	17 ③	18 ④	19 ③	20 ②

② 제1항에 따른 정신건강전문요원(이하 "정신건강전문요원"이라 한다)은 그 전문분야에 따라 정신건강임상심리사, 정신건강간호사, 정신건강사회복지사 및 정신건강작업치료사로 구분한다.
③ 보건복지부장관은 정신건강전문요원의 자질을 향상시키기 위하여 보수교육을 실시할 수 있다.

01

✦ **정답해설**

① 자원봉사활동의 위험관리 대상에는 자원봉사자와 직원뿐만 아니라, 서비스 이용자와 그 가족, 관련 시설, 장비 등을 포함해야 한다.

합격생 Guide 자원봉사활동에서 고려할 위험관리 대책

• 프로그램에 적합한 자원봉사자를 선정·배치한다.
• 아동·청소년은 부모의 동의서를 받는다.
• 위험관리 담당자를 지정하고 위험관리위원회를 구성하는 등 위험관리시스템을 구축한다.
• 자원봉사자들을 자원봉사 상해보험에 가입시킨다.
• 위험에 대비하는 관리 및 감독절차를 마련한다.
• 자원봉사 변호사를 선임한다.
• 기타 사고보상에 대비한 재원을 마련한다.

02

✦ **정답해설**

④ 사회복지 실천은 '접수 → 자료수집 → 사정 → 목표설정 및 계약 → 개입 → 평가와 종결'의 과정을 거친다.

03

✦ **정답해설**

① 정신건강의학과 전문의는 정신건강전문요원에 해당하지 않는다.

> 정신건강 증진 및 정신질환자 복지서비스 지원에 관한 법률 제17조(정신건강전문요원의 자격 등)
> ① 보건복지부장관은 정신건강 분야에 관한 전문지식과 기술을 갖추고 보건복지부령으로 정하는 수련기관에서 수련을 받은 사람에게 정신건강전문요원의 자격을 줄 수 있다.

04

✦ **정답해설**

② 민간시장에서 위험에 대처하고 재화를 효율적으로 배분하기 위해서는 위험의 발생이 상호 의존적이지 않아야 한다. 예를 들어 민간 보험상품의 경우 위험발생률이 상호 독립적이라면 위험이 발생하지 않은 사람의 보험료를 재원으로 위험이 발생한 사람을 지원할 수 있으나, 위험발생률이 상호 의존적이라면 위험요인이 있을 경우 위험이 한꺼번에 발생할 수 있기 때문에 대처하기 힘들어진다.

✦ **오답해설**

시장에서 재화들이 효율적으로 분배되기 위한 조건에는 공공재가 아니어야 하고, 외부효과가 발생하지 않아야 하며, 재화에 대해 수요자와 공급자가 충분한 정보 또는 완전한 정보를 가지고 있어야 하며, 위험의 발생이 상호 의존성이 없어야 한다. 규모의 경제가 없어야 하며, 역의 선택현상이 나타나지 말아야 한다.

05

✦ **정답해설**

④ ㉠은 형성평가, ㉡은 총괄평가, ㉢은 메타평가에 대한 설명이다.
  ㉠ 형성평가 : 교수, 학습이 진행되는 과정에서 그간에 학생의 학습된 정도를 점검하기 위해 실시하는 평가이다. 학생, 교수, 프로그램 등의 대상을 개선하고 향상시키려는 목적이 있다.
  ㉡ 총괄평가 : 일련의 교수활동이 모두 끝난 시점에 의도한 교육목표가 어느 정도 실현되었는지를 최종적으로 확인하는 평가이다.
  ㉢ 메타평가 : 평가의 과정 중에 안내 지침을 제공하고 해당 평가에 대한 가치와 장단점을 판단하기 위하여, 평가의 효용성, 실행가능성, 윤리성, 기술적 적합성 따위에 관한 기술적, 판단적 정보를 수집, 제공, 활용하는 교육적 제반 과정이다.

06

✦ 정답해설

② 복지와 재분배적 기능을 강조하며 시장의 영향력을 최소화하려 노력하는 복지국가는 사회민주적 복지국가이다.

07

✦ 정답해설

③ 폭력사건 위기와 관련된 다양한 대상에 대한 다각적인 사정은 적절한 역할이지만, 사상자가 발생한 급박한 상황에서 클라이언트의 성격 변화에 초점을 둔다는 것은 적절하지 않다. 위기개입모델은 위기와 그 위기에 대한 클라이언트의 행동에 초점을 두는 단기 치료과정이며, 클라이언트의 성격 변화는 장기적인 상담의 목표에 알맞다.

08

✦ 정답해설

① 제시문은 크리밍(creaming) 현상에 대한 설명이다.

✦ 오답해설

② 아웃리치(outreach) : 사회복지사가 표적인구에서 개별 클라이언트를 확인하고 서비스를 자발적으로 찾지 않는 잠재적인 클라이언트를 찾아 나서는 것이다.

③ 후광효과(halo effect) : 어떤 대상을 평가할 때, 그 대상의 어느 한 측면의 특질이 다른 특질들에까지도 영향을 미치는 것이다.

④ 점증주의(incrementalism) : 정책결정자가 분석력이 부족하고 시간과 정보도 제약되어 있어서 현재의 정책에서 소폭의 변화만을 대안으로 고려하여 정책을 결정하는 입장이나 태도를 말한다.

09

✦ 정답해설

④ 급여의 종류는 생계급여, 주거급여, 의료급여, 교육급여, 해산급여(解産給與), 장제급여(葬祭給與), 자활급여이다. 장애급여는 포함되지 않는다(국민기초생활 보장법 제7조 제1항).

10

✦ 정답해설

③ 제시문에서 사용한 기법은 인지행동모델의 체계적 둔감화 기법으로, 불안을 일으키는 자극을 여러 단계로 세분하여 낮은 단계부터 강한 단계까지 순차적으로 제시하면서 이완반응과 연결시킨다.

✦ 오답해설

① 반동형성은 자신이 받아들이기 어려운 무의식적 감정이나 욕구를 본래의 의도와 달리 반대되는 방향으로 바꿈으로서 무의식적 욕구를 방어하는 것을 말한다.

② 시연은 클라이언트가 습득한 새로운 행동기술을 현실에서 직접 실행하기 이전에 사회복지사 앞에서 반복적으로 연습하도록 하는 기술을 말한다.

④ 투사는 사회적으로 받아들일 수 없는 자신의 행동과 자신의 부정적인 충동, 욕구, 바람직하지 못한 감정, 동기 등을 타인에게 찾아 그 원인을 전가하여 갈등의 상황에서 벗어나고자 하는 것을 말한다.

11

✦ 정답해설

② 자녀 수가 적어지고 결혼시기가 늦어지면서 확대완료기(막내 출산~첫 자녀 결혼) 기간이 상당히 길어졌다.

✦ 오답해설

① 부부와 미혼 자녀로 구성된 전형적인 핵가족형태의 가족, 즉 2세대 가구가 가장 많은 비율을 차지하고 있으나, 그 비율은 점차 감소하고 있다. 반면 1세대 가구가 전체 가구 구성의 25% 이상을 차지할 정도로 새로운 가족 형태로 자리잡고 있다.

③ 초혼 연령은 계속 올라가고 있으며, 조혼인율이 지속적으로 내려감으로써 출산율이 낮아지고 있다.

④ 여성인권 신장으로 인해 가족가치관의 경우 부부간 의사결정 방식에 있어서 남편주도형이 감소하고 있고, 부부공동형과 아내주도형이 증가하고 있다고 보는 것이 적절할 것이다.

12

✦ 정답해설

③ 측정의 신뢰도를 높이기 위해서는 측정항목(하위변수)의 수를 늘리고, 항목의 선택범위(값)는 넓히는 것이 좋다.

합격생
Guide 측정의 신뢰도를 높이는 방법

- 측정도구의 모호성을 제거한다.
- 측정항목(하위변수)의 수를 늘리고, 항목의 선택범위(값)는 넓히는 것이 좋다.
- 측정자들의 면접방식과 태도의 일관성을 취한다.
- 응답자가 무관심하거나 잘 모르는 내용은 측정하지 않는 것이 좋다.
- 표준화된 측정도구를 사용한다.
- 이전의 조사에서 이미 신뢰성이 있다고 인정된 측정도구를 사용한다.
- 측정자에게 측정도구에 대한 교육과 훈련을 통해 사전준비를 한다.

13

✦ 정답해설

④ 수익자 부담은 사회복지급여나 서비스 제공에 소요되는 비용을 그 수익자가 부담하는 재정방식을 말한다. 저소득층의 낙인감·치욕감을 줄여주어 자기존중감을 높일 수 있으며, 무료 또는 저가서비스 제공에서 오는 서비스의 남용을 억제하여 자원의 효율성을 높인다.

✦ 오답해설

① 일반조세를 재원으로 하는 사회복지정책은 안정성과 지속성 측면에서 다른 재원에 비해 유리하다.
② 「사회복지공동모금회법」은 사회복지공동모금회의 공동모금을 통하여 국민이 사회복지를 이해하고 참여하도록 함과 아울러 국민의 자발적인 성금으로 조성된 재원(財源)을 효율적이고 공정하게 관리·운용함으로써 사회복지 증진에 이바지함을 목적으로 한다(사회복지공동모금회법 제1조).
③ 사회보험료는 피보험자의 강제가입에 의해 납부되는 것이 원칙이다. 사회보험은 반드시 개인의 자유의사에 의하여 가입하는 것은 아니며 보험료는 국가, 기업 및 개인이 분담하되 개인이 받을 위험 정도가 아닌 소득수준에 비례하여 산정된다.

14

✦ 정답해설

③ 장애인의 자립생활은 지역사회에서 장애인이 자기결정권을 가지고 자신의 선택에 따라 독립하여 살아가고자 하는 것이며, 탈시설화를 강조하며 중증 장애인일지라도 스스로 자신의 삶의 방식을 결정하고 지역사회에 적극적으로 참여하는 것을 목표로 하고 있다.

15

✦ 정답해설

④ ㄱ, ㄴ, ㄷ, ㄹ 모두 옳은 설명이다.
- ㄱ. 사례관리는 장기적인 보호를 필요로 하는 클라이언트를 지역사회에서 비용-효율적으로 관리하기 위해 고안된 실천방안이다.
- ㄴ. 사례관리는 지역사회보호에 초점을 두고, 지역사회에서 생활하는 클라이언트의 복합적인 욕구를 해결하기 위한 포괄적인 서비스 제공체계를 구축하기 위해 시작되었다.
- ㄷ. 사례관리자는 복합적인 문제와 욕구를 가진 클라이언트의 욕구에 맞춰 직접적인 서비스와 간접적인 서비스를 모두 제공한다.
- ㄹ. 사례관리과정에 새로운 욕구가 발견되면 재사정을 통해 서비스를 계속적으로 지원한다.

16

✦ 정답해설

④ 안토니 기든스는 복지다원주의를 제시하면서, 기존의 중앙정부 중심의 복지공급을 지양하고 지방정부, 기업, 민간비영리부문 등 공급주체를 다양화해야 한다고 주장하였다.

17

✦ 정답해설

③ 사회적 기업이란 사회(공공)서비스 또는 일자리를 제공하며 취약계층과 지역주민의 삶의 질을 높이기 위한 사회적 목적을 추구하면서 생산, 판매, 서비스 등 영리활동을 하는 기업 및 조직으로, 공기업과는 별개의 기업이다. 또한 개인사업자나 정부, 지방자치단체 등의 공공기관의 출연기관은 사회적 기업 인증이 불가능하다.

18

✦ 정답해설

④ 사회복지실천의 관계형성기술에 대한 설명으로 옳은 것은 ㄷ과 ㄹ이다.
- ㄷ. 통제된 정서적 관여 - 클라이언트의 감정에 대해 사회복지사가 민감하게 반응하며, 원조의 목적에 적합하게 그 감정에 의도적이고 적절한 반응을 하여 정서적으로 관여하는 것이다.

ㄹ. 개별화 – 모든 클라이언트는 각자 다르고 각 클라이언트의 감정, 사고, 행동, 독특한 생활양식, 경험 등은 각각 존중되어야 하기 때문에, 개별 클라이언트의 특별한 욕구를 충족하고 문제를 해결하기 위해 개별특성에 적합한 원조원칙과 방법을 활용하는 것이다.

✦ 오답해설

ㄱ. 수용 – 수용은 클라이언트가 표현한 감정과 관점, 가치관, 의사를 있는 그대로 이해하고 받아들이는 것이며, 사회적으로 용납되지 않는 문제행동까지 인정하는 것은 아니다.

ㄴ. 비밀보장 – 클라이언트가 상담 과정에서 노출한 비밀스러운 정보를 전문적 치료 목적 외에 타인에게 알려서는 안 된다는 원리이다. 보다 나은 서비스 제공을 위하여 다른 전문가들과 사례 회의를 하거나, 범죄행위와 관련된 경우 등 비밀보장을 해줄 수 없는 상황이 존재한다.

19
✦ 정답해설

③ 보편적 서비스란 보편주의에 입각한 서비스로 모든 국민을 대상으로 하는 사전예방적 서비스이다. 일반 중학생을 대상으로 한 인터넷·약물중독 예방교육은 보편적 서비스에 해당한다.

✦ 오답해설

①, ②, ④ 우울증 청소년에 대한 상담, 학대 아동에 대한 미술 치료, 시각장애인을 위한 직업재활서비스는 모두 일부 특정 대상에 대한 사후치료적 성격의 서비스이므로 선별적 서비스에 해당한다.

20
✦ 정답해설

② 재가급여 중 주·야간보호는 수급자를 하루 중 일정한 시간 동안 장기요양기관에 보호하여 신체활동 지원 및 심신기능의 유지·향상을 위한 교육·훈련 등을 제공하는 장기요양급여이다(노인장기요양보험법 제23조 제1항 제1호 라목). 따라서 재가노인요양보호는 집에서 일정시간(일 3~4시간) 동안 급여를 제공받는 것으로, 24시간 제공받는 것은 아니다.

✦ 오답해설

① 연령이 65세 이상 또는 65세 미만으로서 치매 등 대통령령으로 정하는 노인성 질병 여부를 확인한다(동법 제2조 제1호).

③ 도서·벽지 등 장기요양기관이 현저하게 부족한 지역은 보건복지부장관이 정하여 고시하는 경우 특별현금급여(가족요양비)가 가능하다(동법 제24조 제1항 제1호).

④ 장기요양보험사업의 보험자는 국민건강보험공단으로 한다(동법 제7조 제2항).

지방직 9급 정답 및 해설

2019년 기출

2019.06.15. 시행

총평

✓ 출제영역 및 문항별 분석

문항	출제내용	난이도	문항	출제내용	난이도
1	사회복지 급여	하	11	사례관리자의 활동	중
2	국민기초생활 보장제도	중	12	비율측정	상
3	사례관리	중	13	희망복지 지원단	하
4	사회복지 주요 개념	하	14	노인장기요양 보험법령	중
5	사회복지서비스 전달체계	상	15	사회복지 역사	중
6	복지국가 유형	중	16	사회복지 사업법	하
7	긴급복지 지원법	상	17	정신건강증진 및 정신질환자 복지서비스 지원에 관한 법률	중
8	심리사회적 자아발달의 8단계	중	18	사회보장 권리 구제	하
9	사회복지 이론 및 사상	중	19	국민기초생활 보장 법령상 자활 급여	중
10	사회보장 기본법	하	20	청소년지원 사업	중

✓ 영역별 분석 통계

구분	출제영역	문항
사회복지일반론	사회복지이론, 사회복지모형, 사회복지발달사	3
사회복지 기초이론 및 실천방법론	에릭슨의 심리사회적 자아발달, 사회복지조사, 사회복지실천, 사회복지법인의 임원, 사회복지정책, 사회복지서비스 전달체계, 임파워먼트의 개념 등	9
사회보장론	사회보장기본법, 사회보험제도, 노인장기요양보험법, 국민기초생활보장제도, 공공부조제도	6
사회복지서비스 분야론	정신건강복지법, 청소년지원사업	2

✓ 총평

2019년도 지방직 9급 사회복지학개론은 기존의 시험에서 자주 나오지 않았던 영역의 문제들이 다수 출제되어 수험생의 체감난이도가 높았던 시험이었습니다. 특히 청소년지원사업에 대한 올바른 설명을 묻는 문제는 그동안 사회복지학개론에서 다루지 않았던 생소한 내용의 문제였기 때문에 수험생들이 문제를 접하는 과정에서 어려움을 느낄 수 있었던 문제였습니다.

또한 박스형문제가 사회복지서비스 전달체계, 긴급지원제도, 비율측정, 노인장기요양보험법, 사회복지 역사, 청소년지원사업에 관련된 내용으로 무려 6문제나 출제되어 시험의 난이도를 더욱 증가시켰습니다. 법령 관련 문제는 긴급복지지원법, 사회보장기본법, 사회복지사업법, 정신건강증진 및 정신질환자 복지서비스 지원에 관한 내용에서 출제되었습니다.

시험의 체감 난이도는 높았지만 기본서와 기출문제를 꼼꼼히 공부한 수험생이라면 정답을 잘 찾을 수 있었던 문제였습니다. 따라서 수험생 여러분은 사회복지학개론을 공부할 때 기본에 충실한 학습을 해나가야겠습니다.

정답

01	②	02	③	03	④	04	③	05	②
06	④	07	④	08	①	09	③	10	②
11	④	12	①	13	①	14	②	15	④
16	①	17	③	18	②	19	③	20	④

01

◆ 정답해설

② 사회복지급여 제공에서 국가 개입이 필요한 이유는 사회복지재화의 공공재적 성격 때문이다.

◆ 오답해설

① 사회복지급여의 외부효과, ③ 대상자의 역의 선택, ④ 대상자의 도덕적 해이는 사회복지급여 제공에서 국가 개입이 필요한 이유이다.

02

◆ 정답해설

③ 보건복지부장관 또는 소관 중앙행정기관의 장은 급여의 종류별 수급자 선정기준 및 최저보장수준을 결정하여야 한다. 보건복지부장관 또는 소관 중앙행정기관의 장은 매년 8월 1일까지 제20조 제2항에 따른 중앙생활보장위원회의 심의·의결을 거쳐 다음 연도의 급여의 종류별 수급자 선정기준 및 최저보장수준을 공표하여야 한다(국민기초생활 보장법 제6조 제1항 및 제2항).

◆ 오답해설

① 수급자 선정 시 기준 중위소득을 활용한다(동법 제2조 제11호 참조).

② 소득인정액은 보장기관이 급여의 결정 및 실시 등에 사용하기 위하여 산출한 개별가구의 소득평가액과 재산의 소득환산액을 합산한 금액을 말한다(동법 제2조 제9호).

④ 생계급여는 수급자의 주거에서 실시한다. 다만, 수급자가 주거가 없거나 주거가 있어도 그곳에서는 급여의 목적을 달성할 수 없는 경우 또는 수급자가 희망하는 경우에는 수급자를 제32조에 따른 보장시설이나 타인의 가정에 위탁하여 급여를 실시할 수 있다(동법 제10조 제1항).

03

◆ 정답해설

④ 사례관리는 시설보호보다는 탈시설화를 통한 지역사회에서 개별적인 관리를 배경으로 하여 제시되었다.

◆ 오답해설

① 사례관리는 사례관리자가 클라이언트의 욕구를 해결하고, 사회적 기능을 회복·향상시키기 위해 자원을 연계하거나 직접 제공하여 최적의 서비스를 제공하는 통합적 실천방법이다.

② 사례관리는 옹호나 아웃리치를 포함하는 광의의 개념으로 사례관리자는 다양하고 복합적인 욕구를 가진 클라이언트에게 공식적·비공식적, 개인적, 지역사회적 자원을 연결하고 조정하는 역할을 담당한다.

③ 서비스 제공 중심에서 클라이언트 중심으로 변화하여 단기간에 단순 필요 서비스만 연결해 주는 것이 아닌 지속적인 개입을 통하여 욕구를 해결하고 문제를 극복한다.

04

◆ 정답해설

③ 탈상품화는 특정 개인이 시장에 자신의 노동력을 팔지 않아도 생계를 유지할 수 있는 정도, 즉 노동자가 일을 할 수 없는 상태일 때 국가가 어느 정도의 급여를 지원해 주는가를 말한다. 탈상품화 정도에 따라 복지국가 유형과 사회복지정책을 분석할 수 있는 척도가 된다.

05

◆ 정답해설

② ㄱ, ㄴ, ㄹ이 옳은 설명이다.

◆ 오답해설

ㄷ. 중앙정부가 전달주체가 되면 재정적으로 안정적이지만 서비스의 접근성과 융통성, 자율성이 떨어진다.

06

✦ 정답해설

④

구분	자유주의적 복지국가	조합주의적 복지국가	사회민주주의적 복지국가
탈상품화 정도	매우 낮음	높음	매우 높음
계층화 정도	계층 간 대립 심화	계층 간 차이 유지	계층 간 통합 강화
국가의 역할	주변적 (시장이 중심)	보조적 (가족이 중심)	중심적
전형적 국가	미국, 영국, 캐나다 등	프랑스, 독일, 이탈리아 등	스웨덴, 핀란드, 노르웨이 등

07

✦ 정답해설

④ ㄴ, ㄷ, ㄹ이 옳은 설명이다.

ㄴ. 긴급복지지원법 제10조 제3항

ㄷ. 「재해구호법」, 「국민기초생활 보장법」, 「의료급여법」, 「사회복지사업법」, 「가정폭력방지 및 피해자보호 등에 관한 법률」, 「성폭력방지 및 피해자보호 등에 관한 법률」 등 다른 법률에 따라 이 법에 따른 지원 내용과 동일한 내용의 구호·보호 또는 지원을 받고 있는 경우에는 이 법에 따른 지원을 하지 아니한다(긴급복지지원법 제3조 제2항).

ㄹ. 긴급복지지원법 제7조 제1항

✦ 오답해설

ㄱ. 기본적으로 선지원 후조사를 원칙으로 한다. 「긴급복지지원법」상 시장·군수·구청장은 제1항에 따른 현장 확인 결과 위기상황의 발생이 확인된 사람에 대하여는 지체 없이 제9조에 따른 지원의 종류 및 내용을 결정하여 지원을 하여야 한다. 이 경우 긴급지원대상자에게 신속히 지원할 필요가 있다고 판단되는 경우 긴급지원담당공무원으로 하여금 우선 필요한 지원을 하도록 할 수 있다(동법 제8조 제3항). 시장·군수·구청장은 제8조 제3항에 따라 지원을 받았거나 받고 있는 긴급지원대상자에 대하여 소득 또는 재산 등 대통령령으로 정하는 기준에 따라 긴급지원이 적정한지를 조사하여야 한다(동법 제13조 제1항).

08

✦ 정답해설

① 에릭슨의 심리사회적 자아발달의 8가지 과업 중 8단계는 자아통합 대 절망이다.

합격생 Guide 에릭슨(Erikson)의 심리사회적 발달단계

구분	심리사회적 위기	주요 관계	심리사회적 능력 (자아강점)
제1단계 (유아기)	신뢰감 대 불신감	어머니	희망
제2단계 (초기 아동기)	자율성 대 수치심	부모	의지
제3단계 (학령 전기)	주도성 대 죄의식	가족	목적의식
제4단계 (학령기)	근면성 대 열등감	이웃, 학교	유능성 (능력)
제5단계 (청소년기)	자아정체감 대 역할혼미	또래집단	성실성
제6단계 (성인 초기)	친밀감 대 고립감	우정 및 애정, 경쟁 대상자	사랑
제7단계 (성인기)	생산성 대 침체감	직장, 확대가족	배려
제8단계 (노년기)	자아통합 대 절망	인류, 동족	지혜

09

✦ 정답해설

③ 존 롤즈(John Rawls)는 정의론에서 자유와 평등의 조화로운 공존을 제시하였다.

✦ 오답해설

① 로버트 노직(Robert Nozick)은 국가의 역할은 최소한으로 두고 국가가 자유를 제약해서는 안 된다는 자유주의 국가론을 펼쳤다.

② 개인이 국가의 규제로부터 벗어나 자유를 누리는 것이 정의로운 사회라고 주장한 것은 보수주의자들의 입장이다. 사회민주주의자들은 공동체를 위하여 자유가 제한받을 수 있다는 입장이다.

④ 마르크스주의는 자본주의를 노동계급을 착취하고 소외시키는 비인간적인 체제로 보았다.

10

◆ 정답해설

②

> 사회보장기본법 제10조(사회보장급여의 수준)
> ① 국가와 지방자치단체는 모든 국민이 건강하고 문화적인 생활을 유지할 수 있도록 사회보장급여의 수준 향상을 위하여 노력하여야 한다.
> ② 국가는 관계 법령에서 정하는 바에 따라 최저보장수준과 최저임금을 매년 공표하여야 한다.
> ③ 국가와 지방자치단체는 제2항에 따른 최저보장수준과 최저임금 등을 고려하여 사회보장급여의 수준을 결정하여야 한다.

11

◆ 정답해설

④ 클라이언트의 강점과 잠재력에 초점을 맞추어 역량을 강화하는 활동은 제시문에서 나타나지 않았다.

◆ 오답해설

①, ②, ③ 사례관리자는 관내 자원봉사센터, 보건소, 정신건강증진센터 등 지역사회 내 다양한 관계망을 활용하여 자원연계자 역할을 수행하였다. 또한 자원봉사자 인적자원을 동원하여 지역사회가 협력하는 기회를 만들었다.

12

◆ 정답해설

① 비율측정은 ㄱ과 ㄴ이 해당된다.
> ㄱ. 비율측정은 명목측정, 서열측정, 등간측정이 가지고 있는 서열성, 등간성을 모두 가지고 있다.
> ㄴ. 비율측정은 절대영점을 가지고 있다.

◆ 오답해설

ㄷ. 비율측정은 사칙연산이 모두 가능하다.
ㄹ. 비율측정에는 연령, 몸무게, 나이, 소득 등이 있다. 온도와 지능지수(IQ)는 등간척도에 해당한다.

13

◆ 정답해설

① 희망복지지원단은 기초자치단체인 시·군·구에 설치되어 있다.

14

◆ 정답해설

② ㄱ. 파킨슨병, ㄷ. 뇌경색증, ㅁ. 뇌내출혈이 노인장기요양보험법 시행령 [별표 1]에 의하여 노인성 질병으로 지정되어 있다.

합격생 Guide 노인성 질병의 종류

노인성 질병의 종류(노인장기요양보험법 시행령 [별표 1])		
구분	질병명	질병코드
한국표준질병·사인분류	가. 알츠하이머병에서의 치매	F00*
	나. 혈관성 치매	F01
	다. 달리 분류된 기타 질환에서의 치매	F02*
	라. 상세불명의 치매	F03
	마. 알츠하이머병	G30
	바. 지주막하출혈	I60
	사. 뇌내출혈	I61
	아. 기타 비외상성 두개내출혈	I62
	자. 뇌경색증	I63
	차. 출혈 또는 경색증으로 명시되지 않은 뇌졸중	I64
	카. 뇌경색증을 유발하지 않은 뇌전동맥의 폐쇄 및 협착	I65
	타. 뇌경색증을 유발하지 않은 대뇌동맥의 폐쇄 및 협착	I66
	파. 기타 뇌혈관질환	I67
	하. 달리 분류된 질환에서의 뇌혈관장애	I68*
	거. 뇌혈관질환의 후유증	I69
	너. 파킨슨병	G20
	더. 이차성 파킨슨증	G21
	러. 달리 분류된 질환에서의 파킨슨증	G22*
	머. 기저핵의 기타 퇴행성 질환	G23
	버. 중풍후유증	U23.4
	서. 진전(震顫)	R25.1

비고
1. 질병명 및 질병코드는 「통계법」 제22조에 따라 고시된 한국표준질병·사인분류에 따른다.
2. 진전은 보건복지부장관이 정하여 고시하는 범위로 한다.

15

✦ 정답해설

④ ㄴ, ㄷ, ㄹ이 옳은 설명이다.

ㄴ. 영국 개정구빈법에서는 노동능력이 있는 빈민에게는 작업장에서 일을 시키고 노동능력이 없는 자들에게 구호를 제공하였으며, 구제를 받는 빈민의 처우가 최하층 독립 근로자의 수준보다 높아서는 안 되었다.

ㄷ. 스핀햄랜드법은 생계비와 가족수를 고려한 수당을 저임금 노동자에게 지급하였고 노동능력이 없는 빈민에게 구호를 확대하였다. 이 최저생계비에 대한 개념은 현대의 최저생활보장의 기반이 되었다.

ㄹ. 산재되어 있던 자선단체를 조정하기 위하여 자선조직협회가 설립되었다. 빈곤의 원인은 개인의 부도덕함과 과실이라고 간주하여 구제할 가치가 있는 빈민을 개별적으로 방문하여 조언과 교육을 제공하였다.

✦ 오답해설

ㄱ. 경제대공황 이후 등장하여 복지국가의 이념적 기반이 되었던 케인즈주의가 쇠퇴하고, 1980년대 신자유주의 이념이 영향력을 발휘하여 미국의 레이건과 영국의 대처 등 보수당이 집권하고 국가의 복지개입이 축소되었다.

16

✦ 정답해설

① 법인은 대표이사를 포함한 이사 7명 이상과 감사 2명 이상을 두어야 한다(사회복지사업법 제18조 제1항).

✦ 오답해설

② 동법 제18조 제4항
③ 동법 제20조
④ 동법 제18조 제5항

17

✦ 정답해설

③ 제1항에 따른 정신건강전문요원(이하 "정신건강전문요원"이라 한다)은 그 전문분야에 따라 정신건강임상심리사, 정신건강간호사, 정신건강사회복지사 및 정신건강작업치료사로 구분한다(정신건강증진 및 정신질환자 복지서비스 지원에 관한 법률 제17조 제2항).

✦ 오답해설

① 이 법은 정신질환의 예방·치료, 정신질환자의 재활·복지·권리보장과 정신건강 친화적인 환경 조성에 필요한 사항을 규정함으로써 국민의 정신건강증진 및 정신질환자의 인간다운 삶을 영위하는 데 이바지함을 목적으로 한다(동법 제1조).

② 2016년 「정신보건법」이 정신건강복지법으로 전부 개정되었다.

④ 동법 제4조 제2항

18

✦ 정답해설

② 국민건강보험법에는 이의신청과 심판청구의 절차가 규정되어 있다.

✦ 오답해설

①, ③, ④ 산업재해보상보험법 제6장, 고용보험법 제5장의2와 제5장의3, 국민연금법 제7장에는 권리구제를 위해 심사청구와 재심사청구의 절차가 규정되어 있다.

19

✦ 정답해설

③ 자활사업에는 「고용정책기본법」에 근거한 공공근로사업도 포함된다.

> 국민기초생활 보장법 시행령 제10조(자활사업)
> ① 자활사업은 다음 각 호의 사업으로 한다.
> 1. 제18조에 따른 직업훈련
> 2. 제19조에 따른 취업알선 등의 제공
> 3. 제20조에 따른 자활근로
> 4. 「직업안정법」 제2조의2 제1호에 따른 직업안정기관(이하 "직업안정기관"이라 한다)의 장이 제시하는 사업장에의 취업
> 5. 「고용정책기본법」 제34조 제1항 제5호에 따른 공공근로사업
> 6. 법 제16조에 따른 지역자활센터(이하 "지역자활센터"라 한다)의 사업
> 7. 법 제18조에 따른 자활기업(이하 "자활기업"이라 한다)의 사업
> 8. 개인 창업 또는 공동 창업
> 9. 근로의욕 제고 및 근로능력 유지를 위한 자원봉사
> 10. 그 밖에 수급자의 자활에 필요하다고 보건복지부장관이 정하여 고시하는 사업

✦ **오답해설**

① 국민기초생활 보장법 제15조 제1항
② 동법 제15조 제2항
④ 동법 시행규칙 제26조 제1항

20

✦ **정답해설**

④ 청소년지원사업으로 ㄱ, ㄴ, ㄷ, ㄹ 모두 옳은 설명이다.

2019년 기출
2019.02.23. 시행

서울시(상반기) 9급 정답 및 해설

총평

✓ 출제영역 및 문항별 분석

문항	출제내용	난이도	문항	출제내용	난이도
1	길버트와 스펙트	중	11	한국 사회복지행정	하
2	사회복지 실천의 가치	중	12	품목예산	하
3	사회복지 행정모델	하	13	사회복지사 윤리강령	중
4	복지국가의 경향	하	14	사회보장 기본법	중
5	사회복지사의 역할	중	15	사례관리	하
6	고용보험	중	16	생태학적 오류	상
7	기본소득	하	17	엘리자베스 국빈법	하
8	마셜의 시민권론	중	18	사회복지 사회법 시행규칙	중
9	롤스의 정의론	하	19	길버트와 테렐	중
10	사회복지 사업법	중	20	실천개입 기술	하

✓ 영역별 분석 통계

구분	출제영역	문항
사회복지일반론	길버트와 스펙트, 사회복지실천의 가치, 신자유주의에 기반한 복지국가의 경향, 사회복지행정의 변화 등	4
사회복지 기초이론 및 실천방법론	사회복지행정모델의 관료제모형, 시민권론, 정의론, 예산양식 중 품목예산, 사례관리의 과정, 생태학적 오류, 실천개입기술, 사회복지사의 역할 등	11
사회보장론	사회보장기본법, 고용보험, 기본소득, 사회복지사업법	4
사회복지서비스 분야론	사회서비스관련 법 내용 등	1

✓ 총평

2019년 서울시 상반기 사회복지학개론의 난이도는 평이했습니다. 기존에 자주 출제되었던 기출 내용 위주의 문제들이 출제되었고 문제의 구성 또한 무난했습니다. 길버트(Gilbert)와 관련하여 사회가 공통적으로 수행해야 할 기능, 사회복지정책 분석틀과 관련해 2문제가 출제되었고 자주 출제되는 사회복지사의 윤리강령과 사회복지행정의 변화와 관련된 문제도 출제되었습니다.

「사회복지사업법」상 용어에 관한 문제, 「사회보장기본법」상 사회보장수급권과 관련된 문제, 「사회복지사업법 시행규칙」상 지역조직화기능을 묻는 법령 관련 문제가 출제되었습니다. 마셜(Marshall)의 '시민권론', 롤스(Rawls)의 '정의론' 등 학자와 관련된 내용을 묻는 문제가 많이 출제된 것 역시 이번 시험의 특징이라고 할 수 있습니다.

사회복지서비스분야인 아동복지법, 노인복지법, 장애인복지법 등의 내용이 따로 독립 문제로 출제되지는 않았지만 관련 내용이 문항별로 조금씩 나오는 수준으로 언급되었습니다.

사회복지학개론은 새로운 내용을 묻는 문제보다는 기존의 기출내용을 묻는 문제가 중점적으로 나오기 때문에 기출내용을 중심으로 공부하는 것이 빠른 시기에 고득점을 얻을 수 있는 비결이라고 할 수 있습니다. 수험생 여러분의 좋은 결과를 기원합니다.

✓ 정답

01 ③	02 ④	03 ③	04 ②	05 ①
06 ③	07 ②	08 ④	09 ④	10 ①
11 ④	12 ④	13 ①	14 ②	15 ③
16 ③	17 ①	18 ①	19 ②	20 ②

01

✦ 정답해설

③ 사회구성원들이 사회의 규범에 순응하게 만드는 기능은 사회통제기능이고, 이를 일차적으로 수행하는 것은 정치제도이다.

제도	주요 기능	내용
가족제도	사회화 기능	사회생활을 하는 데 필요한 가치·규범·지식을 전수
종교제도	사회통합 기능	사회적 규범을 자발적으로 따르도록 사회에 대한 충성심을 강화하는 기능
정치제도	사회통제 기능	사회구성원들로 하여금 일정한 가치와 규범에 순응하도록 강제
경제제도		재화나 서비스의 생산, 분배, 소비, 교환 기능
사회복지 제도		상부상조, 욕구충족기능

02

✦ 정답해설

④ 비밀보장의 원칙이란 클라이언트가 전문적 관계에서 노출한 비밀스러운 정보를 사회복지사가 전문적 치료목적 외에 타인에게 알려서는 안 된다는 원리이다. 예외적으로 원조를 목적으로 하는 경우 클라이언트에 대한 정보는 사례회의 등의 개입과 관련된 협업체계에서 공유될 수 있다. 하지만 공유되거나 공개되는 클라이언트의 개인적인 정보의 범위는 극히 제한적이어야 하며, 동시에 원조의 목적달성에 한하는 정도여야만 한다.

03

✦ 정답해설

③ 관료제모형은 과학적 관리모형과 더불어 대표적인 고전적 행정조직모형으로, 이는 폐쇄체계적 모형에 해당한다. 즉, 조직 외부의 환경체계와의 별도의 상호작용 없이 조직 내에서의 권위구조의 변화가 조직의 생산성을 증대시킬 수 있다는 관점이다.

04

✦ 정답해설

② 신자유주의자들은 공공부분의 민영화와 더불어 기업규제의 철폐와 이를 통해 작은 정부를 지향하고 기업 및 시장의 자율성을 확보하여 복지국가의 위기를 타파할 수 있다고 주장하였다.

05

✦ 정답해설

① 클라이언트의 정당한 권리를 대변하고 정책적 변화를 추구하는 활동을 하는 것은 옹호자의 역할로 적절한 설명이다.

✦ 오답해설

② 중개자로서의 역할에 대한 설명이다.
③ 행동가로서의 역할에 대한 설명이다.
④ 연구자로서의 역할에 대한 설명이다.

06

✦ 정답해설

③ 보험료 등의 고지 및 수납, 체납관리업무는 국민건강보험공단이 고용노동부장관으로부터 위탁을 받아 수행한다(고용보험 및 산업재해보상보험의 보험료징수 등에 관한 법률 제4조 제1호 및 제2호).

✦ 오답해설

① 고용보험법은 근로자를 사용하는 모든 사업 또는 사업장(이하 "사업"이라 한다)에 적용한다. 다만, 산업별 특성 및 규모 등을 고려하여 대통령령으로 정하는 사업에 대해서는 적용하지 아니한다(고용보험법 제8조 제1항). 근로자를 사용하지 아니하거나 50명 미만의 근로자를 사용하는 사업주로서 대통령령으로 정하는 요건을 갖춘 자영업자는 공단의 승인을 받아 자기를 이 법에 따른 근로자로 보아 고용보험에 가입할 수 있다(고용보험 및 산업재해보상보험의 보험료징수 등에 관한 법률 제49조의2 제1항).

② 고용안정사업 및 직업능력개발사업의 보험료는 사업
주가 부담하되, 실업급여의 보험료는 사업주 및 근로
자가 1/2씩 부담한다(고용보험 및 산업재해보상보험
의 보험료징수 등에 관한 법률 제13조 제4항).
④ 구직급여의 소정급여일수는 이직일 현재 연령과 피보험
기간에 따라 120일에서 270일 동안으로 정해진다.

합격생 Guide | 구직급여의 소정급여일수(고용보험법 [별표 1])

구분		피보험기간				
		1년 미만	1년 이상 3년 미만	3년 이상 5년 미만	5년 이상 10년 미만	10년 이상
이직일 현재 연령	50세 미만	120일	150일	180일	210일	240일
	50세 이상	120일	180일	210일	240일	270일

07

✦ 정답해설

② 재정적 지속가능성(financial sustainability)은 기본
소득(Basic Income)의 개념적 특성으로 볼 수 없다.

✦ 오답해설

기본소득은 사회의 모든 구성원(보편성)에게 조건 없이(무조
건성) 지급하는 소득으로, 기존의 사회보장제도와는 달리 가
구단위가 아니라 개인단위(개별성)로 지급되며, 노동요구나
노동의사와 무관하게 자산이나 다른 소득의 심사없이 보장
되는 기본적인 소득이다.

08

✦ 정답해설

④ 마셜(Marshall)은 시민권의 발달이 사회복지정책을 발달
시켰다고 주장하며, 그 발달 순서를 18세기 공민권, 19세
기 참정권, 20세기 사회권으로 등으로 제시하였다. 마셜
은 특정 시민권의 범주를 특정 역사적 시기에 제한하여
한 시기에 여러 가지 시민권의 유형이 공존하고 있는 현
실을 제대로 이해하지 못했고, 복지개념을 사회권으로만
제한된 시각에서 파악하여 직업복지, 자발적 복지 등의
영역들이 제외되었으며, 사회구조와 복지제도 간의 관계
를 분석할 수 있는 일반화된 틀이 부족하였다.

✦ 오답해설

① 당시 시민권이 남성 백인에게만 유효한 권리 범주에 불
과하며, 여성과 흑인 등 다른 집단의 권리는 보장하지 못
한다는 사실을 간과하여 현 사회에서 아직까지도 엄연히
존재하고 있는 낙인의 문제와 평등간의 괴리에 대한 성찰
이 부족하였다.
② 영국의 사례에 국한하여 이론을 전개하여 이를 제3
세계나 사회적 국가에 보편적으로 적용하기 힘들다.
③ 시민권의 발전을 자연적인 진화의 과정으로 간주하여,
투쟁을 통해 실질적으로 획득될 수 있다는 것을 간과하
였다.

09

✦ 정답해설

④ 부정의의 시정원칙은 롤스의 「정의론」에서 제시하는 정
의의 원칙에 해당하지 않는다.

합격생 Guide | 롤스의 「정의론」에서 제시하는 정의의 원칙

제1원칙(평등한 기본적 자유의 원칙) : 각 개인은 다른 사람
의 유사한 자유와 양립할 수 있는 범위 내에서 가장 광범위
한 기본적 자유에 대한 평등한 권리를 갖는다.
제2원칙 : 사회적・경제적 불평등은 근본적으로 용인되지
않으나 다만 예외적으로 다음의 두 가지 조건이 성립할 때
에만 정당화될 수 있다.
㉠ 차등의 원칙 : 그 불평등이 그 사회에서 가장 불리한 처
지에 있는 사람에게 이익이 될 것
㉡ 공정한 기회균등의 원칙 : 모든 사람에게 공정한 기회가
주어진다는 조건하에서만 직위와 직책에 불평등이 존재
할 것

10

✦ 정답해설

① "사회복지서비스"란 국가・지방자치단체 및 민간부문의
도움을 필요로 하는 모든 국민에게 사회복지사업을 통한
서비스를 제공하여 삶의 질이 향상되도록 제도적으로 지
원하는 것을 말한다(사회복지사업법 제2조 제6호).

✦ 오답해설

② 사회복지사업법 제2조 제2호
③ 사회복지사업법 제2조 제4호
④ 사회복지사업법 제2조 제7호

11

✦ 정답해설

④ 한국 사회복지행정은 사회복지시설 및 기관평가제도 도입(1997년) → 지역복지계획수립 의무화(2003년) → 노인장기요양보험제도 실시(2008년) → 사회복지통합관리망 행복e음 구축(2010년)의 순으로 발전하였다.

12

✦ 정답해설

④ 기관이 성취하고자 하는 성과나 목표를 제시하는 것은 성과주의 예산(Performance Budget)에 대한 설명이다.

13

✦ 정답해설

① 「사회복지사 윤리강령」에 따라 사회복지사는 적법하고도 적절한 논의 없이 동료 혹은 다른 기관의 클라이언트와 전문적 관계를 맺어서는 안 된다.

✦ 오답해설

② 사회복지사의 기본적 윤리기준 중 경제적 이득에 대한 태도의 내용이다.
③ 사회복지사의 기본적 윤리기준 중 전문가로서의 자세에 대한 내용이다.
④ 사회복지사의 기관에 대한 윤리기준에 대한 내용이다.

14

✦ 정답해설

② 사회보장수급권은 정당한 권한이 있는 기관에 서면으로 통지하여 포기할 수 있다(사회보장기본법 제14조 제1항).

✦ 오답해설

①, ③, ④ 사회보장수급권은 관계법령에서 정하는 바에 따라 다른 사람에게 양도하거나 담보로 제공할 수 없으며, 이를 압류할 수 없다(사회보장기본법 제12조).

15

✦ 정답해설

③ 사례관리는 '사례개발 및 접수 → 사정 → 계획(기획) → 개입 → 점검 → 평가'의 순으로 이루어진다.

16

✦ 정답해설

③ 생태학적 오류는 집단을 단위로 조사·분석하면서 얻은 결과로 그 집단을 구성하는 개인들의 특성을 단정할 때 발생하는 오류이다.

17

✦ 정답해설

① 1601년 엘리자베스 빈민법(구빈법)에서는 노동력이 없는 빈민의 경우에는 '구빈원에 집단 수용'하는 것을 원칙으로, 노동력이 있는 빈민인 건강한 빈민에 대해서는 교정원 또는 열악한 수준의 작업장에서 강제노역을 하도록 하였다.

✦ 오답해설

② 1782년 길버트법에 대한 설명이다.
③ 1662년 정주법에 대한 설명이다.
④ 1795년 스핀햄랜드법에 대한 설명이다.

18

✦ 정답해설

① 서비스연계사업은 사례관리기능에 해당한다.

✦ 오답해설

② 주민조직화, ③ 자원개발 및 관리, ④ 복지네트워크 구축은 지역조직화기능에 해당한다.

합격생 Guide │ 사회복지관의 사업[별표 3]

기능	사업분야	사업 및 내용
사례 관리 기능	사례 발굴	지역 내 보호가 필요한 대상자 및 위기 개입대상자를 발굴하여 개입계획 수립
	사례 개입	지역 내 보호가 필요한 대상자 및 위기 개입대상자의 문제와 욕구에 대한 맞춤형 서비스가 제공될 수 있도록 사례개입

	서비스 연계	사례개입에 필요한 지역 내 민간 및 공공의 가용자원과 서비스에 대한 정보 제공 및 연계, 의뢰
	가족 기능 강화	1. 가족관계증진사업 : 가족원간의 의사소통을 원활히 하고 각자의 역할을 수행함으로써 이상적인 가족관계를 유지함과 동시에 가족의 능력을 개발·강화하는 사업 2. 가족기능보완사업 : 사회구조 변화로 부족한 가족기능, 특히 부모의 역할을 보완하기 위하여 주로 아동·청소년을 대상으로 실시되는 사업 3. 가정문제해결·치료사업 : 문제가 발생한 가족에 대한 진단·치료·사회복귀 지원사업 4. 부양가족지원사업 : 보호대상 가족을 돌보는 가족원의 부양부담을 줄여주고 관련 정보를 공유하는 등 부양가족 대상 지원사업 5. 다문화가정, 북한이탈주민 등 지역 내 이용자 특성을 반영한 사업
서비스제공기능	지역사회보호	1. 급식서비스 : 지역사회에 거주하는 요보호 노인이나 결식아동 등을 위한 식사제공 서비스 2. 보건의료서비스 : 노인, 장애인, 저소득층 등 재가복지사업대상자들을 위한 보건·의료관련 서비스 3. 경제적 지원 : 경제적으로 어려운 지역사회 주민들을 대상으로 생활에 필요한 현금 및 물품 등을 지원하는 사업 4. 일상생활 지원 : 독립적인 생활능력이 떨어지는 요보호 대상자들이 시설이 아닌 지역사회에 거주하기 위해서 필요한 기초적인 일상생활 지원서비스 5. 정서서비스 : 지역사회에 거주하는 독거노인이나 소년소녀가장 등 부양가족이 없는 요보호 대상자들을 위한 비물질적인 지원 서비스 6. 일시보호서비스 : 독립적인 생활이 불가능한 노인이나 장애인 또는 일시적인 보호가 필요한 실직자·노숙자 등을 위한 보호서비스 7. 재가복지봉사서비스 : 가정에서 보호를 요하는 장애인, 노인, 소년·소녀가정, 한부모가족 등 가족기능이 취약한 저소득 소외계층과 국가유공자, 지역사회 내에서 재가복지봉사서비스를 원하는 사람에게 다양한 서비스 제공

	교육 문화	1. 아동·청소년 사회교육 : 주거환경이 열악하여 가정에서 학습하기 곤란하거나 경제적 이유 등으로 학원 등 다른 기관의 활용이 어려운 아동·청소년에게 필요한 경우 학습 내용 등에 대하여 지도하거나 각종 기능 교육 2. 성인기능교실 : 기능습득을 목적으로 하는 성인사회교육사업 3. 노인 여가·문화 : 노인을 대상으로 제공되는 각종 사회교육 및 취미교실 운영사업 4. 문화복지사업 : 일반주민을 위한 여가·오락프로그램, 문화 소외집단을 위한 문화프로그램, 그 밖에 각종 지역 문화행사사업
	자활 지원 등 기타	1. 직업기능훈련 : 저소득층의 자립능력 배양과 가계소득에 기여할 수 있는 기능훈련을 실시하여 창업 또는 취업을 지원하는 사업 2. 취업알선 : 직업훈련 이수자 기타 취업희망자들을 대상으로 취업에 관한 정보제공 및 알선사업 3. 직업능력개발 : 근로의욕 및 동기가 낮은 주민의 취업욕구 증대와 재취업을 위한 심리·사회적인 지원프로그램 실시사업 4. 그 밖의 특화사업
지역조직화기능	복지 네트 워크 구축	지역 내 복지기관·시설들과 네트워크를 구축함으로써 복지서비스 공급의 효율성을 제고하고, 사회복지관이 지역복지의 중심으로서의 역할을 강화하는 사업 - 지역사회연계사업, 지역욕구조사, 실습지도
	주민 조직화	주민이 지역사회 문제에 스스로 참여하고 공동체 의식을 갖도록 주민 조직의 육성을 지원하고, 이러한 주민협력강화에 필요한 주민의식을 높이기 위한 교육을 실시하는 사업 - 주민복지증진사업, 주민조직화 사업, 주민교육
	자원 개발 및 관리	지역주민의 다양한 욕구 충족 및 문제해결을 위해 필요한 인력, 재원 등을 발굴하여 연계 및 지원하는 사업 - 자원봉사자 개발·관리, 후원자 개발·관리

19

② 사회적 위험(social risks)의 포괄 범주는 길버트(Gilbert) 와 테렐(Terrell)이 제시한 사회복지정책 분석틀의 네 가 지 구성요소에 해당되지 않는다.

합격생
Guide

- 길버트(Gilbert)와 테렐(Terrell)은 사회복지정책 산물 (product) 분석의 4가지 선택의 차원으로 재원, 할당, 급여, 전달체계를 제시하였다.
- 할당(Allocation) : 누구에게 급여를 제공할 것인가?
- 재원(Finance) : 급여에 필요한 재원을 마련하기 위한 방법은 무엇인가?
- 전달체계(Delivery) : 어떤 방법으로 급여를 전달할 것 인가?
- 급여형태(Provision) : 급여는 어떤 형태로 줄 것인가?

20

② ㄱ은 직면(confrontation), ㄴ은 격려(encouragement)에 대한 내용이다.

ㄱ. 직면(confrontation) : 클라이언트가 말한 내용들 간 또는 말한 내용과 실제 행동 간에 존재하는 불일치, 즉 모순되는 점을 지적해 줌으로써 클라이언트가 내 적인 문제와 맞닥뜨려 행동의 문제점을 발견하고 전 환시킬 수 있도록 돕는 기법이다.

ㄴ. 격려(encouragement) : 클라이언트의 정서적 안정을 원조하는 기술로, 사회복지사가 클라이언트의 행동 이나 태도를 인정하고 칭찬하여 그의 자신감 결여나 경험 부족으로 오는 두려움을 극복하게 한다.

- 재보증 : 자신의 능력이나 자질에 대해 회의적인 클라이언 트의 자신감을 향상시키기 위해 활용하는 기술로, 클라이 언트가 정신적 안정감을 가질 수 있도록 하는 기술이다.
- 재명명 : 특정 문제에 대해 클라이언트가 부정적으로 부여 하는 의미를 수정해줌으로써 클라이언트의 인지구조를 긍 정적인 방향으로 변화시키는 기술이다.
- 중재 : 클라이언트를 포함한 갈등관계에 있는 당사자들 사 이에서 사회복지사가 합의점을 찾기 위해 중립자적인 입장 에서 상호간의 합의점을 유도하는 기술이다.
- 조언 : 클라이언트가 수행해야 할 행동 등을 사회복지사의 주관적 판단에 의해 추천하거나 제안하는 기술이다.
- 정보제공 : 클라이언트의 의사결정이나 과업수행에 필요한 최신의 객관적인 정보를 제공해주는 기술이다.

2019년 기출

2019.06.15. 시행

서울시(하반기) 9급 정답 및 해설

총평

☑ 출제영역 및 문항별 분석

문항	출제내용	난이도	문항	출제내용	난이도
1	복지국가의 유형	하	11	사회복지 정책 분석틀	중
2	사회복지의 잔여적 개념	중	12	사회복지 실천의 접근방법	중
3	신뢰도와 타당도	하	13	사회복지사 윤리강령	하
4	사회복지 정책결정의 이론적 모형	상	14	사회복지 급여의 유형	하
5	죽음에 대한 적응 단계	하	15	고용보험법	중
6	종단조사	하	16	사회보험과 공공부조	중
7	사회복지실천의 기원에 해당하는 기관	중	17	사회복지 행정 조직 이론	중
8	복지국가의 발달을 설명하는 이론	하	18	사회복지의 효율성	하
9	국민기초생활 보장법	중	19	아동권리에 관한 국제협약	중
10	지역사회 복지 실천 모델	중	20	장애인복지법	중

☑ 영역별 분석 통계

구분	출제영역	문항
사회복지일반론	사회복지의 개념, 파레토 효율과 수단적 효율, 사회보장국가, 사회복지발달사	4
사회복지 기초이론 및 실천방법론	죽음에 대한 적응 5단계, 사회복지조사, 사회복지사 윤리강령, 심리사회적 모델, 지역사회복지실천모델, 사회민주주의 이론, 사회복지정책, 조직이론, 정책결정모형	11
사회보장론	사회보험과 공공부조, 고용보험법, 국민기초생활 보장법	3
사회복지 서비스분야론	아동복지, 장애인복지	2

☑ 총평

2019년도 서울시 사회복지학개론은 전반적으로 쉽게 출제된 시험이었습니다. 기출된 문제의 내용이 다수 출제되었고 지문의 구성도 평이했기 때문에 성실하게 사회복지학개론의 내용을 공부해 온 수험생이라면 좋은 점수를 받을 수 있었던 구성의 문제였습니다.

사회복지 정책결정의 이론적 모형이 박스형 문제로 출제되었고, 국민기초생활 보장법, 고용보험법, 아동권리에 관한 국제협약, 장애인복지법에서 법령 관련 문제가 출제되었습니다. 사회복지학 관련 학자들 중에서는 퍼니스(Furniss)와 틸톤(Tilton), 쿠블러(Kübler)와 로스(Ross), 길버트(Gibert)와 스펙트(Specht)의 내용이 출제되었습니다.

사회복지학개론은 기본서의 내용을 중심으로 공부한 후에 기출문제로 공부한 내용을 확인하면서 학습을 이어나가는 것이 실력 향상에 큰 도움이 됩니다. 수험생 여러분은 항상 기본적 내용과 기출 문제를 함께 학습한다면 좋은 성과를 얻을 수 있을 것입니다.

⊘ 정답

01 ②	02 ②	03 ①	04 ③	05 ③
06 ②	07 ④	08 ④	09 ②	10 ①
11 ①	12 ③	13 ①	14 ③	15 ③
16 ②	17 ②	18 ④	19 ①	20 ④

01

✦ 정답해설

② 사회보장국가(social security state)는 퍼니스(Furniss)와 틸톤(Tilton)이 분류한 복지국가 유형 중에서 국민최저수준의 복지를 보장하려는 국가이다.

✦ 오답해설

④ 미쉬라(R. Mishra)는 분화복지국가(differentiated welfare state)는 경제와 복지가 구분되어 있고, 통합복지국가(integrated welfare state)는 사회복지와 경제의 통합되어 있다고 주장하였다.

합격생 Guide ┃ 퍼니스(Furniss)와 틸톤(Tilton)이 분류한 복지국가 유형

ㄱ 적극적 국가(positive state)
  퍼니스와 틸톤이 분류한 복지국가 유형 중 적극적 국가는 국가의 발전을 최우선 목표로 삼아 지속적인 경제성장을 위해 국가와 기업 간의 협동을 강조하였다. 가장 대표적인 국가로 미국을 예로 들 수 있다.

ㄴ 사회보장국가(social security state)
  퍼니스와 틸톤의 복지국가 유형 중 사회보장국가는 국민최저수준의 복지를 보장하는 국가로 대표적인 국가는 영국을 예로 들 수 있다. 국가와 기업이 협동을 유지하면서 국민의 최저생활보장을 목표로 사회보험뿐만 아니라 공공부조나 보편적 서비스 제공과 같은 여러 프로그램을 중요시하는 유형이다.

ㄷ 사회복지국가(social welfare state)
  사회복지국가는 정부와 노동조합 간의 협동을 강조하는 유형으로 가장 대표적인 국가는 스웨덴을 예로 들 수 있다. 사회복지국가는 국민의 최저수준을 보장하는 것이 아니라, 보장을 넘어 전반적인 삶의 질 평등을 추구하는 유형이다.

02

✦ 정답해설

② 사회복지의 잔여적 개념이란 개인의 욕구가 가족과 시장을 통해 충족될 수 있다면 사회복지 활동이 필요하지 않다는 것이다. 즉, 가족과 시장을 통해 개인의 욕구가 충족되지 않을 때 그 기능을 일시적, 잠정적으로 대신하는 사회복지가 바로 잔여적 개념이라고 할 수 있다.

03

✦ 정답해설

① 신뢰도에 대해 질적 연구자는 조사 결과에 대해 편견 없이 신뢰할 수 있는지에 중점을 두며, 양적 연구자는 조사 대상의 개념을 어떤 척도로 측정할 것인지에 대해 중점을 둔다. 즉, 신뢰도에 대해 질적 연구자와 양적 연구자는 모두 중요하지만 다르게 접근한다고 할 수 있다.

✦ 오답해설

② 좋은 척도라고 해도 100%의 신뢰도를 가질 수는 없다.
③ 신뢰도와 타당도는 상관성이 있다.
④ 신뢰도가 높다고 항상 타당도가 높다고 할 수 없다. 즉, 신뢰도와 타당도는 항상 정의 관계가 있는 것이 아니다.

04

✦ 정답해설

③ ㄴ. 합리모형에 대한 설명이다. 합리모형은 정책결정자가 높은 합리성을 가지고 주어진 상황에서 최선의 정책대안을 찾아낼 수 있다고 본다.
  ㄹ. 만족모형에 대한 설명이다. 만족모형은 현실적인 의사결정은 '어느 정도 만족할 만한' 대안의 선택으로 이루어진다는 의사결정모형으로, 정책결정과정에서 모든 정책대안이 다 고려되지 않고 고려될 수도 없다고 본다.

05

✦ 정답해설

③ 부정 - 분노 - 타협 - 우울 - 수용

합격생 Guide 쿠블러(Kubler) - 로스(Ross)의 임종의 5단계

- 부정단계 : 현실을 받아들이지 않고 자신이 곧 죽는다는 사실을 부정하는 단계
- 분노단계 : 자신의 주변인들에게 분노를 표출하는 단계
- 타협단계 : 죽음을 받아들이며 인생과업을 끝낼 때까지 살아있기를 바라는 단계
- 우울단계 : 상실감과 우울상태에 빠지는 단계
- 수용단계 : 자신의 죽음을 인정하고 죽음을 기다리는 수용의 단계

06

✦ 정답해설

② 패널조사 : 동일집단 반복연구로 동일한 집단만을 관찰하는 조사방법이다. 따라서 동일한 대상을 일정 시차를 두고 추적 조사하는 방법은 패널조사이다.

✦ 오답해설

①, ③ 동류집단조사는 조사를 실시할 때마다 일정 범위나 조건에 해당하는 사람들의 집단 내에서 조사 대상을 다르게 교체한다.

④ 동류집단조사와 패널조사는 조사 대상자 측면에서 동일한 것은 아니다.

07

✦ 정답해설

④ ㉠ 인보관에 대한 설명이다. 인보관은 빈민지구를 실제로 조사하여 그 지구에 대한 생활실태를 자세히 파악하고 도움의 필요가 있는 사람들을 조력해주고자 추진한 사회개혁운동이다. 인보관은 빈민들에 대한 직접적인 원조와 교화는 물론 사회개혁을 위한 입법운동도 활발하게 전개하였다.

㉡ 자선조직협회에 대한 설명이다. 자선조직협회(COS)는 개인적·도덕적 빈곤관의 입장에서 빈민의 생활양식을 변화시킬 수 있는 도덕적 영향을 강조하였다.

08

✦ 정답해설

④ 사회민주주의이론 : 복지국가는 노동자 계급의 정치적 세력 확대의 결과로서 복지국가의 발전은 사회민주세력인 노동자 계급의 정치적 힘이 커질수록 발전한다고 본다.

✦ 오답해설

① 국가중심적 이론 : 국가중심적 이론은 사회복지를 제공하는 공급의 측면에서 복지국가의 발전을 설명하고 있다. 즉, 사회복지 수요가 유사하더라도 국가구조의 차이에 따라 공급자로서의 국가의 반응은 달라질 수 있다고 보는 이론이다.

② 이익집단정치이론 : 다원주의이론을 바탕으로 각종 이익집단이 자신들의 이익을 위한 정치과정의 선물로서 복지국가가 발전한 것으로 보는 이론이다.

③ 산업화이론 : 복지국가의 발전은 산업화의 산물로 사회적 욕구와 문제를 해결하기 위해서라고 보는 이론이다.

09

✦ 정답해설

② "부양의무자"란 수급권자를 부양할 책임이 있는 사람으로서 수급권자의 1촌의 직계혈족 및 그 배우자를 말한다. 다만, 사망한 1촌의 직계혈족의 배우자는 제외한다(국민기초생활 보장법 제2조 제5호).

✦ 오답해설

① 국민기초생활 보장법 제4조 제1항
③ 국민기초생활 보장법 제8조 제3항
④ 국민기초생활 보장법 제8조의2 제2항 제1호

10

✦ 정답해설

① Hardina는 지역사회복지 실천모델의 역할에 대해 지역사회복지 실천모델은 사회복지사에게 지역사회 개입방법을 안내하는 역할을 수행한다고 하였다.

✦ 오답해설

② 사회계획모델의 내용이다.
③ 지역사회개발모델이다.
④ 사회행동모델은 기득권층이 아닌 불우계층의 이익을 대표한다.

11

✦ 정답해설

① 사회복지정책에서 할당이란 사회복지정책의 혜택이 모든 국민에게 분배되는 것이 아니기 때문에 정책의 수혜자 선정에 대해 결정하는 것이다.

✦ 오답해설

② 현금급여에 대한 설명이다. 현물급여는 필요한 서비스 및 재화를 현물의 형태로 제공하는 것으로 규모의 경제를 이룰 수 있고 급여대상자에게 본래의 목적대로 정확하게 전달될 수 있는 장점이 있다.

③ 보편주의에 대한 설명이다. 선별주의는 복지대상에 대한 엄격한 구분을 하여 사회복지서비스가 필요한 사람에게 복지 서비스를 집중시켜 효율성을 높이고 자원의 낭비를 적게 하는 장점이 있다.

④ 사회보험료에 대한 설명이다. 바우처란 특정 수혜자에게 교육, 의료서비스와 같은 복지 서비스를 직접 구매할 수 있도록 하는 제도이다.

12

✦ 정답해설

③ 심리사회적 접근방법 : 심리사회적 모델은 심리적 변화와 사회환경적 변화를 위해 노력한다. 따라서 개인의 내적 요소와 사회적 요소 모두를 중시한다.

13

✦ 정답해설

① 기본적 윤리기준에 대한 설명이다.

합격생 Guide 사회복지사의 기본적 윤리기준

1. 전문가로서의 자세
   1) 사회복지사는 전문가로서의 품위와 자질을 유지하고, 자신이 맡고 있는 업무에 대해 책임을 진다.
   2) 사회복지사는 클라이언트의 종교·인종·성·연령·국적·결혼상태·성 취향·경제적 지위·정치적 신념·정신, 신체적 장애·기타 개인적 선호, 특징, 조건, 지위를 이유로 차별대우를 하지 않는다.
   3) 사회복지사는 전문가로서 성실하고 공정하게 업무를 수행하며, 이 과정에서 어떠한 부당한 압력에도 타협하지 않는다.
   4) 사회복지사는 사회정의 실현과 클라이언트의 복지 증진에 헌신하며, 이를 위한 환경 조성을 국가와 사회에 요구해야 한다.
   5) 사회복지사는 전문적 가치와 판단에 따라 업무를 수행함에 있어, 기관 내외로부터 부당한 간섭이나 압력을 받지 않는다.
   6) 사회복지사는 자신의 이익을 위해 사회복지 전문직의 가치와 권위를 훼손해서는 안 된다.
   7) 사회복지사는 한국사회복지사협회 등 전문가단체 활동에 적극 참여하여, 사회정의 실현과 사회복지사의 권익옹호를 위해 노력해야 한다.

2. 전문성 개발을 위한 노력
   1) 사회복지사는 클라이언트에게 최상의 서비스를 제공하기 위해, 지식과 기술을 개발하는데 최선을 다하며 이를 활용하고 전파할 책임이 있다.
   2) 클라이언트를 대상으로 연구하는 사회복지사는 저들의 권리를 보장하기 위해, 자발적이고 고지된 동의를 얻어야 한다.
   3) 연구과정에서 얻은 정보는 비밀보장의 원칙에서 다루어져야 하고, 이 과정에서 클라이언트는 신체적, 정신적 불편이나 위험·위해 등으로부터 보호되어야 한다.
   4) 사회복지사는 전문성을 개발하기 위해 노력하되, 이를 이유로 서비스의 제공을 소홀히 해서는 안 된다.
   5) 사회복지사는 한국사회복지사협회 등이 실시하는 제반교육에 적극 참여하여야 한다.

3. 경제적 이득에 대한 태도
   1) 사회복지사는 클라이언트의 지불능력에 상관없이 서비스를 제공해야 하며, 이를 이유로 차별대우를 해서는 안 된다.
   2) 사회복지사는 필요한 경우에 제공된 서비스에 대해, 공정하고 합리적으로 이용료를 책정해야 한다.
   3) 사회복지사는 업무와 관련하여 정당하지 않은 방법으로 경제적 이득을 취하여서는 안 된다.

14

✦ 정답해설

③ 권력이란 정책결정에 참여할 수 있는 기회를 통해 정책 내용이 수료자에게 유리하게 결정될 수 있도록 하여 물품과 자원에 대한 통제력을 재분배하는 것이라고 할 수 있다.

✦ 오답해설

① 기회 : 기회란 목표달성을 위해 취해지는 환경 또는 예외적 기회를 제공하는 것 등으로 표현된다. 기회의 급여는 즉각적 교환가치의 효과를 주지는 않지만 사회복지대상자의 주도성이 필요하기 때문에 사회복지대상자에게 효용가치가 매우 높은 중요한 급여로 평가된다.

② 신용 : 신용은 세금공제나 물품 및 서비스를 구매할 수 있는 증서 등의 형태로 제공되는 급여로서 바우처가 신용에 해당하는 급여라고 할 수 있다.

④ 서비스 : 서비스 급여는 기회와 마찬가지로 즉각적인 시장가치를 주지는 않지만 사회복지대상자에게 자립과 자활 등을 위한 교육, 상담, 훈련 등의 서비스를 제공하는 중요한 급여이다.

15

✦ 정답해설

③ 하나의 수급자격에 따라 구직급여를 지급받을 수 있는 날(이하 "소정급여일수"라 한다)은 대기기간이 끝난 다음 날부터 계산하기 시작하여 피보험기간과 연령에 따라 [별표 1]에서 정한 일수가 되는 날까지로 한다(고용보험법 제50조 제1항).

합격생 Guide 구직급여의 소정급여일수

구분		피보험기간				
		1년 미만	1년 이상 3년 미만	3년 이상 5년 미만	5년 이상 10년 미만	10년 이상
이직일 현재 연령	50세 미만	120일	150일	180일	210일	240일
	50세 이상	120일	180일	210일	240일	270일

16

✦ 정답해설

② 공공부조는 정부가 조세를 통해 마련한 재원으로 급여나 서비스를 제공한다. "공공부조"란 국가와 지방자치단체의 책임 하에 생활 유지 능력이 없거나 생활이 어려운 국민의 최저생활을 보장하고 자립을 지원하는 제도를 말한다(사회보장기본법 제3조 제3호).

✦ 오답해설

① 공공부조에 대한 설명이다.

③ 사회보험에 대한 설명이다. "사회보험"이란 국민에게 발생하는 사회적 위험을 보험의 방식으로 대처함으로써 국민의 건강과 소득을 보장하는 제도를 말한다(사회보장기본법 제3조 제2호).

④ 사회보험이 아니고 사회서비스 또는 사회복지서비스의 개념에 가깝다.

17

✦ 정답해설

② 호손 공장 실험을 통해 조명과 생산성에는 관련이 없으며 오히려 심리적 요인이 중요하다는 결론이 나오면서 인간관계에 대한 관심이 일어났다. 인간관계이론은 이런 호손 공장 실험을 계기로 전개되었으며 조직의 비계획적, 비합리적 요소에 강조를 두고 조직의 인간적 요소의 중요성을 강조하고 있는 이론이다.

✦ 오답해설

① 관료제이론에 대한 설명이다.

③ 목표관리이론에 대한 설명이다.

④ 목표관리이론은 목표를 강조한다.

18

✦ 정답해설

④ 파레토 효율은 사회적으로 자원이 최적으로 배분된 상태를 의미하며, 수단적 효율은 가능한 한 적은 자원을 투입하여 최대한의 산출을 얻는 것을 뜻한다.

19

✦ 정답해설

① 아동의 기본적인 4대 권리에는 자유권이 아니라 생존권이 포함된다. 적절한 생활수준을 누릴 권리, 의료서비스를 받을 수 있는 권리 등이 생존권의 내용이다. 모든 아동은 생명을 존중 받을 권리를 가지고 있으며, 당사국 정부는 아동의 생존과 발달을 최대한 보장해야 한다(UN 아동권리협약(UN Convention on the Rights of the Child) 제6조).

✦ **오답해설**

② 보호권 : 각종 착취와 학대 등으로부터 보호받을 권리이다. 당사국 정부는 아동복지에 해가 되는 모든 형태의 착취로부터 아동을 보호하여야 한다(제36조).

③ 발달권 : 교육, 여가, 문화생활, 사상, 양심, 종교의 자유 등을 누릴 권리를 말한다. 모든 아동은 생명을 존중 받을 권리를 가지고 있으며, 당사국 정부는 아동의 생존과 발달을 최대한 보장해야 한다(제6조).

④ 참여권 : 참여의 권리란 책임감 있는 어른이 되기 위해 아동 자신의 능력에 맞는 사회활동에 참여할 기회를 가지고, 자신의 의사를 표현할 자유와 자기 생활에 영향을 주는 일에 대하여 의견을 말할 수 있는 권리이다. 모든 아동은 평화로운 결사와 집회의 자유를 가진다(제15조).

20

✦ **정답해설**

④ 보건복지부장관은 장애인의 권익과 복지증진을 위하여 관계 중앙행정기관의 장과 협의하여 5년마다 장애인정책종합계획(이하 "종합계획"이라 한다)을 수립·시행하여야 한다(장애인복지법 제10조의2 제1항).

✦ **오답해설**

① 장애인에 대한 국민의 이해를 깊게 하고 장애인의 재활 의욕을 높이기 위하여 매년 4월 20일을 장애인의 날로 하며, 장애인의 날부터 1주간을 장애인 주간으로 한다(장애인복지법 제14조 제1항).

② 장애인복지법 제3조

③ 장애인복지법 제31조 제1항

국가직 9급 정답 및 해설

☑ 정답

01	③	02	①	03	④	04	①	05	③
06	②	07	③	08	①	09	③	10	②
11	④	12	④	13	①	14	④	15	④
16	②	17	①	18	②	19	④	20	③

01

✦ 정답해설

③ 자조집단은 자신들의 공통된 문제를 서로 이야기하고, 서로 격려하며 서로 도움을 주고받는 집단으로, 자조집단을 만드는 동기는 상부상조(서로 의지하고 서로 도움)이다.

02

✦ 정답해설

① 사회복지시설 중 이용시설은 주민이 선택적 또는 주체적으로 매일 이용하는 시설로, 노인복지관, 경로당, 노인교실 등의 노인여가복지시설이 해당된다.

✦ 오답해설

② 아동양육시설, ③ 장애인거주시설, ④ 모자가족복지시설은 장기간에 걸쳐 해당 시설에서 모든 일상생활을 영위하면서 서비스를 제공받는 생활시설에 해당된다.

03

✦ 정답해설

④ 사회복지급여 수급권은 행정기관의 재량행위에 의해 인정되는 것이 아니라 법령 등에서 규정하고 있는 사항과 절차에 따라 인정된다. 사회복지급여 수급권은 사회복지법상 서비스를 받을 권리와 금전적 급여를 통한 최소한도의 생활보장과 자립지원을 받을 권리, 비금전적 급여를 통한 재활, 생활안정, 복지증진을 목적으로 하는 사회복지서비스에 대한 급여청구권, 공법상의 쟁송방법을 통해 실현할 수 있는 개인적 공권 등을 말한다.

04

✦ 정답해설

① ㄱ. 현금급여 – D. 「국민연금법」의 노령연금
ㄴ. 현물급여 – C. 「노인장기요양보험법」의 방문목욕
ㄷ. 증서 – B. 보건복지부의 사회서비스 전자바우처
ㄹ. 기회 – A. 「장애인고용촉진 및 직업재활법」의 장애인 의무고용

합격생 Guide 사회복지정책의 급여형태

현금급여	• 수급자에게 복지서비스가 현금의 형태로 전달되는 것으로, 화폐가 지니고 있는 교환가치에 중점을 두며 개인의 선택의 자유를 강조한다. • 사회보장연금(국민연금법의 노령연금 등)이나 공공부조의 현금급여 등이 해당된다.
현물급여	• 수급자에게 복지서비스가 현물의 형태로 전달되는 것으로, 소비행위에 대한 사회적 통제를 강조하여 선택에 있어서 자유가 제한된다. • 건강보험의 진료서비스, 노인장기요양보험법의 방문목욕, 장애인복지급여의 보장구, 쌀 및 의복 등이 해당된다.
증서 (바우처)	• 일종의 교환권으로 사용처에 제한을 둔 상태에서 수급자에게 선택기회를 제공할 수 있는 급여형태이다. • 중증장애인활동보조서비스, 노인돌보미, 보건복지부의 사회서비스 전자바우처, 임신·출산 진료비, 영유아보육사업 등이 해당된다.
기회	• 수급자에게 예외적인 기회를 제공하는 것으로, 노인 및 장애인 등 사회적 약자나 불이익집단에게 진학 및 취업, 진급 등에 유리한 조건을 제시하여 경쟁에서 평등을 추구하며 국가유공자 및 그 가족 등에게도 유리한 기회를 주는 프로그램들도 운영한다. • 빈곤층 자녀의 대학입학정원 할당, 장애인고용촉진 및 직업재활법의 장애인의무고용제, 여성고용우대조치 등이 해당된다.

05

✦ 정답해설

③ 공적연금제도의 재정조달방식에서 부과방식은 적립방식보다 세대 간 재분배효과가 더 뚜렷하게 나타난다.

06

✦ 정답해설

② 해결중심모델은 인간은 누구나 문제해결능력을 가지고 있으며, 변화는 불가피하다는 기본가정하에 클라이언트의 자원(인간의 장점, 강점 등), 건강성, 과거의 성공경험 등에 초점을 두고 문제해결에 활용하는 모델이다. 주요개입기술은 예외 질문 이외에도 관계성 질문, 기적 질문, 상담 전 변화질문 등이 있다.

✦ 오답해설

① 심리사회모델의 기본가정은 인간의 현재 행동을 이해하기 위해서는 과거 경험에 대한 탐색이 중요하다는 것이고, 주요개입기술은 발달적 고찰이다.

③ 인지행동모델의 기본가정은 인간은 개인적·환경적·인지적 영향력 사이에서 끊임없이 상호작용하면서 행동하는 존재라는 것이고, 주요개입기술은 인지재구조화이다.

④ 위기개입모델의 기본가정은 인간은 감당하기 어려운 상황에 직면하게 되면 균형상태가 깨져 혼란상태에 놓인다라는 것이고, 주요개입기술은 정서적 지지, 재통합 등이다.

07

✦ 정답해설

③ 임계경로(critical path)는 여러 단계의 과정을 거치는 행사의 연쇄망 속에서 가장 긴 시간이 걸리는 경로를 의미한다. 따라서 A → C → G가 7주(2주 + 5주)로 임계경로에 해당된다.

✦ 오답해설

① A → B → E → G는 1주 + 2주 + 2주 = 5주이다.

② A → B → F → G는 1주 + 1주 + 2주 = 4주이다.

④ A → D → F → G는 1주 + 1주 + 2주 = 4주이다.

08

✦ 정답해설

① 저출산에 따른 생산가능인구의 감소로 인한 국가경쟁력 하락은 사회적 위험에 해당되지만 테일러-구비(Taylor-Gooby)가 주장하는 신사회적 위험의 발생원인으로는 옳지 않다.

합격생 Guide 테일러 – 구비(Taylor – Gooby)가 주장하는 신사회적 위험의 발생원인

테일러-구비는 후기 산업사회로 접어들면서 경제·사회적 구조가 변화하게 되고 이러한 변화에 적응하기 힘든 사람들이 처한 상황을 새로운 사회적 위험인 신사회적 위험이라고 주장하며 발생원인을 네 가지로 설정하였다.

• 노동구조가 남녀평등의 방향으로 변화되면서 맞벌이 부부의 증가와 여성의 경제활동참여 증가에 따른 가정과 직장에서 아동들에 대한 보육이나 노인들에 대한 일-가정 양립의 어려움으로 인한 저숙련 여성노동자들의 신사회적 위험이 발생한다.

• 고령화에 따른 사회적 보호의 수요 증가, 연금과 건강서비스의 비용 증가 등에 따른 노인돌봄을 위해 가족구성원의 경제활동 포기로 인한 소득이 감소되어 빈곤의 신사회적 위험이 발생한다.

• 미숙련 생산직의 비중 하락을 가져온 생산기술의 변동과 국제 간 노동이동의 가능성 증대로 노동시장의 구조의 변화로 인한 저학력자들이 사회적으로 배제되는 신사회적 위험이 발생한다.

• 민영화와 복지 축소로 인한 사적서비스 부문의 규제기준이 효과적이지 못하고 민영화된 공적연금, 의료보험 등에서 소비자가 불만스러운 선택을 할 수밖에 없을 경우 신사회적 위험이 발생한다.

09

✦ 정답해설

③ 피들러(Fiedler)의 상황이론에서는 상황의 주요 구성요소로 집단의 구성원이 리더를 지지하는 정도인 리더와 부하의 관계, 과업에 대한 목표·절차, 구체적인 지침을 명확히 하고 있는 정도인 과업이 구조화되어 있는 정도, 부하의 상벌에 대해 리더에게 부여하고 있는 권한의 정도인 관리자의 지위권력 정도를 제시한다.

✦ 오답해설

① 리더십 특성이론은 리더가 가진 특성이나 자질을 강조하면서, 그러한 특성과 자질을 학습이 아니라 선천적으로 타고난 성향에 의한다고 주장한다.

② 허시와 블랜차드(Hersey & Blanchard)의 상황이론에서는 리더십 유형의 유효성을 높일 수 있는 상황조절 변수로 부하(리더×)의 성숙도를 들고 있다.

④ 블레이크와 머튼(Blake & Mouton)이 제시하는 관리격자이론에서는 팀형(중도형×) 리더십을 가장 이상적인 리더십으로 간주한다.

10

✦ 정답해설

② • 투입(내면화)은 어머니를 미워하는 것이 자아에 수용될 수 없으므로 나 자신이 미운 것으로 대치시키는 것으로서 우울증을 야기하는 중요한 기제로도 여겨진다.
  • 취소(무효화)는 보상과 속죄의 행위를 통해 죄책감을 일으키는 충동이나 행동을 중화 또는 무효화하는 것이다.
  • 퇴행은 실패가능성이 있거나 심한 좌절, 불안감을 느낄 때 초기의 발달단계나 행동양식으로 후퇴하는 것이다.
  • 억압은 받아들일 수 없는 욕망, 기억, 사고 따위를 의식수준에서 몰아내어 무의식으로 추방하는 것이다.

✦ 오답해설

• 반동형성은 자신이 받아들이기 어려운 무의식적 감정이나 욕구를 본래의 의도와 달리 반대되는 방향으로 바꿈으로서 무의식적 욕구를 방어하는 것을 말한다.
• 전환은 자신이 어떤 대상이나 사물에 향했던 본능적이고 충동적인 감정(사상·감정 또는 소망)을 위협이 되는 사람이 아니라 위협하거나 편안한 대상 혹은 사물로 향하게 하여 긴장을 완화시키는 것을 말한다.
• 합리화는 불합리한 태도, 생각, 바람직하지 못한 행동을 정당한 것으로 사회적으로 그럴듯한 이유를 붙여 합리적으로 행동한 것처럼 보이도록 하여 정서적인 충격이나 실망을 경감시키는 것을 말한다.
• 투사는 사회적으로 받아들일 수 없는 자신의 행동과 자신의 부정적인 충동, 욕구, 바람직하지 못한 감정, 동기 등을 타인에게 찾아 그 원인을 전가하여 갈등의 상황에서 벗어나고자 하는 것을 말한다.

11

✦ 정답해설

④ 이혼 및 재혼가족, 다문화가족, 한부모가족 등 새로운 가족의 유형이 나타나면서 가족생활주기별 구분이 보다 더 모호(뚜렷×)해지고 있다.

12

✦ 정답해설

④ 제시된 설명에 해당하는 의사결정기법은 델파이기법이다.

✦ 오답해설

① 의사결정나무분석기법은 문제해결을 위해 선택 가능한 대안들을 놓고 각 대안별로 선택할 경우와 선택하지 않을 경우에 나타날 결과를 분석하여 각 대안들이 갖게 될 장·단점에 대해 균형된 시각을 갖도록 돕는 의사결정기법이다.
② 브레인스토밍은 구성원의 자유발언을 통한 아이디어의 제시를 요구하여 발상을 찾아내려는 방법으로, 아이디어의 질보다 양이 중요하게 여겨지며 능동적 참여가 중요하다.
③ 명목집단기법은 구조가 잘 잡혀 있고 참여에 대한 촉진이 잘 되어 있는 팀 회의에서 아이디어를 창출하고 아이디어에 대한 팀의 합의를 도출하는 데 사용하는 의사결정기법으로, 감정이나 분위기상의 왜곡현상을 피할 수 있다.

13

✦ 정답해설

① 시민권은 공민권(자유권, 18세기), 참정권(정치권, 19세기), 사회권(복지권, 20세기)의 순서로 발달하였다.

14

✦ 정답해설

④ 클라이언트를 대상으로 연구하는 사회복지사는 클라이언트의 권리를 보장하기 위해, 클라이언트로부터 자발적이고 고지된 동의를 얻어야 한다(사회복지사 윤리강령 중 전문성 개발을 위한 노력).

15

✦ 정답해설

④ 지니계수는 소득분배의 불평등도를 나타내는 수치로, 한 사회의 모든 구성원의 소득이 같다면 지니계수는 0이 된다. 즉, 0에 가까울수록(지니계수의 값이 작을수록) 소득분포의 평등도가 높고, 1에 가까울수록(지니계수의 값이 클수록) 불평등도가 높아진다.

16

정답해설

② 제시된 지문에서 변화가 필요한 대상인 알코올중독자인 남편 甲은 표적체계이고, 문제를 해결해 나가야 할 배우자인 乙은 클라이언트체계이며, 도움을 주는 사회복지사인 丙은 변화매개체계이고, 법원(戊)과 고등학생 아들인 丁은 의뢰 − 응답체계이다.

합격생 Guide 콤튼과 갤러웨이(Compton & Galaway)의 사회복지실천체계

핀커스와 미나한의 변화매개체계, 클라이언트체계, 표적체계, 행동체계의 4체계에 전문체계와 의뢰−응답체계(문제인식체계)를 첨가한 6체계 모델을 말한다.

변화매개 체계	계획적인 변화를 목적으로 고용된 사람인 변화매개인(사회복지사)과 사회복지사를 고용하고 있는 기관 및 조직을 의미한다.
클라이언트 체계	서비스를 기대하고 도움을 필요로 하는 사람들로서 도움을 요청하여 변화매개인(사회복지사)의 서비스를 제공받는 개인, 가족, 집단, 기관, 지역사회를 말한다.
표적체계	변화매개인이 목표를 성취하기 위해 직접적으로 영향을 주거나 변화시킬 필요가 있는 사람들로서 클라이언트체계와 중복이 되기도 한다.
행동체계	변화매개인이 변화의 노력을 달성하기 위해 상호작용하는 사람들로서 이웃, 가족, 전문가들을 말한다.
전문체계	전문체계의 가치와 문화는 변화매개인의 행동과 사고에 영향을 미치며, 사회복지사는 기관변화, 사회변화를 위한 대변가(옹호가)로서 활동할 때 전문체계를 이용하는 경우가 많다.
의뢰 − 응답체계 (문제인식 체계)	클라이언트가 다른 사람의 요청이나 법원·경찰 등에 의해 강제로 사회복지기관에 오게 되는 경우 일반 클라이언트체계와 구별하기 위해 사용하는데, 서비스를 요청한 사람들을 의뢰체계, 법원·경찰 등에 의해 강제로 오게 된 사람들을 응답체계로 잠재적 클라이언트를 변화매개인의 관심영역으로 끌어들이기 위해 행동하는 체계이다.

17

정답해설

① 제시된 사례에서 甲에게 적용되는 사회보험급여는 국민건강보험에 의한 요양급여이다. 요양급여는 가입자와 피부양자의 질병, 부상, 출산 등에 대하여 진찰·검사, 약제(藥劑)·치료재료의 지급, 처치·수술 및 그 밖의 치료, 예방·재활, 입원, 간호, 이송(移送) 등을 실시한다(국민건강보험법 제41조 제1항).

오답해설

② 국민연금에 의한 노령연금은 가입기간이 10년 이상인 가입자 또는 가입자였던 자에 대하여는 60세(특수직종 근로자는 55세)가 된 때부터 그가 생존하는 동안 지급한다(국민연금법 제61조 제1항).

③ 산업재해보상보험에 의한 장해급여는 근로자가 업무상의 사유로 부상을 당하거나 질병에 걸려 치유된 후 신체 등에 장해가 있는 경우에 그 근로자에게 지급한다(산업재해보상보험법 제57조 제1항).

④ 고용보험에 의한 조기재취업수당은 수급자격자(외국인 근로자는 제외)가 안정된 직업에 재취직하거나 스스로 영리를 목적으로 하는 사업을 영위하는 경우로서 대통령령으로 정하는 기준에 해당하면 지급한다(고용보험법 제64조 제1항).

18

정답해설

② 단일사례조사 결과분석방법 가운데 경향선 접근은 시각적 분석을 보충하는 역할을 하는 것으로서, 기초선이 다소 불안정하게 형성되어 있는 경우, 기초선의 변화의 폭과 기울기까지 고려하여 결과를 분석할 때 사용한다.

19

정답해설

④ 조직군생태학이론(population-ecology theory)은 비교적 동질적인 조직들의 집합인 조직군의 생성과 소멸과정에 초점을 두어 조직을 개방체계로 인식하면서 조직의 생존은 결국 환경이 결정한다는 결정론적 입장을 취한다.

✦ 오답해설

① 과학적 관리론(scientific management theory)은 효율성 과 생산의 극대화를 실현하기 위한 이론으로, 조직의 목 표는 상하의 일치성에 기반을 두고 있어 각 직무마다 표 준화된 작업방법을 개발한다.

② 총체적품질관리(TQM : Total Quality Management)는 고객만족을 우선적 가치로 하며 지속적인 서비스 품질 향상을 강조하지만 사회복지서비스의 질을 객관적이고 타당성 있게 측정할 수 있는 척도가 부족하다.

③ 제도이론(institutional theory)은 개방체계적(폐쇄체계적 ×) 관점에서 조직 자체의 규범이나 규칙 등과 같은 제도 에 의해 조직의 성격이 규정되고 조직 생존이 결정된다 고 주장한다.

20

✦ 정답해설

③ ㄷ. 「청소년복지지원법」(2004.2.9. 제정) → ㄴ. 「장애인차 별금지 및 권리구제 등에 관한 법률」(2007.4.10. 제정) → ㄹ. 「학교 밖 청소년 지원에 관한 법률」(2014.5.28. 제정) → ㄱ. 「사회보장급여의 이용·제공 및 수급권자 발굴에 관한 법률」(2014.12.30. 제정)

지방직 9급 정답 및 해설

☑ 정답

01	④	02	③	03	③	04	④	05	②
06	②	07	①	08	②	09	②	10	③
11	①	12	①	13	③	14	③	15	①
16	④	17	④	18	①	19	②	20	②

01

✦ 정답해설

④ 사회복지관 사업의 기능은 크게 사례관리기능, 서비스제공기능, 지역조직화기능으로 구분된다(사회복지사업법 시행규칙 제23조의2 제3항 관련 별표 3).

합격생 Guide | 사회복지관 사업

사례 관리 기능	사례발굴(지역 내 보호가 필요한 대상자 및 위기 개입대상자를 발굴하여 개입계획 수립), 사례개입(지역 내 보호가 필요한 대상자 및 위기 개입대상자의 문제와 욕구에 대한 맞춤형 서비스가 제공될 수 있도록 사례개입), 서비스 연계(사례개입에 필요한 지역 내 민간 및 공공의 가용자원과 서비스에 대한 정보제공 및 연계, 의뢰)
지역 조직화 기능	가족기능 강화(가족관계증진사업, 가족기능보완사업, 가정문제해결·치료사업, 부양가족지원사업, 다문화가정, 북한이탈주민 등 지역 내 이용자 특성을 반영한 사업), 지역사회 보호(급식서비스, 보건의료서비스, 경제적 지원, 일상생활 지원, 정서서비스, 일시보호서비스, 재가복지봉사서비스), 교육문화(아동·청소년 사회교육, 성인기능교실, 노인 여가·문화, 문화복지사업), 자활지원 등 기타(직업기능훈련, 취업알선, 직업능력개발, 그 밖의 특화사업)
서비스 제공 기능	복지네트워크 구축(지역사회연계사업, 지역욕구조사, 실습지도), 주민 조직화(주민복지증진사업, 주민조직화 사업, 주민교육), 자원 개발 및 관리(자원봉사자 개발·관리, 후원자 개발·관리)

02

✦ 정답해설

③ 질적 연구는 현상학과 해석학에 근거하여 객관적 실재가 아닌 구성된 실재를 전제로 하며, 귀납적 논리방법이 대부분 사용된다.

✦ 오답해설

①, ②, ④는 양적 연구에 대한 설명이다. 양적 연구는 계량화된 자료를 통하여 증거를 제시하고 분석하여 연관성을 밝히는 방법이다. 양적 연구는 과학적 실증주의(positivism)를 기반으로 하며, 인과관계의 법칙과 작용을 밝혀내며 가치중립적이고, 연역적 논리방법이 사용된다.

03

✦ 정답해설

③ 노인장기요양보험은 65세 미만이어도 요양등급을 받으면 혜택을 받을 수 있다. 즉, 65세 미만의 자로서 치매·뇌혈관성질환 등 대통령령으로 정하는 노인성 질병을 가진 자는 노인장기요양보험의 혜택을 받을 수 있다(노인장기요양보험법 제2조 제1호).

✦ 오답해설

① 국민기초생활보장제도에서 수급권자와 그 친족, 그 밖의 관계인은 관할 시장·군수·구청장에게 수급권자에 대한 급여를 신청할 수 있다(국민기초생활 보장법 제21조 제1항).

② 국민연금법의 노령연금의 경우 가입기간이 10년 이상인 가입자 또는 가입자였던 자에 대하여는 60세(특수직종 근로자는 55세)가 된 때부터 그가 생존하는 동안 노령연금을 지급한다(국민연금법 제61조 제1항).

④ 고용보험법의 구직급여의 수급요건(고용보험법 제40조)에 해당하는 경우 실업급여를 받을 수 있다. 원칙적으로 자발적 퇴직자는 실업급여를 받을 수 없다.

합격생 Guide 고용보험법 제40조(구직급여의 수급 요건)

① 구직급여는 이직한 근로자인 피보험자가 다음 각 호의 요건을 모두 갖춘 경우에 지급한다. 다만, 제5호와 제6호는 최종 이직 당시 일용근로자였던 사람만 해당한다. 〈개정 2022.12.31.〉

1. 제2항에 따른 기준기간(이하 "기준기간"이라 한다) 동안의 피보험 단위기간(제41조에 따른 피보험 단위기간을 말한다. 이하 같다)이 합산하여 180일 이상일 것
2. 근로의 의사와 능력이 있음에도 불구하고 취업(영리를 목적으로 사업을 영위하는 경우를 포함한다. 이하 이 장 및 제5장에서 같다)하지 못한 상태에 있을 것
3. 이직사유가 제58조에 따른 수급자격의 제한 사유에 해당하지 아니할 것
4. 재취업을 위한 노력을 적극적으로 할 것
5. 다음 각 목의 어느 하나에 해당할 것
   가. 제43조에 따른 수급자격 인정신청일이 속한 달의 직전 달 초일부터 수급자격 인정신청일까지의 근로일 수의 합이 같은 기간 동안의 총 일수의 3분의 1 미만일 것
   나. 건설일용근로자(일용근로자로서 이직 당시에 「통계법」 제22조 제1항에 따라 통계청장이 고시하는 한국표준산업분류의 대분류상 건설업에 종사한 사람을 말한다. 이하 같다)로서 수급자격 인정신청일 이전 14일간 연속하여 근로내역이 없을 것
6. 최종 이직 당시의 기준기간 동안의 피보험 단위기간 중 다른 사업에서 제58조에 따른 수급자격의 제한 사유에 해당하는 사유로 이직한 사실이 있는 경우에는 그 피보험 단위기간 중 90일 이상을 일용근로자로 근로하였을 것

② 기준기간은 이직일 이전 18개월로 하되, 근로자인 피보험자가 다음 각 호의 어느 하나에 해당하는 경우에는 다음 각 호의 구분에 따른 기간을 기준기간으로 한다.

1. 이직일 이전 18개월 동안에 질병·부상, 그 밖에 대통령령으로 정하는 사유로 계속하여 30일 이상 보수의 지급을 받을 수 없었던 경우: 18개월에 그 사유로 보수를 지급 받을 수 없었던 일수를 가산한 기간(3년을 초과할 때에는 3년으로 한다)
2. 다음 각 목의 요건에 모두 해당하는 경우: 이직일 이전 24개월
   가. 이직 당시 1주 소정근로시간이 15시간 미만이고, 1주 소정근로일수가 2일 이하인 근로자로 근로하였을 것
   나. 이직일 이전 24개월 동안의 피보험 단위기간 중 90일 이상을 가목의 요건에 해당하는 근로자로 근로하였을 것

04

✦ 정답해설

④ (가) 생태도 : 가족과 환경체계의 관계를 다양한 선으로 표현함으로써 가족과 환경체계 간의 상호작용 양상을 파악할 수 있다.

(나) 가계도 : 2~3세대까지 확장해서 가족구성원에 관한 정보와 그들 간의 관계를 도표로 작성하는 방법이다.

합격생 Guide 생태도(생태지도)

- 생태학적 체계와 생활공간에서 개인 혹은 가족을 둘러싼 경계를 역동적으로 지도화
- 클라이언트 상황에서 의미 있는 체계들과의 관계를 그림으로 표현하여 특정 문제에 대한 개입계획을 세우는 데 유용함
- 클라이언트와 사회복지사가 함께 작성

05

✦ 정답해설

② 강점 관점은 클라이언트를 인정하고 존중하면서 클라이언트의 결점보다는 강점에 초점을 두고 가능한 모든 자원을 활용하여 클라이언트의 역량을 실현해 나가도록 돕는 것이다. 강점 관점은 현재를 중요하게 본다.

06

✦ 정답해설

② 자선조직협회(COS)는 현대적인 사회서비스 기관의 효시로서 민간이 운영하고 박애주의에 의해 기금이 조성되는 기관이다. 자선조직협회는 시민의 참여를 활성화하였고, 근대적 자원봉사활동의 모형이 되었다. 개별사회사업(casework) 발전에 기여하였고, 단순한 구호활동을 넘어 합리적·효율적 자선, 즉 과학적 자선(scientific charity)을 지향하였고, 자선조직협회(COS)가 축적한 자료는 빈곤, 실업, 임금, 가정의 수입과 지출, 질병, 근로조건 등에 관한 기초자료로 활용되어 사회조사(social survey) 기술의 발전에 기여하였다.

✦ 오답해설

ㄷ. 지역사회복지(community welfare)의 기본적인 모형 제공은 1960~1970년대 로스만(Rothman)의 지역사회복지의 실천모형과 관련이 된다.

07

✦ 정답해설

① 귀속적 욕구는 욕구에 대한 규범적 기준에 근거한 집단 지향적 할당이다. 즉, 귀속적 요구에 의한 할당원리는 시장에 존재하는 기존의 제도에 의해서는 충족되지 않는 욕구를 공통적으로 가진 사람들에 속할 것을 조건으로 하는 할당원리이다. 이러한 원리에서 욕구는 규범적 기준에 의해 정해진다.

합격생 Guide 길버트와 테렐(Gilbert & Terrell)

할당의 세부원칙	원칙의 결정기준	사례
귀속적 욕구	욕구에 대한 규범적 기준에 근거한 집단지향적(범주적) 할당	중학교의 의무교육, 아동수당
보상	형평을 위한 규범적 기준에 근거한 집단지향적 할당	사회보험 가입자
진단적 구분	욕구의 기술적·진단적 기준에 근거한 개인별 할당	「장애인복지법」상의 수급자
자산조사에 의한 욕구	욕구에 대한 경제적 기준에 근거한 개인별 할당	「국민기초생활보장법」상 수급자

08

✦ 정답해설

② 지역사회 내 권력과 자원의 재분배, 사회적 약자에 대한 의사결정의 접근성을 강화함으로써 지역사회의 변화에 초점을 두는 것은 사회행동모델에 대한 설명이다. 사회계획모델은 지역사회의 사회적 복리문제, 즉 소득, 주택, 건강, 복지 등의 구체적인 사회문제를 해결하는 기술적 방법을 중시하며, 지역사회의 문제해결을 위한 구체적·공식적인 계획수립, 합리적인 절차, 통제된 변화를 강조한다.

09

✦ 정답해설

② ㄱ. 지지적 서비스란 부모와 아동이 그들 각자의 책임, 기능을 효율적으로 수행할 수 있도록 그들의 능력을 지원·강화시켜 주는 서비스를 말한다. 가정아동을 위한 상담(개별·집단상담), 가족치료, 부모교육 등이 해당된다.

ㅁ. 가장 예방적인 접근인 지지적 서비스는 재가서비스 형태로 이루어진다.

10

✦ 정답해설

③ 선별주의와 자조의 원칙에 따른 것은 자유주의 복지체제이다. 사회민주주의 복지국가는 사회복지 대상을 전 국민으로 하고 있으며 급여의 종류 및 범위와 수준은 욕구에 따라 중간계급의 생활수준으로까지 높인다. 따라서 탈상품화 효과가 크다.

11

✦ 정답해설

① ㄱ, ㄴ은 선별주의 사회복지의 특징에 해당한다.

✦ 오답해설

ㄷ. 서비스를 받는 것에 대한 낙인이 없다. → 보편주의(제도적) 사회복지의 특징
ㄹ. 사회복지를 국민의 권리로 간주한다. → 보편주의(제도적) 사회복지의 특징
ㅁ. 사회문제는 사회체계의 불완전성과 불공평성에서 기인한다고 본다. → 보편주의(제도적) 사회복지의 특징

12

✦ 정답해설

① 국민기초생활보장제도는 생활이 어려운 사람에게 필요한 급여를 실시하여 이들의 최저생활을 보장하고 자활을 돕는 것을 목적으로 하는 공공부조 프로그램으로 선별주의제도에 해당한다.

✦ 오답해설

② 노후 소득보장정책은 「기초연금법」상의 기초연금제도와 「국민연금법」상의 노령연금으로 이원화되어 있다.
③ 국민연금의 가입대상에서 제외되는 직군은 공무원, 사립학교교직원, 군인, 별정우체국직원 등이 있다(국민연금과 직역연금의 연계에 관한 법률 제2조 제1항 제1호).
④ 2018년 현재 기초연금제도를 운영하고 있다.

13

✦ 정답해설

③ 사회복지사와 청소년의 대화에서 부모님에 대한 부정적인 관점에 대하여 사회복지사는 "부모님 때문에 숨이 막힐 것처럼 느끼는구나."라고 하여 공감 기법을 사용하고 있으며, "내가 보기에는 부모님이 과격하게 사랑을 표현한 것 같아."라고 하여 부정적인 관점을 긍정적인 관점으로 바꾸려는 재명명 기법을 사용하고 있다.
- ㉠ 공감(감정이입) : 남의 감정, 의견, 주장 따위에 대하여 자기도 그렇다고 느낌. 또는 그렇게 느끼는 기분을 말한다.
- ㉡ 재명명(재구성) : 특정한 문제에 대해 클라이언트가 부여하는 의미를 수정해 줌으로써 그의 시각을 긍정적인 방향으로 변화시키는 기술이다.

14

✦ 정답해설

③ 사회복지시설정보시스템은 사회복지시설업무의 표준화 및 투명화와 사회복지업무의 전자화를 위한 사회복지시설 통합업무관리시스템으로 민간부문의 사회복지서비스 기관들이 생산하는 자료들을 직접 수집하고 있다.

15

✦ 정답해설

① 주·야간보호서비스는 재가노인복지시설에서 제공하는 서비스이다.
재가노인복지시설은 방문요양서비스, 주·야간보호서비스, 단기보호서비스, 방문 목욕서비스, 재가노인지원서비스, 방문간호서비스 등이 있으며, 노인전문병원은 제외되었다.

✦ 오답해설

② 노인주거복지시설 : 양로시설, 노인공동생활가정, 노인복지주택
③ 노인의료복지시설 : 노인요양시설, 노인요양공동생활가정
④ 노인여가복지시설 : 노인복지관, 경로당, 노인교실

16

✦ 정답해설

④ 자기결정 – 사회복지사는 실천과정에 함께 참여하도록 하고, 클라이언트 스스로 모든 사항을 직접 결정할 수 있도록 원조해야 한다. 즉, 클라이언트의 자기결정을 최대한 존중해야 하며 개입과정에서는 클라이언트가 자신의 삶에 대해 스스로 결정하고 선택할 수 있는 권리에 대한 욕구가 있다는 원리에 토대를 두어야 한다. 이때 클라이언트의 자기결정권은 클라이언트의 적극적, 건설적 결정을 내릴 수 있는 능력 및 법적, 도덕적 테두리 또는 사회기관의 기능에 따라 제한된다.

합격생 Guide 사회복지실천 관계의 기본원칙 : 비에스텍(Biestek)

① **의도적인 감정표현** : 사회복지사는 클라이언트에게 자신의 감정을 자유롭게 드러내고 싶은 욕구가 있음을 인지하고 클라이언트가 편안하게 느낄 수 있는 환경을 조성하여 감정을 표현할 수 있도록 해야 한다.
② **수용** : 클라이언트가 표현한 감정이나 의사를 그대로 인정하고 받아들이는 것이지 사회적으로 용납되지 않는 태도나 행동을 인정하는 것은 아니다.
③ **개별화** : 모든 클라이언트는 개별적 욕구를 가진 존재로서 고유의 특성을 가지고 있으며 이에 대한 원칙 및 방법을 구별하여 활용해야 한다는 원리이다.
④ **통제된 정서적 관여** : 클라이언트가 자신의 문제에 대해 사회복지사의 공감적 반응을 얻고 싶은 욕구로서 클라이언트의 감정에 민감성과 이해로 반응하는 것으로 사회복지사는 이들의 감정에 호응하기 위해 정서적으로 관여하게 된다.
⑤ **비심판적 태도** : 문제의 원인이 클라이언트의 잘못 때문인지 아닌지, 클라이언트에게 얼마나 책임이 있는지 등을 심판하지 않으며 클라이언트의 특성 및 가치관을 비난하지 않는다는 원칙이다.
⑥ **자기결정** : 사회복지사는 실천과정에 함께 참여하도록 하고, 클라이언트 스스로 모든 사항을 직접 결정할 수 있도록 원조해야 한다. 이때 클라이언트의 자기결정권은 클라이언트의 적극적, 건설적 결정을 내릴 수 있는 능력 및 법적, 도덕적 테두리 또는 사회기관의 기능에 따라 제한된다.
⑦ **비밀보장** : 클라이언트가 전문적 관계에서 노출한 비밀스런 정보를 사회복지사가 전문적 치료 목적 외에 타인에게 알려서는 안 된다는 원칙이다.

17

④ 학교-지역사회-학생관계모델은 코스틴이 시범사업을 통해 개발한 모델로 학생, 학교와 지역사회 간의 복잡한 상호작용을 강조하며. 학생, 학교와 지역사회 간의 상호작용에 변화를 추구하여 학교의 잘못된 제도적 관습과 정책을 수정하는 것을 목표로 한다. 특정학생집단과 그들이 속한 상황에 초점을 맞춘다.

합격생 **Guide** 학교사회사업의 실천모델

실천모델	내용
전통적 임상모델	• 학생의 정신적·정서적 문제들의 원인이 부모-자식 사이의 갈등과 같은 가족 내 문제라고 간주함 • 개입의 목적은 학생의 행동을 수정하거나 부모의 특성을 변화시킴으로써 학생이 학교에 적응하고 학습기회를 효과적으로 활용할 수 있도록 원조하는 것임
학교변화모델	• 학생들의 학교 부적응과 학업 미성취의 원인이 학습제도라고 봄 • 개입의 목적은 역기능적인 학교의 규범과 학교상태를 변화시키는 데 있으며 학생의 학업 미성취의 원인으로 보이는 제도적 정책들을 변화시킴
사회적 상호작용모델	• 문제의 원인은 개인들과 다양한 체계들이 서로 의사소통하고 상호 보조하기 위해 행하는 사회적 상호작용에 어려움이 있기 때문임 • 학교, 학생, 지역사회 간에 기능적 상호작용을 방해하는 장애를 확인하고 역기능적인 상호작용 유형에 변화를 주며 이를 통해 학교·학생·지역사회가 함께 일할 수 있도록 돕는 것을 목적으로 함
지역사회 학교모델	• 학생들의 문제의 원인이 빈곤을 포함한 지역사회의 사회적 조건과 지역사회의 문화적 차이에 대한 이해부족이라고 봄 • 지역사회가 학교의 역할을 이해하고 지지하며 학교가 취약지역의 학생들을 위한 프로그램을 개발할 수 있도록 돕는 것을 목적으로 함

18

① ㄱ, ㄴ은 정책결정모형에 해당한다.

ㄷ. 합리모형과 점증모형의 절충적인 형태로서 중요한 문제의 경우에는 합리모형에서와 같이 포괄적 관찰을 통해 기본적인 정책결정을 하고, 이후 기본적인 결정을 수정·보완하면서 세부적인 사안을 점증적으로 결정한다는 모형은 혼합모형이다.

ㄹ. 정책결정에 경제적 합리성과 함께 직관, 통찰력, 창의력 등을 동시에 고려해야 한다는 모형은 최적모형이다.

합격생 **Guide** 정책결정모형

합리모형	고도의 합리성을 전제로 비용편익분석 등을 통해 가장 합리적인 대안정책을 선택한다.
만족모형	제한된 합리성을 전제로 만족할 만한 대안정책을 선택한다.
점증모형	정치적 합리성을 전제로 다원주의 사회에서 다수가 선호하는 정치적 실현가능성이 높은 대안을 선택한다.
혼합모형	합리모형과 점증모형의 결합을 통해 종합적인 합리성을 전제로 근본적 내용은 합리적으로 세부적 내용은 점증적으로 선택한다.
최적모형	경제적 합리성과 초합리성(직관, 통찰력 등)의 조화를 강조한다.
쓰레기통 모형	조직화된 무질서 상태를 가정하면서 정책결정이 일정한 규칙에 따라 이루어지는 것이 아니라 문제, 해결방안, 선택기회, 정책결정의 참여자 등 여러 요소가 우연히 모여 정책결정이 이루어진다고 본다.

19

② 임계경로(critical path)는 여러 단계의 과정을 거치는 행사의 연쇄망 속에서 가장 긴 시간이 걸리는 경로를 의미한다. 따라서 ② A → B → D → E → H → K → L → M이 25일로 임계경로에 해당된다.

① A → B → D → E → G → K → L → M : 23일
③ A → C → D → E → G → K → L → M : 21일

④ A → C → D → F → H → K → L → M : 경로 없음

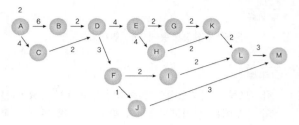

20

✦ 정답해설

② 주간보호센터와 재활클리닉, 훈련프로그램이 각각 다른 장소와 일정으로 운영되어 중복의 문제가 발생한다면 이는 단편성(fragmentation)의 문제이다. A의 거주지가 약물재활치료센터 및 지역자활센터와 거리가 멀어서 재활치료나 근로훈련을 받을 수 없다면 이는 접근이 용이하지 않는 비접근성(inaccessibility)의 문제이다. 클라이언트가 이러한 상황에 대한 불만을 토로할 수단이 없다면 이는 책임성의 결여로 무책임성(unaccountability)의 문제이다.

합격생 Guide | 사회복지 전달체계의 4가지 문제

① 단편성(fragmentation)

조직설계상의 문제, 특히 서비스의 중복(duplication), 조정(coordination), 위치(location), 전문화(specialization) 등의 문제와 깊은 관련이 있다.

② 비연속성(discontinuity)

서비스 네트워크 내에서 서비스 흐름과 의사전달에 장애가 되는 요소에 대한 문제 그리고 복지담당기관과 고객의 요구가 일치하지 않는 것에 관한 문제이다.

③ 무책임성(unaccountability)

서비스 조직 내에서 수혜자와 정책결정자 사이의 관계에 대한 문제로서, 전달체계에서 정책결정자가 투명한 사회복지업무 수행과정과 민주적 정책결정과정을 이끌지 못하는 것과 관련이 있다.

④ 비접근성(inaccessibility)

사회복지 수혜 자격을 갖춘 사람들이 복지서비스 네트워크에 진입하는 데 장애요소로 작용하는 것은 무엇인지에 대한 것이다.

서울시 9급 정답 및 해설

✓ 정답

01 ③	02 ③	03 ③	04 ②	05 ③
06 ③	07 ②	08 ②	09 ①	10 ③
11 ①	12 ④	13 ④	14 ②	15 ④
16 ②	17 ②	18 ④	19 ①	20 ②

01

✦ 정답해설

③ ㄴ. 품목별 예산은 투입 중심의 예산편성으로 인해 사업 성과에 대한 이해가 어렵고, 서비스 효율성에 대한 정보를 알기 어렵다.

ㄷ. 품목별 예산은 전년도에 비해 개별사업 항목들이 얼마나 더 증감되었는지를 확인할 수 있도록 전년도 예산을 기준으로 증감방식을 활용한다. 따라서 품목별 예산은 점증주의 예산방식으로 이해되고 있다.

✦ 오답해설

ㄱ. 예산의 통제적 기능은 잘 수행하지만, 예산의 적극적 기능 수행에는 어려움이 있다. 기획에 초점을 두는 예산은 계획예산제도(PPBS)이다.

ㄹ. 품목별 예산은 품목이 프로그램의 목적에 의해 구분되는 것이 아니라 예산이 품목별로 구분되어 있다. 따라서 지출항목의 파악이 쉽다.

02

✦ 정답해설

③ 평생사회안전망이란 생애주기에 걸쳐 보편적으로 충족되어야 하는 기본욕구와 특정한 사회위험에 의하여 발생하는 특수욕구를 동시에 고려하여 소득·서비스를 보장하는 맞춤형 사회보장제도를 말한다(사회보장기본법 제3조 제5호).

✦ 오답해설

① 사회보험이란 국민에게 발생하는 사회적 위험을 보험의 방식으로 대처함으로써 국민의 건강과 소득을 보장하는

제도를 말한다(동법 제3조 제2호). 사회서비스란 국가·지방자치단체 및 민간부문의 도움이 필요한 모든 국민에게 복지, 보건의료, 교육, 고용, 주거, 문화, 환경 등의 분야에서 인간다운 생활을 보장하고 상담, 재활, 돌봄, 정보의 제공, 관련 시설의 이용, 역량 개발, 사회참여 지원 등을 통하여 국민의 삶의 질이 향상되도록 지원하는 제도를 말한다(동법 제3조 제4호).

② 국민기초생활보장제도는 생활이 어려운 사람에게 필요한 급여를 실시하여 이들의 최저생활을 보장하고 자활을 돕는 것을 목적으로 한다(국민기초생활 보장법 제1조).

④ 사회보장이란 출산, 양육, 실업, 노령, 장애, 질병, 빈곤 및 사망 등의 사회적 위험으로부터 모든 국민을 보호하고 국민 삶의 질을 향상시키는 데 필요한 소득·서비스를 보장하는 사회보험, 공공부조, 사회서비스를 말한다(사회보장기본법 제3조 제1호).

03

✦ 정답해설

③ 장기요양 5등급 : 치매(제2조에 따른 노인성 질병에 해당하는 치매로 한정한다)환자로서 장기요양인정 점수가 45점 이상 51점 미만인 자로 규정되어 있다(노인장기요양보험법 시행령 제7조 제1항 제5호).

✦ 오답해설

① 장기요양 1등급은 심신의 기능상태 장애로 일상생활에서 전적으로 다른 사람의 도움이 필요한 자로서 장기요양인정 점수가 95점 이상인 자이다(동법 시행령 제7조 제1항 제1호).

② 장기요양보험료는 「국민건강보험법」 제69조에 따른 보험료("건강보험료")와 통합하여 징수한다. 이 경우 공단은 장기요양보험료와 건강보험료를 구분하여 고지하여야 한다(동법 제8조 제2항).

④ 국가는 매년 예산의 범위 안에서 당해 연도 장기요양보험료 예상수입액의 100분의 20에 상당하는 금액을 공단에 지원한다(동법 제58조 제1항).

04

✦ 정답해설

② 소득인정액이란 보장기관이 급여의 결정 및 실시 등에 사용하기 위하여 산출한 개별가구의 소득평가액과 재산의 소득환산액을 합산한 금액을 말한다(국민기초생활 보장법 제2조 제9호). 따라서 급여수준은 소득인정액과 상관이 있다.

05

✦ 정답해설

③ ㄱ. 모든 국민은 인간다운 생활을 할 권리를 가진다(헌법 제34조 제1항).
ㄷ. 신체장애자 및 질병·노령 기타의 사유로 생활능력이 없는 국민은 법률이 정하는 바에 의하여 국가의 보호를 받는다(헌법 제34조 제5항).
ㄹ. 「사회보장기본법」상 사회보장은 사회보험, 공공부조, 사회서비스로 이루어진다(제3조 제1호).

✦ 오답해설

ㄴ. 국가는 사회보장·사회복지의 증진에 노력할 의무를 진다(헌법 제34조 제2항).

06

✦ 정답해설

③ 윤리원칙 심사표(Ethical Principles Screen)의 윤리원칙은 '생명보호의 원칙 → 평등과 불평등의 원칙 → 자율(성)과 자유의 원칙 → 최소 해악의 원칙 → 삶의 질의 원칙 → 사생활과 비밀보장의 원칙 → 진실성과 정보개방의 원칙(성실의 원칙)' 순으로 이루어진다.

합격생 Guide 로웬버그(Loewenberg)와 돌고프(Dolgoff)가 제시한 윤리원칙 심사표(Ethical Principles Screen)의 윤리원칙

윤리원칙 1 (생명보호의 원칙)	생명에 관한 권리는 모든 권리 중의 기본적인 권리이고, 인간의 생명에 대한 보호는 클라이언트를 비롯한 모든 사람들에게 적용되므로, 인간의 생명보호가 다른 모든 원칙에 우선한다.
윤리원칙 2 (평등과 불평등의 원칙)	평등과 불평등의 원칙은 모든 사람에게 평등하게 처우되는 것이 원칙이지만 인간은 개개인의 능력과 사례의 특성에 따라 동등하게 또는 차별적으로 취급받을 수 있다.
윤리원칙 3 [자율(성)과 자유의 원칙]	인간의 자율(성)과 자유에 대한 권리는 소중하지만 무제한적인 것은 아니라 다른 사람의 생명의 원칙이 가지는 중요성보다 우선할 수는 없다.
윤리원칙 4 (최소 해악의 원칙)	사회복지사는 클라이언트의 특정문제에 대한 해결을 위해 언제나 클라이언트에게 최소로 해악을 끼치거나 손실을 쉽게 회복할 수 있는 대안을 선택할 수밖에 없다.
윤리원칙 5 (삶의 질의 원칙)	사회복지사는 지역사회 및 모든 사람들의 삶의 질을 보다 긍정적인 방향으로 향상시킬 수 있는 기회를 선택해야 한다.
윤리원칙 6 (사생활 보호와 비밀보장의 원칙)	사회복지사는 클라이언트의 인격과 사생활 보호를 위해 노력해야 하고 클라이언트의 비밀을 누설하지 않고 유지해야 한다.
윤리원칙 7 (진실성과 정보공개의 원칙 : 성실의 원칙)	사회복지사는 클라이언트와 다른 사람들에게 진실한 태도를 유지해야 하며 필요한 경우 관련 정보는 공개해야 한다.

07

✦ 정답해설

② 슈퍼비전(supervision)은 사회복지조직에서 직원이 서비스를 효과적이고 효율적으로 전달하기 위하여 지식과 기술을 잘 사용할 수 있도록 도움을 주는 활동으로 슈퍼비전의 기능은 크게 교육적 기능, 행정적 기능, 지지적 기능으로 구분할 수 있다.

합격생 Guide 카두신(Kadushin)의 슈퍼비전(supervision)의 기능

교육적 기능	사회복지사의 지식과 기술을 향상시키는 데 초점을 두고 있는 것으로써, 정보제공 등이 있다.
행정적 기능	사회복지사가 기관의 규정과 절차에 맞게 서비스를 제공하도록 관리하며, 상하 간의 의사소통 촉진, 기관활동에 대한 조정과 통제 등이 있다.
지지적 기능	업무의 장애요소를 제거해 주고 사회복지사가 일을 잘 감당할 수 있도록 하는 기능으로 직원의 개별적 욕구에 관심을 갖는다.

08

✦ 정답해설

② 관찰조사법은 조사대상을 과학적으로 관찰하여 정확하고 신뢰할 수 있는 자료를 얻는 방법으로 대상자의 행동을 현장에서 직접 포착할 수 있다. 직접 관찰을 통해 정보를 수집하기 때문에 대상자가 면접을 거부하거나 비협조적인 경우에 가능하다. 정보수집과정에 많은 시간과 비용이 소요되며, 관찰 대상자가 관찰을 의식해 평소와 다른 반응을 보이거나 불안을 느끼게 되는 등의 단점을 지닌다.

✦ 오답해설

① 질문지조사법 : 어떤 문제에 관하여 작성한 일련의 질문사항에 대하여 피험자가 대답을 기술하도록 한 조사방법으로 집단적으로 실시하기 때문에 비교적 짧은 시간과 적은 비용으로 자료를 얻을 수 있으며, 넓은 범위의 문제에 대하여 집단의 경향을 쉽게 알 수 있으나 질문지에 나타난 의견이 진실인지 거짓인지 등을 판단할 수 없다.

③ 면접조사법 : 훈련을 받은 조사원이 직접 응답자와의 대면접촉을 통해 자료를 수집하는 방법으로 면접원은 우선 주제나 문제에 대해 설명을 하고 면접을 통해 주제에 대한 질문을 이끌어가며 응답자의 반응을 기록하는 방식으로 진행되며, 시간과 비용이 많이 든다.

④ 전자조사법 : 컴퓨터를 이용한 조사기법의 일종으로, 신속성과 저렴성 외에 전화조사 또는 대면면접보다 훨씬 더 다양한 설문을 이용할 수 있는 것이 장점이다. 전통적인 조사와는 달리 통제가 가능하며 조사자의 편차를 제거하고 문제제시에 일관성을 유지할 수 있다.

09

✦ 정답해설

① 보건복지 관련 상담 및 안내서비스를 원스톱으로 제공하기 위하여 2005년에 보건복지콜센터(희망의 전화 129번)가 개통되었다. 희망의 전화 129는 소득보장에서 복지서비스, 건강생활, 긴급지원에 이르기까지 보건복지분야의 도움이 필요하거나 궁금한 사항을 안내받을 수 있는 콜센터이다.

합격생 Guide 행복e음

사회복지통합관리망인 행복e음은 정부가 지방자치단체의 복지업무 효율화를 목표로 전국의 시·군·구별로 집행하고 있는 복지사업 및 서비스 내역과 수혜자 등의 정보를 통합관리하는 시스템으로 아이디를 부여받은 공무원만 접속하여 사용이 가능하다. 신속하고 정확한 소득 및 재산조사와 업무처리 간소화를 통해 행정효율화를 도모하였고, 급여의 부정 및 중복수급 차단으로 복지재정의 효율화를 도모하였다.

10

✦ 정답해설

③ 절대적 빈곤의 개념에 따라 빈곤수준을 낮게 책정하는 것은 잔여적 개념에 대한 내용이다.

✦ 오답해설

①, ②, ④는 사회복지의 제도적 개념에 대한 내용이다. 제도적 개념은 보편주의·자유주의 이념에 기반을 두고 있고, 잔여적 개념은 선별주의·예외주의·보수주의 이념에 기반을 두고 있다.

합격생 Guide 잔여적(보완적) 모형과 제도적 모형의 비교

잔여적(보완적) 모형	제도적(보편적) 모형
• 작은 정부	• 큰 정부
• 개인주의, 시장경제원칙	• 평등의 구현, 빈곤으로부터의 자유
• 빈곤의 원인은 개인	• 빈곤에 대한 사회적 책임
• 국가의 책임 최소화	• 국가의 책임 확대
• 개인의 욕구를 비정상적인 것으로 간주	• 개인의 욕구는 산업화로 인해 필연적으로 발생
• 선별주의(요보호자 대상)	• 보편주의(전국민 대상)
• 자산조사 필수	• 자산조사 불필요
• 공공부조	• 사회보험
• 능력에 따른 자원배분	• 인본주의, 평등주의
• 부의 수직적 재분배 강조	• 최적의 급부
• 수익자 부담의 원칙	• 욕구에 따른 자원배분
	• 자원의 사회적 재분배 강조
	• 일반조세를 통한 재원조달

11

✦ 정답해설

① 열등처우의 원칙은 사회보험대상자의 선정기준으로 활용되는 것이 아니라 구제를 받는 빈민의 지위는 최하층의 독립근로자의 지위보다 낮아야 한다는 원칙을 말한다.

합격생 Guide 개정 구빈법의 구빈행정원칙

균일처우의 원칙	• 구제를 받는 모든 빈민은 수준에 관계없이 동일한 처우를 받는다.
열등처우의 원칙	• 구제대상인 빈민은 최하층 근로자의 지위보다 낮은 경우여야 한다. • 선거권을 박탈(정치적 자유 박탈) • 작업장에 수용(개인적 이주의 자유 박탈)

작업장 활용의 법칙	• 노동능력자 및 그 가족들에 대한 구제는 작업장 내에서만 인정하되 원외구제는 최소화 내지 폐지한다. • 예외적으로 노동능력이 없는 고아나 노인, 미망인에 대해서는 원외구조를 인정한다.

12

✦ 정답해설

④ 보충성의 원리는 공공부조를 시행할 때 무엇보다 먼저 수급자가 갖고 있는 능력을 활용하고, 그 후에도 수급자가 최저생활을 유지할 수 없을 경우에 비로소 국가가 그 부족한 부분을 보충해 주는 것을 원리이다. 보충성의 원리는 빈곤의 개인책임을 강조하는 원리이다.

✦ 오답해설

① 최저생활보장의 원리 : 모든 국민이 건강하고 문화적인 최저생활을 유지할 수 있도록 국가가 이를 보장할 책임을 진다는 원리이다.
② 생존권 보장의 원리 : 최저한의 수요가 충족될 수 있는 정도의 생활을 모든 국민에게 보장한다는 원리이다.
③ 국가책임의 원리 : 국민의 생존권을 실현하기 위한 궁극적인 책임은 국가가 지는 원리이다.

13

✦ 정답해설

④ 사회보장이란 출산, 양육, 실업, 노령, 장애, 질병, 빈곤 및 사망 등의 사회적 위험으로부터 모든 국민을 보호하고 국민 삶의 질을 향상시키는 데 필요한 소득·서비스를 보장하는 사회보험, 공공부조, 사회서비스를 말한다(사회보장기본법 제3조 제1호).

14

✦ 정답해설

② ㄷ. 사전검사가 사후조사에 영향을 미치게 되어 변수 간의 변화를 초래하게 되는 경우 내적 타당도를 위협하는 요인이면서 외적 타당도를 위협하기도 한다.
ㄹ. 사전조사에서 매우 높은 값이나 낮은 값을 응답한 경우는 실험집단이 극단적인 성향을 나타낸 경우에 해당되어 사후조사에서 통계적 회귀(실험집단이 극단적인 성향을 지닌 경우 그 특성이 평균치에 접근하는 경향)가 일어나 내적 타당도에 위협이 나타난다.

✦ 오답해설

ㄱ. 실험설계는 변수들 간의 관계를 명확하게 규명하기 위하여 효과적인 조사와 분석을 구상하고 계획하는 것을 말하며, 외생변수의 철저한 통제로 so적 타당도가 높다.
ㄴ. 유사실험설계에는 무작위 할당으로 실험집단과 통제집단을 동등화할 수 없을 때, 무작위 할당 대신 임의로 선정하여 배치한다.

15

✦ 정답해설

④ 포괄성의 원칙은 아동복지를 달성하기 위해서 다양한 요구를 처리할 수 있게 경제, 교육, 보건, 주택, 노동 등 여러 분야의 포괄적인 대책이 아동 관련 정책과 서비스에 수반되어야 한다는 원칙이다.

✦ 오답해설

① 자활 및 재활의 원칙 : 서비스의 궁극적인 목표는 대상자의 자활 또는 사회복귀를 위한 서비스의 제공이어야 한다는 원칙이다.
② 적정성(적절성)의 원칙 : 충분한 서비스의 양과 질을 공급할 수 있어야 한다는 원칙이다.
③ 평등성의 원칙 : 모든 국민이 서비스를 신청, 이용할 수 있는 권리를 부여하는 원리로 성, 연령, 지역, 종교, 인종, 소득 등에 관계없이 필요한 서비스를 받을 수 있어야 한다는 원칙이다.

이외의 원칙으로는 지속성의 원칙, 가족중심의 원칙 등이 있다.

16

✦ 정답해설

② 노인복지관은 1차 기관에 해당한다.

✦ 오답해설

① 1차 기관 : 사회복지관, 노인복지관, 장애인복지관, 아동복지시설
③ 이용시설 : 지역아동센터, 사회복지관, 노인복지관, 장애인복지관
④ 생활시설 : 장애인거주시설, 청소년쉼터, 모자보호시설

17

✦ 정답해설

② 사회적 지지체계 개발은 간접적 개입에 해당한다.

직접적 개입방법	간접적 개입방법
• 정서, 인지에 개입하는 기술 • 행동변화기술 • 위기개입기술 • 문제해결 향상기술	• 사회적 지지체계 개발 • 서비스 조정에 관련된 활동 • 프로그램 계획과 개발 • 클라이언트를 위한 집단용 호활동

18

✦ 정답해설

④ 사회복지실천과정은 사회복지사가 클라이언트와 클라이언트를 둘러싼 다양한 환경 내의 체계들을 변화시키기 위해 그의 전문직 가치와 지식에 기초하여 개입하는 과정으로 '접수 → 사정 → 계획 → 개입 → 평가 → 종결'의 순서를 따른다.

19

✦ 정답해설

① 도식(scheme) : 윤곽 또는 형태라는 뜻으로 인간이 인지발달 수준에 따라 자신의 경험적 활동에 의해서 조직화된 행동양식이다. 즉, 인간이 주변세계를 이해하고 그것에 대해 생각하는 이해의 틀이다. 또한 연령이 증가함에 따라 많은 경험을 통해 인지구조가 발달하면서 질적인 변화를 하게 된다.

✦ 오답해설

② 적응(adaptation) : 인간이 자신의 주위 환경조건을 조정하는 능력을 말한다. 즉, 인간이 주위 환경과 조화를 이루면서 생존을 위해 변화하는 과정이다.

③ 평형(equilibrium) : 동화(assimilation)와 조절(accommodation)의 상호작용을 통한 조화를 통해 인간이 자신의 환경 간의 균형상태를 이루는 것을 말한다. 즉, 사고의 균형과 동화와 조절이 가져온 결과물이나 그 상태를 말한다.

④ 조직화(organization) : 신체, 심리적 성숙과 함께 서로 다른 도식들을 연합시키는 것을 말한다. 즉, 인간이 주변세계를 이해하고 그것에 대해 생각하는 이해의 틀로써 일정한 패턴을 보인다.

20

✦ 정답해설

② 조직(organzing)은 작업의 할당이 규정되고 조정되는 공식적인 구조의 설정과 관련이 있다.

합격생 Guide POSDCoRB

> 굴릭(L. Gulick)과 어위크(L. Urwick) : POSDCoRB는 조직의 최고관리층이 수행해야 하는 주요한 관리기능이다.
>
> • 기획(planning) : 사회복지행정과정에서 첫 단계로 조직의 목적을 달성하기 위해 해야 할 방법들을 결정하는 과정이다.
>
> • 조직(organizing) : 작업의 할당이 규정되고 조정되는 공식적인 구조의 설정과 관련되는 활동이다.
>
> • 인사(staffing) : 인력을 임용하고 적재적소에 배치하며 관리하는 활동이다.
>
> • 지휘감독(directing) : 부하를 통솔·감독함으로써 부하의 질서있는 활동을 유지하는 활동이다.
>
> • 통합조정(coordination) : 다양한 서비스를 통합·관리함으로써, 서비스가 중복되거나 혹은 단편적으로 수급되지 않도록 조정하는 활동이다.
>
> • 보고(reporting) : 경영자가 책임을 지고 있는 사람들과 하급자들에게 기록, 조사 및 검사를 통해 지속적으로 정보를 제공하는 활동이다.
>
> • 예산(budgeting) : 조직의 활동에 예산을 편성, 관리, 통제하는 제반 활동을 말한다.
>
> ※ 사회복지행정의 과정(관리기능)에서는 1970년대 후반에 평가(evaluating)의 중요성을 강조하는 POSDCoRBE를 주장하게 되었다.

2017년 기출
2017.04.08. 시행

국가직 9급 정답 및 해설

✓ 정답

01 ③	02 ②	03 ③	04 ④	05 ③
06 ③	07 ②	08 ④	09 ①	10 ③
11 ④	12 ④	13 ①	14 ①	15 ④
16 ④	17 ②	18 ①	19 ②	20 ①

01

✦ 정답해설

③ 선별주의는 사회보장 급여를 저소득층에 효과적으로 집중시키기 위해 서비스가 필요한 대상을 선정하여 급여를 제공하기 때문에 비용의 효율성이 있다.

✦ 오답해설

① 보편주의(선별주의×)는 자산이나 욕구에 관계없이 특정 범주에 속한 모든 사람이 급여나 서비스를 받을 수 있음을 의미한다.
② 선별주의(보편주의×)를 적용한 제도에는 빈곤층을 위한 공동주택, 공공부조 등이 있다.
④ 선별주의(보편주의×)는 개인의 소득을 조사하는 데서 기인하는 비인간화 과정을 수반한다.

02

✦ 정답해설

② 가정위탁은 대리적 서비스(substitute service)에 해당된다.

> **합격생 Guide** 카두신(Kadushin)이 제시한 아동복지서비스의 유형

지지적 서비스 (supportive service)	• 가족과 부모-자녀 관계체제가 스트레스에 노출될 경우 아동복지에서의 초기 문제를 다루는 제1차 방어선의 역할을 하는 것으로, 가족의 기능이 원활하게 수행될 수 있도록 지원해 주는 제반의 가족기반 서비스이다. • 상담(아동상담, 개별상담, 집단상담 등), 부모교육, 사회복지사업, 집단프로그램, 가족치료 등이 있다.
보충적 서비스 (supplementary service)	• 부모와 자녀의 관계가 심하게 손상되었거나 부모의 양육기능이 부적절한 경우 제약된 부모의 보호를 보상하거나 아동이 받아야 할 보호를 보충하는 서비스이다. • 가정 및 센터 내 탁아보호, 소득유지 및 보충프로그램, 가정봉사원 파견서비스, 보육서비스 등이 있다.
대리적 서비스 (substitute service)	• 가정이 존재하지 않거나 가정 내에서의 양육이 불가능하여 가정의 기능을 발휘하지 못할 경우 아동의 개별적 욕구에 따라 부모의 보호를 부분 또는 전체를 전적으로 대리하여 주는 서비스이다. • 가정위탁, 입양, 시설보호(쉼터, 아동양육시설, 아동치료보호시설 등) 등이 있다.

03

✦ 정답해설

③ "청소년"이란 9세 이상 24세 이하인 사람을 말한다. 다만, 다른 법률에서 청소년에 대한 적용을 다르게 할 필요가 있는 경우에는 따로 정할 수 있다(청소년 기본법 제3조 제1호).

04

✦ 정답해설

④ 제시된 설명은 사회복지사의 역할 중 조력자(enabler)에 해당된다.

> **합격생 Guide** 사회복지사의 역할

옹호자 (advocate)	클라이언트를 대신하여 필요한 자원이나 서비스를 찾거나 권리를 보호하고 정책적 변화를 모색하며 계약된 목적을 달성하기 위해 이들을 대변하거나 변호하는 역할을 한다.
중재자 (mediator)	클라이언트와 상대방이 공동의 목표, 갈등, 문제를 해결하도록 하기 위해 설득과 화해 등을 통해 중립적 입장에서 조정하는 역할을 한다.

조력자 (enabler)	클라이언트가 어려움에 스스로 대처하도록 그의 문제해결능력을 향상시키고 자원을 찾아 회복하게 하는 역할을 한다.
중개자 (broker)	클라이언트가 필요한 자원을 찾아 활용하도록 클라이언트 차원의 직접적 개입이나 의뢰를 통해 클라이언트에게 적절한 자원과 서비스를 연결시켜 주는 역할을 한다.
교육자 (educater)	클라이언트에게 사회적 기능이나 문제해결능력을 향상시켜 주기 위해 적절한 정보의 제공, 행동과 적응기술의 지도 등 클라이언트를 가르치는 역할을 한다.
촉진자 (facilitator)	클라이언트와 상대방 간의 상호작용, 협조나 지시, 정보교환 등을 활성화시키고 이들 간의 연결망을 강화시키는 역할을 한다.

05

✦ 정답해설

③ 드림스타트(Dream Start)는 취약계층 아동에게 맞춤형 통합서비스를 제공하여 아동의 건강한 성장과 발달을 도모하고 공평한 출발기회를 보장함으로써 건강하고 행복한 사회구성원으로 성장할 수 있도록 지원하는 사업을 말한다.

ㄱ. 사업대상은 0세(임산부)~만12세(초등학생 이하)로 아동과 가족을 대상으로 맞춤형 통합서비스를 제공한다.

ㄴ. 사업지역은 시·군·구로, 시·군·구가 아동통합서비스지원기관을 설치·운영한다.

ㄷ. 가족해체, 사회양극화 등에 따라 아동의 빈곤문제의 심각성이 대두되자 아동에 대한 사회투자의 중요성을 강조하기 위해 추진되었다.

✦ 오답해설

ㄹ. 아동의 사회 진출 시 필요한 자립자금 마련은 디딤씨앗통장에 대한 설명이다. 즉, 디딤씨앗통장은 저소득층 아동(보호자, 후원자)이 매월 일정 금액을 저축하면 국가(지자체)에서 1:1 정부매칭지원금으로 월 4만원까지 같은 금액을 적립해 줌으로써 아동이 준비된 사회인으로 성장할 수 있도록 도와주는 자산형성지원사업이다.

06

✦ 정답해설

③ 확률표집방법에 해당하는 것은 ㄱ, ㄴ, ㄷ, ㅁ이고, ㄹ. 할당표집은 비확률표집방법에 해당된다.

합격생 Guide 표집방법

1. 확률표집
모집단을 구성하는 사례들이 표본으로 선택할 수 있는 기회가 균등하게 부여되어 표본에 속할 확률을 알고 하는 표집방법을 말한다.

단순무작위 (simple random) 표집	구성원들에게 일련번호를 부여하고 번호 중에서 무선적으로 필요한 만큼 표집하는 방법으로, 모집단의 구성원들이 표본에 속할 확률이 동일하도록 표집한다.
층화(stratified) 표집	단순무선표집을 응용한 방법으로 모집단이 다른 몇 개의 이질적인 하위집단으로 구성되어 있는 경우 조사대상 인원을 결정한 후 그 인원비율에 맞추어 무선표집하는 방법이다.
집락 (cluster, 군집) 표집	모집단을 서로 동질적인 하위집단으로 구분해서 집단 자체를 표집하는 방법으로, 특별히 광범위한 지역 전체에서 표본을 추출하는 것이 아니라 집락표집이 여러 단계에 걸쳐 실시될 때 '다단계집락표집'이라 한다.
체계적 (systematic) 표집	모집단 목록 자체가 일정한 주기성을 가지지 않는다는 전제하에 목록의 구성요소에 대해 일정 간격을 두고 표집대상을 선택해가는 방법이다.

2. 비확률표집
모집단을 구성하는 사례들이 표본으로 선택할 수 있는 기회가 균등하게 부여되지 않아 표본에 속할 확률을 알지 못하는 표집방법이다.

| 의도 (purposive, 유의) 표집 | 연구문제에 가장 적절한 정보를 줄 수 있다고 생각하는 대상자를 연구자가 결정하여 표집하는 방법으로, 조사자는 자신이 의도한 목적을 위해 조사자 주관으로 표본을 선정해서 조사를 시행하게 된다. |
| 할당 (quota) 표집 | 연구대상자의 여러 특성 중에서 조사내용에 영향을 줄만한 특성을 위주로 구체화시켜 추출하는 방법으로, 연구대상이 되는 모집단의 계층과 계층이 차지하는 비율을 사전에 파악하여 비례대로 표본을 선정한다. |

편의 (convenience) 표집	조사자의 편의에 따라 손쉽게 이용 가능한 대상을 선택하는 방법으로, 가장 쉽고 편리하게 접근할 수 있는 사람이나 사물을 연구대상으로 이용한다.
눈덩이 (snowball) 표집	표집방법이 눈덩이를 올리는 것과 같은 형태로 진행되는 방법으로, 먼저 소수의 대상자를 의도적으로 표집하여 조사한 후 그들로부터 다른 연구대상자를 소개받아서 차츰차츰 조사해 간다.

07

✦ 정답해설

② 스웨덴 등 북유럽 복지국가 모델은 특정 개인이 시장에 의존하지 않아도 기본적인 삶을 유지할 수 있는 상태인 탈상품화의 정도가 가장 높은 것으로 평가된다.

08

✦ 정답해설

④ 잔여적 사회복지는 사회기능의 정상적 공급원으로서의 가족이나 시장경제가 제 기능을 원활히 수행치 못할 경우에 파생되는 문제를 보완 내지 해소하기 위한 안전망 기능만을 수행하고, 제도적 사회복지는 제일선 기능을 수행한다.

✦ 오답해설

① 제도적 사회복지(잔여적 사회복지×)는 사회구성원 간의 상부상조를 주요기능으로 하고, 다른 사회제도의 기능과 구별되며 독립적으로 수행되는 제도이다.
② 잔여적 사회복지(제도적 사회복지×)는 사회복지 급여나 서비스를 국민에 대한 시혜로 간주한다.
③ 제도적 사회복지(잔여적 사회복지×)는 사회복지 대상자에 대한 낙인감(stigma)을 수반하지 않는 것을 기본전제로 한다.

09

✦ 정답해설

① 개인의 기본적인 복지권(인간행위의 필수적인 조건 포함)은 타인의 자기결정권보다 우선한다.

합격생 Guide 리머(Reamer)의 윤리적 의사결정의 준거틀

- 생명, 건강, 음식, 정신적 균형상태 등과 같은 인간행위에 필수적 전제조건은 비밀정보의 누설이나 오락, 교육, 재산과 같은 부가적인 이익에 우선한다.
- 개인의 기본적인 복지권(인간행위의 필수적인 조건 포함)은 타인의 자기결정권보다 우선한다.
- 개인의 자기결정권은 그 자신의 기본적 복지권보다 우선한다.
- 자발적으로 동의한 법률, 규칙, 규정을 준수해야 하는 개인의 의무는 이러한 법률, 규칙, 규정과 갈등을 일으키는 방식으로 자유롭게 행동할 수 있는 개인의 권리보다 일반적으로 우선한다.
- 개인의 복지에 대한 권리는 그와 갈등을 일으키는 법률, 규칙, 규정 및 자원(지원)단체의 협정보다 우선한다.
- 기아와 같은 기본적인 해악을 방지하고 주거, 교육, 공공부조 등과 같은 공익을 증진시킬 의무는 개인 재산의 통제권(재산관리권)보다 우선한다.

10

✦ 정답해설

③ 현물급여는 지정된 물품으로 급여를 받는 것으로 수급자의 소비행위에 대한 사회적 통제를 강조하여 선택에 있어서 자유가 제한된다.

11

✦ 정답해설

④ 목표는 과정지향적이어야 하는 것은 성과목표 설정에 해당되지 않고 프로그램 수행단계별로 설정될 수 있는 과정목표이다.
* 프로그램의 성과목표를 설정하는 SMART 기준은 구체적(Specific), 측정가능(Measurable), 획득가능(Attainable), 현실적(Realistic), 시간관련(Time-related) 등이다.

12

✦ 정답해설

④ 리드(Reid)와 엡스타인(Epstein)이 대표적 학자이고, 클라이언트가 인식한 문제에 초점을 둔 단기개입을 하고, 시작 – 표적문제의 규명 – 계약 – 실행 – 종결단계와 같은 구조화된 접근을 강조한다.

✦ 오답해설

① 개인의 내적 사고와 갈등 감정을 잘 이해하도록 도움으로써 사회적 기능을 향상하고자 하는 것은 문제해결모델이다.

② 개인의 비합리적 신념이나 인지적 오류를 변화시킴으로써 부정적 감정을 극복하고 긍정적인 행동 변화를 이끄는 것은 인지행동모델이다.

③ 클라이언트의 문제해결능력을 향상하기 위하여 심리적인 변화와 사회환경적인 변화를 시도하는 것은 심리사회모델이다.

13

✦ 정답해설

① 통제된 정서적 관여 - 클라이언트가 문제에 대해 사회복지사의 공감적 반응을 얻고 싶은 욕구로서 클라이언트의 감정에 민감성과 이해로 반응하는 것으로 사회복지사는 이들의 감정에 호응하기 위해 정서적으로 관여하게 된다.

14

✦ 정답해설

① (가) 교육이수자 ○○명, 교육이수 ○○시간, 자격취득자 ○○명은 프로그램 활동의 직접적인 결과물 및 실적 등의 산출에 해당된다.

(나) 한국어 능력 향상, 한국문화 이해도 증진, 가족기능 강화는 프로그램 활동 중 또는 활동 이후 참여자들이 얻은 이익이나 혜택 등의 성과에 해당된다.

(다) 건강가정사 ○명, 한국어강사 ○명, 사회복지사 ○명은 프로그램에 투여되거나 프로그램에 의해 소비된 인적·물적자원 등의 투입에 해당된다.

(라) 한국어 교육, 문화답사, 가족캠프는 임무를 수행하기 위해 프로그램에 투입된 요소들이 클라이언트에게 전달되는 과정인 활동에 해당된다.

15

✦ 정답해설

④ 사례관리는 서비스 비용의 억제로 등장한 것으로, 서비스 비용의 증대 추구는 사례관리의 특성으로 옳지 않다.

* 사례관리의 특성으로는 ①·②·③과 개인 및 환경의 변화를 위한 노력, 복합적인 문제를 가진 개인의 자원 획득 및 활용능력 강화 등이 있다.

16

✦ 정답해설

④ 자선조직협회는 빈곤의 원인을 개인의 나태함과 게으름 등 개인의 책임으로, 인보관운동은 사회구조적인 책임으로 보았다.

17

✦ 정답해설

② 위기개입모델은 초점화된 단기개입으로 클라이언트의 심리내적 변화가 아니라 위기로 인하여 나타난 증상의 완화에 일차적인 목표를 둔다.

18

✦ 정답해설

① 사회복지사는 클라이언트(자기가 속한 전문가 조직×)의 권익옹호를 최우선의 가치로 삼고 행동해야 한다. → 윤리기준 중 사회복지사의 클라이언트에 대한 윤리기준에 해당된다.

✦ 오답해설

② 사회복지사는 인권존중과 인간평등을 위해 헌신해야 하며, 사회적 약자를 옹호하고 대변하는 일을 주도해야 한다. → 윤리기준 중 사회복지사의 사회에 대한 윤리기준에 해당된다.

③ 사회복지사는 사회정의 실현과 클라이언트의 복지증진에 헌신하며, 이를 위한 환경조성을 국가와 사회에 요구해야 한다. → 윤리기준 중 전문가로서의 자세에 해당된다.

④ 사회복지사는 기관의 부당한 정책이나 요구에 대하여, 전문직의 가치와 지식을 근거로 이에 대응하고 즉시 사회복지윤리위원회에 보고해야 한다. → 윤리기준 중 사회복지사의 기관에 대한 윤리기준에 해당된다.

19

② 공공부조는 누진세를 기초로 한 조세를 재원으로 하고, 가장 소득이 낮은 계층을 대상으로 집중적인 급여가 제공되기 때문에 수직적인 소득재분배 효과가 높다.

① 근로동기를 저해하는 부작용이 많다는 단점이 있다.
③ 수급자가 낙인감(stigma, 스티그마)을 크게 느끼는 단점이 있다.
④ 행정절차가 복잡하여 비용이 많이 드는 단점이 있다.

20

① ㄱ. 학습은 개인의 경험뿐만 아니라 관찰학습(사회적 상황 속에 있는 사람은 단순한 환경적 자극에 의존하는 반응이 아니라 타인들의 행동을 관찰함으로써 학습한다는 것)을 통해서 이루어진다.
　ㄷ. 개인의 내적요인, 행동, 환경이 상호작용한다고 보는 상호결정론을 강조하며, 다른 사람의 행동관찰(대리적 강화)을 통해서 새로운 행동을 학습할 수 있다고 하였다.

ㄴ. 열등감은 아들러의 개인심리이론, 조작적 조건화는 스키너의 조작적 조건형성이론의 주요 개념이다. 사회학습이론의 주요 개념은 모방, 인지, 자기강화, 자기효능감, 자기조정 등이다.
ㄹ. 성격의 지형학적 구조를 의식, 전의식, 무의식으로 나눈 것은 프로이드의 정신분석이론이다.

지방직 9급 정답 및 해설

✓ 정답

01 ①	02 ④	03 ③	04 ①	05 ②
06 ②	07 ②	08 ④	09 ③	10 ①
11 ③	12 ④	13 ②	14 ④	15 ③
16 ④	17 ④	18 ③	19 ④	20 ③

01

✦ 정답해설

① 클라이언트의 문제를 사정하고 해결하기 위해 과거를 중요하게 보는 것은 병리 관점(pathology perspective)이고, 강점 관점(strength perspective)은 현재를 중요하게 본다.

02

✦ 정답해설

④ 구빈 수급자의 구제수준은 최하층 노동자의 생활수준보다 높지 않아야 한다는 원칙인 열등처우원칙을 확립한 것은 1834년 신구빈법(신빈민법)이다.

03

✦ 정답해설

③ 빈곤가정에 우애방문자(오늘날 사회복지사의 모태)를 파견함으로써 문제를 해결하고자 한 것은 자선조직협회(COS)이다.

04

✦ 정답해설

① 지역사회보호모델은 포플(Popple)이 제시한 지역사회복지 실천모델로, 아동, 노인, 장애인 등 지역주민의 복지를 위한 사회적 관계망과 자발적 서비스를 증진하는 데 목적이 있다.

합격생 Guide 로스만(Rothman)이 제시한 지역사회복지실천모델

지역사회개발 모델	과정중심의 목표를 중요하게 생각하며 지역사회의 통합과 협동적 문제해결능력의 향상에 주된 관심을 두는 것으로, 주민들이 목표를 설정하고 실천행동에 참여하여야 한다는 전제에서 나온 지역복지사회의 가장 전형적인 형태에 해당된다.
사회계획 모델	지역사회나 지역주민들의 욕구를 해결하기 위하여 정책이나 프로그램의 개발, 개선을 통해서 실제적인 지역사회문제를 해결해 나가는 실천모델로, 사회복지사는 문제규명, 사회조사, 욕구사정, 목표개발, 프로그램 개발 및 평가, 자원개발 등 지역사회의 분석을 위한 다양한 기술을 사용할 줄 알아야 한다.
사회행동 모델	지역사회에는 자원과 권력의 배분에 있어서 불평등이 존재한다는 갈등론적인 시각을 가지는 실천모델로, 자원과 권력의 재분배를 추구한다.

05

✦ 정답해설

② 변화노력을 달성하기 위해 상호작용하는 모든 체계들을 의미하는 것은 행동체계이고, 클라이언트체계는 서비스를 기대하고 도움을 필요로 하는 사람들로서 도움을 요청하여 변화매개인(사회복지사)의 서비스를 제공받는 개인, 가족, 집단, 기관, 지역사회를 말한다.

06

✦ 정답해설

② 사회복지사 A가 겪을 수 있는 윤리적 쟁점은 사회복지사는 같이 일하는 동료 사회복지사 및 클라이언트나 다른 전문가들을 존중하여야 하면서도 동료 사회복지사가 전문가로서의 권위를 남용하여 클라이언트나 다른 전문가에게 해를 끼치는 부당한 행동을 했을 때 동료의 존중과 클라이언트 및 전문가의 보호 사이에서 갈등하게 된다는 전문적 동료관계이다.

07

✦ 정답해설

② 윤리적 원칙 심사표(Ethical Principles Screen)의 윤리원칙은 ㄱ. 생명보호의 원칙 → ㄹ. 평등과 불평등의 원칙 → ㅅ. 자율(성)과 자유의 원칙 → ㅂ. 최소 해악의 원칙 → ㄷ. 삶의 질의 원칙 → ㄴ. 사생활과 비밀보장의 원칙 → ㅁ. 진실성과 정보개방의 원칙(성실의 원칙) 순으로 이루어진다.

합격생 Guide 로웬버그(Loewenberg)와 돌고프(Dolgoff)가 제시한 윤리원칙 심사표(Ethical Principles Screen)의 윤리원칙

윤리원칙 1 (생명보호의 원칙)	생명에 관한 권리는 모든 권리 중의 기본적인 권리이고, 인간의 생명에 대한 보호는 클라이언트를 비롯한 모든 사람들에게 적용되므로, 인간의 생명보호가 다른 모든 원칙에 우선한다.
윤리원칙 2 (평등과 불평등의 원칙)	평등과 불평등의 원칙은 모든 사람에게 평등하게 처우되는 것이 원칙이지만 인간은 개개인의 능력과 사례의 특성에 따라 동등하게 또는 차별적으로 취급받을 수 있다.
윤리원칙 3 (자율(성)과 자유의 원칙)	인간의 자율(성)과 자유에 대한 권리는 소중하지만 무제한적인 것은 아니라 다른 사람의 생명의 원칙이 가지는 중요성보다 우선할 수는 없다.
윤리원칙 4 (최소 해악의 원칙)	사회복지사는 클라이언트의 특정 문제에 대한 해결을 위해 언제나 클라이언트에게 최소로 해악을 끼치거나 손실을 쉽게 회복할 수 있는 대안을 선택할 수밖에 없다.
윤리원칙 5 (삶의 질의 원칙)	사회복지사는 지역사회 및 모든 사람들의 삶의 질을 보다 긍정적인 방향으로 향상시킬 수 있는 기회를 선택해야 한다.
윤리원칙 6 (사생활 보호와 비밀보장의 원칙)	사회복지사는 클라이언트의 인격과 사생활 보호를 위해 노력해야 하고 클라이언트의 비밀을 누설하지 않고 유지해야 한다.
윤리원칙 7 (진실성과 정보개방의 원칙 : 성실의 원칙)	사회복지사는 클라이언트와 다른 사람들에게 진실한 태도를 유지해야 하며 필요한 경우 관련 정보는 공개해야 한다.

08

✦ 정답해설

④ 「노인복지법」상 노인복지시설의 종류는 ㄱ. 노인주거복지시설, ㄴ. 노인의료복지시설, ㄷ. 재가노인복지시설, ㄹ. 노인보호전문기관, ㅁ. 노인여가복지시설과 노인일자리지원기관, 학대피해노인 전용쉼터 등이 있다(노인복지법 제31조).

09

✦ 정답해설

③ 제6단계(성인 초기)의 심리사회적 위기는 친밀감 대 고립감이다.

합격생 Guide 에릭슨(Erikson)의 심리사회적 발달단계

구분	심리사회적 위기	주요 관계	심리사회적 능력 (자아강점)
제1단계 (유아기)	신뢰감 대 불신감	어머니	희망
제2단계 (초기 아동기)	자율성 대 수치심	부모	의지
제3단계 (학령 전기)	주도성 대 죄의식	가족	목적 의식
제4단계 (학령기)	근면성 대 열등감	이웃, 학교	유능성 (능력)
제5단계 (청소년기)	자아정체감 대 역할혼란(혼미)	또래집단	성실성
제6단계 (성인 초기)	친밀감 대 고립감	우정 및 애정, 경쟁 대상자	사랑
제7단계 (성인기)	생성감(생산성) 대 침체감 (자기침체)	직장, 확대가족	배려
제8단계 (노년기)	통합성 대 절망감	인류, 동족	지혜

10

✦ 정답해설

① 대표적인 4대 공적연금은 국민연금, 공무원연금, 군인연금, 사립학교교직원연금(사학연금)이 있는데, 공무원연금(1960년 도입), 군인연금(1963년 도입), 사립학교교직원연금(1975년 도입), 국민연금(1988년 도입) 순으로 시행되었다.

11

✦ 정답해설

③ 자유연상은 검토하거나 순서대로 생각하지 않은 채 긴장을 풀고 마음속의 모든 생각을 떠오르는 대로 말하게 하는 방법으로, 프로이드(S. Freud)의 정신분석이론에서의 개념이다.

✦ 오답해설

① 체계적 둔감화는 혐오스러운 느낌이나 불안한 자극에 대한 위계목록을 작성한 다음 낮은 수준에서 높은 수준의 자극으로 상상을 유도함으로써 불안반응(혐오나 불안)을 제거시키기 위한 기법을 말한다.
② 자기주장훈련은 여러 가지 사회적 상황에서 자기의 주장을 펼 수 있도록 하는 훈련으로, 광범위한 대인관계의 상황을 효과적으로 다루기 위해 필요한 기술과 태도를 갖추게 하는 것이다.
④ 이완훈련은 근육이 이완된 상태에서는 불안이 일어나지 않는다는 원리에 따라 공포나 불안을 제거하여 자유자재로 근육의 긴장을 이완시킬 수 있도록 훈련시키는 것을 말한다.

12

✦ 정답해설

④ 정상화는 장애인의 개인의 선택에 의한 자유와 자기결정권을 강조하는 것으로, 시설에 보호하는 것을 반대하며 장애인이 지역사회를 기반으로 지역사회의 다양성을 존중하고 개인적 경험과 이웃과의 교류를 통하여 지역사회에서 가치 있는 역할을 수행할 수 있도록 동등한 생활이 보장되어야 하는 것이다.

13

✦ 정답해설

② 보충성 원칙에 입각하고 있는 것은 사회 내부에서 문제가 발생하여, 사회구성원이나 시장경제가 자체적으로 기능하지 못하고 문제가 발생하였을 때, 임시로 국가의 사회복지시스템이 그를 보충하는 것인 보충적(잔여적) 사회복지이다.

14

✦ 정답해설

④ 부양의무자의 부양과 다른 법령에 따른 보호는 이 법에 따른 급여에 우선하여 행하여지는 것으로 한다. 다만, 다른 법령에 따른 보호의 수준이 이 법에서 정하는 수준에 이르지 아니하는 경우에는 나머지 부분에 관하여 이 법에 따른 급여를 받을 권리를 잃지 아니한다(국민기초생활 보장법 제3조 제2항).

✦ 오답해설

① 동법 제1조
② 동법 제8조 제3항
③ 동법 제9조 제5항

15

✦ 정답해설

③ 재정마련의 방법에 관한 것으로 공공, 민간, 혼합 형태가 있다는 것은 재정(재원)이고, 급여는 수혜자에게 무엇을 줄 것인가에 관한 것으로 급여의 형태에는 현금급여, 현물급여, 바우처(이용권), 기회, 권력 등이 있다.

16

✦ 정답해설

④ 무작위 오류(random error, 비체계적 오류)는 조사체계와는 상관없이 발생하는 것으로, 측정자, 측정대상자, 측정과정(측정상황) 및 측정수단(측정도구) 등에 일관성이 없어 발생할 수 있는 오류로, 내적 타당도의 저해요인이 아니다.
  * 내적 타당도(internal validity)의 저해요인으로는 ① 통계적 회귀(statistical regression), ② 도구효과(instrumentation effect), ③ 외부사건(history) 이외에도 조사대상의 성숙(maturation)효과, 선택(selection)과의 상호작용, 검사효과(테스트효과), 상실(중도탈락), 선정편향(selection bias) 등이 있다.

17

✦ 정답해설

④ 만족모형은 현실적인 의사결정은 '어느 정도 만족할 만한 대안의 선택으로 이루어진다는 의사결정 모형으로, 정책결정과정에서 모든 정책대안이 다 고려되지 않고 고려될 수도 없다고 본다.

✦ 오답해설

① 합리모형(쓰레기통모형×)은 정책결정자가 높은 합리성을 가지고 주어진 상황에서 최선의 정책대안을 찾아낼 수 있다고 본다.

② 최적모형(혼합모형×)은 합리적 요소와 함께 직관, 판단, 통찰력과 같은 초합리적 요소를 바탕으로 정책결정을 한다고 본다.

③ 점증모형(최적모형×)은 과거의 정책결정을 기초로 하여 약간의 변화를 추구하면서 새로운 정책대안을 검토하고 점증적으로 수정하는 과정을 거친다고 본다.

18

✦ 정답해설

③ ㄴ. 자선에서 시민의 권리로 변화
ㄷ. 특수성에서 보편성의 성향으로 변화
ㅁ. 개인의 변화에서 사회의 개혁으로 변화

✦ 오답해설

ㄱ. 최저 생활보장(최저수준)에서 최적 생활보장(최적수준)으로 변화
ㄹ. 민간지원에서 공공지원으로 변화

19

✦ 정답해설

④ 사회보장이란 출산, 양육, 실업, 노령, 장애, 질병, 빈곤 및 사망 등의 사회적 위험으로부터 모든 국민을 보호하고 국민 삶의 질을 향상시키는 데 필요한 소득·서비스를 보장하는 사회보험, 공공부조, 사회서비스를 말한다(사회보장기본법 제3조 제1호).

20

✦ 정답해설

③ 집단문화는 특정 성원이 집단 내에서 수행해야 할 구체적인 과업이나 기능과 관련된 행동이 아니라 집단구성원들이 공통적으로 가지는 가치, 신념, 관습, 전통 등으로, 집단이 성장함에 따라 서서히 나타난다.

서울시 9급 정답 및 해설

⊘ 정답

01 ③	02 ③	03 ②	04 ③	05 ②
06 ①	07 ③	08 ②	09 ④	10 ④
11 ①	12 ③	13 ④	14 ①	15 ②
16 ④	17 ②	18 ①	19 ④	20 ④

01

✦ 정답해설

③ 과제중심모델의 특징으로 단기개입, 구조화된 접근, 클라이언트의 자기결정권에 대한 존중, 클라이언트의 환경에 대한 개입, 개입의 책임성을 들 수 있다.

02

✦ 정답해설

③ 모든 인간은 독특한 자질과 특성을 가지고 있으며 개별적 욕구를 가지고 있으므로, 사회복지사는 각 클라이언트의 특수성을 이해하고 다양한 원리와 방법을 활용해야 한다는 것은 개별화의 원칙이다.

03

✦ 정답해설

② 스핀햄랜드법(Speenhamland Act)은 고용주들의 임금 인하와 노동자들의 근로의욕 저하, 빈민들의 조혼 증가(그에 따른 인구 증가) 등을 초래하였다.

04

✦ 정답해설

③ 특수성에서 보편성으로 변화되어 왔다(빈민에 대한 서비스 → 전 국민에 대한 서비스).

• 로마니신(Romanyshyn)의 사회복지 개념의 변화

산업화 이전의 사회	산업화 이후의 사회
• 보충적(잔여적·선별적) 개념	• 제도적(보편적) 개념
• 자선(자선의 차원 시혜적 차원)	• 시민권(시민의 권리, 권리적 차원)
• 특수성(빈민에 대한 서비스)	• 보편성(전 국민에 대한 서비스)
• 최저수준(최저조건의 서비스)	• 최적수준(적정조건의 서비스)
• 개인의 변화(개인적 빈곤관)	• 사회개혁(사회구조적 빈곤관)
• 민간지원(자발성)	• 공공지원(공공성)

05

✦ 정답해설

② 사회복지조직의 일반환경 중 사회인구학적 조건에는 소득수준, 인구구조, 사회계층 등이 있다. 노동윤리는 문화적 조건에 해당한다.

06

✦ 정답해설

① 국가와 지방자치단체는 모든 국민이 건강하고 문화적인 생활을 유지할 수 있도록 사회보장급여의 수준 향상을 위하여 노력하여야 한다(사회보장기본법 제10조 제1항).

07

✦ 정답해설

③ 본인의 최종소득은 영향을 미치는 요소와는 관련이 적다.

합격생 Guide 국민연금법 제51조(기본연금액)

① 수급권자의 기본연금액은 다음 각 호의 금액을 합한 금액에 1천분의 1천200을 곱한 금액으로 한다. 다만, 가입기간이 20년을 초과하면 그 초과하는 1년(1년 미만이면 매 1개월을 12분의 1년으로 계산한다)마다 본문에 따라 계산한 금액에 1천분의 50을 곱한 금액을 더한다.
  1. 다음 각 목에 따라 산정한 금액을 합산하여 3으로 나눈 금액

가. 연금 수급 3년 전 연도의 평균소득월액을 연금 수급 3년 전 연도와 대비한 연금 수급 전년도의 전국소비자물가변동률(「통계법」 제3조에 따라 통계청장이 매년 고시하는 전국소비자물가변동률을 말한다. 이하 이 조에서 같다)에 따라 환산한 금액

나. 연금 수급 2년 전 연도의 평균소득월액을 연금 수급 2년 전 연도와 대비한 연금 수급 전년도의 전국소비자물가변동률에 따라 환산한 금액

다. 연금 수급 전년도의 평균소득월액

2. 가입자 개인의 가입기간 중 매년 기준소득월액을 대통령령으로 정하는 바에 따라 보건복지부장관이 고시하는 연도별 재평가율에 의하여 연금 수급 전년도의 현재가치로 환산한 후 이를 합산한 금액을 총 가입기간으로 나눈 금액. 다만, 다음 각 목에 따라 산정하여야 하는 금액은 그 금액으로 한다.

가. 제17조 제2항 단서 및 같은 조 제3항 제1호에 따라 산입되는 가입기간의 기준소득월액은 이 호 각 목 외의 부분 본문에 따라 산정한 금액의 2분의 1에 해당하는 금액

나. 제18조에 따라 추가로 산입되는 가입기간의 기준소득월액은 제1호에 따라 산정한 금액의 2분의 1에 해당하는 금액

다. 제19조에 따라 추가로 산입되는 가입기간의 기준소득월액은 제1호에 따라 산정한 금액

② 제1항 각 호의 금액을 수급권자에게 적용할 때에는 연금 수급 2년 전 연도와 대비한 전년도의 전국소비자물가변동률을 기준으로 그 변동률에 해당하는 금액을 더하거나 빼되, 미리 제5조에 따른 국민연금심의위원회의 심의를 거쳐야 한다.

③ 제2항에 따라 조정된 금액을 수급권자에게 적용할 때 그 적용 기간은 해당 조정연도 1월부터 12월까지로 한다.

08

✦ 정답해설

② 파생적 외부효과는 시장실패를 시정하려는 정부개입이 초래하는 예기치 않은 결과를 의미하며 이는 정부실패의 원인이다. 시장실패의 원인으로는 공공재의 부재, 외부효과(외부성), 독점 등 불완전경쟁의 존재, 정보의 비대칭성으로 인한 역선택 및 도덕적 해이, 소득분배의 불공평성, 경기의 불안정 등이 있다.

09

✦ 정답해설

④ ㉡, ㉢ 두 개가 옳다.

✦ 오답해설

㉠ 방어기제는 스스로를 보호하기 위해 무의식적으로 작동하는 심리기제이다.

㉢ 한 사람은 한 번에 하나 이상의 방어기제를 사용한다.

10

✦ 정답해설

④ 사회복지법인은 대표이사를 포함한 이사 7명 이상과 감사 2명 이상을 두어야 한다(사회복지사업법 제18조 제1항).

✦ 오답해설

① 「사회복지사업법」에 근거한다.

② 사회복지법인이 아니어도(국가·지방자치단체) 사회복지시설을 운영할 수 있다(동법 제34조 제1항).

③ 사회복지법인을 설립하려는 자는 대통령령으로 정하는 바에 따라 시·도지사의 허가를 받아야 한다(동법 제16조 제1항).

11

✦ 정답해설

① 사례관리에서는 서비스 전달체계의 단편성 및 서비스의 연속성 결여의 문제를 해결하기 위하여 서비스에 대하여 통합적으로 접근한다.

✦ 오답해설

② 사례관리자는 대상자의 문제해결을 위하여 클라이언트 개인을 변화시키기 위한 간접적 서비스 제공에 초점을 두고 활동한다.

③ 사례관리는 지역사회보호에 초점을 두고, 지역사회에서 생활하는 클라이언트의 복합적인 욕구를 해결하기 위한 포괄적인 서비스 제공체계를 구축하기 위해 시작되었다.

④ 사례관리에서는 클라이언트의 심리치료나 상담 등에 초점을 두기보다 환경적 개입을 강조하는 실천방법이다.

12

✦ 정답해설

③ 1935년 미국 사회보장법은 노령연금과 실업보험을 도입하였다.

✦ 오답해설

① 독일의 질병보험(1883년)은 세계 최초의 사회보험제도이다.

② 영국 국민보험법(1911년)은 질병보험과 실업보험으로 구성되었다.

④ 베버리지보고서(1942년)는 사회보험 6대 원칙 중 하나로 균일(정액)기여를 제안하였다.

13

✦ 정답해설

④ 사회계획모델은 전문가 중심의 개입으로 클라이언트는 문제해결을 받는 소비자의 관점이므로 클라이언트의 역할이 가장 최소화된 모델이다.

✦ 오답해설

① 지역사회개발모델은 자조에 기반하며 과정목표 지향적이다.

② 변화전략으로 클라이언트의 임파워먼트(empowerment)가 사용되는 것은 사회행동모델이다.

③ 세 모델 중 전문가의 역할이 가장 중요한 것은 사회계획모델이며, 사회행동모델은 이의제기, 데모 등 대항전략을 많이 사용한다.

14

✦ 정답해설

① 1944년 국제노동기구(ILO)는 의료보장 권고, 고용서비스 권고, 소득보장의 권고를 사회보장법 체계의 3대 기본요소로 채택하였다. 1952년 국제노동기구(ILO)는 「사회보장 최저기준에 관한 조언」(1952년)을 통해 의료, 질병, 실업, 노령, 산업재해, 가족, 출산, 장애, 유족 등 9개 부문에 있어서 적용될 사회적 위험의 종류와 피보험자의 범위 등에 관한 최저기준을 정하였다.

15

✦ 정답해설

② ㄴ. 최저임금제도 도입(1986년)
   ㄷ. 4대 사회보험체제 완비(고용보험법 제정, 1993년)
   ㄱ. 국민기초생활보장제도 시행(2000년)
   ㄹ. 저출산·고령사회기본계획 수립(2006년, 1차 기본계획 : 2006년~2010년)

16

✦ 정답해설

④ 옹호활동은 지역사회옹호나 정책옹호와 같은 거시적 영역뿐만 아니라 개별 사례나 클라이언트 개인의 문제를 다루는 미시적 실천에서도 활용이 가능하다.

17

✦ 정답해설

② 핀커스(Allen Pincus)와 미나한(Anne Minahan)의 사회복지실천의 4체계를 사례에 대입해 분석하면 클라이언트체계(아내), 표적체계(남편), 변화매개체계(B복지관의 사회복지사와 B복지관), 행동체계(가족치료전문가)로 볼 수 있다.

18

✦ 정답해설

① 「한부모가족지원법」에 건강검진 등의 의료서비스 지원은 아직 법제화되어 있지 않다.

✦ 오답해설

② 「한부모가족지원법」 제13조

③ 동법 제17조의2 제1항

④ 동법 제15조

19

✦ 정답해설

④ 유사한 서비스 제공 기관들의 난립에 따른 선택 장애는 접근의 장애요인이 아니라 개별적 선택의 문제이다.

20

✦ 정답해설

④ 다수의 항목으로 측정, 여러 문항을 하나의 척도로 사용하는 것은 리커트 척도(Likert scale)이다. 이 척도에서는 질문문항 작성 → 응답자 표본 선택 → 응답범주 결정 → 응답부호화 → 응답자에 적용 → 응답점수 산정 → 문항분석 → 척도점수 산정 순으로 절차가 진행된다.

2016년 기출
2016.04.09. 시행

국가직 9급 정답 및 해설

☑ 정답

01	②	02	③	03	④	04	④	05	③
06	①	07	③	08	①	09	④	10	①
11	②	12	④	13	④	14	②	15	①
16	②	17	③	18	②	19	④	20	③

01

✦ 정답해설

② 사회복지모델을 잔여적(보충적) 복지와 제도적 복지로 구분한 것은 윌렌스키와 르보이다(Wilensky & Lebeaux). 에스핑 - 앤더슨은 사회복지(복지국가)모델을 자유주의적 복지국가, 보수(조합)주의적 복지국가, 사회민주주의적 복지국가로 구분하였다.

02

✦ 정답해설

③ 최저수준의 소득보장을 목적으로 하는 것은 사회보험이고, 민영보험은 지불능력에 따른 급여보장을 목적으로 한다.

합격생 Guide · 사회보험 vs 민영보험

사회보험	· 가입 강제 · 최저수준의 소득보장 목적 · 법적 권리 · 정부독점 · 비용지출에 대한 예측이 어려움 · 재정의 완전 적립 불필요 · 물가상승에 적절히 대응 · 평균적 위험 또는 소득수준에 따른 차등보험료 부과 · 중앙정부의 통제하에 투자
민영보험	· 자발적 가입 · 지불능력에 따른 급여보장 목적 · 계약상 권리 · 자유경쟁 · 비용지출에 대한 예측 용이 · 재정의 완전 적립 필요 · 물가상승에 대응이 어려움 · 개별적 위험 또는 급여수준에 따른 차등보험료 부과 · 사적 경로를 통한 투자

03

✦ 정답해설

④ '사회서비스'란 국가·지방자치단체 및 민간부문의 도움이 필요한 모든 국민에게 복지, 보건의료, 교육, 고용, 주거, 문화, 환경 등의 분야에서 인간다운 생활을 보장하고 상담, 재활, 돌봄, 정보의 제공, 관련 시설의 이용, 역량개발, 사회참여 지원 등을 통하여 국민의 삶의 질이 향상되도록 지원하는 제도를 말한다(사회보장기본법 제3조 제4호).

04

✦ 정답해설

④ 베버리지보고서는 소득에 관계없는 균일갹출을 제시하였다(Flat Rate of Contribution).

✦ 오답해설

① 세계에서 가장 먼저 도입된 사회보험제도는 독일의 의료보험(질병보험, 건강보험)이다.
② 1911년 영국의 국민보험법에서는 건강보험과 실업보험이 도입되었다.
③ 미국은 1935년 사회보장법을 제정하여 사회보험(노령보험, 실업보험), 공공부조, 보건복지서비스를 도입하였다.

05

✦ 정답해설

③ 프리들랜더(Friedlander)의 사회복지의 기본원리에는 인간존중(개인존중), 자기결정(자발성 존중), 기회균등, 사회연대성(상부상조)이 있다.

합격생
Guide 프리들랜더(Friedlander)의 사회복지의 기본원리

인간존중 (개인존중)	모든 사람은 인간으로서의 가치와 품위, 존엄성을 지닌다.
자기결정 (자발성 존중)	개인이 자기욕구를 어떻게 충족할 것인가는 개인 스스로의 선택을 통해 결정할 권리를 가진다.
사회연대성 (상부상조)	각 개인은 자기 자신뿐 아니라 가족 및 사회에 대하여 책임을 진다.
기회균등	모든 개인에게는 균등한 기회가 주어지며 각 개인의 능력에 합당한 대우를 받는다.

06

✦ 정답해설

① 도구효과는 사전검사와 사후검사에서 조사도구가 바뀌거나 동일한 조사도구를 사용하더라도 신뢰도가 극히 낮은 도구를 사용하면 사후검사시 종속변수의 변화를 독립변수 때문이라고 주장할 수 없는 것을 말한다. 사례에서는 동일한 검사지를 통해 재측정을 한바, 사전검사와 사후검사가 동일한 조사도구에 의해 이루어졌고 측정도구의 신뢰도에 대한 언급은 없으므로 도구효과가 발생할 가능성은 없다.

07

✦ 정답해설

③ 바우처(이용권)는 일정한 용도 내에서 수급자로 하여금 원하는 재화나 서비스를 자유롭게 선택할 수 있도록 하는 방법을 말한다. 즉, 수급자 지원방식의 대표적인 정책수단이다.

08

✦ 정답해설

① 자활지원계획의 수립조항은 2014년 12월 30일 법개정 이전에 규정된 내용이다.

09

✦ 정답해설

④ 근로장려금의 크기는 소득구간이 높아질수록 작아진다. 즉, 소득이 많아지면 근로장려금 혜택이 작아진다.

10

✦ 정답해설

① 인간다운 생활을 할 권리는 1962년 제5차 개헌에서 신설되었다.

✦ 오답해설

② 국민연금제도는 1988년 본격적으로 시행되었다. 1973년 제정된 「국민복지연금법」은 경제상황의 악화로 시행되지 못했다.
③ 최근 지방교부세법이 개정됨에 따라 분권교부세는 폐지되어 보통교부세에 통합운영되고 있다.
2000년대부터 분권교부세에 의한 사회복지사업의 지방이양이 이루어졌다.
④ 1991년에 제정된 「영유아보육법」을 근간으로 보육서비스 지원확대가 이루어지고 있다.

11

✦ 정답해설

② 로웬버그(Lowenberg)와 돌고프(Dolgoff)의 윤리원칙의 적용순서는 생명보호의 원칙, 평등과 불평등의 원칙, 자율(성)과 자유의 원칙, 최소손실의 원칙, 삶의 질의 원칙, 사생활 보호와 비밀보장의 원칙, 진실성과 정보개방의 원칙(성실의 원칙)이다. - 암기법(생평자/최질사진)

12

✦ 정답해설

④ 아동을 매매하는 행위를 한 자는 10년 이하의 징역에 처한다(아동복지법 제71조 제1항 제1호). 단, 아동·청소년의 성보호에 관한 법률 제12조에 의한 매매는 제외한다.

합격생
Guide 벌칙(아동복지법)

• 아동에게 음란한 행위를 시키거나 이를 매개하는 행위 또는 아동에게 성적 수치심을 주는 성희롱 등의 성적 학대행위를 한 자는 10년 이하의 징역 또는 1억원 이하의 벌금에 처한다(동법 제71조 제1항 제1호의2).
• 아동의 신체에 손상을 주거나 신체의 건강 및 발달을 해치는 신체적 학대행위, 아동의 정신건강 및 발달에 해를 끼치는 정서적 학대행위, 자신의 보호·감독을 받는 아동을 유기하거나 의식주를 포함한 기본적 보호·양육·치료 및 교육을 소홀히 하는 방임행위, 장애를 가진 아동을 공중에 관람시키는 행위, 아동에게 구걸을 시키거나 아동을 이용하여 구걸하는 행위를 한 자는 5년 이하의 징역 또는 5천만원 이하의 벌금에 처한다(동법 제71조 제1항 제2호).

- 정당한 권한을 가진 알선기관 외의 자가 아동의 양육을 알선하고 금품을 취득하거나 금품을 요구 또는 약속하는 행위, 아동을 위하여 증여 또는 급여된 금품을 그 목적 외의 용도로 사용하는 행위를 한 자는 3년 이하의 징역 또는 3천만원 이하의 벌금에 처한다(동법 제71조 제1항 제3호).
- 공중의 오락 또는 흥행을 목적으로 아동의 건강 또는 안전에 유해한 곡예를 시키는 행위 또는 이를 위하여 아동을 제3자에게 인도하는 행위를 한 자는 1년 이하의 징역 또는 1천만원 이하의 벌금에 처한다(동법 제71조 제1항 제4호).

13

✦ 정답해설

④ 사회복지실천의 면접은 클라이언트와 사회복지사가 목적달성을 위한 일련의 과정을 상호 합의한 상태(계약)에서 진행한다. 즉, 사회복지실천에 있어서 계약은 필수적인 과정이다.

합격생 Guide 사회복지실천 면접의 특성(Compton & Galaway)

목적과 방향이 있음	우연히 만나 정보를 교환하는 것이 아니라 구체적인 목표를 달성하기 위한 과정임
계약에 의함	목적달성을 위해 사회복지사와 클라이언트가 일련의 과정을 상호 합의한 상태에서 진행함
관련자 간에 특정한 역할관계가 규정됨	면접자(사회복지사)와 피면접자(내담자, 클라이언트) 상호간에 각각 정해진 역할이 있고 그 역할에 따라 상호작용을 함
맥락(context) 또는 장(setting)이 있음	클라이언트에게 서비스를 제공하는 특정한 기관이 있고 면접의 내용은 특정 상황에 한정되어 있음

14

✦ 정답해설

② 위기집단은 일반인구의 하위집단으로 해당 문제에 노출될 위험이 있거나 욕구가 있는 사람들을 말한다.

합격생 Guide 사회복지프로그램 대상자(수혜자)

일반인구 집단	• 프로그램 대상지역 내 문제속성과 관련이 있는 모든 사람들 ⑩ ○○구에 거주하는 70세 이상 노인 51,500명
위험(위기) 인구집단	• 일반인구의 하위집단 • 해당 문제에 노출될 위험이 있거나 욕구가 있는 사람들 ⑩ ○○구에 거주하는 70세 이상 치매노인 3,100명
표적인구 집단	• 위험인구의 하위집단 • 해당 문제에 노출되었거나 경험이 있는 사람들, 즉 프로그램의 대상이 되어야 하는 사람들 ⑩ ○○구에 거주하는 치매노인 중 국민기초생활보장 수급자 가구의 치매노인 540명
클라이언 트인구 집단	• 표적인구의 하위집단 • 프로그램의 실제 대상자가 되는 사람들 ⑩ ○○구에 거주하는 국민기초생활 수급자 가구의 치매노인 중 주간보호센터 이용자 30명

15

✦ 정답해설

① 지역별 다양한 사회복지서비스 욕구에 탄력적으로 대응하기 쉬운 것은 중앙정부가 아니라 지방자치단체(지방정부)이다.

합격생 Guide 지방정부 vs 중앙정부

지방 정부	중요성	• 중앙정부에 비해 지역주민들이 욕구에 신속히 접근 • 경쟁을 통해 서비스의 질 향상
	문제점	• 지역 간 불평등을 초래할 수 있고 사회통합에 장애가 발생 • 잦은 자치단체장의 교체는 일관성 있는 정책추진에 곤란을 줌
중앙 정부	중요성	• 공공재적 성격이 강하고 서비스 대상자의 수가 많을수록 중앙정부가 제공하는 것이 바람직 • 사회적 적절성 가치구현과 소득재분배에 유리 • 다양한 프로그램의 통합·조정, 정책의 지속성, 안정성 측면에서 유리
	문제점	• 다양한 수급자의 개별욕구 충족이 곤란(자원배분의 비효율성) • 독점적 성격이 강해 서비스의 가격과 품질이 떨어짐

		신속성, 융통성, 능동성이 떨어지고 경직성과 획일성이 높음
		관련 중앙부서 간의 통합성이 낮고 전문인력이 부족함

16

✦ 정답해설

② 사회복지실천의 통합적 접근방법이 등장한 이유로 클라이언트의 문제와 욕구들이 점차 복잡하고 다양해졌다는 점을 들 수 있다.

17

✦ 정답해설

③ 노인여가복지시설에는 경로당, 노인복지관, 노인교실이 있다(노인복지법 제36조 제1항).

✦ 오답해설

① 노인복지주택에 입소할 수 있는 자는 60세 이상의 노인으로 한다(노인복지법 제33조의2 제1항).

② 기초연금은 65세 이상인 사람으로서 소득인정액이 보건복지부장관이 정하여 고시하는 금액(선정기준액) 이하인 사람에게 지급한다(기초연금법 제3조 제1항).

④ 장기요양보험제도는 요양시설에 거주하는 중증질환 노인들만을 대상으로 하는 것은 아니다. 「노인장기요양보험법」에 따른 장기요양급여의 종류에는 재가급여, 시설급여, 특별현금급여가 있으며, 「노인장기요양보험법」의 등급판정기준에 따르면 장기요양등급은 5등급으로 구분되며 여기에는 경증의 노인성 치매 등 중증이 아닌 대상자들도 포함되어 있다.

18

✦ 정답해설

② ㄱ은 C, ㄴ은 A, ㄷ은 D, ㄹ은 E가 적절한 연결이다.

합격생 Guide

ㄱ	사회적 배제	빈곤을 포함한 전반적인 사회문제를 나타내는 새로운 개념으로 빈곤을 단순한 소득의 결핍으로 이해하는 것이 아니라 빈곤의 역동적이고 다차원적인 측면을 강조
ㄴ	신빈곤	1997년 IMF 사태 이후 부각된 개념으로 근로능력이 있어도 일자리가 없거나 경제활동에 참여하고 있어도 실질적인 소득이 낮아 빈곤한 생활을 하는 경우를 뜻함
ㄷ	정상화	장애인의 생활환경 및 조건을 일반인에 가깝게 조성하여 장애인을 비정상적인 개인으로 특수화하는 종전의 태도에서 벗어나 정상적, 보통의 사회구성원으로 인식하는 것을 말함
ㄹ	사회행동	사회의 불우계층에 처한 사람들이 사회정의와 민주주의에 입각해서 보다 많은 자원과 향상된 처우를 그 사회에 요구하는 행동

19

✦ 정답해설

④ 모두 금지하는 차별에 해당한다.

합격생 Guide 장애인차별금지법(제4조) 차별행위

① 이 법에서 금지하는 차별이라 함은 다음 각 호의 어느 하나에 해당하는 경우를 말한다.
1. 장애인을 장애를 사유로 정당한 사유 없이 제한·배제·분리·거부 등에 의하여 불리하게 대하는 경우
2. 장애인에 대하여 형식상으로는 제한·배제·분리·거부 등에 의하여 불리하게 대하지 아니하지만 정당한 사유 없이 장애를 고려하지 아니하는 기준을 적용함으로써 장애인에게 불리한 결과를 초래하는 경우
3. 정당한 사유 없이 장애인에 대하여 정당한 편의 제공을 거부하는 경우
4. 정당한 사유 없이 장애인에 대한 제한·배제·분리·거부 등 불리한 대우를 표시·조장하는 광고를 직접 행하거나 그러한 광고를 허용·조장하는 경우. 이 경우 광고는 통상적으로 불리한 대우를 조장하는 광고효과가 있는 것으로 인정되는 행위를 포함한다.
5. 장애인을 돕기 위한 목적에서 장애인을 대리·동행하는 자(장애아동의 보호자 또는 후견인 그 밖에 장애인을 돕기 위한 자임이 통상적으로 인정되는 자를 포함한다. 이하 "장애인 관련자"라 한다)에 대하여 제1호부터 제4호까지의 행위를 하는 경우. 이 경우 장애인 관련자의 장애인에 대한 행위 또한 이 법에서 금지하는 차별행위 여부의 판단대상이 된다.
6. 보조견 또는 장애인보조기구 등의 정당한 사용을 방해하거나 보조견 및 장애인보조기구 등을 대상으로 제4호에 따라 금지된 행위를 하는 경우

20

✦ 정답해설

③ '역전이'는 사회복지사가 클라이언트를 마치 자신의 과거 경험 속의 어떤 인물인 것처럼 느끼고 무의식적으로 그렇게 반응을 하는 것을 말한다.

2016년 기출
2016.03.19. 시행

지방직 9급 정답 및 해설

☑ 정답

01	②	02	④	03	③	04	②	05	②
06	②	07	①	08	①	09	①	10	④
11	③	12	③	13	①	14	④	15	④
16	③	17	③	18	②	19	②	20	②

01

✦ 정답해설

② 우리나라의 5대 사회보험은 산업재해보상보험, 국민건강보험(의료보험), 국민연금, 고용보험, 노인장기요양보험이다. 국민기초생활보장은 공공부조에 해당한다.

02

✦ 정답해설

④ 조지와 윌딩(George & Wilding)의 신우파는 반집합주의적 성향을 가지며, 자유·개인주의·불평등을 3대 가치로 한다.

03

✦ 정답해설

③ 보편주의(uninversalism)는 기여자와 수혜자를 구별하지 않아 사회통합에 더 효과적이다.

합격생 Guide 보편주의와 선별주의 비교

구분	보편주의	선별주의
내용	• 사회복지의 대상은 모든 국민 • 시민권에 입각한 사회적 권리 • 사회적 효과성 강조(사회통합적 측면)	• 개인의 욕구에 기초한 대상자 선별(자산조사에 의한 판별) • 엄격한 선정절차 및 자격기준 • 비용 효과성 강조

장점	• 빈곤 등 사회적 위험 예방에 기여 • 스티그마 불발생 (사회적 효과성 높음) • 행정절차와 대상자의 자격관리가 쉬움 (운영 효율성이 높음)	• 도움이 필요한 대상자에게 급여 또는 서비스가 집중됨(목표·대상 효율성이 높음) • 자원의 낭비를 줄일 수 있음(경제적 효율성이 높음)
단점	• 한정된 자원을 필요한 부분에 효과적으로 사용하는 데 한계가 있음 (목표 효율성, 대상 효율성, 비용 효과성, 경제적 효율성이 낮음)	• 운영 효율성 낮음 • 사회적 효과성이 낮음 • 스티그마 발생

04

✦ 정답해설

② ㄱ과 ㄷ이 자선조직협회에 대한 내용이다.

✦ 오답해설

ㄴ. 입법활동 등을 통하여 사회개혁에 힘쓴 것은 인보관운동이다.

합격생 Guide 자선조직협회와 인보관운동의 비교

구분	인보관운동	자선조직협회
활동계층	엘리트 청년(중류층)	신흥 자본가(상류층)
이념	급진주의 (사회제도의 개혁)	자유방임주의, 보수주의
빈곤관	사회구조적 관점 (국가 책임)	개인주의적 관점 (빈민 책임)
활동방향	사회개혁	개인변화
사회문제 해결방안	서비스의 직접 제공	자선기관들의 서비스 조정

05

✦ 정답해설

② 정주법(The Settlement Act of 1662)은 교구 내의 법적 거주권 소지자에 한해 구빈을 규정한 법이며, 빈민의 거주이전의 자유를 박탈시킨 법으로 산업화에 많은 긍정적 기여를 하였다.

✦ 오답해설

① 엘리자베스 구빈법(1601년)은 노동능력의 유무에 따라 빈민에 대한 구호를 다르게 제공하였다.

③ 스핀햄랜드법은 최저생계를 보장하였으나 근로동기를 약화시키고 임금을 저하시킨 단점이 있다.

④ 신구빈법(1834년)은 노동능력이 있는 자는 원내구제를 원칙으로 하고 자립수단이나 희망이 없다고 인정되는 자에 대해서는 예외적으로 원외구제를 제공하였다.

06

✦ 정답해설

② 최저임금법은 1986년에 제정되었다.

✦ 오답해설

① 국민기초생활 보장법 : 1999년

③ 장애인차별금지 및 권리구제 등에 관한 법률 : 2007년

④ 국민건강보험법 : 1999년

07

✦ 정답해설

① 옳은 것은 ㄱ과 ㄷ이다.

ㄱ, ㄷ. 절대적 빈곤은 최저생활을 유지하는 데 필요한 소득이 결여된 상태를 말하며, 상대적 빈곤은 일정한 사회에 있어서 하위계층의 소득과 비교적 상위계층의 소득을 비교하여 그 사회의 평균소득수준에 비해 낮은 계층을 빈곤층으로 본다.

✦ 오답해설

ㄴ. 자력으로 일을 해서 가난으로부터 벗어나려 하기보다 사회복지급여에 의존하여 생계를 해결하려는 의존심이 생기는 현상을 도덕적 해이(moral hazard)라고 한다.

ㄹ. 전물량방식과 반물량방식은 절대적 빈곤의 산정방식이다. 상대적 빈곤의 산정방식에는 타운젠드(Townsend)방식, 평균 또는 중위소득의 비율을 활용하는 방식이 있다.

08

✦ 정답해설

① 사회복지사는 긴급한 사정으로 인해 동료의 클라이언트를 맡게 된 경우 자신의 의뢰인처럼 관심을 갖고 서비스를 제공한다.

09

✦ 정답해설

① 비례적 평등은 수량적 평등과 달리 개인의 욕구나 능력, 기여에 따라 사회적 자원을 상이하게 배분하는 것으로 흔히 공평이라 부른다.

✦ 오답해설

② 개인의 능력이나 장애에 상관없이 기회를 모든 사람에게 제공하는 것은 '기회의 평등'이며, 동일한 업적에 대해 동일한 보상을 제공하는 것은 '비례적 평등(형평)'이다.

③ 개인의 기여도와 상관없이 사회적 자원을 똑같이 배분하는 수량적 평등은 어떤 사회에서도 실현이 불가능한 개념이다.

④ 기회의 평등은 가장 소극적인 평등의 개념이다.

10

✦ 정답해설

④ 옳은 것은 ㄴ과 ㄹ이다.

ㄴ, ㄹ. 사례관리는 클라이언트 수준에서 클라이언트 각자의 욕구를 개별화하고 개입과정에서 참여와 자기결정을 촉진하며 서비스의 효과성, 효율성을 높이기 위해 포괄적인 서비스를 제공하고 조정한다.

✦ 오답해설

ㄱ. 사례관리는 장기적인 보호를 필요로 하는 클라이언트를 지역사회에서 비용-효율적으로 관리하기 위해 고안된 실천방안이다.

ㄷ. 클라이언트의 무의식을 분석하여 자신의 문제를 깨닫도록 돕는 것은 프로이드의 정신분석이론(정신역동이론)이다.

11

✦ 정답해설

③ 장애인복지법 제25조 제1항

✦ **오답해설**

① 발달장애는 정신적 장애이다(동법 제2조 제2항 제2호).
② 장애인을 입원 또는 통원하게 하여 상담, 진단·판정, 치료 등 의료재활서비스를 제공하는 시설은 장애인 의료재활시설이다(동법 제58조 제1항 제4호).
④ 보건복지부장관은 장애인 복지정책의 수립에 필요한 기초자료로 활용하기 위하여 3년마다 장애실태조사를 실시하여야 한다(동법 제31조 제1항).

12

✦ **정답해설**

③ 클라이언트에게 필요한 자원 또는 서비스를 연계해 주는 것은 중개자(broker)로서의 역할이다.

합격생 Guide 사회복지사의 역할

중개자 (broker)	클라이언트가 필요한 자원을 찾아 활용하도록 클라이언트와 자원을 연결시켜 주는 역할
옹호자 (adcocacy)	클라이언트를 대신해서 계약된 목적을 달성하기 위해 적극적으로 주장하고 대변·옹호하는 입장
조력자 (enabler)	클라이언트의 대처능력을 강화시키고 자원의 발견과 활용을 도와주는 역할
중재자 (mediator)	클라이언트와 상대방이 갈등을 해결하도록 설득과 화해의 절차들을 통해 공동의 기반을 발견하도록 도와주는 역할
교육자 (educator)	정보제공, 행동과 기술의 지도 등 클라이언트의 능력을 강화시킬 수 있도록 가르치는 역할

13

✦ **정답해설**

① 환기법(ventilation)은 정화법이라고도 하며 단순히 클라이언트의 감정에 대해 자유로운 표현을 격려하는 과정을 말한다.

14

✦ **정답해설**

④ 모두 「아동학대범죄의 처벌 등에 관한 특례법」상 아동학대의 신고의무자에 해당한다.

합격생 Guide 아동학대범죄의 처벌 등에 관한 특례법 제10조(아동학대범죄 신고의무와 절차)

① 누구든지 아동학대범죄를 알게 된 경우나 그 의심이 있는 경우에는 특별시·광역시·특별자치시·도·특별자치도(이하 "시·도"라 한다), 시·군·구(자치구를 말한다. 이하 같다) 또는 수사기관에 신고할 수 있다. 〈개정 2020.3.24.〉
② 다음 각 호의 어느 하나에 해당하는 사람이 직무를 수행하면서 아동학대범죄를 알게 된 경우나 그 의심이 있는 경우에는 시·도, 시·군·구 또는 수사기관에 즉시 신고하여야 한다. 〈개정 2023.7.18.〉
　1. 「아동복지법」 제10조의2에 따른 아동권리보장원(이하 "아동권리보장원"이라 한다) 및 가정위탁지원센터의 장과 그 종사자
　2. 아동복지시설의 장과 그 종사자(아동보호전문기관의 장과 그 종사자는 제외한다)
　3. 「아동복지법」 제13조에 따른 아동복지전담공무원
　4. 「가정폭력방지 및 피해자보호 등에 관한 법률」 제5조에 따른 가정폭력 관련 상담소 및 같은 법 제7조의2에 따른 가정폭력피해자 보호시설의 장과 그 종사자
　5. 「건강가정기본법」 제35조에 따른 건강가정지원센터의 장과 그 종사자
　6. 「다문화가족지원법」 제12조에 따른 다문화가족지원센터의 장과 그 종사자
　7. 「사회보장급여의 이용·제공 및 수급권자 발굴에 관한 법률」 제43조에 따른 사회복지전담공무원 및 「사회복지사업법」 제34조에 따른 사회복지시설의 장과 그 종사자
　8. 「성매매방지 및 피해자보호 등에 관한 법률」 제9조에 따른 지원시설 및 같은 법 제17조에 따른 성매매피해상담소의 장과 그 종사자
　9. 「성폭력방지 및 피해자보호 등에 관한 법률」 제10조에 따른 성폭력피해상담소, 같은 법 제12조에 따른 성폭력피해자보호시설의 장과 그 종사자 및 같은 법 제18조에 따른 성폭력피해자통합지원센터의 장과 그 종사자
　10. 「119구조·구급에 관한 법률」 제2조 제4호에 따른 119구급대의 대원
　11. 「응급의료에 관한 법률」 제2조 제7호에 따른 응급의료기관등에 종사하는 응급구조사
　12. 「영유아보육법」 제7조에 따른 육아종합지원센터의 장과 그 종사자 및 제10조에 따른 어린이집의 원장 등 보육교직원
　13. 「유아교육법」 제2조 제2호에 따른 유치원의 장과 그 종사자
　14. 아동보호전문기관의 장과 그 종사자

15. 「의료법」 제3조 제1항에 따른 의료기관의 장과 그 의료기관에 종사하는 의료인 및 의료기사

16. 「장애인복지법」 제58조에 따른 장애인복지시설의 장과 그 종사자로서 시설에서 장애아동에 대한 상담·치료·훈련 또는 요양 업무를 수행하는 사람

17. 「정신건강증진 및 정신질환자 복지서비스 지원에 관한 법률」 제3조 제3호에 따른 정신건강복지센터, 같은 조 제5호에 따른 정신의료기관, 같은 조 제6호에 따른 정신요양시설 및 같은 조 제7호에 따른 정신재활시설의 장과 그 종사자

18. 「청소년기본법」 제3조 제6호에 따른 청소년시설 및 같은 조 제8호에 따른 청소년단체의 장과 그 종사자

19. 「청소년보호법」 제35조에 따른 청소년 보호·재활센터의 장과 그 종사자

20. 「초·중등교육법」 제2조에 따른 학교의 장과 그 종사자

21. 「한부모가족지원법」 제19조에 따른 한부모가족복지시설의 장과 그 종사자

22. 「학원의 설립·운영 및 과외교습에 관한 법률」 제6조에 따른 학원의 운영자·강사·직원 및 같은 법 제14조에 따른 교습소의 교습자·직원

23. 「아이돌봄 지원법」 제2조 제4호에 따른 아이돌보미

24. 「아동복지법」 제37조에 따른 취약계층 아동에 대한 통합서비스지원 수행인력

25. 「국내입양에 관한 특별법」 제37조 제1항 및 「국제입양에 관한 법률」 제32조 제1항에 따라 업무를 위탁받은 사회복지법인 및 단체의 장과 그 종사자

26. 「영유아보육법」 제8조에 따른 한국보육진흥원의 장과 그 종사자로서 같은 법 제30조에 따른 어린이집 평가 업무를 수행하는 사람

③ 누구든지 제1항 및 제2항에 따른 신고인의 인적 사항 또는 신고인임을 미루어 알 수 있는 사실을 다른 사람에게 알려주거나 공개 또는 보도하여서는 아니 된다.

④ 제2항에 따른 신고가 있는 경우 시·도, 시·군·구 또는 수사기관은 정당한 사유가 없으면 즉시 조사 또는 수사에 착수하여야 한다.

[시행일 : 2025. 7. 19] 제10조

15

✦ 정답해설

④ ㄱ. 사회보장급여의 이용·제공 및 수급권자 발굴에 관한 법률 제40조 제1항

ㄴ. 동법 시행령 제21조 제1항

ㄷ. 동법 제36조 제1항 제1호·제5호

ㄹ. 동법 시행령 제20조 제2항은 현행 법령의 내용으로 옳다.

16

✦ 정답해설

③ 옳은 것은 ㄱ, ㄴ, ㄹ이다.

ㄱ. 수급자 및 차상위자는 상호 협력하여 자활기업을 설립·운영할 수 있다(국민기초생활 보장법 제18조 제1항).

ㄴ. 국가 또는 시·도가 직접 수행하는 보장업무에 드는 비용은 국가 또는 해당 시·도가 부담한다(동법 제43조 제1항 제1호).

ㄹ. 급여의 종류에는 생계급여, 주거급여, 의료급여, 교육급여, 해산급여, 장제급여, 자활급여가 있다(동법 제7조 제1항).

✦ 오답해설

ㄷ. '부양의무자'란 수급권자를 부양할 책임이 있는 사람으로서 수급권자의 1촌의 직계혈족 및 그 배우자를 말한다. 다만, 사망한 1촌의 직계혈족의 배우자는 제외한다(동법 제2조 제5호).

17

✦ 정답해설

③ 노인장기요양보험법 제1조

✦ 오답해설

① 장기요양급여는 노인 등이 가족과 함께 생활하면서 가정에서 장기요양을 받는 재가급여를 우선적으로 제공하여야 한다(동법 제3조 제3항).

② 장기요양등급은 장기요양등급판정위원회에서 판정하고, 세밀한 판정을 위해 6개 등급의 체계로 운용한다(동법 제15조 제2항, 동법 시행령 제7조 제1항).

④ 노인장기요양보험의 관리운영기관은 국민건강보험공단이다.

합격생 Guide

노인장기요양보험법 제48조(관리운영기관 등)
① 장기요양사업의 관리운영기관은 공단으로 한다.

18

✦ 정답해설

② 권한부여모델은 생태체계 관점과 강점 관점을 이론적 기반으로 한다. 전문적 지식과 기술을 활용한 치료계획을 통해 클라이언트의 증상을 치료하는 구조적인 접근방법은 병리(pathology) 관점이다.

합격생
Guide

구분	강점(Strength) 관점	병리(Pathology) 관점
치료의 초점	가능성	문제
개인관	독특한 존재, 강점을 가진 재원·자원을 가진 자	사례진단에 따른 증상을 가진 자
치료의 핵심	개인, 가족, 지역사회의 참여	실무자가 고안한 치료계획
삶의 전문가	개인, 가족, 지역사회	사회복지사
개인적 발전	개방	병리에 의해 제한
변화를 위한 자원	능력, 적응기술, 개인, 가족	전문가의 지식 및 기술

19

✦ 정답해설

② 1952년 국제노동기구(ILO)가 제정한 사회보장의 최저기준에 관한 조약의 사회보장급여에는 의료·질병·실업·노령·업무상 재해·가족·모성·폐질·유족급여가 있다.

20

✦ 정답해설

② '타당도(validity)'는 조사도구(측정도구)가 문제의 개념을 실제로 측정하고 있는가, 즉 그 개념이 정확하게 측정되고 있는가를 의미하는 개념으로 '정확도'라고 할 수 있다.

국가직 9급 정답 및 해설

✓ 정답

01 ④	02 ②	03 ④	04 ②	05 ③
06 ④	07 ④	08 ③	09 ③	10 ②
11 ①	12 ①	13 ②	14 ③	15 ①
16 ④	17 ②	18 ①	19 ①	20 ②

01

✦ 정답해설

④ 사회문제의 발생원인에 있어 개인의 책임을 강조하는 것은 잔여적(보충적) 개념의 사회복지이다.

합격생 Guide ─ 잔여적(보완적) 모형과 제도적 모형의 비교

잔여적(보완적) 모형	제도적 모형
• 작은 정부 • 개인주의, 시장경제원칙 • 빈곤의 원인은 개인 • 국가의 책임 최소화 • 개인의 욕구를 비정상적인 것으로 간주 • 선별주의(요보호자 대상) • 자산조사 필수 • 공공부조 • 능력에 따른 자원배분 • 부의 수직적 재분배 강조 • 수익자 부담의 원칙	• 큰 정부 • 평등의 구현, 빈곤으로부터의 자유 • 빈곤에 대한 사회적 책임 • 국가의 책임 확대 • 개인의 욕구는 산업화로 인해 필연적으로 발생 • 보편주의(전국민 대상) • 자산조사 불필요 • 사회보험 • 인본주의, 평등주의 • 최적의 급부 • 욕구에 따른 자원배분 • 자원의 사회적 재분배 강조 • 일반조세를 통한 재원조달

02

✦ 정답해설

② ㄱ, ㄹ. 복지다원주의는 사회복지 주체를 다원화시키는 것을 말한다. 즉, 정부 이외에 기업, 종교, 사회단체의 복지 주체성을 인정하는 것이다.

✦ 오답해설

ㄴ. 서비스 이용자의 선택권 확대가 옳다.

ㄷ. 제3섹터(자원부분)의 활용이 옳다.

03

✦ 정답해설

④ 매슬로(Maslow)가 주장한 인간의 5가지 위계적 욕구는 생리적 욕구 → 안전의 욕구 → 소속과 애정의 욕구 → 자기존중의 욕구 → 자아실현의 욕구이다.

합격생 Guide ─ 매슬로(Maslow)의 인간의 5가지 위계적 욕구

생리적(신체적) 욕구	생존을 위해 필요한 것으로 가장 기본적으로 강하고 분명한 욕구	공기, 물, 음식, 수면 등
안전(안정)의 욕구	질서 있고 안정적인 예측 가능한 삶에 대한 욕구	안전, 불안·공포로부터의 자유
소속과 애정(사랑)의 욕구	타인과의 친밀한 관계 및 특별한 집단, 지역사회 등에 참여하기를 바라는 욕구	사랑, 애정 등
자기존중(존경)의 욕구	자기 자신의 존중과 타인으로부터 존경을 받는 것	능력, 신뢰감, 명성, 인식 등
자아(자기) 실현의 욕구	가장 높은 수준의 욕구, 성취할 수 있는 모든 것을 성취하려는 욕구	자신이 원하는 종류의 사람이 되는 것

04

✦ 정답해설

② 품목별 예산편성방식(LIBS)은 예산을 구입하고자 하는 물품 또는 서비스별로 편성하는 방식으로 예산상의 품목은 회계에 있어서 회계계정이 되며 회계담당자가 지출을 통제하는 근거가 된다.

<table>
<tr><td colspan="2">합격생 **Guide** 품목별 예산편성방식
(Line Item Budgeting System : LIBS)</td></tr>
</table>

특징	• 투입 중심의 예산 • 통제기능이 강함 • 전년도 예산이 주요 근거가 됨(점증적 성격이 강함) • 회계계정별, 구입품목별로 예산편성 • 회계담당자에게 유리한 방식
장점	• 예산수립이 간편함 • 회계에 용이함
단점	• 프로그램 내용을 알기 곤란함 • 점증적 성격으로 인해 예산증감의 신축성이 저해될 우려 • 투입 중심적 성격이 강해 결과나 목표달성(효과성)에 대한 고려가 부족 • 효율성을 고려하지 않음

05

✦ 정답해설

③ 이익집단이론은 다원주의이론에 바탕을 둔 이론으로 복지국가를 각종의 이익집단 정치의 산물로 보는 입장을 말한다.

06

✦ 정답해설

④ 퇴행(regression)은 불안이나 공포에 직면하거나 좌절을 경험했을 때 이에 대한 해결책으로 안정적이었던 과거로 돌아가 어린아이처럼 행동하는 것을 말한다. 퇴행적인 행동은 심한 관심을 끌기 위한 행동으로 어린애 같은 행동이나 유치한 장난을 해서 주위의 관심을 끌거나 공부시간에 산만한 분위기를 만들거나 정서적으로 불안감을 보이는 특징을 나타낸다.

07

✦ 정답해설

④ 옳은 것은 ㄴ과 ㄹ이다.
ㄴ, ㄹ. 장애의 범위를 정하는 문제는 각 국가의 정치, 경제, 사회, 문화적 배경에 따라 많은 차이가 있으며 일반적으로 저개발 국가보다 선진국에서 장애를 인정하는 범위가 포괄적이다.

✦ 오답해설

ㄱ. 장애인 문제를 장애인인 당사자가 가장 잘 이해하고 있다는 관점은 자립생활모델이다. 재활모델에서는 문제의 원인이 개인에게 있다고 보며 장애인의 문제점을 극복하기 위해서는 재활에 전념해야 함을 강조한다.
ㄷ. 청각장애, 지체장애, 뇌병변장애, 시각장애, 안면장애는 외부신체기능의 장애에 해당한다.

08

✦ 정답해설

③ 산업재해보상보험(1963년) – 국민연금(1973년) – 고용보험(1993년) – 노인장기요양보험(2007년)

합격생 **Guide** 우리나라 사회보험제도 도입순서

산재보험	• 1963 산업재해보상보험법 제정 • 1964 산업재해보상보험제도 시행
국민연금	• 1973 국민복지연금법 제정(시행은 안 됨) • 1986 전문 개정되면서 국민연금법으로 변경 • 1988 국민연금제도 시행 • 1999 전국민연금제 시행
고용보험	• 1993 고용보험법 제정 • 1995 고용보험제도 시행
노인장기요양 보험	• 2007 노인장기요양보험법 제정 • 2008 노인장기요양보험제도 시행

09

✦ 정답해설

③ 사회복지시설의 위탁운영의 기준·기간 및 방법 등에 관하여 필요한 사항은 보건복지부령으로 정한다(사회복지사업법 제34조 제6항).

✦ 오답해설

① 이 법 또는 제2조 제1호 각 목의 법률에 따른 시설을 설치·운영하려는 경우에는 지역특성과 시설분포의 실태를 고려하여 이 법 또는 제2조 제1호 각 목의 법률에 따른 시설을 통합하여 하나의 시설로 설치·운영하거나 하나의 시설에서 둘 이상의 사회복지사업을 통합하여 수행할 수 있다(동법 제34조의2 제1항).
② 동법 제34조 제5항

④ 국가 또는 지방자치단체 외의 자가 사회복지시설을 설치·운영하려는 경우에는 보건복지부령으로 정하는 바에 따라 시장·군수·구청장에게 신고하여야 한다(동법 제34조 제2항).

10

✦ 정답해설

② 스핀햄랜드법(The Speenhamland Act, 1795)은 스핀햄랜드 버커셔에서 결정된 빈민의 처우개선책으로 버커셔 빵법(Berkshire Bread Act)이라고도 한다. 이 법은 임금보조제도로서 최저생활기준에 미달되는 임금의 부족분을 보조해 주는 법령으로 주요내용으로는 생계비 이하의 임금 노동자에게 수당을 제공하며 가장이 없는 가정을 위해 아동수당과 가족수당을 제공하고 노령자, 장애인, 불구자에 대한 원외구조를 확대하는 것을 골자로 한다.

11

✦ 정답해설

① 가계도는 2~3대에 걸친 가족관계를 도표로 제시함으로서 현재 제시된 문제의 근원을 찾는 것으로 사회복지사와 클라이언트가 함께 작성한다. 가계도는 가족의 구성 및 구조, 가족 질병력, 상호작용의 유형, 주요사건들 기타 가족에 대한 정보를 연대기적으로 보여준다.

12

✦ 정답해설

① 과제중심모델은 1972년 시카고 대학의 리드와 엡스타인에 의해 소개된 이론이자 실천모델로서 클라이언트가 자신에게 주어진 행동적 과업을 통해 스스로 문제를 해결할 수 있도록 도와주는 사회복지 실천방법에 해당한다. 사회복지실천모델 중 인본주의 철학을 중심으로 하는 것은 로저스의 '클라이언트 중심모델(인간중심모델)'이다.

13

✦ 정답해설

② 개별화는 비에스텍이 제시한 사회복지실천 관계론의 기본원칙으로 클라이언트의 독특한 자질을 알고 이해하며 각 개인을 도움에 있어 서로 다른 원리나 방법을 활용하는 것을 말한다.

14

✦ 정답해설

③ 사례관리의 등장배경으로 탈시설화를 들 수 있다. 수용시설의 정신장애인을 퇴소시켜 지역사회로 돌려보내는 탈시설화 정책을 실시함에 따라 서비스를 통합적으로 제공하는 서비스관리체계의 필요성이 대두되었다.

15

✦ 정답해설

① 청소년수련관은 다양한 청소년수련거리를 실시할 수 있는 각종 시설 및 설비를 갖춘 종합수련시설로, 청소년활동 진흥법상의 청소년 수련시설에 해당된다(청소년활동 진흥법 제10조 제1호 가목).

합격생 **Guide** 청소년 복지시설(청소년복지 지원법 제31조)

청소년쉼터	가정 밖 청소년에 대하여 가정·학교·사회로 복귀하여 생활할 수 있도록 일정 기간 보호하면서 상담·주거·학업·자립 등을 지원하는 시설
청소년자립 지원관	일정기간 청소년쉼터 또는 청소년회복지원시설의 지원을 받았는데도 가정·학교·사회로 복귀하여 생활할 수 없는 청소년에게 자립하여 생활할 수 있는 능력과 여건을 갖추도록 지원하는 시설
청소년치료 재활센터	학습·정서·행동상의 장애를 가진 청소년을 대상으로 정상적인 성장과 생활을 할 수 있도록 해당 청소년에게 적합한 치료·교육 및 재활을 종합적으로 지원하는 거주형 시설
청소년회복 지원시설	「소년법」에 따른 감호위탁처분을 받은 청소년에 대하여 보호자를 대신하여 그 청소년을 보호할 수 있는 자가 상담·주거·학업·자립 등 서비스를 제공하는 시설

16

✦ 정답해설

④ 신우파는 자유, 개인주의, 불평등을 중심가치로 삼는다. 그 중 최고의 가치는 '자유'이다.

- 평등보다는 자유를 명백히 우선시 함(결과적으로 불평등을 옹호하는 입장)
- 서로 다른 직업에 부가되는 차별적 평가를 철폐하는 경우 근로의욕이 상실된다고 주장
- 정부의 개입은 유해함
- 이상적 복지사회는 국가의 역할이 축소되는 대신 시장이 더 많은 역할을 수행하는 형태임

17

✦ 정답해설

② 소득계층을 최상·상·하·최하로 구분한 다음 무작위 표집을 하였으므로 층화표집에 해당한다. 층화표집은 대표성을 띤 하위 전집 혹은 계층의 비율대로 표본을 선정하는 방법을 말한다. 특정 하위 집단의 대표성이 요구될 때 이용하며 각 층화 내의 요소들이 동질적이고 각 층화 간 평균이 이질적일 때 사용하기 편리하다.

18

✦ 정답해설

① 프로그램평가검토기법(PERT; Program Evaluation and Review Technique)은 계획내용인 프로젝트의 달성에 필요한 전 작업을 작업관련 내용과 순서를 기초로 하여 네트워크상(狀)으로 파악한다. 통상 프로젝트를 구성하는 작업내용은 이벤트(event)라 하여 원(圓)으로 표시하며, 각 작업의 실시는 액티비티(activity)라 하여 소요시간과 함께 화살표로 표시한다. 따라서, 계획내용은 이벤트, 액티비티 및 시간에 의해서 네트워크 모양으로 표시된다.

19

✦ 정답해설

① 사회복지실천과 관련하여 사회복지사 A의 방과 후 프로그램에 잦은 결석을 하는 B, 실직한 아버지, 도박중독인 어머니, 치매 증상을 보이는 할아버지까지 등장하므로 이는 다중 클라이언트체계의 문제에 해당한다.

20

✦ 정답해설

②

아동학대범죄의 처벌 등에 관한 특례법 제11조(현장출동)
① 아동학대범죄 신고를 접수한 사법경찰관리나 「아동복지법」 제22조 제4항에 따른 아동학대전담공무원(이하 "아동학대전담공무원"이라 한다)은 지체 없이 아동학대범죄의 현장에 출동하여야 한다. 이 경우 수사기관의 장이나 시·도지사 또는 시장·군수·구청장은 서로 동행하여 줄 것을 요청할 수 있으며, 그 요청을 받은 수사기관의 장이나 시·도지사 또는 시장·군수·구청장은 정당한 사유가 없으면 사법경찰관리나 아동학대전담공무원이 아동학대범죄 현장에 동행하도록 조치하여야 한다.

✦ 오답해설

① 동법 제10조(아동학대범죄 신고의무와 절차) ① 누구든지 아동학대범죄를 알게 된 경우나 그 의심이 있는 경우에는 특별시·광역시·특별자치시·도·특별자치도(이하 "시·도"라 한다), 시·군·구(자치구를 말한다. 이하 같다) 또는 수사기관에 신고할 수 있다.
③ 동법 제10조 제2항 제10호
④ 동법 제7조

지방직 9급 정답 및 해설

✓ 정답

01 ③	02 ①	03 ②	04 ③	05 ④
06 ④	07 ③	08 ①	09 ②	10 ③
11 ②	12 ①	13 ④	14 ③	15 ③
16 ①	17 ④	18 ②	19 ③	20 ②

01

✦ 정답해설

③ 도시락 배달은 「노인장기요양보험법」상 장기요양급여에 해당하지 않는다.

합격생 Guide | 노인장기요양급여의 종류(노인장기요양보험법 제23조)

재가급여	방문요양, 방문목욕, 방문간호, 주·야간 보호, 단기보호, 기타재가급여
시설급여	장기요양기관에 장기간 입소한 수급자에게 신체활동 지원 및 심신기능의 유지·향상을 위한 교육·훈련 등을 제공하는 장기요양급여
특별현금급여	가족요양비, 특례요양비, 요양병원간병비

02

✦ 정답해설

① 패널조사는 동일한 주제와 동일한 응답자에 대해 장기간 반복적으로 수행하는 조사를 말한다.

합격생 Guide | 조사의 시간적 기준에 따른 분류

횡단적 조사	• 일정시점의 특정 표본이 가지고 있는 특성을 파악하거나 특성에 따른 집단을 분류하는 조사방식 • 정태적 성격의 조사, 측정을 반복하지 않음 • 주로 표본조사를 시행, 조사대상의 특성에 따라 여러 집단으로 분류하기 때문에 표본의 크기가 커야 함
종단적 조사	• 시간의 흐름에 따라 조사대상이나 상황의 변화를 측정 • 일정한 시간의 간격을 두고 반복적으로 측정하여 자료를 수집 • 동태적 성격의 조사방식 • 상이한 시점에서 동일 대상자를 추적하여 조사해야 하므로 표본의 크기는 작을수록 좋음

	패널조사	동일한 응답자와 동일한 주제에 대해 장기간, 반복적으로 수행하는 조사
종단적 조사	추이조사	동일한 주제를 반복하여 실시하는 조사지만 응답자는 매조사시마다 다른 조사방식
	동년배조사	동시집단연구라고도 하며 인구집단의 변화를 조사 예 386세대의 변화, N세대의 변화, 베이비 붐 세대의 변화

03

✦ 정답해설

② 클라이언트가 말한 내용과 행동 사이의 불일치를 지적하는 것은 '지적'이다.

합격생 Guide | 면접의 방법과 기술

구조화	면접과정의 본질, 제한조건 및 목적에 대하여 사회복지사가 정의를 내려주는 기술
수용	클라이언트의 이야기에 주의를 집중하여 듣고 있다는 것을 보여주는 기법
인도	요약의 단계를 넘어 새로운 화제로 클라이언트를 인도하는 기법
요약	클라이언트의 생각과 감정을 하나로 묶어 정리해주는 기법
재진술	사회복지사가 클라이언트의 말을 그대로 되풀이하는 기법
환언	클라이언트가 하는 이야기의 내용을 사회복지사가 다른 말로 표현하는 기법
반영	클라이언트에 의해서 표현된 기본적인 감정이나 내용이나 태도를 새로운 용어로 부연해 주는 기술

명료화	클라이언트가 진술한 내용의 실체를 요약해 주는 기법으로 클라이언트가 모르는 사실, 알면서도 회피하려던 내용, 알지만 애매하게 느끼던 내용을 상담자가 분명하게 언급
직면화	클라이언트가 가지고 있는 불일치, 모순, 생략 등을 사회복지사가 기술해주는 것
해석	클라이언트가 직접 진술하지 않은 내용이나 개념을 그의 과거의 경험이나 진술된 내용을 토대로 추론하여 말하는 것
자기노출	사회복지사가 자신의 생각과 감정, 삶의 경험 등을 밝힘으로써 클라이언트의 신뢰를 증진시키고 상호 이해를 도모하는 것
격려	사회복지사는 클라이언트가 말하기 싫어하는 금기영역을 말하도록 격려하는 것
적절한 침묵의 사용	질문을 한 후에 사회복지사는 클라이언트가 응답을 할 때까지 침묵을 지키는 것
경청	클라이언트가 이야기하는 것을 적극적으로 들어주는 것으로서 매우 능동적인 활동

04

✦ 정답해설

③ 베버리지보고서의 사회보험 6대원칙에는 균일갹출의 원칙, 균일급여의 원칙, 급여의 적절성 보장의 원칙, 적용범위의 포괄성의 원칙, 가입대상의 분류화의 원칙, 관리·운영 통합의 원칙이 있다.

05

✦ 정답해설

④ 잔여적 모형에서는 문제를 가진 소수를 대상자로 보았다.

합격생 Guide 보편주의와 선별주의

구분	보편주의(제도적 모형)	선별주의(잔여적 모형)
전제	욕구(자산조사 불필요)	자산조사 필요
대상	전 국민	문제를 가진 소수
가치	평등주의	개인주의
성격	예방적	치료적
치료	공공의 노력	개인의 노력
모형	제도적 모형	잔여적 모형

06

✦ 정답해설

④ 확산이론에 의하면 한 국가의 사회복지정책이 다른 국가에 영향을 미치며 사회복지정책의 확대는 국제적 모방과정에 있다고 본다.

07

✦ 정답해설

③ 고용보험제도의 구직급여는 현금급여이므로 제시문과 무관하다.

합격생 Guide 바우처(Voucher)제도

정부가 특정한 재화나 서비스의 수요자에게 일정액에 상응하는 구매권을 부여하고 공급자에 대해서는 서비스 제공의 대가를 사후 지불해 주는 서비스를 말한다. 바우처는 현물보조로서 현금급여의 단점을 보완하기 위해 고안된 제도이다.

08

✦ 정답해설

①

영유아교육법 제2조(정의) 이 법에서 사용하는 용어의 뜻은 다음과 같다. 〈개정 2023.8.8.〉
1. "영유아"란 7세 이하의 취학 전 아동을 말한다.

✦ 오답해설

② 동법 제2조 제2호

③

영유아보육법 제9조(보육 실태 조사) ① 보건복지부장관은 이 법의 적절한 시행을 위하여 보육 실태 조사를 3년마다 실시하고 그 결과를 공표하여야 한다.

④ 동법 제23조 제1항, 제23조의2 제1항

09

✦ 정답해설

② ㄹ. 생활보호법은 1961년 제정되었다. → ㄱ. 사회복지법인에 대한 법적 근거는 1970년 만들어졌다. → ㄷ. 사회복지전문요원제도는 1987년 시행되었다. → ㄴ. 정신보건전문요원으로서 정신보건사회복지사 자격제도를 도입한 것은 1997년이다.

합격생 **Guide** 정신보건사회복지사 vs 자격제도 도입과정

정신보건법 제정	1995년
정신보건법 시행	1996년
정신보건사회복지사 제도 도입	1997년
정신보건사회복지사 2급 자격 시행	1998년
정신보건사회복지사 1급 자격 시행	2002년

10

✦ **정답해설**

③ 옳은 것은 ㄱ, ㄴ, ㄹ이다.

합격생 **Guide** 사회복지사 윤리강령 전문

사회복지사는 인본주의 · 평등주의 사상에 기초하여, 모든 인간의 존엄성과 가치를 존중하고 천부의 자유권과 생존권의 보장활동에 헌신한다. 특히 사회적 · 경제적 약자들의 편에 서서 사회정의와 평등 · 자유와 민주주의 가치를 실현하는 데 앞장선다. 또한 도움을 필요로 하는 사람들의 사회적 지위와 기능을 향상시키기 위해 함께 일하며, 사회제도 개선과 관련된 제반 활동에 주도적으로 참여한다. 사회복지사는 개인의 주체성과 자기결정권을 보장하는 데 최선을 다하고, 어떠한 여건에서도 개인이 부당하게 희생되는 일이 없도록 한다. 이러한 사명을 실천하기 위하여 전문적 지식과 기술을 개발하고, 사회적 가치를 실현하는 전문가로서의 능력과 품위를 유지하기 위해 노력한다. 이에 우리는 클라이언트 · 동료 · 기관 그리고, 지역사회 및 전체사회와 관련된 사회복지사의 행위와 활동을 판단 · 평가하며 인도하는 윤리기준을 다음과 같이 선언하고 이를 준수할 것을 다짐한다.

11

✦ **정답해설**

② 소시오그램(socio-gram)은 1934년 Moreno에 의해 만들어진 것으로 집단 내 인간관계를 파악하는 도구로 사회복지사가 집단 내의 소외자, 하위집단, 연합 등을 파악할 수 있는 유용한 도구이다.

12

✦ **정답해설**

① 옳은 것은 ㄱ 하나이다.

ㄱ. 초점집단기법에서는 지역사회포럼처럼 자유로운 토론이 이루어지는 상황에서 자료를 수집하고 해결책을 강구한다.

✦ **오답해설**

ㄴ. 초점집단기법은 특정 문제와 관련된 당사자들의 모임 형태이기 때문에 일반화하기 어렵다(외적 타당성이 낮음).

ㄷ. 통제되지 않은 자유로운 토론을 전제로 한다.

ㄹ. 델파이기법에 해당한다.

13

✦ **정답해설**

④ 길버트와 테렐은 사회복지정책을 분석하는 기준으로 급여대상(할당), 재원, 전달체계, 급여의 형태를 제시하였다.

합격생 **Guide** 길버트(Gilbert)와 테렐(Terrell)의 분석틀

할당(allocation)	누구에게 급여하는가?
급부(provision)	무엇을 급여하는가?
재원(finance)	어떻게 재원조달을 하는가?
전달(delivery)	어떤 방식으로 급여를 전달하는가?

14

✦ **정답해설**

③ 현대사회는 실업률이 증가하고 있다.

합격생 **Guide** 현대사회의 특징

1. 소득 양극화의 심화
2. 실업률 증가
3. 이혼율 증가
4. 저출산 · 고령화
5. 단독가구, 노인단독가구 증가

15

✦ **정답해설**

③ 사회보장수급권은 정당한 권한이 있는 기관에 서면으로 통지하여 포기할 수 있고, 사회보장수급권의 포기는 취소할 수 있다(사회보장기본법 제14조 제1항 · 제2항).

① 동법 제9조
② 동법 제10조 제2항 · 제3항
④ 동법 제12조

16

✦ 정답해설
① 조직구성원 개인별 목표를 취합한 후 공통 목적을 집합적으로 찾아가는 과정은 MBO이다.

합격생
Guide PERT(프로그램평가검토기법)

- 시간적 효율성을 중시하므로 소요시간의 측정을 기본전제로 함
- 대규모 프로젝트들의 기획과 관리를 위한 전략모형
- 과업의 선·후 및 소요시간 등을 도표로 표시함으로서 전체 과정을 파악하기 쉬움
- 그림이 복잡한 경우 실행과정에 대해 이해하기 곤란
- 도표작성에 시간이 많이 소요
- 프로그램 실행에 불확실성이 너무 많으면 PERT의 활용이 곤란함

17

✦ 정답해설
④ ㄴ. 영유아보육법(1991년) → ㄱ. 사회보장기본법(1995년) → ㄷ. 국민건강보험법(1999년) → ㄹ. 노인장기요양보험법(2007년)

18

✦ 정답해설
② 2015년 7월 개정된 「국민기초생활 보장법」의 가장 중요한 변화는 기존의 통합급여에서 개별급여로의 전환이다. 종전과 달리 급여의 종류마다 선정기준이 달라서 생계급여를 받지 못해도 의료급여, 주거급여, 교육급여 등을 받을 수 있게 되었다.

19

✦ 정답해설
③ 보건복지부장관은 수급자에 대한 장애인연금 지급의 적정성을 확인하기 위하여 매년 연간조사계획을 수립하고 전국의 수급자를 대상으로 제9조 제1항 각호의 사항을 조사하여야 한다(장애인연금법 제11조 제1항).

✦ 오답해설
① · ② 장애인연금의 수급권자는 18세 이상의 중증장애인으로서 소득인정액이 그 중증장애인의 소득 · 재산 · 생활수준과 물가상승률 등을 고려하여 보건복지부장관이 정하여 고시하는 금액 이하인 사람으로 한다(동법 제4조 제1항).
④ 기초급여액은 보건복지부장관이 그 전년도 기초급여액에 대통령령으로 정하는 바에 따라 전국소비자물가변동률을 반영하여 매년 고시하며, 부가급여액은 월정액으로 하며, 수급권자와 그 배우자의 소득수준 및 장애로 인한 추가비용 등을 고려하여 대통령령으로 정한다(동법 제6조, 제7조).

20

✦ 정답해설
② ㄱ, ㄴ, ㄷ은 옳은 설명이다.

✦ 오답해설
ㄹ. 고용보험료의 체납관리는 국민건강보험공단이 한다.

합격생
Guide

고용보험 및 산업재해보상보험의 보험료징수 등에 관한 법률 제28조(징수금의 체납처분 등)
① 건강보험공단은 제27조 제2항 및 제3항에 따른 독촉을 받은 자가 그 기한까지 보험료나 이 법에 따른 그 밖의 징수금을 내지 아니한 경우에는 고용노동부장관의 승인을 받아 국세 체납처분의 예에 따라 이를 징수할 수 있다.

국가직 9급 정답 및 해설

✓ 정답

01 ②	02 ③	03 ④	04 ③	05 ②
06 ④	07 ①	08 ④	09 ①	10 ②
11 ③	12 ③	13 ③	14 ①	15 ①
16 ③	17 ②	18 ④	19 ②	20 ②

01

✦ 정답해설

② 수직적 소득재분배의 효과가 큰 것으로는 '공공부조'를 들 수 있다. '사회보험'은 수평적 소득재분배의 효과가 있다.

✦ 오답해설

①·③·④ 사회복지서비스는 공공재로서의 성격을 가지고 있으며 개인뿐 아니라 가족, 사회 등 긍정적인 외부효과를 발생시킨다. 사회복지서비스의 하나인 의료서비스는 민간적 기능에 전적으로 맡기는 것보다 국가의 개입이 필요한 분야이다.

02

✦ 정답해설

③ 의료·보건분야에서 서비스를 신청한 사람의 수로 판명하는 것은 표현적 욕구의 사례이다.

✦ 오답해설

① 전문가, 행정가 등이 최저생계비를 규정한 경우는 규범적 욕구의 사례이다.
② 장애인 스스로 치료와 재활이 필요하다고 인식하는 경우는 감지적 욕구의 사례에 해당한다.
④ A지역 주민의 욕구를 B지역 주민의 욕구와 비교하여 나타내는 경우는 비교적 욕구의 사례이다.

03

✦ 정답해설

④ 권한부여모델에서 클라이언트는 스스로 권한부여과정에 참여해야만 하고 목적, 수단, 결과를 스스로 결정한다. 사회복지사가 장애인(클라이언트)이 가진 문제의 해결을 위해 그가 처해 있는 환경을 변화시키는 것은 병리적 관점이다.

✦ 오답해설

① 사회복지사는 클라이언트와의 대화 등 상호작용을 통해 클라이언트의 상황, 욕구, 강점 등을 현실화시킬 수 있다.
② 권한부여모델에서 사회복지사와 클라이언트는 협력적인 파트너십을 바탕으로 문제해결과정에 참여한다.
③ 사회복지사는 클라이언트가 처해 있는 환경을 변화시켜 당면한 문제를 해결할 수 있도록 한다.

04

✦ 정답해설

③ 심리사회모델에서는 클라이언트의 심리적 변화와 사회환경적 변화를 모두 추구하는 이중적인 방법을 사용한다.

✦ 오답해설

① 행동주의모델의 주요한 이론적 배경은 학습이론이다.
② 위기개입모델은 사회복지사의 적극적인 행동을 강조한다.
④ 생태체계모델은 인간과 환경의 상호작용에 대한 실천가의 관점을 중시한다.

05

✦ 정답해설

② ㄱ. 국민기초생활보장제도(2000년 10월 1일) → ㄹ. 사회복지사 1급 국가시험(2003년 4월 27일) → ㄷ. 긴급복지지원제도(2006년 3월 24일) → ㄴ. 사회복지통합관리망(2010년 1월 4일)

06

✦ 정답해설

④ ㄱ, ㄴ, ㄷ, ㄹ 모두 아동학대범죄의 처벌 등에 관한 특례법상 아동학대 신고의무자에 해당한다(제10조).

07

✦ 정답해설

① 아들러(Adler)는 프로이드와 달리 인간의 발달단계를 성격이론에 연관시키지 않았다. 다만, 생후 5년이 성격을 형성하는 데 절대적 영향을 미친다고 본 점은 프로이드와 입장을 같이 한다.

08

✦ 정답해설

④ 정신건강임상심리사, 정신건강간호사 및 정신건강사회복지사는 각각 1급과 2급으로 구분한다(정신건강증진 및 정신질환자 복지서비스 지원에 관한 법률 시행령 제12조 제1항).

✦ 오답해설

①
> 정신건강증진 및 정신질환자 복지서비스 지원에 관한 법률 제17조(정신건강전문요원의 자격 등)
> ① 보건복지부장관은 정신건강 분야에 관한 전문지식과 기술을 갖추고 보건복지부령으로 정하는 수련기관에서 수련을 받은 사람에게 정신건강전문요원의 자격을 줄 수 있다.
> ② 제1항에 따른 정신건강전문요원(이하 "정신건강전문요원"이라 한다)은 그 전문분야에 따라 정신건강임상심리사, 정신건강간호사, 정신건강사회복지사 및 정신건강작업치료사로 구분한다.

② 동법 시행령 제12조 제2항 관련 [별표 2] 제2호 다목
③ 동법 제3조 제7호

09

✦ 정답해설

① 옳은 것은 ㄱ 이다.
ㄱ. 최근의 사회복지서비스 정책은 서비스 대상 인구가 협의적인 면에서 보편적인 면으로 확대되고 있다.

✦ 오답해설

ㄴ. 서비스 재원은 일반조세로 일원화되고 있는 것이 아니라 민간부문의 재원과 혼합하여 사용되고 있다.
ㄷ. 서비스 공급기관이 다양화되고 있으나 공공부문이 직접 서비스를 공급하는 역할 비중은 감소하고 있다.
ㄹ. 서비스 재정지원방식은 시설보조금(subsidy) 방식보다는 서비스 구매계약(POSC)이나 바우처(voucher) 방식이 급속히 확대되고 있다.

10

✦ 정답해설

② 입양특례법 제7조 제4항

✦ 오답해설

① 입양특례법은 입양기관을 통한 입양을 규정하고 있지만 민법에 의할 경우에는 당사자 간의 동의와 신고를 통해 입양이 가능하다.
③ 입양을 하면 친부모의 아동에 대한 의무도 없어진다.
④ 입양기관의 장은 입양이 성립된 후 1년 동안 양친과 양자의 상호적응을 위하여 사후관리를 해야 한다(동법 제25조 제1항).

> 참고
> 「입양특례법」은 2023.7.18. 「국내입양에 관한 특례법」으로 전부 개정되어 2025.7.19. 시행예정이다.

11

✦ 정답해설

③ 사회보장기본법은 사회보장정책의 기본방향으로 사례관리시스템의 구축을 명시하고 있지 않다.

✦ 오답해설

① 국가와 지방자치단체는 다양한 사회적 위험하에서 모든 국민들이 인간다운 생활을 할 수 있도록 소득을 보장하는 제도를 마련해야 한다(사회보장기본법 제24조 제1항).
② 국가와 지방자치단체는 모든 국민의 인간다운 생활과 자립, 사회참여, 자아실현 등을 지원하여 삶의 질이 향상될 수 있도록 사회서비스에 대한 시책을 마련하여야 한다(동법 제23조 제1항).
④ 국가와 지방자치단체는 모든 국민이 생애 동안 삶의 질을 유지·증진할 수 있도록 평생사회안전망을 구축하여야 한다(동법 제22조 제1항).

12

✦ 정답해설

① 반집합주의는 자유방임주의의 입장으로 시장에 대한 정부개입을 부정적으로 보고 복지국가를 원칙적으로 배제하며 자유, 개인주의, 불평등과 소극적 자유를 강조한다.

✦ 오답해설

② 자본주의가 효율적이고 공정하게 기능하기 위해서는 국가에 의한 규제와 통제가 필요하다고 보는 것은 페이비언주의이다.

③ 자유시장체제를 수정·보완해야 한다고 주장하며 토오니(Tawney)와 티트머스(Titmuss)가 대표적인 인물에 해당하는 것은 페이비언주의이다.

④ 적극적 자유를 중심 가치로 추구하며 복지국가에 대해 반대하는 입장으로 밀리반드(Miliband)가 대표적인 인물에 해당하는 것은 마르크스주의이다.

13

✦ 정답해설

③ 프로그램을 통합·조정하거나 프로그램을 지속적이고 안정적으로 유지하는 데 유리한 것은 중앙정부의 장점에 해당한다.

✦ 오답해설

①·②·④ 지방정부, 민간부문이 가진 장점에 해당한다.

14

✦ 정답해설

① 조사 반응성(research reactivity)은 조사 대상자들이 자신들이 연구의 대상이 되고 있음을 인지하는 것으로 조사 반응성이 높으면 그에 따른 부자연스러운 반응이 도출되므로 외적 타당성(일반화)은 낮아지게 된다.

✦ 오답해설

② 연구표본, 환경 및 절차의 대표성이 높을수록 일반화를 쉽게 할 수 있다.

③ 플라시보 효과는 약효가 없는 가짜 약을 진짜 약으로 가장하여 환자에게 복용하도록 했을 때 환자의 병세가 호전되는 효과로 외적 타당성의 저해요인이 된다.

④ 외적 타당성이란 실험 등에서 얻어진 결과를 다른 조건이나 환경하의 집단에까지 확대, 일반화할 수 있는 것을 말한다.

15

✦ 정답해설

① 1883년 독일에서 실시된 질병보험은 세계 최초의 사회보험이다.

✦ 오답해설

② 영국의 자선조직협회는 민간차원에서 시작되었다.

③ 미국은 1965년 의료보험을 「사회보장법」에 추가하였다.

④ 개정구빈법의 '열등처우의 원칙'은 구제를 받는 빈민의 지위는 최하급의 독립근로자의 지위보다 낮아야 한다는 원칙이며 최저 생활기준에 미달되는 임금의 부족분을 보조해주는 임금보조제도는 길버트법(1782)에서 시작되었다.

16

✦ 정답해설

③ 「사회복지사업법」 제2조에 청소년기본법은 제외되어 있다.

합격생 Guide

제2조(정의) 이 법에서 사용하는 용어의 뜻은 다음과 같다.
1. "사회복지사업"이란 다음 각 목의 법률에 따른 보호·선도(善導) 또는 복지에 관한 사업과 사회복지상담, 직업지원, 무료 숙박, 지역사회복지, 의료복지, 재가복지(在家福祉), 사회복지관 운영, 정신질환자 및 한센병력자의 사회복귀에 관한 사업 등 각종 복지사업과 이와 관련된 자원봉사활동 및 복지시설의 운영 또는 지원을 목적으로 하는 사업을 말한다.
   가. 「국민기초생활 보장법」
   나. 「아동복지법」
   다. 「노인복지법」
   라. 「장애인복지법」
   마. 「한부모가족지원법」
   바. 「영유아보육법」
   사. 「성매매방지 및 피해자보호 등에 관한 법률」
   아. 「정신건강증진 및 정신질환자 복지서비스 지원에 관한 법률」
   자. 「성폭력방지 및 피해자보호 등에 관한 법률」
   차. 「입양특례법」
   카. 「일제하 일본군위안부 피해자에 대한 생활안정지원 및 기념사업 등에 관한 법률」
   타. 「사회복지공동모금회법」
   파. 「장애인·노인·임산부 등의 편의증진 보장에 관한 법률」
   하. 「가정폭력방지 및 피해자보호 등에 관한 법률」
   거. 「농어촌주민의 보건복지증진을 위한 특별법」
   너. 「식품 등 기부 활성화에 관한 법률」
   더. 「의료급여법」
   러. 「기초연금법」
   머. 「긴급복지지원법」
   버. 「다문화가족지원법」
   서. 「장애인연금법」

어. 「장애인활동 지원에 관한 법률」
저. 「노숙인 등의 복지 및 자립지원에 관한 법률」
처. 「보호관찰 등에 관한 법률」
커. 「장애아동 복지지원법」
터. 「발달장애인 권리보장 및 지원에 관한 법률」
퍼. 「청소년복지 지원법」
허. 그 밖에 대통령령으로 정하는 법률

17

✦ 정답해설

② 콤튼(Compton)과 갤러웨이(Gallaway)의 6가지 사회복지 실천체계에 의하면 알코올중독자인 남편은 표적체계, 도움을 요청한 부인은 클라이언트 체계, 남편을 치료할 사회복지사는 변화매개체계에 해당한다.

18

✦ 정답해설

④ 공단은 신체·정신 또는 성격 등 대통령령으로 정하는 사유로 인하여 가족 등으로부터 장기요양을 받아야 하는 자가 가족 등으로부터 방문요양에 상당한 장기요양급여를 받은 때 대통령령으로 정하는 기준에 따라 해당 수급자에게 가족요양비를 지급할 수 있다(노인장기요양보험법 제24조 제1항 제3호).

✦ 오답해설

① 사회보험제도의 하나인 노인장기요양보험은 일정한 소득 이하인 경우에만 급여를 신청할 수 있는 것이 아니다.
② 비영리법인만 노인장기요양서비스를 제공할 수 있는 것은 아니다.
③ 국민건강보험공단의 장기요양등급판정위원회에서 장기요양인정 및 장기요양등급 판정 등을 심의한다(동법 제52조 제1항).

19

✦ 정답해설

② 옳은 것은 ㄴ과 ㄹ이다.
ㄴ. 사회복지관의 기능은 크게 사례관리기능, 서비스제공기능, 지역조직화기능으로 구분된다.
ㄹ. 서비스제공기능에 해당하는 지역사회보호사업의 세부사업에는 급식서비스, 보건의료서비스, 재가복지봉사서비스 등이 있다.

✦ 오답해설

ㄱ. 사회복지관은 중립성을 유지해야 한다.
ㄷ. 지역사회연계사업, 지역욕구조사, 실습지도는 지역조직화기능에 해당한다.

20

✦ 정답해설

② 옳은 것은 ㄴ과 ㄷ이다.
ㄴ. 보장원의 장, 가정위탁지원센터의 장 및 아동복지시설의 장은 보호하고 있는 15세 이상의 아동을 대상으로 매년 개별 아동에 대한 자립지원계획을 수립하고, 그 계획을 수행하는 종사자를 대상으로 자립지원에 관한 교육을 실시하여야 한다(아동복지법 제39조 제1항).
ㄷ. 지역아동센터는 지역사회 아동의 보호, 교육, 건전한 놀이와 오락의 제공, 보호자와 지역사회의 연계 등 아동의 건전육성을 위하여 종합적인 아동복지서비스를 제공하는 시설을 말한다(동법 제52조 제1항 제8호).

✦ 오답해설

ㄱ. 국가 또는 지방자치단체 외의 자는 관할 시장·군수·구청장에게 신고하고 아동복지시설을 설치할 수 있다(동법 제50조 제2항).
ㄹ. 시·도지사, 시장·군수·구청장 또는 검사는 아동의 친권자가 그 친권을 남용하거나 현저한 비행이나 아동학대, 그 밖에 친권을 행사할 수 없는 중대한 사유가 있는 것을 발견한 경우 아동의 복지를 위하여 필요하다고 인정할 때에는 법원에 친권행사의 제한 또는 친권상실의 선고를 청구하여야 한다(동법 제18조 제1항).

지방직 9급 정답 및 해설

☑ 정답

01 ③	02 ②	03 ③	04 ③	05 ②
06 ②	07 ②	08 ②	09 ④	10 ③
11 ④	12 ④	13 ④	14 ②	15 ④
16 ③	17 ①	18 ①	19 ④	20 ①

01

✦ 정답해설

③ 사회문제는 어떤 현상이 사회적 가치에서 벗어나는 것을 의미하며, 그러한 사회적 가치는 기능주의나 갈등주의 등에 따라 가치지향적인 개념에 해당한다. 따라서 가치중립적이라는 표현은 틀린 표현이다.

02

✦ 정답해설

② 산업재해, 질병, 노후 등에 대처하는 남성 가장의 사회적 위험은 새로운 사회적 위험이 아니라 과거의 사회적 위험에 해당한다.

합격생 Guide 과거의 사회적 위험 vs 새로운 사회적 위험

과거의 사회적 위험	새로운 사회적 위험
• 전통사회를 넘어 근대 산업 사회를 이룩하면서 공업화와 도시화가 초래하는 빈곤 문제 그리고 산업재해와 질병의 위험, 실업과 노후의 위험 등에 대처하는 남성 가장을 중심으로 하는 문제 • 컴퓨터 혁명으로 후기 산업사회가 도래하면서 저출산 고령화의 인구사회학적 변화는 새로운 사회적 위험을 나타내게 되었다.	• 후기 산업사회로 경제사회적 구조가 변화하면서 적응하기 힘든 사람들이 처한 상황을 말함 • 후기 산업사회의 노동구조가 남녀평등의 방향으로 변화되면서 특히 가정과 직장에서 아동들에 대한 보육이나 노인들에 대한 보호 등의 어려움을 감내하지 않으면 안 되는 저숙련 여성 노동자들의 사회적 위험
	• 노령화로 인한 사회적 보호의 수요 증가, 연금과 건강서비스의 비용 증가 등으로 인한 노인들의 사회적 위험 • 기술발전으로 인한 노동시장의 변화가 비숙련직의 감소를 초래하고 국제 간 노동이동의 가능성이 증대됨으로 인한 교육과 고용의 연계로 저교육 노동자들의 사회적 배제문제가 심각해지고 있다는 점 • 민영화와 복지축소로 인한 사적 서비스 부문의 팽창은 그에 대한 규제기준이 효과적이지 못할 가능성이 높으며 따라서 일반시민들이 불만스러운 선택을 할 수 밖에 없는 새로운 사회적 위험을 수반하게 됨

03

✦ 정답해설

③ 「구민법」의 작업장(Workhouse)은 1722년 영국에서 도입된 국가에 의한 공공부조제도이다. 반면, 인보관, 우애협회, 자선조직협회는 민간에 의한 활동이다. 특히, 우애협회와 자선조직협회는 1869년 부유한 자선가들에 의한 활동이고, 인보관은 1884년 중류지식인들에 의한 활동이다.

04

✦ 정답해설

③ 사회복지를 보편주의 원칙으로 모든 국민에게 제공하려는 시도는 국가의 시장개입을 찬성하는 제도적인 개념이다.

05

✦ 정답해설

② 순서대로 분리이론 → 활동이론 → 현대화이론 → 교환 이론에 대한 내용이다.

합격생 Guide ┃ 노인이론

교환이론	전통사회에서 산업사회로 변화됨에 따라 노인의 재산소유 및 통제권의 약화, 노인 지식의 감소, 노인의 생산성 약화, 도시화와 핵가족으로 인한 가족공동체적 유대의 약화 등으로 노인의 교환자원이 약화된다고 보는 견해
분리이론	젊은이에 비해 노인은 건강이 좋지 않고 사망의 확률도 높으므로 개인적 차원의 만족과 사회적 차원의 계속을 위해 노인과 사회는 상호간 분리되기를 원하며 이는 필연적인 현상이라고 보는 견해
현대화 이론	생산기술의 발전, 보건의 발전, 도시화 촉진 등 현대화가 진행될수록 노인의 지위가 낮아지고 역할이 상실된다는 이론
활동이론	노인의 사회적 활동의 참여 정도가 높을수록 심리적인 만족감이 높아서 성공적인 노년기를 위해서는 새로운 사회활동영역을 찾아 활동적인 생활을 해야 한다는 이론

06

✦ 정답해설

② 고령 사회는 전체 인구 중 65세 이상 노인인구가 14% 이상 ~ 20% 미만인 사회를 말한다.

✦ 오답해설

① 노년부양비란 생산연령인구에 대한 노인인구의 비율을 말한다.
③ 노령화지수는 연소인구에 대한 노인인구의 비율이다.
④ 1차 베이비붐 세대는 1953년~1965년(1946년~1965년 혹은 1955년~1963년) 사이에 태어난 세대를 말하며, 2차 베이비붐 세대는 1979년~1983년 사이에 태어난 세대를 말한다.

합격생 Guide ┃ 노인인구비율

고령화 사회	전체 인구 중 65세 이상 노인인구가 7% 이상 ~ 14% 미만인 사회
고령 사회	전체 인구 중 65세 이상 노인인구가 14% 이상 ~ 20% 미만인 사회
초고령 사회	전체 인구 중 65세 이상 노인인구가 20% 이상인 사회

07

✦ 정답해설

② 사회복지사 윤리강령에는 인간의 존엄성, 사회정의, 평등·자유의 기본이념이 표방되어 있다.

합격생 Guide ┃ 사회복지사 윤리강령 전문

사회복지사는 인본주의·평등주의 사상에 기초하여, 모든 인간의 존엄성과 가치를 존중하고 천부의 자유권과 생존권의 보장활동에 헌신한다. 특히, 사회적·경제적 약자들의 편에 서서 사회정의와 평등·자유와 민주주의 가치를 실현하는 데 앞장선다. 또한 도움을 필요로 하는 사람들의 사회적 지위와 기능을 향상시키기 위해 저들과 함께 일하며, 사회제도 개선과 관련된 제반활동에 주도적으로 참여한다. 사회복지사는 개인의 주체성과 자기결정권을 보장하는데 최선을 다하고 어떠한 여건에서도 개인이 부당하게 희생되는 일이 없도록 한다. 이러한 사명을 실천하기 위하여 전문적 지식과 기술을 개발하고 사회적 가치를 실현하는 전문가로서의 능력과 품위를 유지하기 위해 노력한다. 이에 우리는 클라이언트·동료·기관 그리고, 지역사회 및 전체사회와 관련된 사회복지사의 행위와 활동을 판단·평가하며 인도하는 윤리기준을 다음과 같이 선언하고 이를 준수할 것을 다짐한다.

08

✦ 정답해설

② 기초노령연금은 65세 이상 저소득층 노인에게 자산조사를 통해 지급하는 공공부조이다.

09

✦ 정답해설

④ 쓰레기통모형에서 정책결정은 합리성이나 타협, 협상 등을 통해 이뤄지는 것이 아닌 조직화된 무정부상태 속에서 나타나는 몇 가지 흐름에 의해 우연히 이루어진다. 몇 가지 흐름이란 해결되어야 할 문제, 해결방안, 선택기회, 정책결정에의 참여자 등을 말한다.

합격생 Guide ┃ 정책결정모형

합리모형	고도의 합리성을 전제로 비용편익분석 등을 통해 최선의 가장 합리적인 대안정책을 선택
만족모형	제한된 합리성을 전제로 만족할 만한 대안정책을 선택
점증모형	정치적 합리성을 전제로 다원주의 사회에서 다수가 선호하는 정치적 실현가능성이 높은 대안을 선택
혼합모형	합리모형과 점증모형의 결합을 통해 종합적인 합리성을 전제로 근본적 내용은 합리적으로 세부적 내용은 점증적으로 선택
최적모형	경제적 합리성과 초합리성(직관, 통찰력 등)의 조화를 강조
쓰레기통모형	문제, 해결방안, 선택기회, 정책결정의 참여자 등 요소가 우연히 모여 정책결정이 이루어진다고 봄

10

✦ 정답해설

③ 포괄수가제는 환자가 진료 받은 질병의 종류(질병군)에 따라 미리 책정된 일정액을 요양급여비용으로 산정하는 진료비 결정방식이다. 과잉진료의 방지, 행정비용의 감소 등 긍정적 기능이 있으나 의료의 질 저하, 중증환자에 적용이 곤란하다는 단점이 있다.

합격생 Guide ┃ 건강보험의 진료비 결정방식

행위별 수가제	• 환자가 제공받은 의료서비스의 종류, 양 등 의료행위항목에 따라 각각의 가격으로 합산하여 요양급여비용을 산정 • 의료 오남용, 과잉진료의 우려 증가
포괄 수가제	• 환자가 진료 받은 질병에 따라 미리 책정된 일정액을 요양급여비용으로 산정
	• 과잉진료 방지, 행정비용의 감소, 의료의 질 저하 • 입원환자만 해당, 중증환자 적용 곤란
총액 계약제	• 보험자 측과 의사단체 간에 국민에게 제공되는 의료서비스에 대한 진료비 총액을 추가·협의한 후 사전에 결정된 진료비 총액을 지급하는 방식
인두제	• 일정수의 가입자가 특정 의료공급자에게 등록하고 의료공급자는 진료비를 등록자당 일정금액을 지불받는 방식 • 등록자가 실제 진료를 받았는지 여부와 관계없이 진료비를 지급하게 됨

11

✦ 정답해설

④ 자유주의는 빈곤 등 사회적 위험을 사회의 책임으로 보기보다는 개인의 나태함 등 개인적 책임을 강조하며 국가의 시장개입보다는 시장의 자율적 기능을 강조한다.

합격생 Guide ┃ 사회복지사상

신자유주의	사회문제에 대한 개인책임을 강조하며 시장에서 자원의 배분이 가장 효율적으로 이루어지므로 국가의 개입을 반대하는 이념
케인즈주의	수정자본주의로 시장에서는 시장실패 등 스스로 해결할 수 없는 비효율적인 측면이 있으므로 적절한 국가의 개입과 규제를 통해 효율성을 높일 수 있다는 견해
사회민주주의	페이비언주의로 노동계급이 정치 세력화를 통해 정치권력을 확보하고 적극적으로 시장에 대한 국가 개입을 통해 자본주의의 불평등을 해결하고 평등을 달성할 수 있다는 점진적 사회주의

12

✦ 정답해설

④ 사례관리는 옹호나 아웃리치를 포함하는 광의의 개념으로 사례관리자는 다양하고 복합적인 욕구를 가진 클라이언트에게 공식·비공식적 자원을 연결하고 조정하는 역할을 담당한다.

Guide 사회복지사의 역할

옹호	사회복지사가 기성제도로부터 클라이언트가 불이익을 받을 때 그 집단을 위해 정보를 수집하고 요구사항을 분명히 하여 기성제도에 도전하도록 지도력을 발휘하는 적극적이고 직접적인 역할
중재	사회복지사가 분쟁의 당사자 사이에 개입하여 중립적 태도를 유지하면서 타협, 차이점 조정 또는 상호 만족스러운 합의점 도출을 이루어내는 기능
아웃리치	사회복지사가 표적인구에서 개별 클라이언트를 확인하고 서비스를 자발적으로 찾지 않는 잠재적인 클라이언트를 찾아 나서는 것

13

✦ 정답해설

④ 클라이언트의 문제와 욕구에 대한 다차원적인 조사는 종결단계가 아닌 조사단계에서 이루어진다.

14

✦ 정답해설

② 정신장애, 지적장애, 자폐성장애는 정신적 장애에 해당하나 뇌병변장애는 신체적 장애에 해당한다.

Guide 장애인복지법상 장애분류
(장애인복지법 제2조 제2항, 동법 시행령 별표 1)

정신적 장애	정신장애 / 지적장애 / 자폐성장애	
신체적 장애	외부 신체 기능의 장애	지체장애 / 뇌병변장애 / 시각장애 / 청각장애 / 언어장애 / 안면장애 / 뇌전증장애
	내부기관의 장애	신장장애 / 심장장애 / 간장애 / 호흡기장애 / 장루 · 요루장애

15

✦ 정답해설

④ 사회복지의 전달체계에는 전문성, 적절성, 포괄성, 통합성, 지속성(연속성), 평등성, 책임성, 접근성 등이 있다.

16

✦ 정답해설

③ ㄱ, ㄷ, ㄹ이 부과방식의 장점에 해당한다.

✦ 오답해설

ㄴ. 부과방식은 적립기금이 없어 경제발전에 활용할 수 없다. 제도 성숙기에 자원활용이 가능한 것은 적립방식의 장점이다.

Guide 국민연금 재정방식의 특징

적립방식	부과방식
• 인구구조 변화(노령화), 재정안정에 강함	• 인구구조 변화(노령화), 재정안정에 취약함
• 초기 보험료가 높음(후기 보험료는 낮음)	• 초기 보험료가 낮음(후기 보험료는 높음)
• 퇴직기간비율이 낮은 경우 유리	• 노령부양률이 낮은 경우 유리
• 제도 성숙기에 자원을 경제발전에 활용	• 연금의 수리추계가 불필요
• 물가상승시 실질가치 보호 곤란	• 시행 당시 노령보호 가능 (초기에 연금수급 가능)
• 경제성장 결과 배분 곤란	• 경제성장 결과 배분 가능

17

✦ 정답해설

① 「국민기초생활 보장법」에 따른 급여를 받을 수 있는 자격을 가진 사람은 수급권자이고, 수급자란 「국민기초생활 보장법」에 따른 급여를 받는 사람을 말한다(국민기초생활 보장법 제2조 제1호 · 제2호).

✦ 오답해설

② 동법 제2조 제5호
③ 동법 시행령 제8조 제1항
④ 동법 제2조 제9호

18

① 사회복지서비스를 필요로 하는 사람(보호대상자)에 대한 사회복지서비스 제공은 현물(現物)로 제공하는 것을 원칙으로 한다(사회복지사업법 제5조의2 제1항). 복지급여의 형태에서 현물은 목표의 효율성이 높고 현금은 선택의 자유가 높다. 현물급여와 현금급여의 장점을 살린 제3의 급여형태가 바우처(voucher)이다.

19

④ ㄱ은 델파이기법, ㄴ은 유사실험 설계, ㄷ은 종단적 조사 설계가 적절하다.

  ㄱ. 델파이기법은 선례가 없거나 미래의 불확실한 문제에 대한 전문가들로부터 합의를 중요시하므로 창의적인 대안이 배제될 수 있다.

  ㄴ. 실험 설계처럼 완벽하지 않지만, 독립변수 조작과 외적 변수 통제가 가능하고 비교집단을 설정할 수 있는 상황에 사용되는 것은 유사실험 설계이다. 유사실험 설계에서는 인과관계의 3요소 중에서 조작과 비교는 가능하지만 통제가 곤란한 경우에 적용되는 연구설계이다.

  ㄷ. 종단적 조사 설계는 하나의 분석대상을 장기간에 걸쳐 일정한 시간적 간격을 두고 반복적으로 여러차례 측정함으로써 자료를 수집하는 조사방법을 말한다. 종단적 조사 설계에는 패널조사, 경향조사, 동년배 조사가 있다.

20

① 협동조합을 설립하는 경우는 5인 이상의 조합원 자격을 가진 자가 발기인이 되어 정관을 작성하고 창립총회의 의결을 거친 후 주된 사무소의 소재지를 관할하는 시·도지사에게 신고해야 하며, 사회적 협동조합을 설립하고자 하는 때에는 5인 이상의 조합원 자격을 가진 자가 발기인이 되어 정관을 작성하고 창립총회의 의결을 거친 후 기획재정부장관에게 인가를 받아야 한다(협동조합기본법 제15조 제1항, 제85조 제1항).

②
> 협동조합 기본법 제4조(법인격과 주소)
> ② 사회적협동조합·사회적협동조합연합회 및 제115조의8 제2항을 적용받는 이종협동조합연합회는 비영리법인으로 한다.

③ 동법 제23조 제1항

④
> 협동조합 기본법 제6조(기본원칙)
> ③ 협동조합 등 및 협동조합연합회등 은 투기를 목적으로 하는 행위와 일부 조합원 등의 이익만을 목적으로 하는 업무와 사업을 하여서는 아니 된다.

2013년 기출
2013.07.27. 시행

국가직 9급 정답 및 해설

✅ 정답

01 ②	02 ③	03 ③	04 ②	05 ②
06 ④	07 ②	08 ①	09 ②	10 ④
11 ④	12 ④	13 ③	14 ②	15 ③
16 ①	17 ③	18 ②	19 ④	20 ①

01

✦ 정답해설

② ㄱ → ㄷ → ㄴ의 순서로 발생했다.

ㄱ. 영세교구들이 연합한 빈민공장의 설립이 허용되고 원외
　구호가 조장된 것은 길버트법이다(1782).

ㄷ. 수당으로 저임금 노동자의 임금을 보충해 주는 제도는
　스핀햄랜드법이다(1795).

ㄴ. 빈민의 구제수준이 노동자의 임금수준보다 낮아야 한다
　는 원칙이 제시된 것은 신구빈법이다(1834).

02

✦ 정답해설

③ 성과주의 예산(기능적 예산)은 사업계획을 세부사업으로
　분류하고 각 세부사업을 '단위원가 × 업무량 = 예산액'으
　로 표시하여 편성한다.

03

✦ 정답해설

③ 합리주의 모형은 정책대안들의 결과 예측과 비용편익 또
　는 비용효과를 정확히 산출할 수 있다.

✦ 오답해설

① 점증모형에서는 새로운 정책은 과거 정책들의 점증적인
　수정에 의해 만들어진다고 본다.

② 다원주의 이론에서는 정책결정은 다양한 이익을 추구하
　는 이익집단들 사이의 경쟁의 산물로 본다.

④ 쓰레기통모형에서는 정책결정은 무정부상태에서 나타나
　는 몇 가지 흐름에 의해 자연히 이루어진다고 본다.

04

✦ 정답해설

② 사회복지전달체계의 구축에 있어서 지켜야 할 원칙에는
　기능분담 체계성의 원칙, 전문성에 따른 업무분담의 원
　칙, 책임성의 원칙, 접근 용이성의 원칙, 통합조정의 원칙,
　지역참여의 원칙, 조사 및 연구의 원칙이 있으며 이 중 원
　스톱 서비스나, 통합사례관리서비스는 통합조정의 원칙
　에 근거한다.

✦ 오답해설

① 사회복지에 관한 조사·연구 및 정책 건의, 사회복지 관
　련 기관·단체 간의 연계·협력·조정, 사회복지 소외계
　층 발굴 및 민간사회복지자원과의 연계·협력을 수행하
　기 위하여 전국 단위의 한국사회복지협의회(중앙협의회)
　와 시·도 단위의 시·도 사회복지협의회(시·도협의회)
　를 둔다(사회복지사업법 제33조 제1항).

③ 클라이언트가 필요할 때 쉽고 편리하게 서비스를 받을
　수 있도록 전달체계를 구축하는 것은 접근성의 원칙에
　근거한다.

④ 국가나 지방자치단체는 사회복지사업을 하는 자 중 대통
　령령으로 정하는 자에게 운영비 등 필요한 비용의 전부 또
　는 일부를 보조할 수 있다(사회복지사업법 제42조 제1항).

05

✦ 정답해설

② 통계청에서 산정하는 노년부양비는 생산가능인구(15~
　64세 인구) 100명이 부양해야 할 65세 이상의 인구수로
　나타낸다. 노년부양비 = (65세 이상 인구 / 15~64세 인
　구) × 100으로 나타낸다.

06

✦ 정답해설

④ 연금 슬라이드제는 연금액을 물가상승률에 따라서 계산
　하는 제도로 국민연금은 전국소비자물가변동률을 반영
　하고 있다.

오답해설

① 조기노령연금은 가입기간이 10년 이상이면서 55세 이상인 자가 소득이 있는 업무에 종사하지 않는 경우 본인이 희망하면 60세가 되기 전이라도 본인이 청구한 때로부터 그가 생존하는 동안 일정한 금액의 연금을 받을 수 있다 (국민연금법 제61조).

② 개별실적요율은 업종별로 과거 3년간 발생한 수지율을 반영한다.

③ 총액계약제는 보험을 관리하는 측과 의사대표 간에 미리 진료비의 총액을 정해 놓고 지불한다.

07

정답해설

② "사회서비스"란 국가·지방자치단체 및 민간부문의 도움이 필요한 모든 국민에게 복지, 보건의료, 교육, 고용, 주거, 문화, 환경 등의 분야에서 인간다운 생활을 보장하고 상담, 재활, 돌봄, 정보의 제공, 관련 시설의 이용, 역량개발, 사회참여 지원 등을 통하여 국민의 삶의 질이 향상되도록 지원하는 제도를 말한다(사회보장기본법 제3조 제4호).

오답해설

① 동법 제3조 제5호
③ 동법 제30조 제2항
④ 동법 제38조 제1항

08

정답해설

① 근로장려세제(EITC)는 저소득 근로가족에게 소득보조금을 제공하여 노동공급 유인을 제공하는 근로연계형 소득지원제도를 말한다.

오답해설

② 취업촉진수당은 실직한 근로자의 생계지원이 목적이 아닌 구직급여를 지급받는 근로자의 재취직을 촉진하기 위해 부가급여의 성격으로 지급하는 수당을 말한다.

③ 긴급생계급여는 주소득원의 사망, 질병 또는 행방불명, 천재지변 등으로 갑자기 생계유지가 어려운 경우 급여실시 여부 결정 전에 구청장이나 군수의 직권에 의해 지급되는 것을 말한다.

④ 가족수당은 부양가족의 수에 따라 일정액 또는 일정비율로 지급되는 것을 말한다.

09

정답해설

② 사회투자국가는 경제성장과 사회통합을 동시에 추구하며 시장실패자에 대한 사후 소득보장에 주력하기보다는 인적자원개발에 대한 투자집중을 강조한다.

10

정답해설

④ 치료서비스처럼 사례별로 다른 기술이 필요한 서비스의 제공은 고도의 전문성이 요구되며 시장의 원리에 입각한 영리기관이 더욱 적합하다.

11

정답해설

④ 클라이언트가 종결에 대한 두려움을 갖지 않도록 가능한 한 종결시기는 명백하게 제시하여야 한다.

12

정답해설

④ 사회복지프로그램 성과측정시 단일의 지표와 단일의 측정방법을 사용하는 것보다는 다각적인 방법에 의해 측정하는 것이 좋다. 하나의 지표라든지 하나의 측정방법으로 성과를 정확하게 측정하는 데에는 한계가 있기 때문이다.

13

정답해설

③ 클라이언트의 진술 중 모순적인 부분이 있는 경우 이를 직접적으로 지적하여 클라이언트에게 말하는 것은 '직면'에 해당한다.

오답해설

① 환기는 클라이언트가 억누르고 있는 분노, 슬픔, 불안 등을 표출하도록 함으로써 감정을 해소시키는 것을 말한다.

② 재보증은 클라이언트가 자신의 능력 등 특정 부분에 회의적인 모습을 보이는 경우 클라이언트를 격려하여 자신감을 높이는 기술을 말한다.

④ 해석은 클라이언트의 통찰력 향상을 위하여 사회복지사의 이론적 지식과 직관력에 근거하여 설명을 하는 것을 말한다.

14

✦ 정답해설

② 옳은 것은 ㄴ과 ㄷ이다.

ㄴ, ㄷ. 위기개입은 위기에 처해 있는 개인, 가족을 초기에 발견하고 위기로 인한 불균형상태를 회복하기 위한 일정한 원조수단을 초기단계에 제공하여 돕는 과정을 말한다. 위기개입의 표적은 구체적이고 관찰 가능한 문제들이며 위기개입의 주된 목표는 위기발생 이전상태로의 복귀에 있다.

✦ 오답해설

ㄱ. 클라이언트의 통찰력 강화, 성격의 변화에 초점을 두는 것은 정신분석모델이다.

ㄹ. 정확한 문제의 원인을 파악하고 진단하는 데 초점을 맞추는 것은 정신분석모델이다.

15

✦ 정답해설

③ 행정안전부장관은 5년마다 자원봉사활동의 진흥을 위한 국가기본계획을 수립해야 하며, 현재는 제2차 5개년 국가기본계획(2013~2017)에 따른 사업이 진행 중이다.

16

✦ 정답해설

① 사회복지사는 전문가로서 성실하고 공정하게 업무를 수행해야 하며, 이 과정에서 어떠한 부당한 압력에도 타협하지 않는다.

17

✦ 정답해설

③ 이야기 가족치료는 사회구성주의적 관점에 근거한 주된 기법으로 문제의 외현화는 이에 해당한다. 시련기법은 전략적 가족치료에서 사용하는 기법이다.

Guide 구조적 가족치료 vs 전략적 가족치료

구조적 가족치료	가족의 구조를 변화시키면 체계 내의 성원이 행동을 변화시킬 수 있다고 보고 가족치료의 목표를 가족의 구조를 재구조화하여 역기능적인 유형이 지속되지 못하게 하는데 둔다.
전략적 가족치료	전략적 가족치료는 이론보다는 문제해결에 초점을 두며 다양한 실용적인 개입기법들을 제안한다.

18

✦ 정답해설

② 「청소년복지 지원법」에 반드시 사회복지사를 배치해야 한다는 명문의 규정은 없다.

Guide

사회복지사업법 제13조(사회복지사의 채용 및 교육 등)
① 사회복지법인 및 사회복지시설을 설치·운영하는 자는 대통령령으로 정하는 바에 따라 사회복지사를 그 종사자로 채용하고, 보고방법·보고주기 등 보건복지부령으로 정하는 바에 따라 특별시장·광역시장·특별자치시장·도지사·특별자치도지사(이하 "시·도지사"라 한다) 또는 시장·군수·구청장에게 사회복지사의 임면에 관한 사항을 보고하여야 한다. 다만, 대통령령으로 정하는 사회복지시설은 그러하지 아니하다.

사회복지사업법 시행령 제6조(사회복지사의 채용)
① 법 제13조 제1항 본문에 따라 사회복지법인 또는 사회복지시설을 설치·운영하는 자는 해당 법인 또는 시설에서 다음 각 호에 해당하는 업무에 종사하는 자를 사회복지사로 채용하여야 한다. 다만, 법 제2조 제1호 각 목의 법률에서 따로 정하고 있는 경우에는 그에 의한다.
1. 사회복지프로그램의 개발 및 운영업무
2. 시설거주자의 생활지도업무
3. 사회복지를 필요로 하는 사람에 대한 상담업무

✦ 오답해설

① "학교폭력"이란 학교 내외에서 학생을 대상으로 발생한 상해, 폭행, 감금, 협박, 약취·유인, 명예훼손·모욕, 공갈, 강요·강제적인 심부름 및 성폭력, 따돌림, 사이버따돌림, 정보통신망을 이용한 음란·폭력정보 등에 의하여 신체·정신 또는 재산상의 피해를 수반하는 행위를 말한다(학교폭력예방 및 대책에 관한 법률 제2조 제1호).

③ 피해자 - 가해자 조정프로그램은 조정자의 중재하에 이루어진다.

④ 「청소년복지 지원법」 제23조 제2항

19

✦ 정답해설

④ 훈습질문은 정신분석모델의 병리 관점에 해당한다.

20

┌ ✦ 정답해설

① 사회복지관의 운영은 지방이양사업으로 바뀌었는데 지방교부세법이 2004년 개정되어 2005년부터 분권교부세로 지원이 이뤄지고 있으며, 기존의 20% 법인부담 비율은 폐지되어 국가 20%, 지방 60%, 자부담 20%이었던 것이 국가 30%, 지방 70%로 변경되었다.

지방직 9급 정답 및 해설

2013년 기출
2013.08.24. 시행

✓ 정답

01 ④	02 ①	03 ④	04 ①	05 ①
06 ②	07 ④	08 ②	09 ③	10 ③
11 ②	12 ③	13 ③	14 ④	15 ①
16 ③	17 ①	18 ③	19 ③	20 ④

01

✦ 정답해설

④ 광의의 사회복지 개념에 입각해서 제도와 정책을 실시하는 경우 사회통합의 효과는 높지만 효율성 효과는 낮다. 반대로 협의의 사회복지 개념에 입각해서 제도와 정책을 수립하는 경우에는 사회통합의 효과는 낮지만 경제적 효율성은 높다.

✦ 오답해설

① 사회복지의 협의의(한정적) 개념으로는 사회적 약자에 대한 재정적 원조나 서비스를 말하며, 적극적 광의의(적극적) 개념으로는 국민의 보편적 욕구에 대한 공동체적 책임을 말한다.

② 사회복지제도를 제도적 개념과 잔여적 개념으로 구분할 때 잔여적 모형에서는 가족, 시장 등의 역할을 중시하고, 제도적 모형에서는 가족, 시장 밖의 보편적 복지를 강조한다.

③ 광의의 사회복지 개념에서는 사회생활의 영위에 긴밀한 사회시책 모두를 반영한다.

02

✦ 정답해설

① 보편주의(제도적 모형)란 현대사회에서 사회복지가 정상의 '제일선'의 기능을 담당하리라고 보는 관념이다. 이는 후기산업사회와 복지국가에서 나타나는 모형으로 국가의 적극적 개입을 통한 제도적 서비스로 복지를 구현하려 하며 자산조사가 불필요하다. 자산조사는 보완적(잔여적) 모형에 필요하다.

합격생 Guide 보편적 모형 vs 잔여적 모형

보편적(제도적) 모형	잔여적(보완적) 모형
· 광의의 복지국가	· 협의의 복지국가
· 후기산업사회, 복지국가	· 초기산업사회, 자유주의 국가
· 전국민 대상(보편주의)	· 요보호자 대상(선별주의)
· 자산조사 불필요	· 자산조사 필요
· 욕구에 따른 자원배분	· 능력에 따른 자원배분
· 일반조세를 통한 재원조달	· 작은 정부론
· 큰 정부론	

03

✦ 정답해설

④ 사회복지학은 기본적으로 절충적인 입장을 지향한다. 따라서 상호 충돌의 가능성이 있는 가치에 대해 어느 하나를 택하는 것이 아니라 합의점, 절충점을 찾으려 노력한다.

합격생 Guide 사회복지의 특성

· 사회복지는 비영리적 활동이다.
· 사회복지는 공식적 조직을 바탕으로 인간의 소비욕구에 관여한다.
· 사회복지는 적응을 목적으로 갈등관계를 조화관계로 변화시켜 주는 활동을 말한다.
· 사회복지는 실천성을 강조하는 개념이다.
· 사회복지는 인간의 욕구와 열망을 충족시키며 사회문제를 해결하기 위한 사회적 노력이다.

04

✦ 정답해설

① 제시문은 중재자(조정자)로서의 사회복지사의 역할을 설명한 것이다. 중재자란 클라이언트와 상대방이 갈등을 겪는 경우 의사소통상의 문제점이나 견해 차이를 중립적 입장에서 조정하는 역할을 말한다.

오답해설

② 교육자는 클라이언트의 능력을 강화시킬 수 있도록 정보의 제공, 행동과 기술의 지도 등을 담당하는 것을 말한다.
③ 중개자는 클라이언트가 필요한 자원을 찾아 활용하도록 클라이언트와 자원을 연결시켜 주는 역할을 한다.
④ 옹호자는 계약의 목적을 달성하기 위해 클라이언트를 대신하여 적극적으로 옹호·주장하는 것을 말한다.

05

정답해설

① 지지적 서비스란 부모와 아동이 그들 각자의 책임, 기능을 효율적으로 수행할 수 있도록 그들의 능력을 지원·강화시켜 주는 서비스를 말한다.

합격생 Guide 지지적 서비스

지지적 서비스가 필요한 상황	지지적 서비스의 유형
• 혼인 전 남녀가 앞으로의 자녀에 대한 계획을 수립하고 자식을 원하는 경우 • 형제 간 갈등으로 인해 가정불화가 있는 경우 • 불만스러운 부부관계로 인해 자녀들에게 문제가 발생할 경우 • 부모가 자녀를 양육함에 어려움이 있는 경우 • 부모가 부모로서의 역할에 아무런 만족감을 못 느끼는 경우 • 부모가 자녀의 교우관계와 학교생활에 문제점이 있다고 여기는 경우	• 학대·방치된 아동의 보호사업 • 가정아동을 위한 상담(개별·집단상담) • 미혼 부모 자녀사업 • 학교사회사업 • 근로아동복지사업 • 가족치료

06

정답해설

② 열등처우의 원칙은 사회보험대상자의 선정기준으로 활용되는 것이 아니라 구제를 받는 빈민의 지위는 최하층의 독립근로자의 지위보다 낮아야 한다는 원칙을 말한다.

합격생 Guide 개정 구빈법의 구빈행정원칙

균일처우의 원칙	• 구제를 받는 모든 빈민은 수준에 관계없이 동일한 처우를 받는다.
열등처우의 원칙	• 구제대상인 빈민은 최하층 근로자의 지위보다 낮은 경우여야 한다. • 선거권을 박탈(정치적 자유 박탈) • 작업장에 수용(개인적 이주의 자유 박탈)
작업장 활용의 법칙	• 노동능력자 및 그 가족들에 대한 구제는 작업장 내에서만 인정하되 원외구제는 최소화 내지 폐지한다. • 예외적으로 노동능력이 없는 고아나 노인, 미망인에 대해서는 원외구조를 인정한다.

07

정답해설

④ 행정수정모형은 관찰되는 행동에 초점을 두어 전체 행동도 수정한다. 이 모형에서는 클라이언트에 의한 자기치료를 촉진시킬 수 있으며 다양한 인간상황에 대응한다.

합격생 Guide 과제중심모형

의의	• 특정이론에 근거하기 보다는 다양한 이론을 통합하고 사회복지사의 임상과 경험에 근거한 실천모형 • 단기치료적 모형(시간제한성, 목표의 명확화, 체계적 이행) • 계획적으로 구조화된 치료과정과 단기간의 치료를 강조하는 사회복지실천방법
특징	• 클라이언트가 인식하고 동의한 문제에 초점 • 계획된 단기성 • 클라이언트의 현재의 활동을 강조함 • 객관적 조사연구(경험지향성) • 고도의 구조성 요구

08

정답해설

② 16~18세기의 유럽에서는 중상주의 이론이 지배적 경제정책이었으므로 노동자들을 관리하거나 보호하는 일이 정책의 주요 과제였다.

✦ 오답해설

① 구빈세를 재원으로 저임금을 보충해 준 제도는 1795년의 스핀햄랜드법이다.

③ 열등처우의 원칙을 내세우며 중앙집권화된 구빈행정을 전개한 것은 1834년 영국의 개정 구빈법이다.

④ 사회보험제도의 도입은 국가마다 특색을 달리하였는데 영국은 노동자 정당과 우호적 관계에 있던 자유당 정권에 의해 이루어졌고, 독일은 사회통제의 성격을 띤 권위주의적 개혁을 통해 이루어졌다.

09

✦ 정답해설

③ 드림스타트사업은 취약계층 아동에게 맞춤형 통합서비스를 제공하여 아동의 건강한 성장과 발달을 도모하고 공평한 출발기회를 갖도록 함으로써 빈곤을 탈피하는 것을 목적으로 시행되었다. 2006년 보건복지부에서 희망스타트사업을 시행하였고 2008년 희망스타트에서 드림스타트로 사업명을 전환하였다. 2015년 현재는 사업을 신청한 일부 시·군·구에서만 실시되고 있다.

10

✦ 정답해설

③ 집단종결시 성공적 종결을 위해 클라이언트의 두려움 또는 상실감을 고려하여 종결의 시기를 미리 알린다.

합격생 Guide 종결과정에서 클라이언트를 돕는 방법

- 종결을 계획
- 종결에 대한 감정을 조정
- 성취한 바를 정리
- 변화를 안정화시킴

11

✦ 정답해설

② 정책목표에 적합한 방향으로 집중적으로 소비가 이루어질 수 있는 것은 현금급여의 장점이 아니라 현물급여의 장점에 해당한다.

합격생 Guide 현금급여와 현물급여의 장·단점

구분	장점	단점
현금급여	• 수급자가 선택할 수 있는 폭이 넓다. • 수급자의 만족이 극대화된다. • 운영의 효율성이 높다.	• 문제해결보다는 낭비 가능성이 높아 정책목표달성에 제한적이다. • 목표효율성이 낮다.
현물급여	• 납세자의 선호도가 크다. • 정치적·행정적 선호도가 크다. • 대상(목표) 효율성이 크다. • 정책적 효율성이 높다.	• 선택권이 제한된다. • 운영의 효율성이 낮다. • 낙인(stigma)발생의 위험이 있다.

12

✦ 정답해설

③ 통제된 정서 관여는 클라이언트의 감정을 이해하고 적절히 반응하는 행동원리를 말한다.

✦ 오답해설

① 수용은 클라이언트가 표현한 감정이나 의사를 그대로 인정하고 받아들이는 것이지 사회적으로 용납되지 않는 태도나 행동을 인정하는 것은 아니다.

② 의도적인 감정표현은 사회복지사가 클라이언트는 자신의 감정을 자유롭게 드러내고 싶은 욕구를 가지고 있음을 인지하고 클라이언트가 편안하게 느낄 수 있는 환경을 조성하여 감정을 표현할 수 있도록 해야 함을 뜻한다.

④ 개별화는 모든 클라이언트는 개별적 욕구를 가진 존재로서 고유의 특성을 가지고 있으며 이에 대한 원칙 및 방법을 구별하여 활용해야 한다는 원리이다.

13

✦ 정답해설

③ 제도적 개념은 보편주의·자유주의 이념에 기반을 두고 있고, 잔여적 개념은 선별주의·예외주의·보수주의 이념에 기반을 두고 있다.

✦ 오답해설

① 보완적(잔여적) 모형은 가족이나 시장기구가 제 기능을 수행하지 못할 때 부수적이고 일시적으로 기능하는 모형이다.

② 제도적 모형은 후기 산업사회와 복지국가에서 나타나는 모형으로 현대사회에서는 사회복지가 정상적인 '제일선'의 기능을 나타낸다는 것을 전제로 한 보편주의 모형이다.

④ 제도적 개념에서는 개인의 실패원인을 사회구조의 모순에서 찾으며 사회의 개선을 강조한 반면 잔여적 개념에서는 개인의 능력에 따라 대우를 받는 능력주의·실적주의를 강조하며 성공·실패의 원인을 개인의 노력에서 찾는다.

14

✦ 정답해설

④ 공공부조의 기본원리에는 생존권 보장의 원리, 국가책임의 원리, 보충성의 원리, 최저생활보장의 원리, 무차별 평등의 원리, 자립조장의 원리가 있다.

✦ 오답해설

ㄱ, ㄷ 강제적 가입과 기여의 급여는 사회보험제도의 특징에 해당한다.

합격생 Guide ┃ 공공부조의 특징

- 국가나 지방자치단체가 주체
- 일반조세로 재원조달
- 무기여 급부
- 신청이나 요구 및 자산조사를 통해 급부가 지급됨
- 공공부조는 헌법상의 공적인 원조프로그램
- 수직적 소득재분배의 성격
- 자신의 자산과 근로능력을 최대한 활용하고 부양의무자의 부양을 우선적으로 받은 후 부족한 부분을 보충해 주는 개념(보충성)

15

✦ 정답해설

① 할당표집은 모집단을 일정한 카테고리로 나눈 다음 이들 카테고리에서 표본을 작위적으로 추출하는 방법으로 비확률표집방법에 해당한다.

✦ 오답해설

② 층화(유층)표집은 모집단을 집단 내에 특질이 같은 여러 하위집단으로 나누고 각 하위집단으로부터 무선 표집하는 방식이다.

③ 군집표집은 모집단을 집단 내에 특질이 다른 여러 개의 하위집단으로 나누고 하위집단을 단위로 표집하는 방식이다.

④ 체계표집은 전집의 구성이 특별한 순서 없이 배열되어 있다는 것을 전제로 동일한 간격으로 표집하는 방식을 말한다.

16

✦ 정답해설

③ 복잡한 가족유형을 한눈에 볼 수 있게 하는 그림으로 가족성원의 세대 간 맥락에 기반한 정서적, 행동상의 문제를 검토하는 데 유용하게 활용되는 것은 '가계도'이다. 가계도는 가족의 내적 역동을 잘 표현한다.

합격생 Guide ┃ 생태도

- 생태학적 체계와 생활공간에서 개인 혹은 가족을 둘러싼 경계를 역동적으로 지도화
- 클라이언트 상황에서 의미 있는 체계들과의 관계를 그림으로 표현하여 특정 문제에 대한 개입계획을 세우는데 유용함
- 클라이언트와 사회복지사가 함께 작성

17

✦ 정답해설

① 사회적 배제는 결과적 상태를 나타내는 빈곤과 달리 역동적 과정과 다차원적인 측면을 나타낸다.

합격생 Guide ┃ 사회적 배제

- 개인, 가족, 집단, 공동체로부터 사회참여에 필요한 자원을 박탈당하는 것
- 사회적 배제는 '박탈'이라는 개념보다 더욱 다차원적인 현상임
- 단순한 경제적 궁핍을 의미하는 빈곤과 달리 사회적 배제는 사회적, 정치적 참여를 제약당하는 상태를 의미함
- 정태적 상태뿐만 아니라 동태적 과정까지를 포함하는 개념

18

✦ 정답해설

③ 장기요양급여는 노인 등이 가족과 함께 생활하면서 가정에서 장기요양을 받는 재가급여를 우선적으로 제공하여야 한다(노인장기요양보험법 제3조 제3항).

✦ 오답해설

① 동법 제3조 제4항
② 동법 제3조 제2항
④ 동법 제6조 제1항

19

✦ 정답해설

③ 생계급여는 보건복지부장관이 정하는 바에 따라 수급자의 소득인정액 등을 고려하여 차등지급할 수 있다(국민기초생활 보장법 제9조 제4항).

합격생 Guide │ 국민기초생활 보장법

제9조(생계급여의 방법)

① 생계급여는 금전을 지급하는 것으로 한다. 다만, 금전으로 지급할 수 없거나 금전으로 지급하는 것이 적당하지 아니하다고 인정하는 경우에는 물품을 지급할 수 있다.
② 제1항의 수급품은 대통령령으로 정하는 바에 따라 매월 정기적으로 지급하여야 한다. 다만, 특별한 사정이 있는 경우에는 그 지급방법을 다르게 정하여 지급할 수 있다.
③ 제1항의 수급품은 수급자에게 직접 지급한다. 다만, 제10조 제1항 단서에 따라 제32조에 따른 보장시설이나 타인의 가정에 위탁하여 생계급여를 실시하는 경우에는 그 위탁받은 사람에게 이를 지급할 수 있다. 이 경우 보장기관은 보건복지부장관이 정하는 바에 따라 정기적으로 수급자의 수급 여부를 확인하여야 한다.
④ 생계급여는 보건복지부장관이 정하는 바에 따라 수급자의 소득인정액 등을 고려하여 차등지급할 수 있다.
⑤ 보장기관은 대통령령으로 정하는 바에 따라 근로능력이 있는 수급자에게 자활에 필요한 사업에 참가할 것을 조건으로 하여 생계급여를 실시할 수 있다. 이 경우 보장기관은 제28조에 따른 자활지원계획을 고려하여 조건을 제시하여야 한다.

제10조(생계급여를 실시할 장소)

① 생계급여는 수급자의 주거에서 실시한다. 다만, 수급자가 주거가 없거나 주거가 있어도 그곳에서는 급여의 목적을 달성할 수 없는 경우 또는 수급자가 희망하는 경우에는 수급자를 제32조에 따른 보장시설이나 타인의 가정에 위탁하여 급여를 실시할 수 있다.
② 제1항에 따라 수급자에 대한 생계급여를 타인의 가정에 위탁하여 실시하는 경우에는 거실의 임차료와 그 밖에 거실의 유지에 필요한 비용은 수급품에 가산하여 지급한다. 이 경우 제7조 제1항 제2호의 주거급여가 실시된 것으로 본다.

20

✦ 정답해설

④ 사회복지사 윤리강령은 사회복지실천 현장에서 윤리적 갈등이 생겼을 때 지침과 원칙을 제공하며 자기규제를 통해 클라이언트를 보호하나 법적인 효력이 있는 것은 아니다.

합격생 Guide │ 사회복지사 윤리강령 전문

사회복지사는 인본주의·평등주의 사상에 기초하여, 모든 인간의 존엄성과 가치를 존중하고 천부의 자유권과 생존권의 보장활동에 헌신한다. 특히 사회적·경제적 약자들의 편에 서서 사회정의와 평등·자유와 민주주의 가치를 실현하는 데 앞장선다. 또한 도움을 필요로 하는 사람들의 사회적 지위와 기능을 향상시키기 위해 함께 일하며, 사회제도 개선과 관련된 제반 활동에 주도적으로 참여한다. 사회복지사는 개인의 주체성과 자기결정권을 보장하는 데 최선을 다하고, 어떠한 여건에서도 개인이 부당하게 희생되는 일이 없도록 한다. 이러한 사명을 실천하기 위하여 전문적 지식과 기술을 개발하고, 사회적 가치를 실현하는 전문가로서의 능력과 품위를 유지하기 위해 노력한다. 이에 우리는 클라이언트·동료·기관 그리고, 지역사회 및 전체사회와 관련된 사회복지사의 행위와 활동을 판단·평가하며 인도하는 윤리기준을 다음과 같이 선언하고 이를 준수할 것을 다짐한다.

국가직 9급 정답 및 해설

⊘ 정답

01 ③	02 ②	03 ②	04 ④	05 ④
06 ④	07 ②	08 ②	09 ①	10 ①
11 ①	12 ③	13 ③	14 ①	15 ③
16 ①	17 ①	18 ②	19 ④	20 ④

01

✦ 정답해설

③ 과제중심모델은 클라이언트가 자신에게 주어진 행동적 과업을 통해 스스로 문제를 해결할 수 있도록 도와주는 것을 말한다. 클라이언트의 모든 문제에 관심을 갖기보다는 클라이언트가 인식하고 동의한 문제에 초점을 두어 이를 집중적으로 도와준다.

합격생 Guide | 과제중심모델의 특징

- 클라이언트의 문제를 사회심리적 관점과 현재상황의 맥락에서 이해
- 계획된 단기성
- 클라이언트의 현재활동을 강조
- 클라이언트의 다양한 문제를 2~3가지의 집중적인 문제로 구체화
- 고도의 구조성 요구됨

02

✦ 정답해설

② 교육복지우선지원사업은 저소득층의 유아 및 청소년의 교육의 기회균등을 도모하고 저소득층의 교육, 문화, 복지수준을 총체적으로 제고하기 위해 학교와 지역사회가 함께하는 사업으로 학교가 중심이 되고 지역사회가 지원하는 지역사회 공동체 구축사업이다. 이 사업은 계층 간의 소득격차의 심화, 가정의 기능 약화, 급격한 도시화 등이 초래하는 사회통합 위기에 학교와 지역사회가 적극적으로 대처할 필요성이 있어 등장했으며 빈곤 아동 및 청소년을 위한 중점정책으로 도시 저소득층 학생들의 교육 문화 격차를 해소하기 위해 도시 저소득지역 교육환경의 개선을 주된 내용으로 한다.

03

✦ 정답해설

② 제시문에서는 사회복지사가 몸이 불편하고 경제상황이 어려운 노인에게 정기적으로 병원에 동행할 자원봉사자를 연계하였으므로 중개자(broker)에 해당한다.

04

✦ 정답해설

④ 사례관리자는 복합적인 문제와 욕구를 가진 클라이언트의 욕구에 맞춰 직접적인 서비스와 간접적인 서비스를 모두 제공한다.

05

✦ 정답해설

④ 델파이기법은 미래를 예측하는 기법의 하나로 여러 전문가들의 의견을 되풀이하여 모으고 발전시키는 방식을 사용한다. 즉, 어떤 문제에 대해 전문가들의 합의점을 찾는 방식으로, 응답을 무기명하고 개인의 의견을 집단적인 통계분석으로 처리한다.

06

✦ 정답해설

④ 사회적 배제의 개념은 소득 빈곤의 결과적 측면에 초점을 맞추는 것이 아니라 빈곤을 포함한 전반적인 사회문제를 나타내는 개념이다.

07

✦ 정답해설

② UN 아동권리협약은 1989년 11월 20일 뉴욕에서 작성된 인권선언이며 우리나라는 1991년 11월 비준하였다. 협약의 구체적 내용은 아동을 단순한 보호의 대상이 아닌 존엄성과 권리를 가진 주체로 보았고 아동의 생존, 발달, 보호, 참여에 관한 기본권리를 명시하고 있다.

• 무차별의 원칙
• 참여의 원칙
• 아동 최선 이익의 원칙
• 생존 및 발달보장의 원칙

08

✦ 정답해설

② 「장애인활동 지원에 관한 법률」 - 2011년

✦ 오답해설

① 「노인장기요양보험법」 - 2007년
③ 「저출산·고령사회기본법」 - 2005년
④ 「긴급복지지원법」 - 2005년

09

✦ 정답해설

① 사티어(Satir)의 경험적 가족치료모델은 가족치료모델 중 행동이론, 학습이론, 의사소통이론을 기초로 하며, 직접적이고 분명한 의사소통과 개인·가족의 성장을 치료목표로 한다.

10

✦ 정답해설

① 제3의 길은 사회학자 기든스가 이론적으로 체계화하고 영국 노동당 당수 토니 블레어가 정치노선으로 채택했던 복지전략을 말한다. 국민들에게 경제적 혜택을 직접 제공하기보다는 인적자원에 투자하는 복지국가, 즉 사회투자국가를 주장하였다.

11

✦ 정답해설

① 자선조직협회(COS)는 개인적·도덕적 빈곤관의 입장에서 빈민의 생활양식을 변화시킬 수 있는 도덕적 영향을 강조하였고 공공의 구빈정책에 대해서는 강하게 비난하였다. 인보관(SH)운동은 빈민지구를 실제로 조사하여 그 지구에 대한 생활실태를 자세히 파악하고 도움의 필요가 있는 사람들을 조력해 주고자 추진한 사회개혁운동이다.

인보관운동은 빈민들에 대한 직접적인 원조와 교화는 물론 사회개혁을 위한 입법운동도 활발하게 전개하였다.

12

✦ 정답해설

③ 사회복지의 대상자에 대해 선별적 사후 치료서비스를 강조하는 것은 잔여적(보충적) 개념의 사회복지이다.

13

✦ 정답해설

③ 바우처(voucher)는 정해진 용도 내에서 원하는 재화나 서비스를 자유롭게 선택할 수 있도록 하는 방법으로 현금급여와 현물급여의 중간적 성격이 있다. 2000년대 이후에는 바우처 방식이 계속 증가하고 있는 실정이며 특히 전자바우처의 도입이 늘고 있다.

14

✦ 정답해설

① 사회제도 중 사회복지제도는 상부상조의 기능을 담당한다.

가족제도	사회화기능
정치제도	사회통제기능
경제제도	소비·생산·분배기능
종교제도	사회통합기능
사회복지제도	상부상조기능

15

✦ 정답해설

③ 우월한 자는 살아남고 열등한 자는 가난할 수 밖에 없다는 인식은 다윈(Darwin)의 적자생존이론을 인간사회에 접목시킨 사회진화론적 입장이다. 이 견해에서는 국민에 대한 정부의 역할이 적극적이고 활동적이기보다는 제한적이어야 하며, 규제를 적게 하고 사람들을 생존경쟁의 환경에 그대로 노출하는 것이 바람직하다고 보았다.

16

✦ 정답해설

① 두 변수 간에 인과관계가 성립하기 위해서는 시간적 우연성, 공변성(상관성), 통제(비가식적 관계)가 있어야 한다.

합격생 **Guide**] 두 변수 간의 인과관계 성립조건

시간적 우선성	원인이 결과보다 시간적으로 우선해야 하며 이의 확인을 위해 독립변수의 조작이 가능해야 함
공변성(가변성)	두 변수가 경험적으로 상관관계(공변관계)가 있어야 하며 이를 확인하기 위해서는 비교의 구조가 갖춰져야 함
통제 (비가식적 관계)	두 변수 간의 관계가 가식적이어서는 안 되는 데 이를 확인하기 위해서는 변수의 통제가 가능해야 함

17

✦ 정답해설

① 세계보건기구는 1997년에 제시한 ICIDH-2에 대해 5년 동안 현장검증과 국제회의를 거쳐 2001년 최종적으로 국제기능장애건강분류(ICF)를 국제적으로 통용되는 장애분류체계로 승인하였다.

18

✦ 정답해설

② 장기요양급여는 65세 이상의 노인에게만 한정되는 것이 아니다. 노인장기요양보험법 제2조 제1호의 '노인 등'의 정의 규정을 보면 '65세 이상의 노인 또는 65세 미만의 자로서 치매, 뇌혈관성질환 등 노인성 질병을 가진 자'를 모두 포함하고 있다.

✦ 오답해설

③ 노인장기요양보험법 제23조 제1항 제1호 마목
④ 동법 제23조 제1항 제3호 가목

19

✦ 정답해설

④ 보충성의 원리는 빈곤의 개인책임을 강조하는 원리이다. 빈곤함정은 자기 스스로 근로활동을 하여 빈곤으로부터 벗어나려는 노력을 하지 않음으로서 결과적으로 계속하여 빈곤상태에 머무르는 현상을 의미하므로 보충성의 원리와 가장 밀접한 관련이 있다.

20

✦ 정답해설

④ 사회보장급여의 이용·제공 및 수급권자 발굴에 관한 법률 제36조 제1항 제3호

✦ 오답해설

① 시·도지사 또는 시장·군수·구청장은 지역사회보장계획을 시행할 때 필요하다고 인정하는 경우에는 사회보장 관련 민간 법인·단체·시설에 인력, 기술, 재정 등의 지원을 할 수 있다(동법 제37조 제2항).

②
> 사회보장급여의 이용·제공 및 수급권자 발굴에 관한 법률 제35조(지역사회보장에 관한 계획의 수립)
> ① 특별시장·광역시장·특별자치시장·도지사·특별자치도지사(이하 "시·도지사"라 한다) 및 시장·군수·구청장은 지역사회보장에 관한 계획(이하 "지역사회보장계획"이라 한다)을 4년마다 수립하고, 매년 지역사회보장계획에 따라 연차별 시행계획을 수립하여야 한다. 이 경우 「사회보장기본법」 제16조에 따른 사회보장에 관한 기본계획과 연계되도록 하여야 한다.

③
> 사회보장급여의 이용·제공 및 수급권자 발굴에 관한 법률 제35조(지역사회보장에 관한 계획의 수립)
> ② 시장·군수·구청장은 해당 시(「제주특별자치도 설치 및 국제자유도시 조성을 위한 특별법」 제10조 제2항에 따른 행정시를 포함한다. 이하 같다)·군·구(자치구를 말한다. 이하 같다)의 지역사회보장계획(연차별 시행계획을 포함한다. 이하 이 조에서 같다)을 지역주민 등 이해관계인의 의견을 들은 후 수립하고, 제41조에 따른 지역사회보장협의체의 심의와 해당 시·군·구 의회의 보고(보고의 경우 「제주특별자치도 설치 및 국제자유도시 조성을 위한 특별법」에 따른 행정시장은 제외한다)를 거쳐 시·도지사에게 제출하여야 한다.

지방직 9급 정답 및 해설

☑ 정답

01	③	02	③	03	③	04	②	05	②
06	④	07	③	08	②	09	④	10	①
11	④	12	①	13	④	14	③	15	④
16	①	17	③	18	③	19	①	20	①

01

✦ 정답해설

③ 치료집단의 목적은 성원들의 행동변화, 개인적인 문제의 개선, 또는 상실된 기능의 회복을 원조하는 것이다. 치료집단은 집단 자체의 목적도 중요하지만 개개인의 치료적 목적이 매우 중요하므로 치료자는 집단 내에서 일대일 치료적 관계를 맺게 된다. 치료집단은 집단의 공동목적 내에서 개별성원의 목적을 구체적으로 수립하여 이를 달성하도록 원조한다.

✦ 오답해설

① 집단성원들의 상호작용을 통해 나오는 집단역동성 때문에 집단의 개인이 가능하다. 집단역동성은 전체로서의 집단과 개별적인 집단성원들에게 강한 영향력을 미쳐 집단의 치료적 효과를 가져온다.

② 집단 초기부터 집단구성원에 대한 매력을 높여 구성원 간의 관계를 증진시키고 방어와 저항을 줄이는 것은 집단구성원의 동질성이다.

④ 집단형성의 초기단계(계획단계)에서 고려되어야 할 주요 결정은 집단의 목적, 잠재적 성원의 모집과 사정, 집단의 구성, 집단의 지속기간과 회합의 빈도, 물리적 환경, 기관의 승인에 관한 것이다.

02

✦ 정답해설

③ 역설적 지시는 문제를 유지하는 연쇄를 변화하기 위해 가족에게 문제행동을 유지하거나 혹은 강화하는 행동을 오히려 수행하도록 지시하는 기법으로 전략적 모형에서 사용하는 개입기법이다.

✦ 오답해설

① · ② '유형 - 역동적 고찰'이나, '탐색 - 묘사 - 환기'는 심리사회모델의 개입기법이다.

④ 예외질문은 해결중심모형의 개입기법이다.

03

✦ 정답해설

③ 다문화조직모델은 지역사회 내에 존재하는 인종이나 종교 등 다양한 문화를 이해하고 문화적 집단 간의 상호작용을 통해 소수자의 복지 향상을 이룰 수 있음을 강조한다.

✦ 오답해설

① 지역사회연계모델은 클라이언트의 요구와 후견인의 판단에 기초하여 개별문제와 지역사회문제의 연계를 통해 해결해 나가는 것을 말한다.

② 지역사회개발모델은 지역사회 자체적 역량개발을 통해 문제를 스스로 해결할 수 있도록 지원하는 것에 초점을 둔 것이다.

④ 지역자산모델은 전문가의 역할이 강조되는 것이 아니라 지역주민 스스로 개개인의 강점과 기술을 인지하고 강력한 사회적 지지망으로 연결된 비공식적 네트워크를 구축하여 이웃 간에 기술과 자원을 효과적으로 교환시켜 나갈 수 있는 기제들을 개발하는 데 초점을 둔다.

04

✦ 정답해설

② 장애인 지역사회재활시설에는 장애인복지관, 장애인주간보호시설, 장애인체육시설, 장애인수련시설, 장애인생활이동지원센터, 한국수어 통역센터, 점자도서관, 점자도서 및 녹음서 출판시설, 장애인재활치료시설 등이 있다(장애인복지법 시행규칙 제41조 관련 별표 4).

✦ 오답해설

① 국가와 지방자치단체는 허가 없이 장애인복지시설을 설치할 수 있는데, 국가와 지방자치단체 외의 자가 장애인복지시설을 설치 · 운영하려면 해당 시설 소재지 관할 시장 · 군수 · 구청장에게 신고하여야 한다(동법 제59조 제1항 · 제2항).

③ 정신재활시설에는 생활시설, 재활훈련시설, 중독자재활 시설, 생산품판매시설, 종합시설 등이 있다(정신건강증진 및 정신질환자 복지서비스 지원에 관한 법률 시행규칙 제19조 관련 별표 10).

④ 장애인, 그 법정대리인 또는 대통령령으로 정하는 보호자 (법정대리인 등)는 장애 상태와 그 밖에 보건복지부령이 정하는 사항을 특별자치시장·특별자치도지사·시장· 군수 또는 구청장에게 등록하여야 하며, 특별자치시장· 특별자치도지사·시장·군수·구청장은 등록을 신청한 장애인이 장애의 기준에 맞으면 장애인등록증을 내주어 야 한다(장애인복지법 제32조 제1항).

05

✦ 정답해설

② 사례관리란 개인의 복합적인 문제를 해결하는데 있어서 한 전문가의 책임하에 지속적으로 필요한 서비스와 전문 가를 찾아 연결시켜 주고 적절한 서비스를 받을 수 있도 록 조치해 주는 기법으로 그 자체에 고도의 전문성이 필 요한 것은 아니다.

06

✦ 정답해설

④ 지역사회학교모델은 지역사회조직이론, 체계이론, 의사 소통이론 등을 이론적 배경으로 하는 모형으로 학교를 '지역사회 내의 학교'로 인식한다. 학교는 지역사회 안에 공존하는 중요한 공적기관으로 지역사회와의 협력적 관 계가 형성될 때 비로소 학교교육의 목표를 달성할 수 있 다고 본다.

07

✦ 정답해설

③ 국가 및 지방자치단체는 자원봉사센터를 설치할 수 있다. 이 경우 자원봉사센터를 법인으로 하여 운영하거나 비영 리법인에게 위탁하여 운영하여야 한다. 이 규정에도 불구 하고 자원봉사활동을 효율적으로 추진하기 위해 필요하 다고 인정할 때에는 국가기관 및 지방자차단체가 운영할 수 있다(자원봉사활동 기본법 제19조 제1항·제2항).

합격생 Guide **자원봉사활동의 범위(동법 제7조)**

1. 사회복지 및 보건증진에 관한 활동
2. 지역사회 개발·발전에 관한 활동
3. 환경보전 및 자연보호에 관한 활동
4. 사회적 취약계층의 권익증진 및 청소년의 육성·보호에 관한 활동
5. 교육 및 상담에 관한 활동
6. 인권 옹호 및 평화 구현에 관한 활동
7. 범죄예방 및 선도에 관한 활동
8. 교통질서 및 기초질서 계도에 관한 활동
9. 재난관리 및 재해구호에 관한 활동
10. 문화·관광·예술 및 체육진흥에 관한 활동
11. 부패방지 및 소비자보호에 관한 활동
12. 공명선거에 관한 활동
13. 국제협력 및 국외봉사활동
14. 공공행정분야의 사무지원에 관한 활동
15. 그 밖에 공익사업의 수행 또는 주민복리의 증진에 필요 한 활동

08

✦ 정답해설

② 국립정신보건센터는 국가 및 지방자치단체가 주체이고, 나머지 보기는 민간이 주체이다.

09

✦ 정답해설

④ 문제의 원인을 파악하고 해결하는 데 주도적으로 개 입하는 것은 사회복지사가 아니라 개인·가족·지 역사회의 삶의 전문가이다.

10

✦ 정답해설

① 전통적인 조사연구는 대개 개입 전과 개입 후에만 측정 을 하므로 중간과정에서 어떤 변화가 있었는가에 대한 정보는 거의 제공하지 못하나 단일사례 디자인은 개입 도중에 검토하여 개입의 효과를 판단할 수 있으므로 개 입의 효과가 없는 것으로 판단되면 새로운 개입방법을 수립하거나 개입방법을 수정함으로써 효과적인 개입을 할 수 있는 길을 열어준다.

11

✦ 정답해설

④ 옳은 것은 ㄷ과 ㄹ이다.

ㄷ. 미국은 소득보장을 중심으로 사회보장프로그램들을 설계하여 경제적 보장프로그램의 일부분으로 그 범위를 좁게 인식한다.

ㄹ. 사회보장이란 출산, 양육, 실업, 노령, 장애, 질병, 빈곤 및 사망 등의 사회적 위험으로부터 모든 국민을 보호하고 국민 삶의 질을 향상시키는 데 필요한 소득·서비스를 보장하는 사회보험, 공공부조, 사회서비스를 말한다(사회보장기본법 제3조 제1호).

✦ 오답해설

ㄱ. 사회보장의 핵심을 소득보장으로 정의하여 좁은 의미로 보는 경향이 있는 것은 미국이다. 국제노동기구(ILO)는 이러한 미국의 경향보다 폭넓은 의미로 보고 있다.

ㄴ. 사회보장에는 공공부조뿐만 아니라 사회보험, 사회서비스 등도 포함되는 개념이다.

12

✦ 정답해설

① 윌렌스키와 르보는 현대 산업사회의 사회복지활동 기준으로 공식조직, 사회승인과 사회책임, 이윤추구의 배제, 인간의 욕구에 대한 통합적 관심, 인간의 소비욕구에 대한 직접적 관심 등을 제시하였다.

13

✦ 정답해설

④ 고려의 5대 진휼사업으로는 은면지제, 재면지제, 환과고독진대지제, 수한질여진대지제, 납속보관지제가 있다.

✦ 오답해설

① 사창은 의창과 동일한 목적으로 중국에서 시작된 것으로 순수하게 사민의 공동저축으로 상부상조했고 연대책임으로 자치적으로 운영되었으며 구제의 적절·신속성을 보였다.

② 납속보관지제는 원나라 제도로 고려 충렬왕(1275) 때 국가재정을 보충하기 위해 일정한 금품을 납입한 자에게 일정한 관직을 주던 것을 말한다. 후에 충목왕(1348) 때 이 제도를 모방하여 흉년이나 재해 시 백성을 구휼하기 위한 재원조달의 방법으로 이용하였다.

③ 자휼전칙은 조선 후기의 대표적인 아동복지관련법령으로 유기아 또는 부랑아 대책에 있어 1601년 엘리자베스 구빈법의 취지와 대동소이하며 정조의 전교와 보호 전반에 대한 9개의 절목으로 구성되어 있다.

14

✦ 정답해설

③ 옳은 것은 ㄱ, ㄴ, ㄷ이다.

✦ 오답해설

ㄹ. 유럽에서 사회보험이 등장하게 된 배경에는 가족 및 시장기능의 한계 및 그것에 대한 인식을 들 수 있다.

15

✦ 정답해설

④ 테일러-구비와 데일(Taylor-Gooby&Dale)은 개인주의, 개혁주의, 구조주의, 마르크스주의 모형에 해당한다.

합격생 Guide 학자별 사회복지모형 분류

학자	사회복지모형
웨더범	반집합주의, 시민권, 통합주의, 기능주의
티트머스	보충적(잔여적) 모형, 업적수행 모형, 제도적 재분배 모형
조지와 윌딩	신우파, 중도노선, 사회민주주의, 마르크스주의, 페미니즘, 녹색주의
테일러-구비와 데일	개인주의, 개혁주의, 구조주의, 마르크스주의
윌렌스키와 르보	보충적(잔여적) 모형, 제도적(보편적) 모형
파커	자유방임주의, 자유주의, 사회주의
써본	• 4분법 : 강력한 복지국가, 보상적 복지국가, 완전고용지향적 복지국가, 시장중심적 복지국가 • 2분법 : 부르주아 복지국가, 프롤레타리아 복지국가
미쉬라	• 3분법 : 보충적 모형, 규범적 모형, 제도적 모형 • 2분법 : 조합주의적 복지국가, 다원주의적 복지국가
에스핑과 앤더슨	자유주의, 보수(조합)주의, 사회민주주의
룸	자유주의, 사민주의, 신마르크스주의

퍼니스와 틸튼	적극적 국가, 사회보장국가, 사회복지국가
림링거	사회적 시장경제, 사회주의적 시장경제
존스	• 복지 '자'본주의 • '복'지 자본주의

16

✦ 정답해설

① 미즐리와 리버모어가 제시한 개발적 관점은 윌렌스키와 르보의 잔여적 모델과 제도적 모델을 통합한 관점으로 경제제도와 사회제도의 조화를 강조하면서 사회복지를 경제발전의 긍정적 동력으로 보고 경제개발에 긍정적으로 기여하는 사회적 개입을 지지한다.

✦ 오답해설

② 개발적 관점에서는 사회복지 프로그램을 통해 개인의 노동 잠재력을 높여주면 사회전체의 발전에도 기여한다고 본다.
③ 경제계획과 사회계발계획에 있어 정부의 적극적인 역할을 지지한다.
④ 개발적 관점에는 시장에 대한 근로조건부 국가개입을 강조하는 신자유주의 관념이 깔려있다.

17

✦ 정답해설

③ 아동·청소년 관련기관 등의 장은 그 기관에 취업 중이거나 사실상 노무를 제공 중인 자 또는 취업하려 하거나 사실상 노무를 제공하려는 자(이하 "취업자 등"이라 한다)에 대하여 성범죄의 경력을 확인하여야 하며, 이 경우 본인의 동의를 받아 관계 기관의 장에게 성범죄의 경력 조회를 요청하여야 한다. 다만, 취업자 등이 성범죄 경력 조회 회신서를 아동·청소년 관련기관 등의 장에게 직접 제출한 경우에는 성범죄 경력 조회를 한 것으로 본다(아동·청소년의 성보호에 관한 법률 제56조 제5항).

✦ 오답해설

① 동법 제34조 제1항
② 동법 제34조 제2항
④ 동법 제2조 제9호, 성폭력범죄의 처벌 등에 관한 특례법 제42조 제1항

18

✦ 정답해설

③ 장애연금은 「국민연금법」에서 규정하고 있다(국민연금법 제49조 제2호).

✦ 오답해설

① 장애인복지법 제49조
②·④ 동법 제50조

19

✦ 정답해설

① 시장에 진입하기 전에 아동이나 실업자에 대해 제공되는 교육, 훈련정책이 추구하는 것은 평등의 가치이며 이는 기회의 평등을 의미한다.

✦ 오답해설

② 최후의 사회안전망은 공공부조이다.
③ 빈곤층에 EITC를 실시하는 것은 근로빈곤층의 근로의욕 고취를 목적으로 한다.
④ 저소득층에게 생계급여를 지급하는 것은 수직적 재분배에 해당한다.

20

✦ 정답해설

① 제시문은 사회보험의 특성에 관한 내용이다. 국민연금제도, 산재보험제도, 고용보험제도는 모두 사회보험에 속하며 국민기초생활보장제도는 공공부조에 해당한다.

국가직 9급 정답 및 해설

✅ 정답

01	①	02	③	03	④	04	④	05	②
06	②	07	①	08	④	09	④	10	①
11	③	12	④	13	④	14	②	15	①
16	②	17	③	18	④	19	②	20	①

01

✦ 정답해설

① 정책의 목표효율성은 정책이 목표로 하는 대상자들에게 자원이 집중적으로 할당되는 정도, 즉 욕구가 높은 대상자에게 자원이 우선 배분되는 것을 의미한다. 현금급여에서는 급여의 오남용 가능성이 높지만 현물급여에서는 급여에 따른 스티그마 때문에 욕구가 낮은 사람은 수급신청을 포기하게 되고 욕구가 높은 사람만 신청을 하므로 목표효율성이 높다.

합격생 Guide 현물급여와 현금급여의 장·단점

구분	장점	단점
현금급여	• 수급자 만족 극대화 • 수급자의 선택의 폭이 넓음 • Stigma 발생 제거 가능 • 운영효율이 높음	• 목표효율이 낮음 • 문제해결보다는 낭비 가능성이 높음 • 정책목표 달성에 제한적
현물급여	• 정치적·행정적 선호가 큼 • 납세자의 선호도가 큼 • 소비가 한정적이므로 정책효율성이 큼 • 목표(대상)효율성이 큼	• 소비주체의 선택권이 제한됨 • Stigma 발생 위험 • 운영효율성이 낮음

02

✦ 정답해설

③ 「사회복지사업법」에는 「근로기준법」에 의한 여성근로자의 복지사업을 제시하고 있지 않다.

제2조(정의) 이 법에서 사용하는 용어의 뜻은 다음과 같다.
1. "사회복지사업"이란 다음 각 목의 법률에 따른 보호·선도(善導) 또는 복지에 관한 사업과 사회복지상담, 직업지원, 무료 숙박, 지역사회복지, 의료복지, 재가복지(在家福祉), 사회복지관 운영, 정신질환자 및 한센병력자의 사회복귀에 관한 사업 등 각종 복지사업과 이와 관련된 자원봉사활동 및 복지시설의 운영 또는 지원을 목적으로 하는 사업을 말한다.
   가. 「국민기초생활 보장법」
   나. 「아동복지법」
   다. 「노인복지법」
   라. 「장애인복지법」
   마. 「한부모가족지원법」
   바. 「영유아보육법」
   사. 「성매매방지 및 피해자보호 등에 관한 법률」
   아. 「정신건강증진 및 정신질환자 복지서비스 지원에 관한 법률」
   자. 「성폭력방지 및 피해자보호 등에 관한 법률」
   차. 「입양특례법」
   카. 「일제하 일본군위안부 피해자에 대한 생활안정 지원 및 기념사업 등에 관한 법률」
   타. 「사회복지공동모금회법」
   파. 「장애인·노인·임산부 등의 편의증진 보장에 관한 법률」
   하. 「가정폭력방지 및 피해자보호 등에 관한 법률」
   거. 「농어촌주민의 보건복지증진을 위한 특별법」
   너. 「식품 등 기부 활성화에 관한 법률」
   더. 「의료급여법」
   러. 「기초연금법」
   머. 「긴급복지지원법」
   버. 「다문화가족지원법」
   서. 「장애인연금법」
   어. 「장애인활동 지원에 관한 법률」
   저. 「노숙인 등의 복지 및 자립지원에 관한 법률」
   처. 「보호관찰 등에 관한 법률」
   커. 「장애아동 복지지원법」
   터. 「발달장애인 권리보장 및 지원에 관한 법률」
   퍼. 「청소년복지 지원법」
   허. 그 밖에 대통령령으로 정하는 법률

03

✦ 정답해설

④ 사회문제의 발생원인에 대해 제도적 관점에서는 사회의 구조적 책임을 강조하고 잔여적 관점에서는 개인의 책임을 강조한다.

04

✦ 정답해설

④ 사회적 배제는 결과적 상태를 나타내는 빈곤개념과 달리 빈곤화에 이르는 역동적 과정을 강조하며 소득빈곤의 영역을 넘어서는 불이익의 다양한 차원을 포괄하는 개념으로 사용된다.

합격생 Guide | 빈곤 관련 용어

빈곤율	소득이 빈곤선이라는 절대수준에 미달하는 가구가 총인구에서 차지하는 비율
빈곤갭	빈곤선 이하에 있는 사람들의 소득을 모두 빈곤선 수준까지 끌어올리기 위해 GNP(또는 GDP)의 몇 %의 소득이 필요한가를 보여주는 지표
빈곤의 덫	충분히 소득활동을 할 수 있음에도 약간씩 지급되는 생계비에 의존한 채 한 평생 소위 극빈자로 살기를 자처하며 안주하는 것

05

✦ 정답해설

② 재가복지가 도입된 것은 1980년대이며, 1991년 사회복지관 부설 재가복지봉사센타가 설치·운영됨에 따라 재가복지사업이 급격하게 증가되었다.

06

✦ 정답해설

② ㄴ, ㄷ은 옳은 설명이다.

✦ 오답해설

ㄱ. 「정주법」에서 빈민의 자유로운 이동을 금지하였다.
ㄹ. 베버리지보고서에서는 보험료의 균등납부의 원칙을 제시하였다. 베버리지보고서의 주요원칙으로는 기여의 균등화, 급여의 균일화, 통합적 행정, 적용범위의 포괄화, 수급자의 기본적 욕구를 충족할 수 있는 급여의 적절화, 대상의 분류화 등이 있다.

07

✦ 정답해설

① 신우파의 3대 가치는 자유, 개인주의, 불평등이다.

✦ 오답해설

② 중도노선은 신우파와 비슷하게 자유, 개인주의, 경쟁적 사기업을 신봉하나 신우파와 달리 중심가치에 대한 신뢰의 강도로 중심가치들을 절대적 가치로 믿지 않으며 조건부로 신봉하고 지적 실용주의에 의해 제한을 받는다.
③ 민주적 사회주의의 중심가치는 자유, 평등, 우애이고 중심적 가치로부터 파생된 가치로서 민주주의와 인도주의가 있다.
④ 마르크스주의는 민주적 사회주의자들과 마찬가지로 자유, 평등, 우애를 중시한다.

08

✦ 정답해설

④ 「사회복지사 윤리강령」의 Ⅱ-1. 클라이언트와의 관계에 명시되어 있다.

✦ 오답해설

① '사회복지사의 권익옹호'가 아니라 '클라이언트의 권익옹호'를 최우선의 가치로 삼고 행동한다.
② 한국사회복지사협회는 사회복지사윤리위원회를 구성하여, 사회복지윤리실천의 질적인 향상을 도모해야 한다.
③ 사회복지사는 기관의 정책과 사업목표의 달성, 서비스의 효율성과 효과성 증진을 위해 노력함으로써 클라이언트에게 이익이 되도록 해야 한다.

09

✦ 정답해설

④ ㄱ, ㄴ, ㄷ 모두 옳다. 로스만(Rothman)의 '지역사회개발모델'에서는 주민들이 문제를 스스로 해결할 수 있는 능력을 강화시켜 주는데 역점을 두며 문제의 파악 및 해결과정에 있어 주민들의 광범위한 참여를 장려한다. 웨일과 갬블(Weil&Gamble)의 '기능적 지역사회 조직모델'에서는 지리적 의미의 지역사회가 아닌 같은 정체성이나 이해관계를 가진 비영토적 지역사회가 갖는 문제를 해결하는데 관심을 두며 특정 이슈나 인구집단의 옹호에 관심을 둔다.

Guide 테일러와 로버츠(Tayler&Roberts)의 모델

실천모델	후원자와 클라이언트의 결정권한 정도
프로그램 개발 및 조정모델	후원자가 100% 결정권한
계획모델	후원자가 7/8 결정권한
지역사회 연계모델	후원자와 클라이언트가 1/2의 결정권한
지역사회 개발모델	클라이언트가 7/8 결정권한
정치적 권력강화모델	클라이언트가 100% 결정권한

10

✦ 정답해설

① 영기준 예산(zero-based budgeting)이란 전년도 예산을 전혀 고려하지 않고 계속 프로그램 또는 신규 프로그램의 정당성을 매년 새로이 마련하고 다른 프로그램과의 경쟁적 기반에서 우선순위를 정해 편성하는 예산을 말한다.

11

✦ 정답해설

③ 임파워먼트모델에서는 사회복지사와 클라이언트의 협력적인 역할을 강조하는 데 클라이언트의 상황에 대해 강점 관점을 적용하여 다양한 차원을 반영하고 클라이언트의 강점을 현실화시킨다.

✦ 오답해설

① 심리사회모델은 직접적 치료와 간접적 치료를 통해 클라이언트에게 개입하는 데 직접적 치료는 클라이언트의 내적 갈등에 대한 이해와 통찰이고 간접적 접근은 클라이언트에게 필요한 자원의 제공, 발굴, 옹호하는 환경적 요소를 말한다.

② 위기개입의 목표는 과거의 무의식적·정신 내면적 갈등의 해결에 있는 것이 아니라 현재 관찰 가능한 구체적인 문제들을 표적으로 하며 클라이언트가 최소한 위기 이전의 기능수준으로 회복하는 것을 돕는데 있다.

④ 과업중심모델에서는 클라이언트의 환경에 대한 개입을 통해 문제와 관련된 자원에 대해 탐색하고 활성화하기 위한 방안을 개입의 모든 과정에서 강조한다.

12

✦ 정답해설

④ 집단사회복지 실천과정 중 초기단계는 집단구성원이 집단에 대한 불안과 긴장이 높은 시기이므로 사회복지사는 주로 신뢰할 수 있는 분위기를 확립하고 집단활동에 대한 동기와 능력을 고취시키는 데 중점을 둔다.

Guide 집단사회복지 실천과정

집단 초기 단계	• 집단의 구성원들은 새로운 환경에 대해 불안, 불신, 두려움, 저항감을 가짐 • 새로운 사람과 접촉하기보다는 사회복지사와 대화를 많이 시도함 • 비자발적인 집단의 경우에는 집단성원의 저항이 심할 수 있음
집단 중간 (개입) 단계	• 집단성원들은 집단 및 개별성원에 대한 탐색이 감소하면서 자신이 정서적으로 유대감을 형성할 수 있는 성원들과 하위집단을 형성함 • 하위집단 간에 경쟁관계가 발생하면 이들 집단 간에 알력이 발생하지만 이를 잘 해결하면 집단과정을 촉진할 수 있는 계기가 만들어짐 • 집단성원들이 개입에 성공적으로 진입하게 되면 다른 성원들과 자신의 차이점을 인정하고 수용할 수 있으며 자신이 집단에 기여할 바를 모색함 • 집단의 중요성을 내면화하게 되어 집단참여가 증가하게 되며 이는 집단응집력과 타 성원과의 유대감과도 깊은 관련이 있고 집단에 대한 만족도도 표현이 됨
집단 종결 단계	• 집단성원들은 자신들이 집단에서 가졌던 긍정적인 경험을 집단 내외에서 표현하기 시작하는 데 이것은 집단의 종결이 임박했음을 암시하는 지표임 • 종결단계에서 집단성원들은 다방향의 의사소통이 이루어지며, 사회복지사의 개입 없이도 주제에 대한 토론이 자유롭게 이루어질 수 있음 • 집단의 종결에 대한 양가감정이 발생하고, 퇴행적인 행동이 발생하며, 때론 집단적인 행동이나 위협을 장난스럽게 던져 보는 경우도 있음 • 종결을 준비하는 사회복지사는 사전에 집단의 종결이 임박함을 알려주어야 하고, 집단 전체와 목표성취 정도를 점검해보며, 개별성원과도 목표성취 정도를 파악할 필요가 있음 • 클라이언트의 향상된 문제해결능력과 변화가 원조과정이 종결된 이후에도 최대한 지속될 수 있게 원조하는 것이 매우 중요함

13

◆ 정답해설

④ 델파이기법(전문가합의법)은 기존 자료의 부족 등으로 참고할 자료가 없거나 미래의 불확실한 상황을 예측하고자 할 경우 도입하는 것으로 전문가들의 주관적, 직관, 식견, 통찰력에 의해 미래를 예측하는 주관적, 질적 기법에 해당한다.

14

◆ 정답해설

② 중앙행정기관의 장은 해당 기관의 장애인정책을 효율적으로 수립·시행하기 위해 소속 공무원 중에서 장애인정책책임관을 지정할 수 있다(장애인복지법 제12조 제1항).

◆ 오답해설

① 동법 제11조 제1항
③ 동법 제13조 제1항
④ 동법 제11조 제2항 제2호·제4호·제5호

15

◆ 정답해설

① 학교변화모델에서는 학교가 학생들의 학교 부적응과 학업 미성취의 원인이 된다고 보며 역기능적인 학교의 규범과 학교의 상태를 변화시키는 데 그 개입의 목적을 두며, 역기능적인 학교의 규범과 조건들을 확인하여 학생의 학업 미성취의 원인으로 보이는 제도적 정책들을 변화시킨다.

합격생 Guide 학교사회사업의 실천모델

실천모델	내용
전통적 임상모델	• 학생의 정신적·정서적 문제들의 원인이 부모-자식 사이의 갈등과 같은 가족에게 있다고 간주함 • 개입은 학생의 행동을 수정하거나 부모의 특성을 변화시킴으로서 학교에 적응하고 학습기회를 효과적으로 활용할 수 있도록 원조하는 것임
학교변화 모델	• 학생들의 학교 부적응과 학업 미성취 원인이 학습제도라고 봄 • 개입의 목적은 역기능적인 학교의 규범과 학교상태를 변화시키는 데 있으며 학생의 학업 미성취의 원인으로 보이는 제도적 정책들을 변화시킴

사회적 상호작용 모델	• 문제의 원인은 개인들과 다양한 체계들이 서로 의사소통하고 상호 보조하기 위해 행하는 사회적 상호작용에 어려움이 있기 때문임 • 학교, 학생, 지역사회 간에 기능적 상호작용을 방해하는 장애를 확인하고 역기능적인 상호작용 유형에 변화를 주고 이를 통해 학교·학생·지역사회가 함께 일할 수 있도록 돕는 것을 목적으로 함
지역사회 학교 모델	• 학생들의 문제의 원인이 빈곤을 포함한 지역사회의 사회적 조건과 지역사회의 문화적 차이에 대한 이해부족에 기인한다고 봄 • 지역사회가 학교의 역할을 이해하고 지지하며 학교가 취약지역의 학생들을 위한 프로그램을 개발할 수 있도록 돕는 것을 목적으로 함

16

◆ 정답해설

② 판사는 가정보호사건의 원활한 조사·심리 또는 피해자의 보호를 위하여 필요하다고 인정하는 경우에는 결정으로 가정폭력행위자에게 피해자 또는 가정구성원의 주거, 직장 등에서 100미터 이내의 접근금지를 할 수 있다(가정폭력범죄의 처벌 등에 관한 특례법 제29조 제1항 제2호).

◆ 오답해설

① 동법 제4조 제1항
③ 동법 제9조의2
④ 동법 제5조 제1호·제1의2호·제2호

17

◆ 정답해설

③ 적립방식은 가입자가 본인을 위해 근로기간 중 보험료를 납부하여 기금을 적립하고 퇴직 후에 고정된 적립기금으로 노령연금을 수급하는 방식을 말한다. 이 경우 예상치 못한 인플레이션은 고정된 적립기금에서 지급되는 노령연금의 실질가치를 하락시키는 문제를 발생할 수 있다. 이에 반해 부과방식은 근로자가 납부한 보험료를 현재의 노인에게 연금으로 지급하는 방식으로 인플레이션에 따른 물가상승만큼 보험료를 조정하여 노인에게 실질가치가 보장되는 연금을 지급할 수 있다는 장점이 있다.

18

✦ 정답해설

④ '노인학대'라 함은 노인에 대하여 신체적·정신적·정서적·성적 폭력 및 경제적 착취 또는 가혹행위를 하거나 유기 또는 방임을 하는 것을 말한다(노인복지법 제1조의2 제4호).

19

✦ 정답해설

② 클라이언트와 서비스 제공자의 연결, 기관 간의 조정 등은 사례관리자의 간접적 개입에 해당한다.

합격생 Guide 사례관리자의 서비스

직접적 서비스 제공	간접적 서비스 제공
• 클라이언트와 사례관리자와의 치료적 관계를 바탕 • 클라이언트가 자존감을 높이고 신뢰감을 발달시키며 새로운 대처기술을 획득할 수 있도록 정신 내적 변화를 돕는 것을 강조	• 단편적인 서비스의 연결, 전달체계의 복잡한 서비스를 조정하는 방법 • 보호의 지속성을 보장하고 서비스의 분산과 중복 방지 • 지속적인 서비스의 촉진, 비용효과 증대를 위한 서비스 전달체계

20

✦ 정답해설

① 명료화기술은 클라이언트가 진술한 내용의 실체를 요약해 주는 기법으로 클라이언트가 모르는 사실, 알면서도 회피하려던 내용, 알지만 애매하게 느끼던 내용을 상담자가 분명하게 언급해 줌으로써 상담자가 해당 내용에 대해 잘 이해하고 있음을 입증하는 것이다.

✦ 오답해설

② 자기노출은 사회복지사가 자신의 생각과 감정, 삶의 경험 등을 밝혀 클라이언트의 신뢰를 증진시키고 상호 이해를 도모하는 것으로 가능한 자주 사용해야 하는 것은 아니다.

③ 클라이언트의 말한 내용과 행동 또는 말한 내용들 간에 일치되지 않는 부분이 있을 경우 클라이언트 메시지의 불일치된 내용을 지적할 때 사용하는 기술은 직면이다.

④ 사회복지사는 상담의 초기단계에는 클라이언트와의 관계형성을 통해 클라이언트가 가지고 있는 문제를 이해하는 것에 초점을 둔다.

2011년 기출
2011.05.14. 시행

지방직(상반기) 9급 정답 및 해설

✓ 정답

01 ②	02 ③	03 ③	04 ②	05 ①
06 ④	07 ③	08 ①	09 ②	10 ④
11 ①	12 ③	13 ④	14 ②	15 ①
16 ④	17 ④	18 ①	19 ②	20 ③

01

✦ 정답해설

② 사회복지실천에 있어 통합적 접근은 과거의 심리적, 정신적 측면에서부터 일반체계론에 이르기까지 확대된 개념을 사용한다.

✦ 오답해설

① 공동체가 발견할 수 있는 자원체계에 대해 핀커스와 미나한은 자연적(비공식적) 자원체계, 공식적 자원체계, 사회적 자원체계의 3가지로 구분하였다.
③ 개인의 심리역동을 설명하는 것은 정신분석이론이다.
④ 프로이드가 심리사회적 모델을 창시한 것은 아니다. 심리사회적 모델은 '상황 속 인간'이라는 측면에서 사회복지 영역뿐만 아니라 정신분석학, 자아심리학, 사회학, 인류학 등을 포함하는 다양한 지식체계들을 사회복지실천에 적용하여 클라이언트의 상황에 대한 더 나은 이해를 도모한다.

02

✦ 정답해설

③ 노인문제의 발생원인으로는 노인인구가 증가하고 있다는 것과 도시화, 산업화, 핵가족화를 들 수 있다. 노인문제나 장애인, 아동 등에 관한 문제는 단기적 대비보다는 장기적인 대비가 예방적 차원에서 필요하다.

03

✦ 정답해설

③ 선별적 프로그램에 의하면 전체 대상자에게 수급자격을 부여하는 것이 아니라 자산조사 등을 통해 욕구가 높은 자를 선별하여 수급자격을 부여하는 것으로 목표효율성은 높지만 운영효율성은 낮다는 단점이 있다.

04

✦ 정답해설

② 사회복지 행정조직에서는 관리자의 활동보다는 사회복지사처럼 전문성을 가지고 있는 자의 활동이 중요시된다.

05

✦ 정답해설

① 인보관사업운동(1884)은 인도주의·박애주의의 정신을 바탕으로 중산층 지식인들이 빈민지구에 이주하여 자선활동을 한 것으로 빈민지구를 실제로 조사하여 그 지구에 대한 생활실태를 파악하고 도움의 필요가 있는 사람들을 조력하고자 추진한 사회개혁운동이다. 인보관운동과 자선조직협회는 민간차원의 복지운동에 해당한다.

06

✦ 정답해설

④ 위탁보호서비스, 입양서비스, 시설보호서비스는 대리적 서비스에 해당한다.

합격생 Guide 카두신(Kadushin)의 아동복지서비스

지지적 서비스	부모교육서비스, 가족상담서비스
보충적 서비스	보육서비스
대리적 서비스	위탁보호서비스, 입양서비스, 시설보호서비스

07

✦ 정답해설

③ 시민권모델은 장애인의 의료적 재활을 최우선의 목표로 하는 것이 아니라 장애인에 관한 문제를 사회적 차별에 있다고 보고 사회적 인식의 변화와 같이 사회적 행동변화를 해결책으로 강조한다.

구분	복지모델	시민권모델
문제의 소재	개인적 문제(손상)	사회적 문제(차별)
해결책	개별적 치료	사회적 행동
기본적인 시각	분리, 보호	통합, 권리
해결방안	개별적인 적용	사회변화
서비스 주체	전문적 권위자	집합적 사회
장애인 역할	통제대상	선택주체
권리구제방법	행정규제	개별소송

08

✦ 정답해설

① 옳은 것은 ㄱ과 ㄴ이다.

ㄱ, ㄴ. 여성주의(페미니즘)에서는 여성문제를 개인적 차원이 아닌 사회구조적 측면에서 파악하려 한다. 워커는 클라이언트가 자신 내부에서 변화의 가능성을 찾도록 권한을 부여하는 것에 초점을 맞춘다.

✦ 오답해설

ㄷ, ㄹ. 여성주의적 시각에서 개입은 클라이언트의 권한부여에 초점을 두며 클라이언트에게 변화의 방향과 능력이 자신에게 있음을 알게 한다. 여성주의 사회복지실천에서는 여성문제의 원인을 역량부족, 권력의 불평등, 성역할의 사회화, 가부장주의, 가부장 중심의 자본주의 사회, 인종 등으로 본다.

09

✦ 정답해설

② 사회보장기본법 제3조 제4호

✦ 오답해설

① 사회보장은 출산, 양육, 실업, 노령, 장애, 질병, 빈곤 및 사망 등의 사회적 위험으로부터 모든 국민을 보호하고 국민 삶의 질을 향상시키는 데 필요한 소득·서비스를 보장하는 사회보험, 공공부조, 사회서비스를 말한다(동법 제3조 제1호). 즉, 대량실업, 재해, 전시 등 국가위기 상황에서 국가가 국민에게 기초생활을 보장해 주어 안정된 사회생활을 하도록 만드는 보호조치로 민간에서 제공되는 것은 제외된다.

③ 사회사업은 전문적 사회사업에 의한 기술적 체계이며, 사회복지는 사회적 시책에 의한 제도적 체계를 말한다.

④ 평생사회안전망은 생애주기에 걸쳐 보편적으로 충족되어야 하는 기본욕구와 특정한 사회위험에 의하여 발생하는 특수욕구를 동시에 고려하여 소득·서비스를 보장하는 맞춤형 사회보장제도를 말한다(동법 제3조 제5호). 즉, 인적자원의 보존, 보호, 개선을 직접적 목적으로 하는 조직화된 활동으로 사회입법과 민간단체를 통해 제공되는 보호조치를 말한다.

10

✦ 정답해설

④ 춘궁기와 흉년에 곡식을 대여하는 제도는 '창'으로 이는 조선시대의 비황제도에 해당한다. 조선시대의 비황제도는 고려시대에 비해 좀 더 조직화·구체화한 제도로 관곡을 내어 이재민이나 빈민을 구제하는 제도였다.

비황제도
(춘궁기)
	• 삼창
	  − 상평창 : 물가조절, 빈민구제
	  − 의창 : 민간에게 곡물을 대부해 주었다가 다음 추수기에 환곡하는 제도
	  − 사창 : 의창과 같은 목적이나 의창과는 달리 사민의 공동저축으로 상부상조하여 연대책임 하에 자치운영
	• 교제창 : 교통요지에 설치하여 지역 간 흉풍을 조절

구황제도 (자연 재해)	• 원납 : 관곡의 부족을 보충하고 관직을 제수하던 제도 • 진휼(진대) : 이재민 또는 빈궁민들에게 유·무상으로 양곡이나 장, 미역, 소금, 채소 및 면포 등을 급여하거나 대출 • 조적(방곡) : 흉년 또는 풍년으로 인한 곡가변동으로 인해 야기되는 경제불안을 예방하기 위한 곡가안정제도 • 고조 : 생계가 곤란하여 혼례나 장례를 치루지 못하는 자에게 관에서 그 비용을 부조하는 제도 • 견감 : 흉년 또는 재해를 당한 백성에게 조세, 공물, 부역 등을 감면해 주거나 대부된 환곡을 면제 또는 감면해주는 제도

11

✦ 정답해설

① ㄱ(노인장기요양보험법 제2조 제3호), ㄴ(동법 제48조 제1항)이 옳다.

✦ 오답해설

ㄷ. 노인 등이란 65세 이상의 노인 또는 65세 미만의 자로서 치매·뇌혈관성질환 등 대통령령으로 정하는 노인성 질병을 가진 자를 말한다(동법 제2조 제1호).

ㄹ. 대상자에게 제공되는 장기요양급여는 재가급여, 시설급여, 특별현금급여(세제혜택급여×)로 구분된다(동법 제23조 제1항)

합격생 **Guide** 장기요양급여의 종류
(노인장기요양보험법 제23조 제1항)

1. 재가급여

방문요양	장기요양요원이 수급자의 가정 등을 방문하여 신체활동 및 가사활동 등을 지원하는 장기요양급여
방문목욕	장기요양요원이 목욕설비를 갖춘 장비를 이용하여 수급자의 가정 등을 방문하여 목욕을 제공하는 장기요양급여
방문간호	장기요양요원인 간호사 등이 의사, 한의사 또는 치과의사의 지시서(이하 "방문간호지시서"라 한다)에 따라 수급자의 가정 등을 방문하여 간호, 진료의 보조, 요양에 관한 상담 또는 구강위생 등을 제공하는 장기요양급여
주·야간보호	수급자를 하루 중 일정한 시간 동안 장기요양기관에 보호하여 신체활동 지원 및 심신기능의 유지·향상을 위한 교육·훈련 등을 제공하는 장기요양급여
단기보호	수급자를 보건복지부령으로 정하는 범위 안에서 일정기간 동안 장기요양기관에 보호하여 신체활동 지원 및 심신기능의 유지·향상을 위한 교육·훈련 등을 제공하는 장기요양급여
기타 재가급여	수급자의 일상생활·신체활동 지원 및 인지기능의 유지·향상에 필요한 용구를 제공하거나 가정을 방문하여 재활에 관한 지원 등을 제공하는 장기요양급여로서 대통령령으로 정하는 것

2. 시설급여 : 장기요양기관에 장기간 동안 입소하여 신체활동 지원 및 심신기능의 유지·향상을 위한 교육·훈련 등을 제공하는 장기요양급여

3. 특별현금급여

가족요양비	가족장기요양급여
특례요양비	특례장기요양급여
요양병원간병비	요양병원장기요양급여

12

✦ 정답해설

③ 문제해결과정에서 클라이언트 스스로 자신의 목표를 수립할 수 있도록 도움을 제공해야 함은 '자기결정의 원칙'과 관련이 있다. 이 경우 사회복지사는 클라이언트의 잠재력을 발견하고 다양한 인적·물적·사회적 자원을 연결시켜 문제해결에 도움을 준다.

✦ 오답해설

① 사생활 및 비밀보장의 원칙은 전문적·직업적 관계에서 나타나게 되는 클라이언트에 관련된 비밀을 지켜야 한다는 원칙을 말한다.

② 수용의 원리는 사회복지사가 클라이언트의 장단점, 긍정적인 점과 부정적인 면 등을 있는 그대로 이해하고 받아들여야 한다는 원리를 말한다.

④ 개별적 다양성 존중은 모든 클라이언트는 개별적인 욕구를 가진 존재로 존중되어야 하며 클라이언트의 독특한 자질을 인정하고 이해하며 보다 나은 적응을 위해 상황에 맞는 방법을 사용한다.

13

✦ 정답해설

④ 종전까지 장애로 인한 손상은 직접적 손상에 관한 것이 주된 논의였으나 이제는 장애로 인한 직접적 손상 외에도 간접적인 영역인 환경의 개선까지를 포함한 통합적인 복지를 도모하고자 하는 환경적 맥락을 강조한다.

✦ 오답해설

① 1980년 세계보건기구는 장애를 손상(impairment), 능력장애(disability), 사회적 불리(handicap)로 분류하였다.

② 장애의 개념에서 신체적 잔존기능을 최대화시키고자 하는 것은 의료적 재활적 관점이다. 심리사회적 재활적 관점에서는 전 재활과정에 방해가 되는 모든 경제적·사회적·심리적 곤란을 감소시켜 장애인으로 하여금 가정이나 지역사회 또는 직장에 적응할 수 있도록 원조하고 사회통합 내지는 재결합하는 것을 목표로 한다.

③ 「장애인복지법」상 장애는 크게 신체적 장애와 정신적 장애로 나눌 수 있다(장애인복지법 제2조 제2항). 구체적으로는 15 종류의 장애인으로 분류된다(시행령 제2조 별표1).

합격생 Guide	장애인복지법상 장애의 종류	
신체적 장애	내부기관 장애	신장장애, 간장애, 장루·요루장애, 뇌전증장애, 심장장애, 호흡기장애
	신체 외부 장애	뇌병변장애, 지체장애, 시각장애, 청각장애, 언어장애, 안면장애
정신적 장애		지적장애, 정신장애, 자폐성장애

14

✦ 정답해설

② 사회보험이나 공공부조의 경우 서비스의 성격상 공공조직을 통해서만 제공되는 것이 바람직하다.

15

✦ 정답해설

① 사회복지의 가장 중요한 목표는 평등의 가치를 구현하는 것이지만 그렇다 하더라도 효율의 가치를 무시할 수는 없다. 즉, 평등의 가치가 충분히 구현된 사회복지정책이더라도 효율의 가치를 크게 훼손하면 바람직한 정책이라 할 수 없다.

✦ 오답해설

② 사회복지정책으로서의 효율은 수단적 효율을 중시한다. 수단으로서의 효율은 평등목적을 달성하기 위해 국가가 시장에 개입하여 사회복지정책을 집행할 때의 효율성으로 시장에 대한 국가개입을 인정한다. 배분적(파레토) 효율성은 시장에서 자원의 효율적인 배분을 말하는 것으로 자유방임주의나 신자유주의의 입장에서 강조된다.

③ 사회복지정책에서의 효율은 기본적으로 투입(비용)과 산출의 비율에 근거하는 것이므로, 어떠한 상황에서도 최소의 비용을 들이는 것은 아니다

④ 사회복지정책에서 정책이 원래 의도했던 목표를 달성하였는지를 판단하는 방법은 효율성 평가가 아니라 효과성 평가이다.

16

✦ 정답해설

④ 생태체계이론은 어느 하나의 개입기법을 가지는 모델이 아니기 때문에 다양한 이론과 전략을 수립함으로써 통합적인 접근을 할 수 있도록 해준다.

✦ 오답해설

① 생태체계론은 체계론과 생태학적 이론을 결합한 것이다.

② 투입과 산출과정에서 상대적으로 안정된 균형상태인 항상성을 유지하려는 경향이 있다.

③ 순환적 인과론에 입각하여 문제의 원인을 찾는다.

17

✦ 정답해설

④ 사회복지실천의 목표를 달성하기 위해 가능한 모든 자원과 클라이언트를 연결시키는 것은 '중개자'이다. '중재자'는 갈등상황에 있는 당사자들 사이에 개입하여 서로 타협하거나 차이를 줄이거나 상호 만족할 만한 합의점에 도달하도록 원조하는 것을 말한다.

18

✦ 정답해설

① ㄱ, ㄷ이 옳은 내용이다.

✦ 오답해설

ㄴ. 사정과정에 있어 클라이언트의 욕구 및 참여가 사회복지사의 전문성보다 우선시된다.

ㄹ. 클라이언트에 대한 탈시설화에 따른 지역사회보호가 강조되고 클라이언트의 문제해결과 치료보다는 욕구충족과 보호를 더 강조한다.

19

✦ 정답해설

② 주택을 사회공공재로 규정하고 국가가 집값을 규제하는 것을 인정하는 경우는 소극적 집합주의(중도노선)나, 사회민주주의의 입장이다.

◆ 오답해설

① 자유주의적 페미니즘은 교육, 직업, 사회적 위치에서 남성과의 동등한 권리획득에 주된 관심을 보이는데 이 견해에 따르면 국가를 중립적, 몰이해적 중재적 존재로 간주하여 국가관이 단순하다는 약점이 있다.

③ 신우파가 정부의 개입을 유해하다고 보고 시장에 대한 정부개입을 반대하는 것은 사실이지만 절대적으로 그런 것은 아니고 자유시장의 유지를 위한 규칙제정, 독점발생으로 인한 과다한 비용의 문제를 해결하기 위한 경우 등 필요한 경우에는 정부개입을 인정한다.

④ 마르크스주의는 사회적 가치로 자유, 평등, 우애를 강조하며 신우파는 자유, 개인주의, 불평등을, 중도노선은 자유, 개인주의, 경쟁적 사기업을 강조한다.

20

◆ 정답해설

③ 공공부조와 실업급여는 빈곤의 문제에 대처하는 사전적 조치가 아니라 사후적 조치이다. 사회적 배제는 최근 빈곤문제를 대체하려고 도입된 용어로 고도의 경제성장에서도 존재하는 대규모의 장기실업과 지속적인 노동에 불구하고 빈곤선 이하의 수많은 노숙자들의 문제를 설명하기 위해 등장하였다. 사회적 배제에 대처하기 위해서는 사회적 위험에 대한 보장과 함께 사회적 결속의 증진을 꾀하여야 하며 정보와 자원 및 사회적 서비스에 대한 접근성을 확대하고 의미있는 사회적 상호작용에 대한 참여 기회를 확대해야 한다.

지방직(하반기) 9급 정답 및 해설

✓ 정답

01	③	02	④	03	①	04	③	05	②
06	①	07	②	08	①	09	③	10	②
11	②	12	①	13	④	14	②	15	④
16	①	17	③	18	②	19	③	20	③

01

✦ 정답해설

③ 산업화론은 산업사회에서 발생하는 욕구에 대한 대응은 산업화로 인해 가능해진 자원을 통해 합리적으로 이루어진다는 것을 가정으로 사회정책의 발전을 설명하는 이론이다. 산업화이론에서 사회정책의 결정요인은 산업화로 사회정책은 산업화의 진전에 따른 사회문제에 대처하기 위한 대책으로 발전한다.

✦ 오답해설

① 시민권이론은 사회복지를 시민권의 발전과 함께 발전되었다고 본다.

② 사회양심이론은 사회복지의 발달을 일반국민들 사이에서 사회적 양심이 성장한 결과로 본다.

④ 사회정의론은 롤스의 사회계약론을 바탕으로 한 것으로 사회구성원 간의 이익의 충돌과 갈등을 제도적 원리를 통해 해결하는 절차를 확립하는 것이다.

02

✦ 정답해설

④ 제시문은 해고된 장애인 근로자들의 권익을 찾고 보호하기 위한 활동으로 옹호자(대변자)로서의 역할에 해당한다. 옹호자는 지역사회에서 필요한 서비스를 찾거나 이러한 자원의 확보에 어려움을 겪는 사람들을 위해 클라이언트 개인이나 가족의 권리를 보호하고 정책적 변화를 모색하기 위한 활동을 말한다.

03

✦ 정답해설

① 사회복지는 상부상조, 박애, 자조의 기능을 수행한다.

합격생 Guide 길버트와 스펙트(Gilbert & Specht)의 개념

사회제도	기능
가족제도 (사회화기능)	출산, 보호, 사회화, 친밀관계, 정서적 지원
종교제도 (사회통합기능)	사회통합, 영성계발
경제제도 (생산·소비·분배 기능)	재화의 생산, 분배, 소비, 교환, 고용
국가제도 (사회통제기능)	사회통제, 집합적 목표를 위한 자원의 동원과 분배
사회복지제도 (상호부조기능)	상부상조, 자조, 박애

04

✦ 정답해설

③ 스핀햄랜드법(1795)은 임금보조제도로서 최저 생활기준에 미달되는 임금의 부족분을 보조해 주는 법령이다. 가장이 없는 가정을 위해 아동수당과 가정수당을 제공하며 노령자, 장애인, 불구자에 대한 원외구조를 확대하였다.

✦ 오답해설

① 스핀햄랜드법은 빈민의 독립심과 노동 동기를 저하시켰다.

② 구빈지출비용이 확대되어 억압적인 정책으로 회귀, 즉 1834년 개정 구빈법의 제정에 결정적인 영향을 미쳤다.

④ 스핀햄랜드법의 최저생계비는 빵가격과 부양가족의 수에 대비하여 지방세에서 임금을 보조하여 산정하였다.

05

✦ 정답해설

② 1601년 엘리자베스 빈민통제법은 세계 최초로 국가의 구빈책임을 규정한 법률로 빈민구제를 정부의 책임으로 인식하였으며, 구호의 대상자는 구호신청을 요건으로 해당 교구에서 3년 이상 거주한 자만이 신청자격을 부여받았고 실질적인 운영을 위한 국가의 재원조달을 규정하고 구빈세를 부과하였다.

✦ 오답해설

① 빈민의 자유로운 이동을 금지한 것은 정주법(거주지 제한법, 1662)이다.
③ 엘리자베스 빈민통제법은 원칙적으로 원내구호가 적용되었다.
④ 열등처우의 원칙에 의해 급여를 지급한 것은 개정 빈민법의 내용이다.

06

✦ 정답해설

① 로웬버그(Lowenberg)와 돌고프(Dolgoff)의 윤리원칙 사정표

윤리원칙 1	생명보호의 원칙
윤리원칙 2	평등과 불평등의 원칙
윤리원칙 3	자율(성)과 자유의 원칙
윤리원칙 4	최소 손실의 원칙(최소 해악의 원칙)
윤리원칙 5	삶의 질의 원칙
윤리원칙 6	사생활 보호와 비밀보장의 원칙
윤리원칙 7	진실성과 정보개방의 원칙(성실의 원칙)

07

✦ 정답해설

② 행동체계는 사회복지사가 변화노력을 달성하기 위해 서로 상호작용하는 사람들을 의미하며 행동체계들은 클라이언트에게 도움을 주는 변화를 가져오기 위해 사회복지사가 활동하는 이웃, 가족 또는 타인들을 말한다.

08

✦ 정답해설

① 델파이기법은 우편이나 이메일을 통해 수행될 수 있는 집단활용기법으로 전문가 중심의 주요 정보제공자들을 활용하는 기법이다. 이 기법은 여러 전문가들을 모아 놓고 토론하는 데서 오는 비효율성을 줄이고 공개토론에서 발생할 수 있는 소수자의 영향력을 없애거나 줄여 자유롭게 반대의사를 표현할 환경을 만들어 주기 때문에 효과적인 집단의사의 결정기법으로 활용되고 있다.

09

✦ 정답해설

③ 사회복지사가 클라이언트에게 직·간접 서비스를 제공하는 과정이므로 개입단계(실행단계)에 해당한다.

합격생 Guide 사례관리의 과정

1	접수	사례발견, 사전 적격심사 실시
2	사정	욕구 및 문제 사정, 자원 사정, 장애물 사정
3	계획	목표설정 및 보호계획 수립
4	개입	자원개발 및 연결, 보호계획의 실행 및 통합·조정
5	점검 및 재사정	보호를 모니터링, 재사정
6	평가 및 종결	서비스의 중단(종결), 계획연관성·효과성·만족도 측정

10

✦ 정답해설

② 양가감정이란 클라이언트가 개입목표(변화)를 위해 도움을 청하다가도 동시에 변화에 저항하는 감정을 가지는 것을 말한다.

✦ 오답해설

① 개인적 이익을 위해 사회복지사가 클라이언트와 전문적 관계를 이용할 수는 없다.
③ 클라이언트가 자신의 감정을 자유롭게 표현하도록 돕는 것은 의도적 감정표현이다.
④ 클라이언트의 자기결정의 원리에 따르면 사회복지사는 자신의 의견을 제안할 수 있다.

11

✦ 정답해설

② 가정위탁서비스는 아동이 자신의 가정에서 양육되기 어려울 때 일정기간 다른 가정에서 아동을 보호하도록 대리가정을 제공해 주는 것으로 입양과 같이 법적인 부모 · 자녀관계가 성립되는 것이 아니다.

12

✦ 정답해설

① 지원고용은 보호나 분리를 조장하는 보호고용체계로부터 탈피하여 지역사회에 기초한 통합을 추구하는 재활체계이다. 이는 직업적 중증장애인을 비장애인과 더불어 경쟁고용으로 통합시키는 것을 목표로 하며 직무지도원에 의해 전문적인 지원서비스를 필요로 한다.

13

✦ 정답해설

④ 제시문은 과제중심모델에 해당한다. 이 모델은 1972년 시카고 대학의 리드와 엡스타인에 의해 소개된 모델로 단기개입, 구조화된 접근, 클라이언트의 자기결정권에 대한 강조, 클라이언트의 환경에 대한 개입의 강조, 개인의 책무성에 대한 강조를 특징으로 한다.

합격생
Guide │ 과제중심모델의 특징

- 계획된 단기성
- 클라이언트의 현재활동을 강조
- 문제를 특정하여 2~3가지로 구체화
- 고도의 구조성이 요구됨
- 클라이언트의 문제를 해결하기 위해 사회복지사가 계약관계로 이어짐에 따라 중도개입실패를 방지할 수 있음
- 객관적 조사연구를 강조(경험지향적)

14

✦ 정답해설

② 비에스택의 관계원칙 중 수용은 사회복지사가 클라이언트의 강점과 약점, 바람직한 성격과 그렇지 못한 성격, 긍정적 감정과 부정적 감정, 건설적인 태도 · 행동과 파괴적인 태도 · 행동을 있는 그대로 이해하고 다루어 나가는 행동상의 원칙을 말한다. 그러나 정상을 벗어난 태도나 행동을 시인하는 것은 아니다.

15

✦ 정답해설

④ 가족의 역기능적 의사소통의 유형을 회유형, 비난형, 계산형, 혼란형으로 구분한 것은 경험적 가족치료모델이다.

16

✦ 정답해설

① 사회체계이론에서 체계가 안정되고 지속적인 균형상태를 유지하고자 하는 상태를 항상성이라 한다.

✦ 오답해설

② 체계가 왕성한 성장을 할 수 있도록 반투과적 경계를 갖고 있는 상태는 네거티브 엔트로피(negative entropy)이며, 엔트로피(entropy)는 체계의 구성요소들 간에 상호작용이 감소함에 따라 유용한 에너지가 감소하는 상태를 말한다.

③ '체계'는 질서 있고 상호 관련되며 기능적으로 전체를 구성하는 요소들의 집합체이다.

④ '폐쇄체계'는 다른 체계와 상호 교류를 하지 않기 때문에 투입을 받아들이지도 않고 산출도 생산하지 않는다. '개방체계'는 체계 내에서 정보와 자원을 자유롭게 교환하면서 체계 안뿐 아니라 체계 밖으로도 자유롭게 에너지의 통과를 허용하는 개념이다.

17

✦ 정답해설

③ 제도적 모형은 현대사회의 사회복지가 '제일선'으로서의 기능을 할 수 있다는 것을 전제로 한 보편주의 모형이다.

✦ 오답해설

① · ② · ④는 보충적(잔여적) 개념에 대한 설명이다.

18

✦ 정답해설

② 서비스의 파편화현상으로 인해 통합적 · 포괄적인 사례관리방법의 도입이 필요한 것이다. 사례관리는 다양하고 복합적인 문제를 가진 개인 및 그 가족의 자립과 자활을 위해 자원의 획득 및 활용능력을 강화하며 클라이언트의 욕구를 지역을 기반으로 하는 공식적 · 비공식적 자원과 연계 및 조정시키며 사례관리자는 중개자, 옹호자, 평가자, 조정자, 계획가 등 다양한 역할을 수행한다.

19

✦ 정답해설

③ BAB설계는 시간적 여유가 없어 기초선 단계에서 표적행동을 관찰할 수 없을 경우에 직접 개입단계로 들어감으로써 조속히 개입을 하여야 하는 경우에 적합한 방식으로 처음에 기초선 기간을 설정하지 않고 개입단계(B)로 들어가고 개입을 중단하는 기초선 단계(A)를 갖고 다시 개입을 재개하는 단계(B)를 갖는 설계를 말한다.

20

✦ 정답해설

③ 사회학적 노화란 제시문과 같이 한 개인이 사회적 관점에서 연령에 맞는 역할을 얼마나 잘 수행하는가를 말하며, 사회적 기대나 규범이 반영된 연령을 말한다.

국가직 9급 정답 및 해설

✓ 정답

01	①	02	③	03	③	04	④	05	④
06	②	07	①	08	①	09	④	10	①
11	②	12	③	13	④	14	④	15	③
16	④	17	②	18	①	19	②	20	③

01

✦ 정답해설

① '장기요양급여'는 노인 등이 온전한 심신상태를 유지하여 일상생활을 수행할 수 있도록 노인성 질환 예방급여를 제공하는 것이 아니라, 6개월 이상 동안 혼자서 일상생활을 수행하기 어렵다고 인정되는 자에게 신체활동·가사활동의 지원 또는 간병 등의 서비스나 이에 갈음하여 지급하는 현금을 말한다(노인장기요양보험법 제2조 제2호).

✦ 오답해설

② 동법 제3조 제3항

③ 동법 제3조 제4항

④ 동법 제3조 제2항

02

✦ 정답해설

③ 국공립어린이집 외의 어린이집을 설치·운영하려는 자는 특별자치시장·특별자치도지사·시장·군수·구청장의 인가를 받아야 한다. 인가받은 사항 등 중요사항을 변경하려는 경우에도 또한 같다(영유아보육법 제13조 제1항).

✦ 오답해설

① 동법 시행령 제20조 제1항

> 제2조(정의) 이 법에서 사용하는 용어의 뜻은 다음과 같다.
> 1. "영유아"란 6세 미만의 취학 전 아동을 말한다. ⇨
> 1. "영유아"란 7세 이하의 취학 전 아동을 말한다.
> 〈개정 2023.8.8.〉

④ 동법 시행규칙 [별표 1] 제2호 라목

03

✦ 정답해설

③ 성별분리가 아니라 양성평등에 근거한 가족관계의 확립을 제시하고 있다.

합격생 Guide 건강가정사업(건강가정기본법)

- 가정에 대한 지원
- 위기가족긴급지원
- 위기가족긴급지원에 관한 정보의 이용
- 자녀양육지원의 강화
- 위기가족긴급지원에 대한 비용의 지원
- 가족단위 복지증진
- 가족의 건강증진
- 가족부양의 지원
- 민주적이고 양성평등한 가족관계의 증진
- 가족단위의 시민적 역할증진
- 가정생활문화의 발전
- 이혼예방 및 이혼가정지원
- 건강가정교육

04

✦ 정답해설

④ 부(負)의 소득세는 소득수준이 면세점에 미달하는 모든 저소득자에게 과세 전 소득과의 차액의 일정비율을 정부가 지급하는 소득보장제도를 말한다. 부의 소득세는 소득만을 기준으로 해서 급여를 정하기 때문에 자산조사에 대한 사회적 굴욕감이 없고 면세점 이하의 모든 사람에게 적용되기 때문에 공평하며 공공부조와 달리 행정상의 자유재량에 의한 자의성 등의 장점이 있다.

05

✦ 정답해설

④ 현물급여에 비해 교환가치가 크면서 계획된 목적 외의 용도로 사용할 수 있는 현금급여의 단점을 보완한 제3의 급여형태는 바우처이다.

06

✦ 정답해설

② 노사협의, 재임용, 성과재분배, 경영참가, 소득보장은 자존(존경)의 욕구에 해당한다.

합격생 Guide | 매슬로의 욕구 5단계이론

생존의 욕구	가장 최하위의 욕구로 의·식·주 등의 욕구
안전과 안정의 욕구	충족된 생리적 욕구를 박탈당하지 않으려는 것으로 정신적·육체적 안전을 얻고 싶어하는 욕구
소속과 애정의 욕구	직장에서의 공식적 및 비공식적 조직의 소속과 그 구성원들과의 원만한 인간관계와 가정에서의 화목한 가족관계에 대한 욕구
자존의 욕구	자신의 적성, 능력 등을 인정받는 욕구
자아실현의 욕구	직무에 대한 만족과 보람, 창의력 발휘, 회사와 사회에 대한 기여, 가족의 사랑에 대한 욕구

07

✦ 정답해설

① ㄱ. 장애수당 : 국가와 지방자치단체는 장애인의 장애 정도와 경제적 수준을 고려하여 장애로 인한 추가적 비용을 보전하게 하기 위하여 장애수당을 지급할 수 있다. 다만, 「국민기초생활 보장법」에 따른 생계급여 또는 의료급여를 받는 장애인에게는 장애수당을 반드시 지급하여야 한다(장애인복지법 제49조 제1항).

ㄴ. 장애아동수당 : 국가와 지방자치단체는 장애아동에게 보호자의 경제적 생활수준 및 장애아동의 장애 정도를 고려하여 장애로 인한 추가적 비용을 보전하게 하기 위해 장애아동수당을 지급할 수 있다(동법 제50조 제1항).

ㄷ. 보호수당 : 국가와 지방자치단체는 장애인을 보호하는 보호자에게 그의 경제적 수준과 장애인의 장애 정도를 고려하여 장애로 인한 추가적 비용을 보전하게 하기 위하여 보호수당을 지급하게 할 수 있다(동법 제50조 제2항).

✦ 오답해설

ㄹ. 장애연금은 「장애인복지법」이 아니라 「국민연금법」에 제시되어 있다.

08

✦ 정답해설

① 슘페테리안 워크페어 국가의 특징으로는 다품종 소량생산, 신보수주의의 영향, 노동의 유연성 강조, 국가 개입의 축소, 기술 중심의 사회 등을 들 수 있다.

09

✦ 정답해설

④ 사회복지시설은 대부분 신고제이며 평가제도의 도입은 1990년대 후반에 이루어졌고 이는 민간기관의 책임 있는 운영과 프로그램의 만족도를 향상시키기 위한 제도적인 방안이었다. 따라서 복지참여에 대한 통제강화는 틀린 내용이다.

10

✦ 정답해설

① 구조주의모형에서는 조직의 갈등은 불가피한 것으로 보며 갈등의 역기능적 측면보다는 순기능적 측면을 강조한다. 즉, 갈등은 조직이 갖는 문제를 노출시키며 그에 따른 해결책을 찾음으로서 사회적 기능을 달성할 수 있다는 것이다.

11

✦ 정답해설

② '역선택'은 상대적으로 위험발생의 가능성이 높은 사람들이 집중적으로 자신에게 유리한 보험을 선택적으로 가입함으로서 전체 보험료의 인상을 야기하고 위험분산을 저해하는 경우를 말한다. 보험에 가입한 사람들이 사고를 방지하려는 노력을 줄이는 것은 '도덕적 해이'이다.

12

✦ 정답해설

③ 비례적 평등은 기여에 따라 급여를 배분하는 것으로 흔히 공평(equity)이라고 한다. 결과적 평등(수량적 평등)은 소득재분배를 목적으로 모든 사람에게 능력이나 기여와 관계없이 똑같이 사회적 자원을 배분하는 것을 말한다.

13

✦ 정답해설

④ 에스핑 – 앤더슨은 개인의 복지가 시장에 의존하지 않고도 충족될 수 있는 탈상품화의 정도, 국가와 사회계층제의 형태, 시장 및 가족과의 관계 3가지 기준을 가지고, 복지국가를 자유주의적 복지국가, 보수(조합)주의적 복지국가, 사회민주주의적 복지국가의 3가지 유형으로 구분하였다.

14

✦ 정답해설

④ 모두 사회복지실천의 목적에 해당한다.

합격생 Guide 사회복지실천의 목적

사회복지실천의 목적 (핀커스 미나한)	• 개인의 문제해결 및 대처능력 향상 • 개인을 사회자원과 서비스 및 기회를 제공해 주는 체계와 연결 • 이 체계들을 효과적이고 인도적으로 운영하도록 장려 및 촉진 • 사회정책의 개발 및 발전에 공헌

15

✦ 정답해설

③ 인도주의 사상에 기초하여 이타주의와 사회적 책임성 맥락에서 사회복지제도의 발달을 설명하는 것은 '사회양심이론'이다.

16

✦ 정답해설

④ 자유, 평등, 우애를 중심 가치로 하고 국민 최저선의 결정, 기회평등의 촉진, 취약자에 대한 적극적 차별의 시행을 강조하는 것은 사회민주주의에서 강조하는 사회적 가치에 해당한다.

17

✦ 정답해설

② 기회와 소득에서의 불평등을 인정하지 않고 결과의 평등을 강조하는 것은 사회주의모형이다. '기회의 평등'은 주로 자본주의 국가에서 흔히 볼 수 있는 평등의 개념이고 '결과의 평등'은 사회주의 공산국가체제에서 구현하고자 했던 평등개념이다.

18

✦ 정답해설

① 역기능적 상호작용을 수정하는 것은 사회복지 '평가'의 목적이 아니라 사회복지 '실천'의 목적이다.

합격생 Guide 사회복지 프로그램 평가의 목적과 중요성

프로그램 평가의 목적	• 프로그램의 계획이나 과정상의 환류적 정보제공 • 기관운영의 책임이행 • 프로그램 기획 및 개발에 필요한 정보지식의 획득 • 이론의 형성에 기여 • 서비스 전달체계의 개선 • 합리적인 자원배분
프로그램 평가의 중요성	• 사회복지의 책임성에 대한 사회적 요구가 심각하게 제기되는 시기에 프로그램 평가가 중요시됨 • 사회복지기관들이 기관의 정체성을 확립하는 데 있어 프로그램에 대한 평가가 중요함 • 사회복지기관들이 내부적인 기관운영을 효과적이고 효율적으로 수행하기 위한 방법으로 프로그램에 대한 평가가 중요함 • 사회복지기관의 전문성을 형성하는데 있어 프로그램에 대한 평가가 중요함 • 프로그램 운영이 클라이언트 친화적 내지는 클라이언트 중심적이 되도록 하는 데 있어 프로그램 평가가 중요함 • 프로그램의 운영방향을 일관성 있게 설정해 주고 혼란을 방지하는 데 있어 프로그램 평가가 중요함 • 사회복지프로그램과 관련하여 객관적인 이론을 정립하는 데 있어 프로그램 평가가 중요함

19

✦ 정답해설

② 옳은 것은 ㄱ, ㄷ, ㄹ이다.

ㄱ. 심리사회적 모델은 인간의 문제를 심리적·사회적 문제로 이해하는 동시에 사회적인 환경도 함께 고려하여 '상황 속 인간'을 강조한다.

ㄷ. 심리사회학적 모델은 해밀턴과 홀리스가 체계화한 것으로 진단의 중요성을 강조하며 자아심리학뿐 아니라 정신분석이론, 생태체계론 등을 이론적 기반으로 한다.

ㄹ. 심리사회학적 모델의 주된 기법으로 탐색 – 기술 – 환기, 인간 – 상황에 대한 고찰, 유형 – 역동에 대한 고찰이 있다.

✦ 오답해설

ㄴ. 인간의 비합리적 신념을 합리적으로 바꾸는 것에 초점을 두는 것은 인지행동모델이다.

ㅁ. 개입에 있어 구조화된 절차를 가지고 교육적 접근을 강조하는 것은 인지행동모델이다.

20

✦ 정답해설

③ 생활모델은 생태체계적 관점에 입각한 모델로서 우선 개인이 그를 둘러싸고 있는 환경과 어떻게 적응관계를 유지하는가에 주요 관심을 두고 인간의 욕구와 환경적 자원 간에 적합수준을 향상시키는 것을 목적으로 하는 모델이다.

2010년 기출
2010.05.22. 시행

지방직 9급 정답 및 해설

✓ 정답

01 ②	02 ④	03 ④	04 ④	05 ①
06 ②	07 ④	08 ①	09 ④	10 ③
11 ④	12 ①	13 ③	14 ①	15 ③
16 ④	17 ③	18 ④	19 ③	20 ③

01

✦ **정답해설**

② 사회복지제도가 갖는 대표적인 사회기능은 상호부조이다.

합격생 Guide 길버트와 스펙트(Gilbert & Specht)의 사회제도로서의 복지개념

가족제도	사회화기능
정부제도	사회통제기능
사회복지제도	상호부조기능
종교제도	사회통합기능
경제제도	생산, 분배, 소비기능

02

✦ **정답해설**

④ 크리밍 현상은 서비스 조직들이 접근성 메커니즘을 조정함으로써 보다 유순하고 성공할 가능성이 높은 클라이언트를 선발하고 비협조적이거나 어려울 것으로 예상되는 클라이언트들을 배척하고자 하는 것으로 사회복지서비스에 대한 공급보다 수요가 많을 때 나타나는 관료제의 병폐현상이다.

✦ **오답해설**

① 레드 테이프는 관료제의 형식주의를 말한다.
② 서비스의 과활용은 서비스의 오남용으로 서비스 이용인구가 표적인구보다 많은 경우이다.
③ 매몰비용은 과거의 잘못된 정책으로 인해 이미 회수할 수 없는 비용을 말하며 합리적 선택의 제한 요인이 된다.

03

✦ **정답해설**

④ 스핀햄랜드법(1795)은 임금보조제도로서 최저 생활기준에 미달되는 임금의 부족분을 보조해 주는 법령이다. 이 법은 생계비 이하의 임금노동자에게 수당을 제공하며 가장이 없는 가정을 위해 아동수당과 가족수당을 제공하고 노령자, 장애인, 불구자에 대한 원외구조를 확대하는 것을 내용으로 한다.

✦ **오답해설**

① 정주법은 농촌지역 노동자들의 도시지역 이주금지를 통해 노동력을 확보하려는 토지귀족들의 이해가 반영된 법률이다.
② 작업장법은 빈민에게 기술을 가르쳐 국가의 부의 증대에 기여하는 한편 빈민에게 수입을 줄 수 있는 기회를 마련하고자 한 법이었다. 작업장법 시행결과 부랑민은 사라졌으나 작업장에서의 빈민학대와 노동력 착취가 새로운 문제로 대두되었다.
③ 길버트법은 원외구제를 최초로 법제화하여 노동 능력이 있는 자에 대해 시설외 구제(원외구호)를 시도하였다.

04

✦ **정답해설**

④

> 정신건강증진 및 정신질환자 복지서비스 지원에 관한 법률 제17조(정신건강전문요원의 자격 등)
> ② 제1항에 따른 정신건강전문요원(이하 "정신건강전문요원"이라 한다)은 그 전문분야에 따라 정신건강임상심리사, 정신건강간호사, 정신건강사회복지사 및 정신건강작업치료사로 구분한다.

05

✦ **정답해설**

① 제3의 길은 적극적·예방적 복지, 복지다원주의(중앙정부, 지방정부, 비영리민간조직인 제3섹터, 지역사회 등), 고용촉진적 사회투자국가, 국민의 권리와 책임의 조화 등을 강조한다. 케인즈주의는 사후적·소극적 복지, 조세와 지출중심의 복지를 주장한 '제1의 길'의 내용이다.

06

✦ 정답해설

② 사회복지사는 클라이언트의 사생활을 존중하고 보호하며 직무수행과정에서 얻은 정보에 대해 철저하게 비밀을 유지하여야 한다.

합격생 **Guide** 사회복지사의 윤리기준

기본적 윤리기준	전문가적 자세, 전문성 개발을 위한 노력, 경제적 이득에 대한 태도
동료에 대한 윤리기준	동료, 슈퍼바이저
클라이언트에 대한 윤리기준	클라이언트와의 관계, 동료의 클라이언트와의 관계
사회에 대한 윤리기준	인간존중과 인간평등, 사회적 약자 옹호, 사회서비스 개발, 사회환경 개선
기관에 대한 윤리기준	정책목표 달성, 부당정책·요구 대응, 적극 참여
사회복지위원회의 구성과 운영	한국사회복지사협회에서 구성, 공식적 절차, 결정 존중

07

✦ 정답해설

④ 투입, 활동, 산출, 성과 간의 관계를 논리적으로 연결함으로써 프로그램을 기획하고 성과를 측정하는 평가모형은 논리모델이다.

합격생 **Guide** 논리모델의 프로세스

투입	프로그램에 투입된 또는 프로그램이 소비한 자원
활동	프로그램이 사명을 완수하기 위해 투입물들을 가지고 행하는 활동
산출	서비스의 완료로서 프로그램 활동의 직접적인 생산물이며 보통 완성된 업무량
결과	프로그램 활동에 참여하는 동안 혹은 그 이후 개인 혹은 인구집단에게 일어난 혜택이나 변화

08

✦ 정답해설

① 델파이기법은 익명성을 전제로 일반인이 아닌 전문가들로부터 합의를 구하는 집단의사결정방식이다. 이는 어떤 불확실한 사항에 대해 전문가들의 합의를 얻으려고 할 때 적용한다.

합격생 **Guide** 델파이기법

미래를 예측하는 질적 예측방법의 하나로 1948년 미국 랜드연구소에서 개발되어 군사, 교육, 연구개발, 정보처리 등 여러 분야에 사용된 이 기법은 다양한 분야의 미래예측에 이용되고 있다. 우편이나 컴퓨터 이메일을 통해 수행될 수 있는 기법으로 조사자는 지역사회에서 관심이 일고 있는 문제들에 대해 전문지식을 가지고 있는 주요 정보제공자들로 위원회를 구성한 다음 이들에게 자유로이 대답할 수 있는 질문들을 발송하고 주요 정보제공자들은 이에 대해 심층적인 대답을 보낸다.

09

✦ 정답해설

④ 사회복지에 관한 다음 각 호의 업무를 수행하기 위하여 전국 단위의 한국사회복지협의회(이하 "중앙협의회"라 한다)와 시·도 단위의 시·도 사회복지협의회(이하 "시·도협의회"라 한다)를 두며, 필요한 경우에는 시(「제주특별자치도 설치 및 국제자유도시 조성을 위한 특별법」 제10조 제2항에 따른 행정시를 포함한다)·군·구(자치구를 말한다) 단위의 시·군·구 사회복지협의회(이하 "시·군·구협의회"라 한다)를 둘 수 있다(사회복지사업법 제33조 제1항).

✦ 오답해설

① 동법 제33조 제2항
② 동법 제33조 제3항
③ 동법 시행령 제14조 제1항

10

✦ 정답해설

③ 조력자는 클라이언트의 당면문제를 인식하여 문제해결 능력을 발달시켜주는 역할을 한다.

① 중개자는 원조가 필요한 개인, 가족 혹은 집단을 지역사회의 자원과 연결시켜 주는 역할을 한다.

② 옹호자는 기존조직이 원조가 필요한 클라이언트에게 무관심하거나 부정적 혹은 적대적인 경우에 필요한 역할을 한다.

④ 중재자는 갈등상황에 있는 당사자들 사이에 개입하여 타협하거나 차이를 줄이거나 상호 만족할 만한 합의점에 도달하도록 원조하는 역할을 한다.

11

✦ 정답해설

④ 사회복지법인 및 사회복지시설을 설치·운영하는 자는 대통령령으로 정하는 바에 따라 사회복지사를 그 종사자로 채용하고, 보고방법·보고주기 등 보건복지부령으로 정하는 바에 따라 특별시장·광역시장·특별자치시장·도지사·특별자치도지사(이하 "시·도지사"라 한다) 또는 시장·군수·구청장에게 사회복지사의 임면에 관한 사항을 보고하여야 한다. 다만, 대통령령으로 정하는 사회복지시설은 그러하지 아니하다(사회복지사업법 제13조 제1항).

✦ 오답해설

① 동법 제13조 제2항
② 동법 제13조 제3항
③ 동법 제13조 제4항

12

✦ 정답해설

① 클라이언트의 문제를 표준화하는 것이 아니라 클라이언트마다 차별화된 특성을 통해 서로 다른 방법을 적용하는 등 개별화하기 위해 노력해야 한다.

✦ 오답해설

② 클라이언트를 심판하거나 비난하지 않아야 한다는 것은 '비심판적인 태도'이다.

③ 클라이언트의 자기결정권을 존중해야 한다는 것은 '자기결정의 원리'에 해당한다.

④ 클라이언트를 있는 그대로 인정하고 받아들이는 것은 '수용'이다.

13

✦ 정답해설

③ 국가아동학대정보시스템의 구축·운영주체는 시·도지사가 아니라 보건복지부장관이다((구)아동복지법 제28조의2 제1항).

※ 아동복지법 제28조의2 제1항은 <2020.12.29.> 삭제되었다.

✦ 오답해설

① 동법 제23조 제1항
② 동법 제26조의2 제1항
④

> 아동복지법 제29조의2(아동학대행위자에 대한 상담·교육 등의 제공)
> ① 시·도지사, 시장·군수·구청장, 보장원의 장 또는 아동보호전문기관의 장은 아동학대행위자에 대하여 상담·교육 및 심리적 치료 등 필요한 지원을 제공하여야 하며, 이 경우 아동학대행위자는 상담·교육 및 심리적 치료 등에 성실히 참여하여야 한다.

14

✦ 정답해설

① 사회복지사업에 관한 기본적 사항을 규정하여 사회복지의 증진을 도모함을 목적으로 하는 「사회복지사업법」이 1970년 4월 1일에 제정되었다.

✦ 오답해설

② 「노인복지법」과 「심신장애자복지법」은 1981년에 제정되고 시행되었다.

③ 「국민기초생활 보장법」은 1999년 제정되고 2000년 시행되었다.

④ 「노인장기요양법」은 2007년 제정되고 2008년 시행되었다.

15

✦ 정답해설

③ 대처질문, 기적질문, 척도질문은 해결중심 단기가족치료 모델에서 사용하는 질문기법이다. 경험적 가족치료 모형은 1960년대 인본주의 심리학을 근간으로 등장한 치료모형으로 개인과 가족의 정서적인 경험을 중시한다.

오답해설

① 구조적 가족치료모형에서는 가족의 구조를 변화시키면 체계 내의 성원이 행동을 변화시킬 수 있다고 보고 가족의 구조를 재구조화하게 도와줌으로써 역기능적인 유형이 지속되지 못하게 하는데 목적을 둔다.

② 해결중심적 가족치료모형은 가족치료자로서 인간에 대한 긍정적인 가정과 전제가치를 모든 전략과 기법의 근거로 하고 있다.

④ 전략적 가족치료는 문제에 대한 이해보다는 해결방법에 초점을 맞추며 다양한 실용적인 개입기법들을 제시하고 있다.

16

정답해설

④ 핀커스와 미나한(Pincus&Minahan)의 견해에 따르면 행동체계는 사회복지사가 목표달성을 위해 함께 상호작용하는 사람이고 클라이언트체계는 사회복지사에게 서비스를 요청한 사람으로 두 체계가 상황에 따라 동일인이거나 중첩될 수 있다.

17

정답해설

③ 클라이언트의 표적문제들에 내재된 무의식적 충동과 같은 근본적인 문제원인의 해결에 집중하는 것은 진단주의 모델에 해당한다. 과제중심모델은 클라이언트와 워커가 표적문제의 해결을 강조하며 문제의 원인을 상황의 변화에 따른 대처기능의 일시적인 결함으로 해석하므로 클라이언트의 낙인화를 방지한다.

18

정답해설

④ 바우처는 이용권을 서비스 이용자에게 직접 제공하고 이용자가 기관을 자유롭게 선택할 수 있는 것을 핵심내용으로 한다.

오답해설

① 바우처는 현물의 소비통제와 현금의 선택의 자유라는 장점을 살린 급여형태로서 현물보다 오남용의 방지를 통하여 소비통제의 효과가 크다.

② 바우처 비용은 정부지원금과 본인부담금으로 구성되어 있어서 이용자의 권리의식을 갖게 한다.

③ 바우처는 재화나 서비스의 공급자 간에 서비스 경쟁을 유도하여 서비스의 질적 개선과 효율성을 제고한다.

19

정답해설

③ 국가 또는 지방자치단체는 노인의료복지시설을 설치할 수 있으며, 국가 또는 지방자치단체 외의 자가 노인의료복지시설을 설치하고자 하는 경우에는 시장·군수·구청장에게 신고하여야 한다(노인복지법 제35조 제1항 및 제2항).

오답해설

① 동법 제34조 제1항 제1호

② 동법 제34조 제1항 제2호

④ 동법 제37조 제4항

20

정답해설

③ 이 법은 생활이 어려운 사람에게 필요한 급여를 실시하여 이들의 최저생활을 보장하고 자활을 돕는 것을 목적으로 한다(국민기초생활 보장법 제1조).

오답해설

① 「생활보호법」은 1961년 제정되었다.

② 사회복지 전담공무원은 관할지역에 거주하는 수급권자에 대한 급여를 직권으로 신청할 수 있고, 수급권자와 그 친족, 그 밖의 관계인은 관할 시장·군수·구청장에게 수급권자에 대한 급여를 신청할 수 있다(국민기초생활 보장법 제21조 제1항·제2항).

④ 공공부조 지출을 위한 주된 재원은 일반조세로 이루어진다.

• 2023년

✓ 2023년 9급 국가직

01 ④	02 ③	03 ②	04 ④	05 ③
06 ③	07 ②	08 ④	09 ③	10 ①
11 ①	12 ④	13 ①	14 ②	15 ③
16 ②	17 ②	18 ④	19 ③	20 ①

✓ 2023년 9급 지방직

01 ②	02 ④	03 ②	04 ④	05 ②
06 ①	07 ③	08 ①	09 ①	10 ④
11 ①	12 ④	13 ①	14 ②	15 ②
16 ③	17 ②	18 ③	19 ①	20 ④

• 2021년

✓ 2021년 9급 국가직

01 ③	02 ②	03 ③	04 ①	05 ①
06 ③	07 ④	08 ④	09 ②	10 ②
11 ④	12 ③	13 ③	14 ②	15 ①
16 ③	17 ④	18 ④	19 ②	20 ①

✓ 2021년 9급 지방직

01 ②	02 ②	03 ③	04 ①	05 ③
06 ②	07 ④	08 ①	09 ④	10 ④
11 ③	12 ③	13 ③	14 ①	15 ①
16 ③	17 ②	18 ②	19 ③	20 ④

• 2022년

✓ 2022년 9급 국가직

01 ②	02 ①	03 ②	04 ④	05 ④
06 ③	07 ②	08 ④	09 ①	10 ①
11 ③	12 ③	13 ①	14 ④	15 ②
16 ④	17 ②	18 ①	19 ③	20 ②

✓ 2022년 9급 지방직

01 ①	02 ①	03 ②	04 ④	05 ①
06 ④	07 ②	08 ③	09 ④	10 ①
11 ①	12 ③	13 ②	14 ②	15 ③
16 ①	17 ②	18 ②	19 ③	20 ④

• 2020년

✓ 2020년 9급 국가직

01 ④	02 ①	03 ②	04 ②	05 ④
06 ②	07 ③	08 ①	09 ③	10 ②
11 ③	12 ①	13 ②	14 ①	15 ③
16 ④	17 ④	18 ④	19 ③	20 ③

✓ 2020년 9급 지방직

01 ③	02 ①	03 ③	04 ③	05 ④
06 ②	07 ③	08 ①	09 ④	10 ③
11 ①	12 ②	13 ①	14 ④	15 ③
16 ②	17 ④	18 ④	19 ④	20 ④

빠른 정답 보기

• 2019년

⊘ 2019년 9급 국가직

01 ①	02 ④	03 ①	04 ②	05 ④
06 ②	07 ③	08 ①	09 ④	10 ③
11 ②	12 ③	13 ④	14 ③	15 ④
16 ④	17 ③	18 ④	19 ③	20 ②

⊘ 2019년 9급 지방직

01 ②	02 ③	03 ④	04 ③	05 ②
06 ④	07 ④	08 ①	09 ③	10 ②
11 ④	12 ①	13 ①	14 ②	15 ④
16 ①	17 ③	18 ②	19 ③	20 ④

⊘ 2019년 9급 서울시(상반기)

01 ③	02 ④	03 ③	04 ②	05 ①
06 ③	07 ②	08 ④	09 ④	10 ①
11 ④	12 ④	13 ①	14 ②	15 ③
16 ③	17 ①	18 ①	19 ②	20 ②

⊘ 2019년 9급 서울시(하반기)

01 ②	02 ②	03 ①	04 ③	05 ③
06 ②	07 ④	08 ④	09 ②	10 ①
11 ①	12 ③	13 ①	14 ③	15 ③
16 ②	17 ②	18 ④	19 ①	20 ④

• 2018년

⊘ 2018년 9급 국가직

01 ③	02 ①	03 ④	04 ①	05 ③
06 ②	07 ③	08 ①	09 ③	10 ②
11 ④	12 ④	13 ①	14 ④	15 ④
16 ②	17 ①	18 ②	19 ④	20 ③

⊘ 2018년 9급 지방직

01 ④	02 ③	03 ③	04 ④	05 ②
06 ②	07 ①	08 ②	09 ②	10 ③
11 ①	12 ①	13 ③	14 ③	15 ①
16 ④	17 ④	18 ①	19 ②	20 ②

⊘ 2018년 9급 서울시

01 ③	02 ③	03 ③	04 ②	05 ③
06 ③	07 ②	08 ②	09 ①	10 ③
11 ①	12 ④	13 ④	14 ②	15 ④
16 ②	17 ②	18 ④	19 ①	20 ②

• **2017년**

⊘ 2017년 9급 국가직

01	③	02	②	03	③	04	④	05	③
06	③	07	②	08	④	09	①	10	③
11	④	12	④	13	①	14	①	15	④
16	④	17	②	18	①	19	②	20	①

⊘ 2017년 9급 지방직

01	①	02	④	03	③	04	①	05	②
06	②	07	②	08	④	09	③	10	①
11	③	12	④	13	②	14	④	15	③
16	④	17	④	18	③	19	④	20	③

⊘ 2017년 9급 서울시

01	③	02	③	03	②	04	③	05	②
06	①	07	③	08	②	09	④	10	④
11	①	12	③	13	④	14	①	15	②
16	④	17	②	18	①	19	④	20	④

• **2016년**

⊘ 2016년 9급 국가직

01	②	02	③	03	④	04	④	05	③
06	①	07	③	08	①	09	④	10	①
11	②	12	④	13	④	14	②	15	①
16	②	17	③	18	②	19	④	20	③

⊘ 2016년 9급 지방직

01	②	02	④	03	③	04	②	05	②
06	②	07	①	08	①	09	①	10	④
11	③	12	③	13	①	14	④	15	④
16	③	17	③	18	②	19	②	20	②

• **2015년**

⊘ 2015년 9급 국가직

01	④	02	②	03	④	04	②	05	③
06	④	07	④	08	③	09	③	10	②
11	①	12	①	13	②	14	③	15	①
16	④	17	②	18	①	19	①	20	②

⊘ 2015년 9급 지방직

01	③	02	①	03	②	04	③	05	④
06	④	07	③	08	①	09	②	10	③
11	②	12	①	13	④	14	③	15	③
16	①	17	④	18	②	19	③	20	②

• **2014년**

⊘ 2014년 9급 국가직

01	②	02	③	03	④	04	③	05	②
06	④	07	①	08	④	09	①	10	②
11	③	12	①	13	③	14	①	15	①
16	③	17	②	18	④	19	②	20	②

⊘ 2014년 9급 지방직

01	③	02	②	03	③	04	③	05	②
06	②	07	②	08	②	09	④	10	③
11	④	12	④	13	④	14	②	15	④
16	③	17	①	18	①	19	④	20	①

• 2013년

☑ 2013년 9급 국가직

01 ②	02 ③	03 ③	04 ②	05 ②
06 ④	07 ②	08 ①	09 ②	10 ④
11 ④	12 ④	13 ③	14 ②	15 ③
16 ①	17 ③	18 ②	19 ④	20 ①

☑ 2013년 9급 지방직

01 ④	02 ①	03 ④	04 ①	05 ①
06 ②	07 ④	08 ②	09 ③	10 ③
11 ②	12 ③	13 ③	14 ④	15 ①
16 ③	17 ①	18 ③	19 ③	20 ④

• 2012년

☑ 2012년 9급 국가직

01 ③	02 ②	03 ②	04 ④	05 ④
06 ④	07 ②	08 ②	09 ①	10 ①
11 ①	12 ③	13 ③	14 ①	15 ③
16 ①	17 ①	18 ②	19 ④	20 ④

☑ 2012년 9급 지방직

01 ③	02 ③	03 ③	04 ②	05 ②
06 ④	07 ③	08 ②	09 ④	10 ①
11 ④	12 ①	13 ④	14 ③	15 ④
16 ①	17 ③	18 ③	19 ①	20 ①

• 2011년

☑ 2011년 9급 국가직

01 ①	02 ③	03 ④	04 ④	05 ②
06 ②	07 ①	08 ④	09 ④	10 ①
11 ③	12 ④	13 ④	14 ②	15 ①
16 ②	17 ③	18 ④	19 ②	20 ①

☑ 2011년 9급 지방직(상반기)

01 ②	02 ③	03 ③	04 ②	05 ①
06 ④	07 ③	08 ①	09 ②	10 ④
11 ①	12 ③	13 ④	14 ②	15 ①
16 ④	17 ④	18 ①	19 ②	20 ③

☑ 2011년 9급 지방직(하반기)

01 ③	02 ④	03 ①	04 ③	05 ②
06 ①	07 ②	08 ①	09 ③	10 ②
11 ②	12 ①	13 ④	14 ②	15 ④
16 ①	17 ③	18 ②	19 ③	20 ③

• 2010년

☑ 2010년 9급 국가직

01 ①	02 ③	03 ③	04 ④	05 ④
06 ②	07 ①	08 ①	09 ④	10 ①
11 ②	12 ③	13 ④	14 ④	15 ③
16 ④	17 ②	18 ①	19 ②	20 ③

☑ 2010년 9급 지방직

01 ②	02 ④	03 ④	04 ④	05 ①
06 ②	07 ④	08 ①	09 ④	10 ③
11 ④	12 ①	13 ③	14 ①	15 ③
16 ④	17 ③	18 ④	19 ③	20 ③

Memo

2024 전면개정판

박문각 공무원

OK 9급
사회복지학개론 기출문제집

개정판인쇄 : 2023. 09. 20.
개정판발행 : 2023. 09. 25.
편 저 자 : 박문각출판문화연구소
발 행 인 : 박 용
발 행 처 : (주)박문각출판
등   록 : 2015. 04. 29. 제2015-000104호
주   소 : 06654 서울시 서초구 효령로 283 서경B/D 4층
전   화 : (02) 723-6869
팩   스 : (02) 723-6870

저자와의
협의하에
인지 생략

정가 26,000원

ISBN 979-11-6987-443-4

Memo